Helmut Heuer
Friederike Klippel

Englischmethodik

Problemfelder, Unterrichtswirklichkeit und Handlungsempfehlungen

Cornelsen

Prof. Dr. Helmut Heuer
Dr. Friederike Klippel

Englischmethodik
Problemfelder, Unterrichtswirklichkeit und Handlungsempfehlungen

1. Auflage Druck 9 8 7 6 Jahr 02 01 2000 99

Alle Drucke dieser Auflage können im Unterricht nebeneinander verwendet werden.

Druck: Saladruck, Berlin

ISBN 3-464-00618-2

Bestellnummer 6182

gedruckt auf säurefreiem Papier, umweltschonend
hergestellt aus chlorfrei gebleichten Faserstoffen

Inhaltsverzeichnis

1. Unser Standpunkt

1.1 Anliegen und Plan der Methodik

Von einer Methodik erwartet man zweierlei: Beschreibung und Analyse von Unterricht sowie praktische Ratschläge für dessen Gestaltung. Studenten und Lehramtsanwärterinnen sollten Orientierung und Anleitung, Lehrerinnen und Kursleiter hilfreiche Anregungen finden. Auch wir wollen Englischunterricht kritisch analysieren und für viele seiner Bereiche Unterrichtshilfen geben. Dabei ist es unser Ziel, Englischunterricht in seiner methodischen Fülle darzustellen, ohne die Beschränkung auf eine neue oder alte Globalmethode. Dennoch ist unser Ansatz von einigen Leitmotiven geprägt, die insbesondere bei der Auswahl der Themen und in den Handlungsempfehlungen der einzelnen Kapitel klar hervortreten.

Individualisierung des Unterrichtens
Ausgangspunkt aller unserer Überlegungen sind die Englischlehrerinnen und -lehrer. Jeder Unterricht wird so stark von deren Persönlichkeit mitbestimmt, daß es uns unabdingbar erscheint, die Lehrerindividualität – gleichberechtigt neben der Schülerindividualität – in einer Methodik mitzubedenken und als Chance für methodische Vielfalt zu verstehen. Besonders in den lehrwerkbestimmten Unterrichtseinheiten ergibt es sich häufig, daß weitgehend die in den Lehrerbegleitmaterialien vorgeschlagenen Stundenabläufe nachvollzogen werden, zum einen, weil viele Lehrerinnen und Lehrer glauben, dies sei mit dem eingeführten Lehrwerk der bestmögliche Unterricht, zum anderen, weil es eine große Arbeits- und Zeitersparnis mit sich bringt. Es ist jedoch der eigenen methodischen Phantasie und Beweglichkeit nicht förderlich, wenn man sich ausschließlich an Vorlagen dieser Art orientiert. Hier möchte Ihnen unser methodisches Handbuch Mut machen und Anregungen geben, neue Wege zu erproben und ein größeres Methodenrepertoire aufzubauen, das die Grundlage für flexibles Unterrichten mit persönlichem Stil bildet. Wir sind der Überzeugung, daß ein möglichst weit gefächertes Spektrum unterrichtlicher Verfahrensweisen am ehesten zu dem Ziel führt, sachangemessen schülergerechten und lehrerbefriedigenden Englischunterricht zu verwirklichen.

Netzwerk Unterricht
Jeder Unterricht ist ein Geflecht vieler unterschiedlicher Bedingungen, die sich gegenseitig beeinflussen. Der Gesamtzusammenhang aller Vorgänge ist so strukturiert, daß die Veränderung eines einzelnen Teiles das ganze System verändert. Methodisch richtig zu denken bedeutet also, mit größter Behutsamkeit Einzelaspekte zu verändern oder Schwerpunkte neu zu setzen. Diese Erkenntnis bestimmt ein zweites Leitmotiv unseres Methodenzugriffs. Die Geschichte des Englischunterrichts zeigt nämlich, daß die Unterrichtspraxis viel besser ihre Systemhaftigkeit bewahrt hat, als die Unterrichtstheorie in der Lage gewesen ist, ganzheitlich zu denken und das Konzept des Netzwerks bei ihren Überlegungen zur Verbesserung des Unter-

richtsgeschehens zu berücksichtigen. Die Geschichte der Theorie der Methodik verdeutlicht, daß eine Reihe von sich überlagernden Fehlern im Umgang mit dem komplexen System Englischunterricht gemacht worden sind:

- Die Theorie hat durch eine nicht ausreichende Zielerkennung oder eine einseitige Fixierung „neuer Ziele" die Praxis verunsichert, ohne ihr eine Planung zu ermöglichen, die große Linien verfolgte. Die Praxis entwickelte dann mehr ein Reparaturdienstverhalten als den konsequenten Aufbau eines neuen Systems.
- Das Netzwerk des Fremdsprachenunterrichts wurde nur in Ausschnitten gesehen und untersucht. Die Dynamik des Gesamtsystems blieb unerkannt. So ergab es sich, daß die Datenmengen der einzelnen Ausschnitte ohne Beziehung zueinander blieben.
- Es wurde zu wenig auf Nebenwirkungen geachtet. In die Praxis umgesetzte Vorschläge zur Veränderung hatten unbeabsichtigte Nebenwirkungen zur Folge, zu deren Beobachtung keine Lehrsensibilität und kein Forschungsinstrument zur Verfügung standen.
- Es bestand die Tendenz zur Übersteuerung. Wenn eine neue methodische Maßnahme nicht „einschlug", nachdem man sie zögernd eingeführt hatte, veränderte man die Einflußgröße drastisch. Das kräftige Eingreifen führte dann zu einer ungewollten Gesamtveränderung.
- Der theoretische Umgang mit dem komplexen Unterrichtssystem gewann Prestige und Einfluß durch ein künstlich geschaffenes Begriffsgebäude, das ohne Rückkoppelung mit den tatsächlichen Vorgängen entstanden war und in denen „das Vokabular den Inhalt beherrscht" (Vester 1980; 482).

Theoretische Erkenntnis und empirische Daten

Ein Dilemma der Erfahrungswissenschaften ist die Überführung empirisch beobachtbarer Tatsachen in eine sie zusammenfassende und auf höherer Ebene darstellende theoretische Aussage. Das Problem der ausreichenden Menge empirischer Tatsachen und der notwendigen Abstraktion allgemeiner Erkenntnis gilt nicht nur für Didaktik, Erziehungs- und Sozialwissenschaft, sondern auch für Wissenschaften wie Medizin und Wirtschaftswissenschaft. In der Wissenschaftstheorie der Erfahrungswissenschaften wird ausgeführt, daß Hypothesen und Theorien häufiger, als man gemeinhin denke, von falschen Fakten ausgingen. Darüber hinaus würde jede Abstrahierung eine „Aggregation" sein, die die Einzelinformation töte. Noch schlimmer: Viele vorhandene Daten würden gar nicht benutzt. Unter der Handlungsanweisung *bring back facts into research* wäre zu vermehrter empirischer Forschung und methodologisch kritischer Erhebung und Bearbeitung der Tatsachen aufzurufen.

Uns scheint, daß auch in der anglistischen Fachdidaktik und Sprachlehr- und -lernforschung die erfahrungswissenschaftliche Forschungsmaxime gehört werden sollte. Unser Buch soll in wissenschaftstheoretischer Absicht dazu beitragen, daß auf der Ebene des methodisch reflektierten unterrichtlichen Handelns die tatsächliche Welt des Englischunterrichts eingefangen wird. Wir wollen uns davor hüten, Abstraktionen zu liefern, die auf Abstraktion anderer Didaktikbeiträge beruhen, die ihrerseits schon in einer Kette von nivellierenden Informationszusammenhängen stehen. Wir wollen keine „Chinesischen Mauern der Forschung“ errichten, von denen nur ein außerordentlich begrenztes Feld direkt beobachtet werden kann, sondern die einzelnen der Unterrichtswirklichkeit entnommenen Tatsachen so bearbeiten, daß ihre Identität nicht im Abstraktionsprozeß der Theoriebildung verlorengeht. Wir streben daher an, auch in den Theorieteilen und den auf mittlerem Abstraktionsgrad stehenden Handlungsempfehlungen das konkrete Unterrichtsphänomen nachvollziehbar erscheinen zu lassen.

Vom Unterrichtsbeispiel zur Handlungsempfehlung
Die einzelnen Kapitel des Buches greifen die leitenden Themen der fremdsprachendidaktischen Diskussion auf und berücksichtigen darüber hinaus einige weniger häufig behandelte Themenbereiche, die uns für die Lehrerperspektive jedoch wichtig erscheinen, wie Lehrerfortbildung und Begegnung mit englischsprachigen Menschen, Fragestellung und Unterrichtssprache, mündliche Fehlerkorrektur sowie Schulbibliothek. Eine Befragung von Fremdsprachenexperten anderer Länder führt zu einer internationalen Synopse von *golden rules for foreign language teaching.*

Unsere Auffassung der Verschränkung von Theorie und Praxis spiegelt sich im Aufbau der Kapitel. Zu Beginn findet sich daher jeweils eine Darstellung des Problemfeldes, den Schluß bildet eine Aufstellung konkreter Handlungsempfehlungen. Zwischen diesen beiden Polen stehen exemplarische Unterrichtsbeispiele und Alltagsfälle schulischer Praxis, damit die Verknüpfung von wissenschaftlicher Problemlage und Einzelmaßnahme des Lehrers im Zusammenhang gesehen werden kann, besonders im Hinblick auf unbeabsichtigte, schädliche Nebenwirkungen.

Persönlich erprobte Verfahren und das Mitgestalten und Auswerten vieler Stunden in allen Schulformen und Schulstufen bilden unser Erfahrungswissen, aus dem die Vorschläge zur Unterrichtsgestaltung herauswachsen. Insofern sind unsere Handlungsempfehlungen subjektiv geprägt; ihre Ausrichtung auf unsere individuellen Schul- und Lehrerfahrungen wird jedoch durch die jahrelange Beschäftigung mit fremdsprachendidaktischer Theorie relativiert. In dieser Hinsicht ergibt sich als Basis für unsere Empfehlungen ebenfalls eine Wechselbeziehung zwischen Praxis und Theorie. Würden wir diese Vorschläge zur Gestaltung von Englischunterricht nur auf der Grundlage der eigenen Unterrichtserfahrung abfassen, so erhielten wir zwar erfreulich konkrete und individuelle Rezepte, deren Übertragbarkeit auf andere Lehrer und Schüler jedoch eingeschränkt wäre. Erst die mit Hilfe des fachdidaktischen Wissens vorgenommene Verallgemeinerung auf einer mittleren Abstraktionsebene macht unsere Empfehlungen für einen größeren Kreis von Kursleiterinnen und Lehrern nachvollziehbar. Es entsteht somit der spannungsreiche Zustand, daß wir zur Förderung des individuellen Unterrichtsstils unserer Leserinnen und Leser unsere eigene Individualität etwas zurücknehmen müssen. Wir möchten Ihnen eine breite Auswahl an erprobenswerten Unterrichtsverfahren vorstellen und deutlich werden lassen, warum wir sie empfehlen.

Gemeinsames Gesamtanliegen
Da der Englischunterricht in seinen Grundlagen und Prinzipien unteilbar ist, zugleich aber im Hinblick auf Altersstufen, Leistungsansprüche, Schul- und Kursformen differenziert werden muß, ergibt sich die Notwendigkeit, alle Lehrerinnen und Lehrer anzusprechen, die sich mit dem Fach Englisch beschäftigen. Wir halten es für zeitgemäß, daß die Englischlehrer unterschiedlicher Schultypen und Institutionen mehr voneinander wissen und häufiger miteinander sprechen.

1.2 Kernbegriffe und Leitsätze

Der Grundansatz unserer Methodik besteht in der verstärkten Orientierung methodischer Konzepte an der individuellen Lehrerpersönlichkeit. Nicht nur der einzelne Schüler soll mit seinem Lernstil und -tempo Berücksichtigung im Unterricht finden, sondern auch die Lehrer müssen ermutigt werden, innerhalb bestimmter Rahmen, die durch Ergebnisse wissenschaftlicher Forschung, Erfahrungswissen und die Vorgaben der Richtlinien umrissen sind, ihren ganz persönlichen Unterrichtsstil zu entwickeln. Ein Lehrer, dessen Verhalten im Unterricht seiner Persönlichkeit entspricht, wirkt auf die Schüler überzeugender als einer, der versucht, eine Rolle zu spielen, die seinem Wesen fremd ist. Impulsstärke und Arbeitskraft sind dann am größten, wenn eigene didaktisch-methodische Vorstellungen in den Unterricht eingebracht werden. Dennoch darf eine Individualisierung des Lehrens weder die beliebige Austauschbarkeit methodischer Verfahren noch die Rechtfertigung überholter oder pädagogisch untragbarer Methoden bedeuten. Es geht uns vielmehr auch darum, Lehrer zum Nachdenken über ihr eigenes methodisches Verhalten zu veranlassen, um so einer Fossilierung, d. h. einer unreflektierten Verhärtung einmal angenommener unterrichtlicher Verfahren, vorzubeugen.

Unseren Empfehlungen und Kommentaren zur Unterrichtswirklichkeit in den einzelnen Kapiteln dieser Methodik liegen einige grundsätzliche Überlegungen zum Englischunterricht zugrunde. Damit Sie die getroffenen Handlungsanweisungen einordnen und sich ein Bild über unsere Vorstellungen von Englischunterricht machen können, möchten wir unsere Leitsätze vorab skizzieren. Zunächst werden fünf Kernbegriffe in ihrer unterrichtstragenden Rolle erläutert. Anschließend zeigen wir an zwei Grundfragen des Unterrichts – dem Lehrverhalten und der Unterrichtsplanung – in knapper Form auf, welche generellen Handlungsempfehlungen sich aus unseren Leitgedanken ergeben.

Beweglichkeit
Gute Lehrer und Lehrerinnen verfügen über ein großes methodisches Repertoire, das sie flexibel und kreativ einsetzen. Ihre Unterrichtsstunden laufen nicht nach einem starren Schema ab, sondern werden dem Thema, der Lerngruppe, der Verfügbarkeit der Medien und den übrigen schulischen sowie persönlichen Vorbedingungen

angepaßt. Diese Lehrer sind auch im Methodischen weiterhin lernbereit, sie erproben neue Verfahren und Wege, ohne die bewährten zu vergessen. Ihr methodisches Können erleichtert es ihnen, in unvorhergesehenen Unterrichtssituationen geschickt zu improvisieren.

Äußeres Anzeichen einer methodischen Flexibilität ist oftmals die körperliche Beweglichkeit während des Unterrichts. Diese Lehrer halten ihren Unterricht nicht allein vom Lehrertisch aus. In vielen Fällen gestalten sie den Unterrichtsverlauf so, daß auch die Schüler in einer kurzen Phase ihrem Bedürfnis nach körperlicher Aktivität nachgeben können, wie z. B. in aktiven Übungen oder Spielen.

Zu Lernbereitschaft, Aufgeschlossenheit und Aktivität tritt die Phantasie als weiteres Element geistiger und methodischer Beweglichkeit. Sie hilft beispielsweise beim Erläutern unbekannter Vokabeln durch Gestik oder mimische Darstellung, bei der Verdeutlichung grammatischer Regeln oder der Erstellung eigener Texte und Aufgaben. Phantasie erleichtert ebenfalls das Erschließen unbekannter Wörter aus dem Kontext; diese wichtige Fähigkeit ist zur selbständigen Beschäftigung mit fremdsprachlichen Texten notwendig.

Durch ihre Vorbildwirkung erreichen flexible Lehrer bei ihren Schülern Lern- und Verhaltensweisen, die jene beim eigenständigen Lernen außerhalb und innerhalb der Schule fördern. Dazu gehören bestimmte Arbeitstechniken ebenso wie der flexible Einsatz des begrenzten aktiven Vokabulars zur Bewältigung unterschiedlicher Kommunikationssituationen, beispielsweise durch Umschreibung. Beweglichkeit im Umgang mit Sprache und Texten ist schließlich ein Aspekt kreativer Sprachverwendung.

Können

Fachliches Können ist eine wichtige Vorbedingung erfolgreichen und befriedigenden Unterrichtens. Im Englischunterricht bedeutet dies Sicherheit im Gebrauch der fremden Sprache und ausreichende Kenntnisse auf den Gebieten von Wortschatz, Grammatik, Literatur und Landeskunde. Die gute Beherrschung der Fremdsprache verschafft Lehrerinnen und Lehrern jenes beruhigende Gefühl, auch unvorgesehene Unterrichtssituationen jederzeit fremdsprachlich meistern zu können. Der Pflege der fremdsprachlichen Fertigkeiten dienen häufige Aufenthalte im englischsprachigen Ausland, regelmäßiges Lesen von Zeitungen und Büchern in englischer Sprache sowie Kontakte zu englischsprechenden Menschen.

In Fortbildungsveranstaltungen und Ferienkursen werden methodisch-didaktische Kenntnisse und Fertigkeiten aufgefrischt und erweitert. Diesem Könnensbereich lassen sich verschiedene Teilkompetenzen zuordnen, wie z. B. Vertrautsein mit den Bedienungsformen und den didaktischen Möglichkeiten technischer Medien, genaue Kenntnis des Lehrwerks, Übersicht über Hilfsmittel und Nachschlagewerke sowie Beherrschung unterschiedlicher Aufgabenstellungen zum mündlichen und schriftlichen Üben. Erst die Beherrschung einer großen Zahl unterschiedlicher Lehrformen für die einzelnen Phasen des Unterrichts ermöglicht Lehrerinnen und Lehrern die flexible Handhabung ihres methodischen Werkzeugs im Hinblick auf die jeweilige Unterrichtssituation. Schließlich kann ein nicht fachbezogenes Können den Unterricht für die Schüler interessanter machen, sei es die Verwendung von selbstgeschossenen Fotografien oder der eigenen Briefmarkensammlung als landeskundliches Anschauungsmaterial, der Einsatz von selbstgebastelten Handpuppen oder das gemeinsame Musizieren und Singen.

Jede Lehrkraft sollte ihre Stärken und Schwächen in den verschiedenen Kompetenzbereichen genau kennen; aus den Stärken kann man unterrichtliches Kapital schlagen, Schwächen sollte man abzubauen oder auszugleichen suchen. In ähnlicher Weise sollte man auch mit den Schwächen und Stärken der Schüler verfahren, nämlich ihnen Gelegenheit geben, ihre Stärken einzusetzen und ihnen gezielte Übungen für ihre Defizite anbieten. Da solche Maßnahmen die individuelle Betreuung von Einzelschülern oder Kleingruppen bedingen, sind sie für die Phase der Binnendifferenzierung besonders geeignet.

Ein weiterer Gesichtspunkt, der dem Könnensbereich zuzuordnen ist, betrifft die Einstellung zur Leistung. Methodische Sicherheit und fachliche Kompetenz bei Lehrenden sollten dazu führen, daß die Schüler im Englischunterricht gefordert, aber nicht überfordert werden. Gleichermaßen schädlich wie die Überforderung, die Resignation hervorrufen kann, ist eine Unterforderung, deren Resultate Langeweile und Disziplinprobleme sind. Die Anforderungen an die Schüler sollen aber durchaus variieren, um den individuellen Leistungsprofilen in einer Lerngruppe gerecht zu werden.

Sinnbezug

Eine wesentliche Aufgabe jeder Lehrkraft besteht darin, den Schülern Nutzen und Sinn des Faches und dessen Ziele, Inhalte und Verfahren deutlich zu machen. Dies kann sie nur dann in überzeugender Weise tun, wenn sie selber ihre Unterrichtstätigkeit als sinnvoll empfindet. Hauptzweck jedes Unterrichts ist zwar die Vorbereitung auf spätere Berufs- und Lebenssituationen; für die Schüler, besonders die jüngeren, ist es jedoch außerordentlich schwierig, ihr gegenwärtiges Lernen aus so fernen Verwendungszwecken zu motivieren. Sie brauchen gegenwartsbezogene Unterrichtselemente zur Aufrechterhaltung von Lernmotivation und Fachinteresse.

Die Ausrichtung von Teilen des Englischunterrichts auf die Schülersituation kann auf verschiedenen Gebieten erfolgen: bei der Auswahl von Themen, Texten oder Übungsformen, die dem Entwicklungsstand und den Interessen der jeweiligen Lerngruppe angepaßt sind. Es wird jedoch auch immer Bereiche des Englischunterrichts geben müssen, die nicht der Befriedigung gegenwärtiger Kommunikations- und Informationsbedürfnisse der Schüler dienen. Hierbei ist es wichtig, den Schülern die längerfristigen Lernziele und damit den Sinn dieser Unterrichtsmaßnahmen zu erklären. Wo immer möglich und sinnvoll, sollten die Lernenden bei der Auswahl von Themen und Arbeitsformen mitbestimmen dürfen. Eine solche Mitbestimmung kann sich lernfördernd auswirken.

Die Anbindung des Unterrichts an die Schülerinteressen kann und sollte nicht total sein, da Schule nicht nur der Verfestigung bestehender Vorlieben, sondern vielmehr der Vermittlung neuer Inhalte und der Weckung zusätzlicher Interessen dienen sollte.

Wo der Sinngehalt so wichtig ist, darf der Unsinn als Gegengewicht nicht fehlen. Als Entspannung vom Sprachtraining für später brauchen Schüler das Sprachspiel für jetzt. Nonsensverse, Assoziationsspiele, Wortschöpfungen oder Blödelgeschichten haben auch einen Sinn.

Kontakt
Sprache dient der Kontaktaufnahme zu den Mitmenschen. Von Sprachlehrern sollte daher vielleicht eine besonders hohe Kontaktbereitschaft in verschiedene Richtungen erwartet werden. Zum ersten betrifft dies den Kontakt zu den Schülern. Gerade weil die Sprache unser Hauptverständigungsmittel ist, sollte sie auch im Unterricht sinngerecht verwendet werden. Das bedeutet die Ausnutzung jeder Gelegenheit zu echter, d. h. mitteilungsbezogener Kommunikation in der Fremdsprache. Neben der in jeder Unterrichtsstunde stattfindenden Regelung organisatorischer Fragen in der Fremdsprache bieten sich kurze Sequenzen mit *small talk* etwa zu Stundenbeginn und -ende an, in denen Schüler und Lehrer über sie betreffende Fragen und Themen sprechen können. Kontakte sind auch im Rahmen von Grammatikübungen herzustellen, wenn die Schüler ermutigt werden, persönliche Informationen und Meinungen in ihre Sätze bzw. Antworten einfließen zu lassen. Aus Gründen der Parität darf die Lehrkraft sich mit ihren Ansichten und persönlichen Beiträgen nicht vollständig zurückhalten, damit die Schüler nicht das Gefühl bekommen, „ausgefragt" zu werden. Es geht – in ganz bescheidenem Ausmaß – um das „Teilhaben" an Leben und Person des anderen. In einem Englischunterricht, der die speziellen Talente (z. B. Singen, Mimen, Zeichnen) der Lehrenden und ihre Reiseerfahrungen im englischsprachigen Ausland einbezieht, findet ein solches *sharing* gute Ansatzpunkte. Erfolgreiches, gutes Unterrichten ist mehr als Wissensvermittlung und Fertigkeitstraining; die Schüler müssen ernst genommen werden.

In zweiter Linie muß sich der Englischlehrer, insbesondere in der Hauptschule, um Kontakte zu den Eltern seiner Schüler bemühen. Gerade weil viele von ihnen aufgrund ihrer eigenen Schul- und Berufserfahrung dem pflichtmäßigen Erlernen einer Fremdsprache ablehnend oder gleichgültig gegenüberstehen und durch ihre Haltung die Lernmotivation ihrer Kinder nachhaltig beeinflussen, besteht eine wichtige Aufgabe des Lehrers darin, Ziele und Vorteile des Englischunterrichts zu erläutern und für das Fach zu werben. Am ehesten überzeugt Eltern jedoch die Begeisterung ihres Kindes für das Fach und seine Lernerfolge im Unterricht.

An dritter Stelle muß der Kontakt der Lehrer untereinander erwähnt werden, der – in einem kooperativ eingestellten Kollegium – zu gegenseitiger Hilfe, zu fächerübergreifendem Unterricht oder gemeinsamen Projekten führen kann. Eine Zusammenarbeit von Englischlehrern in der Fachkonferenz kann die Planung von Jahrespensen und

Wiederholungsprogrammen, die Vorbereitung von Klassenarbeiten und den Austausch von Medien sowie Zusatzmaterialien sehr erleichtern. Darüber hinaus bilden Gespräche mit Fachkollegen ein notwendiges Korrektiv des eigenen Unterrichtens; Hospitationen mit Unterrichtsbeobachtung oder auch nur der kurze Ratschlag in der Pause helfen gegen „Betriebsblindheit".

Schließlich brauchen Englischlehrer Kontakte zu englischsprachigen Menschen. Freundschaften oder Bekanntschaften über die Ländergrenzen hinaus vermitteln notwendige Einblicke in Alltagsleben und Kultur des fremden Landes und helfen bei Erhaltung und Ausbau des fremdsprachlichen Könnens. In dieser Hinsicht ist es sicher von Vorteil, wenn ein *native speaker* Mitglied des Kollegiums ist.

Freude
Ein guter Englischunterricht ist für Schüler und Lehrer befriedigend. Guten Englischunterricht zu geben, fällt den Lehrerinnen und Lehrern leichter, die Spaß am Fach haben, was sich oft aus einem intensiven Interesse an englischer Sprache, Kultur oder Gesellschaft und einer fachlichen Kompetenz ergibt. Lehrer, die gerne in diesem Beruf arbeiten, sind meistens gute Lehrer; ihnen bereitet es nicht nur Freude, sich mit einem Gebiet eingehend zu beschäftigen, sie verspüren auch das Bedürfnis, Schülern etwas davon zu vermitteln. Dies tun sie mit Begeisterung und Humor. Begeisterung wirkt auf viele Schüler ansteckend, wenngleich zuweilen erst mit Verzögerung. Auch Humor ist ein wichtiger Bestandteil guten Unterrichts: Er trägt zum Abbau von Spannungen zwischen Lehrern und Schülern sowie den Schülern untereinander bei, er kann arbeitsintensive Unterrichtsphasen weniger anstrengend erscheinen lassen oder der Erarbeitung langweiliger Texte Lichter aufsetzen. Die Schüler haben ein im Unterricht oft ungenutztes Reservoir an Witz und Phantasie. Durch entsprechende Übungsformen und Aufgabenstellungen kann man es ihnen ermöglichen, diese Fähigkeiten einzusetzen und dadurch Freude am Unterricht zu gewinnen. Jüngere Schüler lassen sich durch Spielen, Basteln und Singen begeistern; ältere finden Spaß an der Herstellung von Collagen, der Übernahme der Lehrerrolle oder auch der Vorbereitung einer Klassenfahrt nach Großbritannien. Schließlich trägt die Berücksichtigung humorvoller Texte bei allen Schülergruppen zu einer positiven Ausrichtung des Englischunterrichts bei.

Zur Lehrkunst
Die Schüler wollen als Gruppe und als Individuen angesprochen werden. Beide Beziehungsrichtungen gleichermaßen zu berücksichtigen, erfordert Einfühlungsvermögen, Geschick und Übung. Die Schülerinnen und Schüler sollen so angesprochen werden, daß sie die Fähigkeit entwickeln, untereinander und miteinander zu sprechen.

Wichtig ist die Direktheit von Sprache und Sache. Das Klassenzimmer benötigt Realitäten, primäre Erfahrungen und nicht Abstraktionen und sekundäres Über-die-Dinge-Reden.

Lehren heißt vorgeben, aber auch besonders vormachen und Vorbild sein.

Die wichtigste Phase ist die Verdeutlichung. Nur Lernziele, die verständlich gemacht worden sind, können optimal vermittelt werden.

Die Schüler sind ernst zu nehmen, bisweilen mit Humor. Dazu gehört persönliche Sicherheit des Lehrers und „Ernst auf fröhlichem Grund“.

Englischunterricht ist nicht papageienhaftes Lernen, auch nicht mathematische Analyse. Wichtig ist eine gleichbleibende geistige Herausforderung der Schüler, die hinter Grammatikregeln und Wortschatzzusammenhängen mehr sehen wollen als die Zufälligkeit einer fremden Sprache, die die schon in der Erstsprache vermittelten Inhalte auf eine neue Weise bezeichnet. Nicht Bezeichnungen interessieren, sondern die bezeichneten Inhalte.

Nicht zu überfordern und nicht zu unterfordern, erfüllt das Prinzip der Erreichbarkeit. Wegen der unterschiedlichen Lernfähigkeit der Schüler muß für individuelle Lernwege gesorgt werden.

Der Lernfortschritt kann als gesichert angesehen werden, wenn der Anstieg gleichmäßig und in verträglicher Dosierung erfolgt. Zwischendurch aber sollten Ausruh- und Wiederholungsphasen eingerichtet werden.

Englischunterricht kann zur bloßen verbalen Aktivität verführen. Deshalb sollten Motorik und Bewegungslust der Schüler durch szenische Gestaltung und Lernspiele angesprochen werden.

Der Englischlehrer muß ein gutes Ohr für fremde Laute haben. Besonders sollte er nach dem Ende der Unterrichtsstunde auf die Schüler hinhören und ihren Gesprächen entnehmen, ob das Unterrichtsthema sie noch weiter beschäftigt oder wegen Irrelevanz schnell abgelegt ist.

Zur Unterrichtsplanung

Die Unterrichtsplanung muß eine „Stunden-Idee“ haben. Die Idee spiegelt sich im Unterrichtsergebnis, das die Arbeitsschritte und deren Erträge bündelt. Sie kann aber auch inhaltlicher Mittelpunkt sein, eine fachbezogene Einsicht oder eine interaktive Tätigkeit.

Je langfristiger geplant wird, desto eher kann man auf Einzelschritte der Planung verzichten und sich der Unterrichtsituation flexibel anpassen.

Lehrwerk und Medien bilden die normale Grundlage der Vorbereitung. Auf der anderen Seite wird ein guter Unterricht über die Materialvorgaben hinausgehen und zu Erweiterungen führen, in die der Lehrer ein eigenes Konzept „benutzerbezogen“ einbringt.

Eine Stunde lebt in sich selbst: Sie darf nicht nur Propädeutik sein für das Kommende.

Die einzelne Stunde ist wie die Aufführung eines kleinen Dramas. Unterschiedliche

Phasen bilden die einzelnen Akte und Szenen. Ein Spannungsbogen führt von der Stundeneröffnung bis zum Schluß. Ein Höhepunkt ist vorgesehen.

Jede Stunde sollte medienbezogen sein: Tageslichtschreiber oder Kassette, auf jeden Fall die Tafel. Jede Stunde sollte phasenvariabel sein: Lange mündliche Arbeitsblöcke ermüden. Schriftliche Einsprengsel sorgen für Variationen, ebenso sich abwechselnde produktive und rezeptive Phasen sowie unterschiedliche Sozialformen (Klassenverband, Gruppenarbeit).

Die Schüler müssen sich sicher fühlen. Sie müssen zwar aufmerksam und auch angespannt sein, sollten sich aber dabei wohlfühlen und nicht plötzlich zu Leistungen aufgefordert werden, die ihrem Wesen und Naturell nicht angemessen sind.

Schülerorientierter Unterricht ist heute aktuell, doch der Bezugspunkt der fachlichen Norm sollte intersubjektives Geschehen mit einem objektiven Korrektiv versehen.

Vorbereitung einer Englischstunde ist nicht nur Ausrichtung auf das Englische. Die Schüler stehen in einem umfassenden Lehrplan und nehmen teil an einer differenzierten sozialen und kulturellen Umwelt. Bei der Planung sollte man Verbindungen zu anderen Schulfächern herstellen und Brücken schlagen zum Lebensalltag der Schüler. In jeder Stunde sollten aktuelle Bezüge zeigen, daß der Englischunterricht nicht nur für künftige Fremdsprachensituationen vorbereitet, sondern schon hier und heute Muster menschlicher Daseinsformen verwirklicht.

2. Individualität des Englischlehrers

> ❞ Ich finde allmählich meinen Unterrichtsstil. Ich arbeite an meiner Sprachkompetenz. ❝

2.1 Erwartungen an den Fremdsprachenlehrer

Problemfeld

Ist die Lehrerleistung meßbar?
Die unmittelbaren Kritiker des Unterrichts sind nicht immer kompetente Kritiker: die Schüler. Auch die Beurteilungen der Eltern müssen auf ihrem jeweiligen Hintergrund gesehen werden. Kann auf der anderen Seite gesagt werden, daß die erste und zweite Staatsprüfung und eine gelegentliche Revision die wahre Lehrerleistung erfassen? Sicherlich nicht. So befindet sich der Fremdsprachenlehrer in einer Situation, fortwährend „begutachtet" zu werden, ohne daß objektiv ausreichende Maßstäbe vorhanden sind. Der Versuch der amerikanischen Schulbehörden, durch Kriterien zur *competence-based teacher education* eine dem Gesichtspunkt der Vergleichbarkeit entsprechende Beurteilung einzuführen, stößt selbst in den USA auf Schwierigkeiten und ist in Europa weit davon entfernt, Aussicht auf erfolgreiche Einführung zu besitzen.

Good and bad behaviour?
Es gibt zahlreiche, das Licht der Veröffentlichung mehr oder weniger erreichende Listen zu Merkmalskriterien erfolgreichen fremdsprachlichen Unterrichtens. Sobald diese Listen real existieren, üben sie ihre normative Wirkung aus. Ein entsprechendes Anpassungsverhalten ist die Folge. Die Checklisten zum erfolgreichen Lehrverhalten entgehen nicht der Gefahr, die darin liegt, daß ein dem augenblicklichen Methodentrend entsprechendes Unterrichtsverfahren – auf lange Sicht gesehen – unerwünschte Nebenwirkungen hervorrufen kann, die nicht gleich als solche erkannt werden.

Der Lehrer als entscheidender Faktor – whatever the method used
Wie weit wird erfolgreicher Unterricht von der Persönlichkeit beeinflußt und bestimmt? Die häufig fest eingefahrenen Persönlichkeitsmerkmale können durch Studium und Seminarausbildung nicht mehr wesentlich verändert werden.

Variabel bleiben jedoch Lernzielmanipulation, Methodenorganisation und Medienapparatur. Die Erwartungen, die an den Fremdsprachenlehrer gestellt werden, gehen von Schülern, Eltern und Kollegenschaft aus und beziehen sich auf Bereiche, die nur teilweise von Kenntnissen, Fertigkeiten und Haltungen geprägt werden, die in Schule und Ausbildung erworben wurden.

Unterrichtswirklichkeit

1 In einem 4. Schuljahr einer Grundschule erteilt ein jüngerer Lehrer Unterricht. Er bedient sich der methodischen Prinzipien des frühbeginnenden Englischunterrichts, ohne jedoch die unruhig wirkenden Kinder zu phasenüberdauernder Aufmerksamkeit zu führen. Sein eigenes Verhalten ist durch Unruhe, ja sogar Nervosität und Hektik bestimmt. Trotz der richtigen methodischen Verfahren kann nicht von einem erfolgreichen Englischunterricht gesprochen werden.

Der Lehrer erfüllt nicht die Erwartungen, die in ihn gesetzt werden. Wenn er schon nicht seine Persönlichkeit verändern kann, so sollte er zumindest im Bereich der psychologisch gesteuerten Selbstkontrolle grundlegende Prinzipien anwenden. Er sollte auf jeden Fall die einzelnen Stunden gut vorbereiten und sich selbst sagen, daß er das Beste getan hat. In kritischen Situationen sollte er ruhig bleiben und „Humor" zeigen. Auffällige Schüler, deren Zahl schon in der Grundschule zunimmt, sollte er möglichst früh erkennen, sie zu besonderen Aufgaben heranziehen, sie „aufbauen" und ihnen eine „Chance" geben. Es wäre falsch, wenn er sich bei Schülern „anbiedern" würde, und richtig, freundliche Distanz zu wahren. Vielleicht ließe sich seine Nervosität durch kontrollierte Bewegungen im Klassenzimmer abbauen, obwohl zu viel Bewegung wiederum Unruhe in die Klasse trägt.

2 Eine erfahrene Englischlehrerin wird zum erstenmal als Kursleiterin im fortgeschrittenen Englischunterricht der Volkshochschule eingesetzt. Sie überlegt sich genau, wie sie ihre neuen Schüler ansprechen will, da sie weiß, daß die allererste Stunde in der Erwachsenenbildung häufig über den Erfolg des Kurses und die Teilnahme der Zuhörer entscheidet. Sie möchte die Erwartungen erfüllen, die sowohl von der Volkshochschulleitung als auch von ihren Kursteilnehmern in sie gesetzt werden.

Die konzentrierte Vorwegnahme möglicher Schwierigkeiten befähigt die Lehrerin, in der neuen Situation des nebenamtlichen Erwachsenenunterrichts das richtige Verhalten zu zeigen. Es ist wichtig, daß sie sich klarmacht, daß ihr erstes Auftreten ruhig und zugleich locker sein sollte. Der Blickkontakt mit den Kursteilnehmern ist wichtig. Ihre ersten Sätze sollten ihre Sprachschüler ansprechen. Die personenbezogene Kommunikation könnte aus folgenden Impulsen bestehen: *What are your hobbies? Did you watch TV yesterday?* Die fachbezogene Kommunikation könnte sich um folgende Auslöser gruppieren: *What can you do with English? Is there anybody who spent some time in an English-speaking country?*

Handlungsempfehlungen

Wegen der psychologisch-diffizilen Kommunikation zwischen Autoren und Lesern auf dem Gebiet der Erwartungen an Fremdsprachenlehrer und Lehrerpersönlichkeit soll der folgende Teil nicht in persönlicher Anrede verfaßt werden, sondern in allgemein darstellender Form.

Die Erwartungen an den Fremdsprachenlehrer umfassen drei wichtige Dimensionen: Schüler, Eltern, Kollegen.

1. Aus der Sicht der Schüler

Der ideale Englischlehrer könnte aus der Sicht der Schüler so aussehen:
- Er ist freundlich und sympathisch, verständnisvoll und hilfsbereit.
- Darüber hinaus ist er gerecht und objektiv in seinem Urteil.
- Ganz wichtig ist auch, daß er etwas von der „Sache versteht", daß man etwas bei ihm lernt.
- Der Lehrer zeigt seinen Schülern, daß er selbst gerne und interessiert weiterlernt.
- Er „kann" Englisch und hat einen „Plan".
- Sein Unterricht ist nicht langweilig, fast immer interessant.
- Vor allen Dingen: Man kommt mit.

Dann gibt es noch eine Reihe kleinerer Wünsche:
- Der Lehrer ist pünktlich und verläßlich: Er beginnt seine Stunden bald nach dem Klingelzeichen. Die Rückgabe der Klassenarbeiten läßt nicht auf sich warten.
- Er ist immer „vorbereitet", kann sagen, „wohin die Reise geht", und bringt Materialien und Medien mit in den Unterricht.

2. Aus der Sicht der Eltern

Die Eltern erwarten von dem Englischlehrer ihrer Kinder, daß die Klasse „zufrieden" ist. Die Klassenarbeiten müssen dem Kriterium der Erreichbarkeit entsprechen, die Unterrichtsstunden dem der Neuigkeit und des Interesses.
Die Eltern erwarten einen Fachmann, der auf Elternabenden und in Sprechstunden den Bildungsauftrag des Faches anschaulich darstellen kann. Auch legen sie Wert darauf, daß er Interesse an der Persönlichkeitsstruktur ihrer Kinder besitzt und diese in ihren Vorzügen und kleinen Schwächen beurteilen kann.
Der Fremdsprachenlehrer muß sich sein Image langsam aufbauen. Die Korridorkommunikation unter den Schülern und die Telefonkommunikation unter den Eltern bauen ein Image auf, das für seine Akzeptanz wichtig ist, auch wenn hier und da Gerüchte und Übertreibungen für schiefe Konturen verantwortlich sind.

3. Aus der Sicht der Kollegen

Das Zusammenspiel in der Schule folgt bestimmten ungeschriebenen Gesetzen. Man hat bestimmte Erwartungen, die erfüllt werden müssen.
- Es ist wichtig, kooperativ zu sein, Engagement zu zeigen und in der Lage zu sein, „Ideen" hervorzubringen, aber auch – bei Ablehnung durch die anderen – auf sie verzichten zu können.
- Wer eine Englischklasse abgibt, sollte darauf achten, daß sie sich bei dem Nachfolger sehen lassen kann. Ein einseitiger Unterricht führt die Schüler zu einseitigen Erwartungen und Verhaltensweisen, die vom neuen Fachlehrer nicht erfüllt werden können, so daß sich Konflikte ergeben. Klassen, die z. B. im Ausspracheбereich vernachlässigt worden sind, lassen sich nur mit großer Mühe normalisieren.
- Damit die Atmosphäre im Lehrerzimmer gut bleibt, bedarf es einer gewissen

Anpassung an das Englischkonzept der Schule, an den Schullehrplan (soweit vorhanden) und an die „Mehrheitsmeinung". Nonkonformisten haben es schwer, sich durchzusetzen. Moderne Ideen und neue Reformen zählen in abstracto wenig.
- Die Benutzung der Medien verlangt besondere Verantwortung. Schäden sind möglichst umgehend zu reparieren. Sprachlabor und Tageslichtschreiber bedürfen sorgfältiger Behandlung.
- Bei der Übernahme von Vertretungsstunden zeigt sich oft echte Kollegialität.

Literaturhinweise

Die Literatur der Schulpädagogik und allgemeinen Didaktik zum Thema der Erwartungen an die Lehrer ufert aus. Dagegen ist die spezielle Literatur zum Fremdsprachenlehrer äußerst knapp. Der Grund dafür ist nicht von der Hand zu weisen: Der Englischunterricht wird primär unter methodischen Perspektiven gesehen und weniger unter dem Gesichtspunkt seines Zusammenhanges mit der Gesamtpersönlichkeit des Unterrichtenden. Wegen der grundlegenden Bedeutung des Themas werden im folgenden mehrere Titel aufgeführt.

Die vollständigen bibliographischen Angaben zu der an dieser Stelle in jedem Kapitel mit Kurztitel aufgeführten Literatur finden sich in der Auswahlbibliographie auf S. 219 ff.

Köhler: *„Die Persönlichkeit des Fremdsprachlehrers"*, 1930
Politzer: *"Some reflections on 'good' and 'bad' language teaching behaviors"*, 1970
Freudenstein: *„Merkmale des guten Fremdsprachenlehrers"*, 1976
Schuphan: *„Disziplinschwierigkeiten im Fremdsprachenunterricht"*, 1976
Moskowitz: *"Competency-based teacher education: Before we proceed"*, 1976
Croon: *„Ist die Lehrer-Leistung meßbar?"*, 1978
Butzkamm: *„Methode und Person"*, in: *Praxis und Theorie der bilingualen Methode*, 1980
Solmecke/Boosch: *„Einige Faktoren der fremdsprachlichen Leistung zukünftiger Englischlehrer"*, 1980
Alfes: *„Der Lehrer als Motivationsfaktor – whatever the method used"*, 1982

2.2 Schülererfahrungen angehender Englischlehrer

Problemfeld

Wir alle haben Schülererfahrungen. Mehr oder weniger genau erinnern wir uns an sympathische und unsympathische Lehrer, an deren beeindruckende Sternstunden und nachhaltige Mißerfolge, an ihre Fertigkeiten, uns für ein Fach oder eine

Fragestellung zu begeistern. Selten jedoch geht das Interesse an unseren Erfahrungen als Schüler nach Abschluß der Schulzeit über das Anekdotische hinaus. Wenn man jedoch der Annahme folgt, daß Lehrerpersönlichkeiten und Lehrerverhalten die Lernfreude und Arbeitshaltung von Schülern, ihre **Einstellung** zu bestimmten Fächern oder Fachinhalten nachdrücklich beeinflussen, so erscheint es wesentlich, Schülererfahrungen etwas näher zu erforschen. Besonders interessant wird dies im Falle von Lehrerstudenten, deren Entscheidung zum Lehrerberuf ebenso wie ihre Fächerwahl wahrscheinlich in gewissem Ausmaß durch Erfahrungen der eigenen Schülerzeit motiviert sind.

Lehrt man, wie man gelernt hat?
Ausgehend von dieser Überlegung haben wir einen ersten Versuch unternommen, die Erinnerungen einer kleinen Zahl von Anglistikstudenten an den Englischunterricht ihrer Schulzeit im Rahmen eines Seminars zu erfragen und zu diskutieren. Zunächst interessiert es uns zu erfahren, an welche Aspekte und Zeitabschnitte des Englischunterrichts sich die Studenten in positivem oder negativem Sinne erinnern. Daran anschließend stellt sich die Frage, ob und inwieweit die **persönlichen Lernerlebnisse** im schulischen Englischunterricht die Studenten zu bewußter Ablehnung oder Übernahme bestimmter Vermittlungstechniken und Fachinhalte geführt haben oder führen werden. Schließlich scheint es uns von großer Bedeutung zu sein, im Gespräch mit den Studenten zu überlegen, wie sehr sie als zukünftige Lehrer durch den schulischen Englischunterricht geprägt und sich dessen bisher nicht bewußt geworden sind, sei es durch das stillschweigende Übernehmen jahrelang „erlittener" Unterrichtsverfahren oder das Nachempfinden von Interessen und Einstellungen ihrer eigenen Englischlehrer. Auch eine unbewußte Ablehnung von methodischen Wegen oder Textsorten kann eine Prägung in diesem Sinne darstellen. Da es sich bei den Teilnehmern des Seminars um Studenten des Hauptstudiums handelt, ist es unvermeidlich, daß diese ihre Schülererlebnisse zumindest teilweise durch den Filter des in die Fremdsprachendidaktik initiierten Experten sehen und sich ihre Einschätzung bestimmter Ereignisse von der naiven noch während der Schulzeit getroffenen unterscheidet.

Viel Monotonie und wenig Spaß
Im Verlauf des Seminars kristallisieren sich folgende Gebiete als besonders erinnerungsintensiv heraus:

1. bei den Unterrichtsabschnitten: der Anfangsunterricht mit dem Schwerpunkt des **Aussprachetrainings** und die **Textarbeit auf der Sekundarstufe II;**

2. bei den Unterrichtselementen: zunächst die **Wortschatzarbeit** und die damit verbundenen Fragen nach dem **Vokabelheft,** nach ein- oder zweisprachigem Unterricht, nach der Überprüfung des Vokabellernens, weiterhin die **Veranschaulichung der Grammatik,** die Behandlung von **Schülerfehlern** durch die Lehrer, der Umgang mit Texten (Lehrbuch, Literatur und Landeskunde) sowie die Umsetzung von Arbeits- und Lerntechniken.

Während sich mit dem Aussprachetraining im Anfangsunterricht vorwiegend lustige Erinnerungen verknüpfen, wird die Textarbeit der Sekundarstufe II von fast allen Befragten als wenig abwechslungsreich beschrieben. Kritik wird sowohl an der einseitigen Auswahl der Texte (in einem Falle nur Sachtexte, in einem zweiten überwiegend Shakespeare-Dramen) als auch an ihrer Durchnahme geäußert, wobei letztere bei vielen dem traditionellen Muster von Erlesen und Verständnisfragen folgte. Gerade die Erfahrungen des Studenten, dessen Englischunterricht in der Sekundarstufe II vor allem um Shakespeare kreiste, widerlegen die landläufige Meinung, daß Lehrer-Begeisterung für das Fach oder einige seiner Inhalte sich notgedrungen auf die Schüler überträgt. Es ist vielmehr zu vermuten, daß ein einseitiges Verfolgen eigener Detailinteressen bei älteren Schülern auf Skepsis oder Ablehnung stößt. Die immer wieder gehörte Klage über monotone Texterarbeitung sowie vorhersagbare Themen und methodische Schritte bestärkt uns in der Forderung nach unterrichtlicher Flexibilität und Vielseitigkeit.

Fast alle der befragten Studenten haben sich für ein Anglistikstudium mit der Berufsperspektive Englischlehrer/in entschieden, weil sie – zumindest in einem Abschnitt ihrer Schulzeit – einen als gut empfundenen Englischunterricht erfahren haben, in dessen Verlauf ihr Interesse an englischer Sprache, Literatur und Landeskunde geweckt wurde. In einem Fall wird die **Studienfachwahl** mit der Reaktion auf einen langweiligen Englischunterricht und dem Wunsch, „es besser zu machen", begründet. Eine wichtige Rolle beim Aufbau einer fachbezogenen Motivation spielten bei vielen Studenten Erfahrungen mit Englisch außerhalb der Schule, wie bei Urlaubs- oder Klassenfahrten nach England oder Kontakt zu englischsprechenden Menschen, und das Verhalten der Mitschüler, mit denen Freundschaften bestanden. Galt Englisch in der *peer group* als interessant oder nützlich, so bedeutete das, daß Hausaufgaben und Vorbereitungen relativ regelmäßig erledigt wurden und daß auf die Mitarbeit dieser Gruppe im Unterricht gerechnet werden konnte.

Nicht nur das Verhalten der Klassengemeinschaft, sondern auch die persönlichen Eigenheiten und das pädagogische Geschick des Lehrenden beeinflussen die Einstellung der Schüler zum Fach, seinen Inhalten und Methoden. Für die **Wirkung von Lehrern auf Schüler** sind selbstverständlich viele Faktoren verantwortlich. Zudem werden bestimmte Verhaltensweisen und Eigenschaften der Lehrer von einzelnen Schülern ganz anders empfunden und beurteilt; es wird daher kaum möglich sein, ein allgemein gültiges Merkmalsbündel für einen beliebten oder guten Lehrer zusammenzustellen, das als Trainingsgrundlage für Lehrerstudenten dienen könnte. Darüber hinaus bestehen in der Regel Diskrepanzen zwischen dem Selbstbild eines Lehrers und dem Bild, das seine Schüler von ihm haben. Dabei spielen unter anderem die für alle Beteiligten schwer durchschaubare Mischung aus bewußtem und unbewußtem Agieren, die Anpassung an erwartetes Rollenverhalten sowie die persönliche Grundstimmung eine Rolle. Da vieles von dem, was sonst den zwischenmenschlichen Kontakt bestimmt, natürlich ebenso im Klassenraum wirksam ist, läßt sich auch die Lehrer-Schüler-Begegnung nicht auf eine griffige Formel reduzieren.

Warum in Schulerinnerungen graben?
Dennoch glauben wir, daß es trotz der Vielschichtigkeit dieses Themas für alle Lehrer nützlich sein kann, sich mit der eigenen Schulzeit zu beschäftigen und die Reaktionen ihrer jetzigen Schüler auf ihre Persönlichkeit und ihren Unterrichtsstil herauszufinden. Der Nutzen der Reflexion eigener Schülererfahrungen liegt in verschiedenen Bereichen. Zum ersten dient sie der Bewußtmachung eigener emotionaler Entscheidungen in bezug auf das Lehrerverhalten. Eine Studentin führte dazu als Beispiel an, sie habe als Schülerin immer sehr gern an Vokabelabfragewettbewerben teilgenommen und daher dieses Verfahren auch im Schulpraktikum eingesetzt. Eine andere Studentin meinte, daß sie mit der Behandlung von Sachtexten sehr zurückhaltend sei, weil der von ihr erlebte Englischunterricht fast ausschließlich diese Textsorte zum Inhalt hatte. Zum zweiten wird Lehrern der Schülerstandpunkt wieder ins Blickfeld gerückt, wenn sie sich fragen, wie sie selbst früher auf bestimmte Unterrichtssituationen reagiert hätten. Zum dritten führt eine Reflexion der eigenen Schülererfahrung auch zu einer Überprüfung unkritisch übernommener oder abgelehnter, jedoch nicht geprüfter Lehrermaximen. Schließlich können dadurch die Fähigkeit zur Selbstanalyse und die eigene Lernbereitschaft im Hinblick auf das Lehrerverhalten gesteigert werden. Das bewußte kritische Nachdenken über das Unterrichten, so wie man es als Schüler erlebt hat und nun als Lehrer praktiziert, ist sicherlich auch eine Hilfe dabei, überlieferte Klischees zu erkennen und auf ihren Wahrheitsgehalt zu überprüfen, z. B. „Texte müssen abschnittweise erarbeitet werden" oder „je mehr Arbeitsblätter und Medien, desto besser der Unterricht". Letztlich wird die Reflexion somit zum Motor der Veränderung des Unterrichts.

Die Schüler sollten dabei soweit wie möglich beteiligt sein. Gerade wenn man die Bedeutung der eigenen vergangenen Schülerperspektive erkannt hat, ist es angebracht, die Meinung der Schüler ernst zu nehmen. Ein erster Schritt dazu besteht in einer offenen Darstellung der Gründe für bestimmte Inhalte und Verfahren, die in einem Unterrichtsabschnitt zentral sind. Ein nächster Schritt wäre das gezielte gemeinsame Ausprobieren neuer methodischer Verfahren. Wenn auch jedem Lehrer die Lehrmethode am sinnvollsten erscheint, die seinem persönlichen Lernweg entspricht, so muß er doch ständig auf der Hut sein, um allen jenen Schülern gerecht zu werden, die anders lernen. Hierzu ist ein partnerschaftlicher Austausch mit den Lernenden unerläßlich.

Unterrichtswirklichkeit

3

Ein zu Experimenten neigender Englischlehrer macht von einer Hotelglocke, die sich normalerweise auf dem Rezeptionstisch befindet, didaktischen Gebrauch, und zwar folgendermaßen: Für jeweils eine Woche wird ein bestimmter schwieriger Laut zum Lernziel der Woche erklärt. Wann immer ein Schüler diesen Laut falsch ausspricht, bedient der Lehrer mit schneller Hand die Glocke.

Das Glockenzeichen zur Fehlermarkierung ist aus mehreren Gründen ein erfolgreiches Mittel. Zunächst wirkt der laute Ton aufrüttelnd und lenkt die Aufmerksamkeit der Schüler auf die Fehlersuche. Daneben kann jedoch der unpersönliche Charakter des Zeichens für die Schüler weniger störend sein als ein fortwährendes Unterbrechen durch den Lehrer. Dadurch, daß nur jeweils ein Laut pro Woche als Ausspracheübung im Mittelpunkt steht, wird zudem verhindert, daß die Englischstunden so häufig durch Klingeln gestört werden, daß der Stundenfluß verlorengeht. Allerdings dürften gerade die Wochen, in denen beispielsweise das „th“ oder das stimmhafte „s“ korrigiert werden, den Lehrer öfters klingeln lassen.

4

Saturday Quiz

Eine andere methodische Denkwürdigkeit ist das *Saturday Quiz,* dessen Sieger mit Hilfe einer an diesem Wochentag zur Verfügung stehenden Bonbonniere bedient werden. Die Schüler selbst stellen die jeweiligen Aufgaben für den Wettbewerb: unregelmäßige Verben, Vokabellisten, grammatische Mustersätze und andere schnell und objektiv überprüfbare Abrufformen. Die Studentin berichtet, daß die Lernfreude dieses Samstagunterrichts bei weitem die größte gewesen sei, an die sie sich erinnern könne, und überdies habe sie vieles, was sie jetzt noch wisse, durch den Anreiz des spielerischen Wettbewerbs gelernt.

Viele Schüler und auch Erwachsene empfinden gelegentliche Wettbewerbe anregend und motivierend. Wenn zudem die Aufgabenstellungen von den Schülern selbst ausgearbeitet werden können und eine süße Belohnung für den Sieger bereitsteht, dann erhält das Quiz partnerschaftliche und spielerische Komponenten, die es für die Schüler wohltuend vom übrigen Unterricht abheben. Die Situation des spielerischen Wettstreits kann sich wegen der ihr eigenen Spannung bei vielen Schülern positiv auf die Behaltensleistung auswirken.

5

Harvey, der Hase

Es war einmal ein Englischlehrer, der von dem Film *Mein Freund Harvey* und dem großen, klugen Hasen so beeindruckt war, daß er diese Idee in den Englischunterricht trug. In einem 6. Schuljahr entwickelte er die Vorstellung eines großen sympathischen Hasen, der unsichtbar in das Klassenzimmer hineinspaziert kommt und sich jeweils mit einem Schüler unterhält, der ihn verstehen kann und nach vorn vor die Klasse kommt. Harvey stellt Fragen an die Klasse und kann seinerseits auch Fragen beantworten. Natürlich kann nur der jeweils zum Harvey-Gespräch sich meldende Schüler die Fragen und Antworten „verstehen“, die er dann der Klasse weitergibt. Direkte und indirekte Rede sowie eine Unmenge Wortschatz wurden auf diese Weise erarbeitet und gelernt. Gleichzeitig regte die Vorstellung dieser Geisterstimme die Phantasie der Zwölfjährigen dermaßen an, daß sie über ein halbes Jahr 5–10 Minuten pro Englischstunde diese Phantasieplauderei wünschten.

Es ist ganz erstaunlich, wie phantasievoll einige Schüler mit einer so unrealistischen Situation wie dem Besuch von Harvey umgehen. Für viele ist sicher ausschlaggebend, daß sie in der Rolle des Gesprächspartners von Harvey ganz allein wissen und steuern können, was sie sagen wollen. Diesen Grad der kommunikativen Selbstbestimmung gibt es im Fremdsprachenunterricht recht selten. Darüber hinaus bietet ihnen die Situation Gelegenheit, Kommentare und Fragen zur aktuellen Situation in der Klasse, zu Sportereignissen und ähnlichen Freizeitinteressen einfließen zu lassen.

Handlungsempfehlungen

1. Wenn Sie sich jetzt auf die Reise in Ihre Schülerzeit begeben wollen, um darüber nachzudenken, was Ihnen vom Englischunterricht noch positiv oder negativ im Gedächtnis ist, so können Ihnen die folgenden Anregungen vielleicht helfen:

Es waren	Lehrerverhalten	Texte, Inhalte	Unterrichts-verfahren	Mitschüler-verhalten
nützlich				
interessant				
spannend				
Spaß machend				
langweilig				
unnütz				
zu schwierig				
ärgerlich				
Angst machend				
...				

2. Einige Fragen an Sie selbst:
   a) Was mache ich heute genauso wie meine Englischlehrer? Warum?
   b) Was mache ich heute anders als meine Englischlehrer? Warum?
   c) Was hat mich als Schüler/in besonders beeindruckt? Benutze ich diese Technik / diese Inhalte / diese Medien etc. heute auch? Warum? Warum nicht?
   d) Was hat mich als Schüler/in im Englischunterricht besonders geärgert? Wie verhalte ich mich heute dazu?

2.3 Lehrerfortbildung

Problemfeld

Fortbildung und Weiterbildung
Einladungen zu Fortbildungsveranstaltungen gehen von vielen Institutionen und Instanzen aus, von den Lehrerfortbildungsinstituten der Bundesländer und freien Trägerschaften (Kirchen), den Regierungspräsidenten und Schulamtskreisen, den Fachverbänden und Universitäten. Die Veranstaltungsformen variieren erheblich. Es

gibt Tages- und Wochenveranstaltungen, Intensiv- und Streukurse. Führt die Lehrerfortbildung zu einem berufsqualifizierenden Examen, spricht man von **Weiterbildung.** Im juristischen Sinne ist die Form der **Fortbildung** gegeben, wenn es um eine professionelle Vertiefung der Berufspraxis geht, ohne daß ein Abschlußexamen im Sinne von Prüfungsordnungen abgenommen wird.

Welche Themenschwerpunkte?
Im Hinblick auf Themen finden wir in den staatlichen Lehrerfortbildungsveranstaltungen Schwerpunktbildungen im Bereich der **Umsetzung von neuen Richtlinien und Lehrplänen** und der **Handhabung von Unterrichtsmedien.** Unterrichtsmethodische Arbeit im Hinblick auf konkret vorgeführten und analysierten Unterricht wird seltener betrieben.

Unter dem Stichwort der schulnahen Curriculumentwicklung greifen didaktische Veranstaltungen der Lehrerfortbildungsinstitute die von den Schulen vorgetragenen Fragestellungen und Bedürfnisse auf. Die von den Universitäten angebotenen Themen führen ein in die neuere Entwicklung der linguistischen Disziplinen und der Literaturwissenschaft sowie -didaktik, in Sachzusammenhänge also, die in unmittelbarem Zusammenhang mit der Anglistik und Amerikanistik stehen.

Modell für eine Fortbildungstagung
Eine idealtypische Fortbildungstagung weist einige charakteristische Merkmale auf:

- Sowohl Fragestellungen der Schulen als auch Wissensangebote der Hochschulen kommen zum Tragen. Die **Mitgestaltung der Fortbildungsteilnehmer** ist gewährleistet, gleichzeitig die wissenschaftliche Unabhängigkeit der Referenten.
- Je nach Informationsstruktur der Themen werden die Vermittlungsformen des Referates, der Diskussion in kleineren Gruppen oder der Projektarbeit angewandt. Eine umfangreiche Vorbereitung seitens der Teilnehmer wird durch vorher verschickte Thesenpapiere und Literaturlisten ermöglicht.
- Die Tagungsteilnehmer fertigen Protokolle für die Fachkonferenz an und berichten später in ihren Schulen.
- Die Fortbildungsveranstaltungen stehen unter der Forderung der Maximierung des **Gebrauchs der englischen Sprache.**
- Für den Methodikbereich wird die Praxis durch Unterricht in Schulen konkretisiert, notfalls ersetzt durch Videoaufnahmen.

Unterrichtswirklichkeit

6

Das Schulamt einer Großstadt organisiert ein anderthalbtägiges Fortbildungsprogramm mit folgendem Zeit- und Themenplan:

Erster Tag (Wiedergabe der Inhalte):

16–17	Ziele, Methoden und Medien (Vortrag)
17–18	Erfolgreiche Verfahren der Praxis (Diskussion)

Zweiter Tag (Wiedergabe der Arbeitsformen):

8.45–9.30	Unterrichtsstunde
10–11	Besprechung in kleinen Gruppen
11–12	Zusammenfassung der Gruppenergebnisse im Plenum, Formulierung von Schwerpunkten zur didaktischen Durchdringung der Stunde
14–16	Behandlung der Schwerpunkte und ihrer Anschlußthemen, z. B. Interaktion und Gesprächsstruktur, Unterrichtssprache und sprachliche Rollen, Schülersprache als Lernersprache, Medienverwendung, landeskundliche Informationen und ihr Hintergrund, der Lehrbuchtext und seine Umsetzung, verbindliche Lernziele

Das obige Programm ist schulnah und zugleich wissenschaftsbezogen, doch setzt es ein erhebliches Maß an Flexibilität des Tagungs- und Diskussionsleiters und aller Teilnehmer voraus. Die Schulstunde ließe sich auf Video festhalten, damit relevante Ausschnitte in der Unterrichtsbesprechung vertieft betrachtet werden können. Die Erfahrung zeigt, daß in der Besprechung häufig erhebliche Kritik an der Unterrichtsgestaltung vorgebracht wird, so daß die Bereitschaft zur freiwilligen Übernahme von Unterrichtsstunden abnimmt.

Für die Gruppendiskussionen müssen kompetente Gesprächsleiter gefunden werden, die die Stundenstruktur überschauen und Einzelbeobachtungen mit dem Gesamtbild verknüpfen können. Von großer Schwierigkeit ist die vertiefende Behandlung der psychologischen, linguistischen und textwissenschaftlichen Aspekte der fachdidaktischen Anschlußthemen. Die hierfür vorgesehenen Wissenschaftler müssen ein gutes Verständnis für die Bedingungen des schulischen Unterrichts mitbringen und in der Lage sein, den Stand der Forschung auf den konkreten Fall zu beziehen. Darüber hinaus ist jede Unterrichtsstunde als ein Fall exemplarischer Praxis zu sehen, der nicht ohne weiteres verallgemeinert werden kann.

Der Wert der Lehrerfortbildung nach dem obigen Modell besteht in der Verknüpfung des Alltagsunterrichts einer Schule mit fachdidaktischer Unterrichtsforschung und anglistischer Wissenschaft. Aus der vertieften Diskussion ergeben sich Literaturempfehlungen für die Schulbibliothek und Diskussionsthemen für Fachkonferenzen.

Handlungsempfehlungen

1. Die Auswahl Ihrer Fortbildungsveranstaltungen könnte unter dem Gesichtspunkt der Unterrichtspraxis und des englischen Sprachtrainings stehen. Hinzu käme die Vermittlung neuerer Erkenntnisse in Fachdidaktik, in Sprach- und Literaturwissenschaft sowie in Landeskunde.
2. Eine Fortbildungstagung müßte durch Studium einschlägiger Veröffentlichungen und Erarbeitung vorher versandter Unterlagen vorbereitet werden.
3. Fertigen Sie Tagungsprotokolle an, die in den Schulen umlaufen. Fachkonferenzen sollten die Tagungsergebnisse aufgreifen.

4. Besuchen Sie Tagungen, auf denen viel Englisch gesprochen wird. Auf jeden Fall wäre die optimale Verwendung des Englischen langfristiges Fortbildungsziel.
5. Schlagen Sie im Sinne einer Initiative die von Ihnen als wichtig empfundenen und notwendig erachteten Themen Schulämtern und Lehrerfortbildungsinstituten vor.

Literaturhinweise

Die einzelnen Fortbildungsinstitutionen veröffentlichen Tagungsberichte und Handreichungen für den Unterricht. Diese Literatur ist bibliographisch nicht systematisch erfaßt. Auch die Titel der Verlagspublikationen sind spärlich gestreut, so daß durch die Literatur nur kleine Segmente der Fortbildungsaktivitäten sichtbar werden. Der Ursprung dieser „3. Phase der Lehrerausbildung" liegt in den Veranstaltungen des Allgemeinen Deutschen Neuphilologenverbandes (ADNV), die in den Tagungsberichten (nachlesbar in den alten Jahrgängen der Zeitschrift *Die Neueren Sprachen*) sich widerspiegeln und neben dem durchgängigen fachwissenschaftlichen Interesse früherer Generationen von Fremdsprachenlehrern auch großes Engagement für methodische Grundfragen zeigen.

Mainusch/Mertner/Schmidt/Schröder: *Lehrerfortbildung und Lehrerweiterbildung in der Bundesrepublik Deutschland: Modell Anglistik,* 1976
Bludau: *„Hatte Dr. Johnson recht?"*, 1979
Schwinning: *„Erfahrungsbericht eines Ex-Referendars"*, 1981

2.4 Auslandsaufenthalt

Problemfeld

Für den Fremdsprachenlehrer sollten häufige Aufenthalte im englischsprachigen Ausland selbstverständlich sein. Schon während des Studiums haben Besuche Großbritanniens, der USA oder eines der vielen Länder, in denen Englisch gesprochen wird, einen hohen Nutzeffekt. Sie geben dem Besucher Einblicke in die Kultur und das tägliche Leben des Gastlandes, fördern seine Kenntnisse und Fertigkeiten in der Fremdsprache und bieten ihm vielseitige Kontakte zur Bevölkerung, aus denen langjährige Bekanntschaften entstehen können. Nützlich in dieser Hinsicht sind sowohl Ferien- und **Studienreisen** als auch insbesondere mehrmonatige Aufenthalte zum Studium oder als *language assistant.*

Im Ausland sind Lehrer Lernende
Bei einem Auslandsaufenthalt schlüpft die Englischlehrerin immer wieder in die Rolle der Lernenden, für die es neue Entwicklungen in Sprache und Gesellschaft und ihr unbekannte Gegenden und Städte zu entdecken gilt. Diese persönlichen Lernerfahrungen erleichtern es der Lehrerin, Lernschwierigkeiten ihrer Schüler (z. B. im Bereich **Landeskunde**) verständnisvoll zu beheben. Sie sind darüber hinaus notwen-

dig zur Bewahrung einer aufgeschlossenen Haltung, die vor verfestigten Urteilen und Klischeemeinungen – im Positiven wie im Negativen – schützt. Schließlich kann ein „Eintauchen" in das Leben im anderen Land, ein Sich-Einfühlen in die Gewohnheiten und Werte der Menschen des Gastlandes für den Besucher eine sehr bereichernde Erfahrung darstellen.

Unterrichtsanregende Reiseeindrücke
Zusätzlich zu den Bildungs- und Erholungswirkungen für die Lehrer selbst liefert ein Aufenthalt im englischsprachigen Ausland vielfältige Anregungen für den Englischunterricht. So werden landeskundliche Themen, zu denen man eigene Erlebnisse berichten kann, für die Schüler wesentlich lebendiger und interessanter. Zudem erleichtern von der Reise mitgebrachte Materialien (z. B. Zeitungen, Zeitschriften, Poster, Broschüren, Fahr- und Eintrittskarten) einen anschaulichen, lebendigen und in gewissem Umfang aktuellen Englischunterricht. Bei der Auslandsreise eventuell geknüpfte Kontakte zu Fachkollegen im anderen Land können der Anstoß zu Schülerbrieffreundschaften und Austauschvorhaben sein.

Handlungsempfehlungen

1. Reisen Sie so oft wie möglich ins englischsprachige Ausland. Bevorzugen Sie dabei solche Reiseformen, die Sie möglichst viel mit der Bevölkerung in Kontakt bringen.

2. Sammeln Sie während Ihres Auslandsaufenthaltes Materialien aller Art, mit denen sich der Unterricht bereichern läßt (Beispiele: Speisekarten, Fernsehprogramme, Zeitungen, Kinderbücher, Karten, Briefe, Bierdeckel, Verpackungen von Lebensmitteln und Artikeln des täglichen Bedarfs, Gesellschaftsspiele). Wenn Sie mit jüngeren Schülern im Englischunterricht gelegentlich Wettbewerbsspiele veranstalten, bei denen Preise zu gewinnen sind, können Sie diese ebenfalls im englischsprachigen Ausland besorgen und dem Spiel einen „authentischen Anstrich" verleihen (Ideen für kleine Preise: Bleistifte, Notizblöcke, Taschenkalender, Süßigkeiten, Untergrundbahnpläne, Poster, Buttons, Aufkleber).

3. Erzählen Sie ihren Schülern von dem Aufenthalt und zeigen Sie ihnen mitgebrachte Fotos, Dias oder Filme.

Literaturhinweise

Seit der Neusprachlichen Reformbewegung wird ein obligatorischer Auslandsaufenthalt der zukünftigen Englischlehrer immer wieder gefordert; er ist jedoch bis heute nicht selbstverständlich. Als Beispiel für die direkte unterrichtspraktische Nutzung einer Reise ins Land der Zielsprache dient der Beitrag von Germer.

Germer: *„Möglichkeiten und Grenzen des 'touristic approach'"*, 1986

2.5 Unterrichtsexperimente

Problemfeld

Im erziehungswissenschaftlichen Sprachgebrauch benutzt man den Begriff „Experiment“ in Verbindung mit dem Unterrichtsgeschehen zumeist für solche Fälle, in denen der Unterricht nach vorher festgelegten Schemata abläuft, genau aufgezeichnet und beobachtet und schließlich ausgewertet wird. Diese Unterrichtsexperimente werden in der Regel wissenschaftlich begleitet und ihre Ergebnisse veröffentlicht. Im Mittelpunkt des Experiments steht die **Methodenevaluation;** dabei kann z. B. eine Untersuchung von unterschiedlichen methodischen Gesamtkonzepten, von der Effektivität einzelner Lehrverfahren für festgesetzte Lernziele oder von der Wirksamkeit bestimmter disziplinierender Maßnahmen vorgenommen werden. Die Ziele von wissenschaftlichen Unterrichtsexperimenten liegen zum einen darin, mehr über das Unterrichtsgeschehen selbst zu erfahren, zum anderen darin, den Unterricht zu verändern.

Experimentieren als Vorstufe der Veränderung
Das letztgenannte Ziel ist häufig der Motor für das „Experimentieren“ einzelner Lehrer. Die Veränderung des Unterrichts kann sich auf verschiedene Unterrichtskomponenten wie Lernklima, Lernergebnisse, Sozialverhalten, Motivation, Arbeitshaltung etc. beziehen. Solche privaten Unterrichtsexperimente sind wahrscheinlich häufiger als streng wissenschaftliche Experimente; daher sollen sie hier vorrangig behandelt werden. Sie bestehen aus dem Versuch eines Lehrers – oder einer Lehrergruppe –, über einen längeren Zeitraum hinweg den Unterricht konsequent umzugestalten, sei es durch methodische Maßnahmen im fachlichen oder sozialen Bereich, sei es durch Medien- und/oder Materialeinsatz.

Die **Anregungen zum Experiment** können vielen Quellen entspringen: der unbefriedigenden Unterrichtssituation in der eigenen Klasse, der Eigenerfahrung der Lehrerin in außerschulischen Lern- (z. B. Fremdsprachen-Intensivkursen) oder Gruppenprozessen (z. B. Gruppendynamik, Laienspiel), der Beobachtung von Unterrichtsstunden anderer Lehrkräfte, den Berichten von Schülern, den Informationen auf Fortbildungsveranstaltungen und Fachtagungen und dem Studium fachmethodischer und pädagogischer Literatur. Die **Experimentierphase** mit dem beabsichtigten Resultat der Unterrichtsveränderung wird auch beim privaten Experiment genau geplant und während ihrer Durchführung beobachtet bzw. aufgezeichnet. Je nach dem Grad der Abweichung vom bisherigen Unterrichtskonzept sind mehr oder weniger umfangreiche Beobachtungswege nötig. Der experimentierende Lehrer selbst wird seine Unterrichtsstunden zumindest in anschließenden Protokollen kommentieren und die Reaktionen der Schüler festhalten. Video- oder Tonbandaufnahmen erleichtern die Einschätzung des Experiments ebenso wie die Kommentare und Beobachtungen hospitierender Kollegen oder Studenten. Ist das Experiment in Zusammenarbeit mit den betroffenen Schülern geplant und praktisch umgesetzt worden, so sind **Schüler-**

befragungen (Interviews, Fragebogen, freie Stellungnahme) ebenfalls wichtig. Das Unterrichtsexperiment ist auch dann, wenn die Lehrerin die erprobten Verfahren nicht in ihr Lehrrepertoire übernimmt, eine für sie wichtige Lernsituation, die ihre methodisch-didaktische Beweglichkeit unterstützt und erhält.

Fremdsprachenunterrichtliche Methodenexperimente
In der Fremdsprachendidaktik werden seit etlichen Jahren einige methodisch-didaktische Strömungen erörtert, die Fremdsprachenlehrer zum Experimentieren anregen können:

- **Personenbezogener Fremdsprachenunterricht** *(Humanistic Language Teaching, Community Language Learning):* Bei diesen Konzepten geht es in erster Linie darum, die Lernenden in ihrer ganzen Persönlichkeit, also auch mit allen emotionalen Stärken und Schwächen, im Unterricht anzusprechen. Das geschieht zum einen durch Übungsformen, die das Selbstwertgefühl des einzelnen Schülers stärken sollen, zum anderen über eine weitgehende Gesprächssteuerung durch die Lernenden selbst, wobei der Lehrer vornehmlich Helfer- und Übersetzerfunktionen wahrnimmt. (Literatur: Moskowitz, Curran, Stevick.)

- **Silent Way und Total Physical Response:** Beide Lehrsysteme führen den Lernenden auf eng definierte Aneignungswege der Fremdsprache. Lehrer, die nach der Methode des *Silent Way* unterrichten, sprechen nur sehr wenig und präsentieren neues Sprachmaterial den Schülern nur einmal. Das Übungsgeschehen wird weitgehend vom Lehrer mit Hilfe von *Cuisenaire Rods* (farbige Holzstäbchen unterschiedlicher Länge) und Tafelbild (Zeigen von Worten mit dem Zeigestock) gesteuert. Der Unterrichtsweg des *Total Physical Response* konzentriert sich im Anfangsunterricht auf die Schulung des Hörverstehens; vom Lehrer in der Fremdsprache gegebene Anordnungen werden von den Lernenden ausgeführt, wodurch sie ihr Verstehen demonstrieren. Erst wenn die Lernenden ein gewisses Hörverstehensplateau erreicht haben, dürfen sie mit dem Sprechen beginnen. (Literatur: Gattegno, Asher, Stevick.)

- **Self Access Learning:** Hierbei geht es um die Individualisierung des Lernprozesses. Übungsprogramme, Texte verschiedener Schwierigkeitsstufen, auditive Medien und evtl. Computer(programme) bieten ein Reservoir an Lernmitteln, die jeder Lernende gemäß seinem eigenen Lerntempo und Lerninteresse nutzen kann.

- **Suggestopädie:** Entspannungsübungen und Musik versetzen den Lernenden in eine lernbereite Stimmung, in der er für die Fremdsprache besonders aufnahmefähig ist. (Literatur: Lozanov, Stevick, Holtwisch.)

- **Spielerisches und musisches Lernen:** Wo immer möglich, erhält der Fremdsprachenunterricht spielerische (Lern-, Rollen-, Simulationsspiele) und musische (Musik, darstellende Kunst) Elemente. Anregungen kommen vor allem aus dem Bereich des *Drama Teaching* in britischen Schulen. (Literatur: Maley/Duff, K. Jones, L. Jones, Livingstone.)

Unterrichtswirklichkeit

7

Frau D. führt einen Intensivkurs Englisch mit einer kleinen Gruppe Erwachsener durch und verwendet dabei die psychopädische Methode, eine von der Suggestopädie beeinflußte Lehrweise. Im wesentlichen läuft der Unterricht nach folgendem Muster ab:

Phase 1: Die Kursleiterin bietet das neue Sprachmaterial zweisprachig und situativ dar, indem sie verschiedene Rollen vorspielt und ihre fremdsprachigen Äußerungen jeweils kurz ins Deutsche übersetzt.

Phase 2: Die Lerngruppe wiederholt im Chor die von der Kursleiterin vorgesprochenen fremdsprachigen Sätze. Die Äußerungen werden von allen gestisch und mimisch begleitet, wobei die Gestik einerseits zur besseren Einübung der richtigen Intonationsmuster dient und andererseits kulturspezifische Hand- oder Körperbewegungen zu einzelnen Äußerungsmustern darstellt.

Phase 3: Die Lernenden spielen und sprechen das in Phase 1 präsentierte Sprachmaterial in Gruppen nach.

Phase 4: Die Lernenden reagieren einzeln auf Dialogstimuli der Kursleiterin.

Phase 5: Die Kursleiterin spricht nochmals die zu lernenden Äußerungen darstellend vor, wobei die Lernenden jetzt verstärkt auf die Art ihrer Präsentation achten, da sie die Bedeutung der einzelnen Sätze kennen.

Phase 6: In dieser abschließenden Phase liegen die Kursteilnehmer entspannt auf dem Boden und hören nochmals das gesamte Sprachmaterial dieser Lektion vom Band an, das von *native speakers* situativ besprochen und von Barockmusik untermalt ist.

Das geschilderte psychopädische Verfahren vereinigt Elemente verschiedener fremdsprachenmethodischer Ansätze in sich: die Auswahl kommunikativ relevanter Äußerungen, die situative Einbettung des Sprachmaterials, die zweisprachige Darbietung aus der bilingualen Methode, das Chorsprechen traditioneller Prägung und das Hören in der Entspannung. Diese Mischung aus Situativität, Rollenspiel und dennoch stark strukturiertem Übungsgeschehen scheint besonders solche Kursteilnehmer anzusprechen, die mit einer stärker kognitiv und sprachformal ausgerichteten Arbeitsweise im schulischen Fremdsprachenunterricht nicht zurechtkamen. Ein Erfolg dieser Methode bei bestimmten Lernenden läßt sich darüber hinaus dadurch erklären, daß die Strukturierung des Unterrichtsverlaufs weitgehend **angstfreies Lernen** ermöglichen soll. Das geschieht zum einen durch das erst späte Einsetzen des individuellen Sprechens im Anschluß an Chor- und Gruppensprechen, was besonders von gehemmten Fremdsprachenlernern begrüßt wird, zum anderen durch das ständige Übersetzen der Kursleiterin, die dadurch verhindern will, daß Nichtverstehen zu Resignation führt. Schließlich wirkt auch die letzte Entspannungs- und Hörphase auf einige Teilnehmer angstabbauend und beruhigend, wodurch sich die Behaltensleistung erhöht.

Für den schulischen Fremdsprachenunterricht erscheinen Einzelaspekte der psychopädischen Methode bedenkenswert. Dabei ist zunächst das Hinauszögern des Reproduzierens von neu eingeführtem Sprachmaterial zu nennen, das schüchternen und sprechgehemmten Schülern entgegenkommt. Des weiteren können das Einüben kommunikativer Äußerungen im situativen Kontext und die Schaffung angstfreier Lernsituationen den Unterricht bereichern.

8 In einem Gymnasium im nördlichen Ruhrgebiet beginnt Studienrat M. mit der Ladybird-Serie, um einen authentischen Zugang zum Fremdsprachenunterricht zu eröffnen. Mit einem 7. Schuljahr liest er Tolkiens *Hobbit* und mit einem 8. Schuljahr Mark Twains *Huckleberry Finn.* In einem kontinuierlichen Impuls-Reaktions-Unterricht tauchen die Schüler 45 Minuten lang in die englische Sprache ein. Der Lehrer, der mehrere Jahre in England gelebt hat, spricht ein hervorragendes Englisch. Er verlangt ein gutes Maß an Hausarbeit (ca. 10 Seiten Vorbereitung, wobei nicht mehr als 10 Wörter nachgeschlagen werden sollten). Die Schüler des 7. Schuljahres verstoßen in ihren zusammenhängenden Sprachäußerungen noch gegen einige syntaktische Regeln, wobei sie sofort verbessert werden und die richtige Form anschließend reproduzieren. Im 8. Schuljahr findet die Lektürebesprechung fast ohne nennenswerte Schülerfehler auf beachtlichem Diskussionsniveau statt, so daß der Eindruck entsteht, hier würde eine „vorgestufte" Oberstufe unterrichtet.

Die Schülerleistung beim Leseverstehen ist so ungewöhnlich, daß man sie gesehen haben muß, um sie zu glauben. Die Rahmenbedingungen für einen solchen Unterricht sind günstig: Privatgymnasium (katholische Kirche), Englischbücherei (von Herrn M. aufgebaut, von den Eltern finanziert). Die Frage stellt sich, wie weit die von Herrn M. praktizierte direkte Methode übertragbar ist, da sein Engagement und seine sprachlich-methodische Kompetenz als Persönlichkeitsmerkmale eine entscheidende Rolle spielen. Als Methodenmuster kann der große Input an modellhafter Sprache und Literatur gesehen werden. Es ist anzunehmen, daß durch das hoch entwickelte Rezeptionsvermögen der Schüler Sprache und Inhalte der gelesenen Literatur den Weg zur „Inkubation" finden: Die Schüler speichern komplexe Strukturen eines authentischen Englisch und sind so in der Lage, nach einigen Jahren Englischunterricht eine vorzügliche Sprach- und Literaturkompetenz vorzuweisen.

Handlungsempfehlungen

1. Vermeiden Sie im Hinblick auf Unterrichtsexperimente extreme Positionen. Das Befolgen des Leitsatzes „keine Experimente" kann leicht zu methodischer Starre und pädagogischer Verkrustung führen. Demgegenüber mag ein ausgedehntes Herumexperimentieren das Finden eines persönlichen Lehrstils ebenso erschweren wie den Aufbau eines Vertrauensverhältnisses zu den Schülern, die nicht mehr wissen, woran sie sind. Zur Erhaltung Ihrer Lernfähigkeit und Flexibilität im

Methodischen erscheinen gelegentliche, planvolle Unterrichtsexperimente am besten geeignet.

2. Nehmen wir an, Sie haben vor, in Ihrem Englischunterricht ein mehrwöchiges Unterrichtsexperiment durchzuführen. Schon während der Planung sollten Sie folgende Punkte berücksichtigen:
   - Ausmaß des Arbeitsaufwandes
     Wenn Ihr Unterrichtsexperiment mit sehr viel zusätzlicher Arbeit, z. B. Herstellung von Arbeitsmaterialien für Gruppen- oder Einzelarbeit, verbunden ist, sollten Sie es auf eine Klasse beschränken.
   - Information von Schülern, Eltern und Kollegen
     Ihre Schüler sollten auf jeden Fall über Ziel und Zweck Ihres Unterrichtsexperiments informiert werden. Vielleicht können Sie sie auch an der Planung und Durchführung beteiligen, denn schließlich sind sie die Hauptbetroffenen. Wenn das geplante Unterrichtsexperiment sehr von Ihrem bisherigen Englischunterricht abweicht, ist es angebracht, auch Ihre Fachkollegen und die Eltern der Schüler zu informieren, sie vielleicht sogar zur Mitarbeit zu gewinnen.
   - Bereitstellung der nötigen Unterlagen und Materialien
     Um die Erfolgschancen des Experiments nicht durch plötzlich fehlende Materialien und/oder Medien zu gefährden, empfiehlt es sich, alle nicht selbst herzustellenden Unterlagen vor Beginn des Experiments zu besorgen.

3. Zur Durchführung des Experiments:
   - Ergebnissicherung und Beobachtung
     Damit Sie bereits während des Experiments und besonders im Anschluß daran seine Wirksamkeit einschätzen können, ist eine begleitende Beobachtung erforderlich. Abhängig von Ihren Intentionen kann diese von Schülern (z. B. Unterrichtsprotokolle, Stellungnahmen, Fragebogen), Kollegen (z. B. Hospitation mit Beobachtung) oder Ihnen selbst (z. B. Tagebuch, Tonband- oder Videoaufzeichnung) geleistet werden. Auf die Reaktionen der Schüler während des Experiments sollten Sie besonders achten. Selbst wenn Sie lediglich ein Miniexperiment durchführen, bei dem Sie nur Teile Ihres bisherigen Unterrichts verändern, werden Sie feststellen, daß diese Abweichung bereits auf den gesamten Unterricht zurückwirkt.
   - Dauer
     Falls sich abzeichnet, daß Ihr Experiment auf den massiven Widerstand der Schüler stößt, sollten Sie einen Abbruch ins Auge fassen. Andererseits sollten kleinere Schwierigkeiten Sie nicht sofort entmutigen; neue methodische Wege benötigen für Lehrende und Lernende eine gewisse Anlaufzeit.

4. Zur Auswertung des Experiments:
   - Ergebnisse
     Werten Sie kritisch und offen, was Sie und Ihre Schüler aus dem Experiment gelernt haben. Bedenken Sie dabei auch, daß Sie möglicherweise die erarbeite-

ten Ergebnisse zu stark im Bannkreis Ihrer vorherigen Erwartungen interpretieren, wodurch dann ganz im Sinne der *self-fulfilling prophecy* letztlich nur die vorgefaßte Meinung bestätigt wird. Auch mißlungene Experimente können wertvolle Ergebnisse liefern. Überlegen Sie, ob die Fachkollegen an Ihrer Schule an Ihren Ergebnissen interessiert sind oder ob sich vielleicht sogar eine Veröffentlichung anbietet.

Literaturhinweise

Zu allen Zeiten haben Lehrer in ihrem Unterricht experimentiert und zuweilen in kleinen Schriften oder Aufsätzen darüber berichtet. Klinghardts Beschreibung seines nach Reformprinzipien gestalteten Unterrichts (Klinghardt 1892) kann fast hundert Jahre nach ihrer Entstehung immer noch als ein gutes Beispiel dieser Lehreraktivität gelten. Heute finden sich Berichte über Erprobungen neuer Verfahren oder Materialien zumeist in den schulpraktisch orientierten Fachzeitschriften.

Klinghardt: *Erfahrungen mit der imitativen Methode,* 1892
Stevick: *Teaching Languages,* 1980
Blair: *Innovative Approaches,* 1982
Bleyhl: *„Fremdsprachenmethoden“,* 1982
Schwerdtfeger: *„Alternative Methoden“,* 1983
Holtwisch: *„Suggestopädie an unseren Volkshochschulen“,* 1985
Girard: *“The eclectic way”,* 1986

2.6 Künftige Entwicklung des Englischunterrichts

Problemfeld

Zur Sprache
Künftige Entwicklungen geistig vorwegzunehmen, bedeutet, eine größere Souveränität bei der Bewältigung der Gegenwart zu besitzen. Mit Sicherheit kann gesagt werden, daß von den veränderlichen Faktoren im Fremdsprachenunterricht die Sprache der am meisten konstante Faktor ist. Im Bereich des Wortschatzes gibt es jedoch insofern eine Bewegung, als neue Wörter (Neologismen) hinzukommen und wiederum andere Lexeme veralten. Im Bereich der Aussprache sind es die Vokale, die in der **Aussprache** der konservativen älteren und der progressiven jüngeren Generation sich am meisten unterscheiden und voraussichtlich die größten Veränderungen aufweisen werden. Die Grammatik ist relativ stabil.

Zur Didaktik
Der didaktisch-methodische Bereich verändert sich stärker als der sprachliche. Ein Blick auf die Geschichte des Englischunterrichts zeigt die Wandlung vom **Grammatik-Übersetzungsunterricht** zur **direkten Methode** und später zum **kommunikativen Lehransatz.** Die Pendelschläge methodischer Verfahren werden in Zukunft wahr-

scheinlich geringer ausfallen als in der Vergangenheit, doch scheint es, daß das methodische Feld immer wieder von plötzlich auftretenden Neuerungen mit angeblich vielversprechenden Ansätzen in Unruhe versetzt wird. So haben die **Sprachlaborbewegung** und die **individualisierte Instruktion** (besonders in den USA) für kurzfristige, aber vehemente Methodenveränderung gesorgt. Ebenso haben „alternative Methoden“, wie z. B. die Suggestopädie, in letzter Zeit neue Formen des interaktiven Lernens hervorgebracht. Die methodischen Ansätze bedingen einander, heben sich z. T. gegenseitig auf und bauen doch aufeinander auf. In diesem Sinne ist der wichtige Ansatz des kommunikationsorientierten und schülernahen Englischunterrichts eine Weiterführung der direkten Methode, die vorher ihrerseits mit dem grammatisierenden, zweisprachigen Unterricht die **vermittelnde Methode** gezeitigt hatte. Die neueren Unterrichtsversuche zur **bilingualen Methode** gehen aus der audio-lingualen, z. T. auch audio-visuellen Methode hervor, die mit den Vorteilen schneller, eindeutiger Bedeutungsvermittlung per Muttersprache kombiniert wird. Das Methodenwachstum ist eine komplexe Methodenverknüpfung im Sinne fachlicher Entwicklung und Ausdifferenzierung, bei der verschiedene Richtungen ihre Spuren hinterlassen und zeitbedingte Erkenntnisse in das didaktisch-methodische Denken eingedrungen sind.

Zur Schulorganisation

Die Schulorganisation als Funktion der **Schulpolitik** wird von bildungspolitischen Strömungen und Mehrheiten beeinflußt. Die Entwicklung der Differenzierungsorganisation von stark differenzierten **Fachleistungskursen** zu integrierten Unterrichtsformen zeigt das Gesetz der permanenten Veränderung durch Bildungspolitik, das auch für die Zukunft Gültigkeit behalten wird. Das Konzept der **Gesamtschule** wirkt sich weiterhin auf die Gestaltung des Fremdsprachenunterrichts aus (Problem der leistungsschwachen Schüler, Versuche zur flexiblen Differenzierung), so daß die politisch bedingte Schulorganisation als Einflußgröße auch für den Englischunterricht bestehen bleibt.

Zum Schüler

Der wahrscheinlich größte Faktor der Veränderlichkeit ist der Schüler selbst. Epochenbedingte Leitmotive werden die Jugend in wandelbare Lebensgefühle und damit auch veränderbare Leistungs- und Lernhaltungen führen. Mit den Schülern gut auszukommen und sie durch ein **interaktionsfähiges Vorbild** anzusprechen, wird weiterhin einen starken Einfluß auf den Unterrichtserfolg ausüben. Es ist für alle Lehrer wichtig, den Schülern mit offenen Augen und Ohren entgegenzutreten, um eine richtige Verknüpfung von psychologisch optimalen Verfahren und sachlich erforderlichen Ansprüchen herbeizuführen.

Trends der Weiterentwicklung

Es ist anzunehmen, daß der Bereich der **mündlichen Kommunikation** weiter an Bedeutung gewinnt. Das würde heißen, daß das traditionelle Fehlerkonzept, wie es sich vom schriftlichen Gebrauch der Sprache her entwickelt hat, zurücktritt. Neue Kriterien des Sprachverhaltens und der Leistungsfeststellung werden über die Qualität der Sprechtätigkeit entscheiden. Wahrscheinlich werden semantisch geprägte

Diskurselemente immer wichtiger werden. In Verbindung mit diesem Trend wird sich der Bereich des Hör- und Leseverstehens im Sinne der Didaktik der rezeptiven Kompetenz ausbreiten. Es kann weiterhin davon ausgegangen werden, daß der im Westen zu beobachtende Trend zur Reduzierung des Fremdsprachenunterrichts so schnell nicht aufgefangen wird.

Auch sollte damit gerechnet werden, daß das Englische weiter „entanglisiert" („entbritannisiert") und als *lingua franca* mit weltweitem landeskundlichen Hintergrund gelehrt wird. Betrachtet man Englisch als Weltsprache, so ist zu erkennen, daß die Norm des *British English* (mit *Received Pronunciation* = RP) zurückgedrängt wird.

Im Hinblick auf pädagogische Grundverfahren kann die Kleingruppen- und Partnerarbeit zunehmen und neue Formen des gruppendynamisch und humanistisch inspirierten Englischunterrichts hervorbringen.

Unterrichtswirklichkeit

9 Das Sprachtraining im Grundstudium einer Universität wird in Form von *Intensive Language Courses* angeboten, die von *native speakers* geleitet werden, die ihrerseits entweder in Linguistik oder Fremdsprachendidaktik bzw. Sprachlehrforschung promoviert haben. Die didaktischen Prinzipien der Sprachtrainingskurse sind folgende: kleine Gruppen von 6–8 Studenten, maximale *student speaking time, role play / simulation / drama,* von den Studenten gewünschte Themen, keine phonologische und grammatikalische Korrektur während des Sprechvorgangs (Ausnahme bei Fehlern, die *irritation* bewirken), Betonung von Stilunterschieden *(formal vs informal)* und Wortschatzerweiterung („Bedürfnis"-Methode: Lernender darf im Kommunikationszwang deutsche Lexeme benutzen, die vom *native speaker* umgehend übersetzt werden).

Diese Sprachlehrmethode für Fortgeschrittene verwendet Prinzipien der Gruppen- und Interaktionspsychologie. Was wie ein Rückfall in die Sprachmeister-Methode des 18. Jahrhunderts aussieht, ist in Wirklichkeit ein modernes Konzept: *learner-native speaker-interaction.* Der Sprachmeister ist gleichzeitig der vorsichtig waltende Ratgeber und Therapeut. Vertrauen, Offenheit und Zuwendung sind wichtige Voraussetzungen des Lernerfolgs. Auf der anderen Seite ist jedoch kritisch zu fragen, auf welche Weise die systematische Fehlerkorrektur erfolgt und die wichtigen Bereiche der Aussprache und der Grammatik planmäßig gesichert und ausgebaut werden. Gewiß, es werden Fehler schwerpunktmäßig erfaßt und gebündelt behandelt. Doch reicht das aus? Würde auf der anderen Seite die korrigierende Hand zu stark werden, würde das der Sprechlust Abbruch tun. Das Sprachtraining bewegt sich also zwischen miteinander streitenden Prinzipien, von denen als oberste Kommunikationsbereitschaft und Kommunikationsfertigkeit anerkannt werden. Es hat sich gezeigt, daß der Trend zur mündlichen Kommunikation mit neuen Kriterien der Fehlerbewertung engagiert Lernende und kompetent Sprechende hervorgebracht hat.

10 Lehrerfortbildung anläßlich einer Lehrwerk-Vorstellung: Demonstrationsstunde im 8. Schuljahr (Grundkurs), anschließend Vortrag und Diskussion. These: Lernschwache Schüler nur noch im Bereich Hör- und Leseverstehen „bildsam" (rezeptive Kompetenz!). In der Unterrichtsstunde war ein Text, der auch für Realschulen in Frage kommt, mit allen Finessen der Wortschatzentlastung präsentiert worden, und die Schüler hatten ihr Verständnis durch eine **Textreorganisationsaufgabe** bewiesen (Wortlücken auffüllen, „zerschnittene" Sätze zusammenfügen, richtige Reihenfolge der Sätze wiederherstellen). Trotz der Demonstration der Effektivität des rezeptiven Lernens stieß die theoretische Begründung des Lernprinzips der rezeptiven Kompetenz auf Widerstand. Statt dessen wurde betont, daß man in der Schule die Texte von den Schülern laut lesen lasse und eine Reihe von Inhaltsfragen stelle, deren Beantwortung den Schülern zwar schwerfalle, die sie aber – um der „Sprachproduktion" willen – schaffen müßten.

Wie weit diese halbtägige Lehrerfortbildungstagung verallgemeinbar ist, bleibt dahingestellt. Fest steht aber die „konservierende" Einstellung der Praxisvertreter. Lautes Lesen und ein langes Frage-Antwort-Spiel halten sich als Relikte eines früheren Gymnasialunterrichts in den Englischstunden für untere Leistungsgruppen der Hauptschule – ein Beispiel für die Beharrlichkeit von Unterrichtsstrukturen. Diese Perseveranz ist besonders stark ausgeprägt bei Lehrkräften, deren Studiengang nur eine geringe fachdidaktische Komponente aufwies. Aber auch bei gut ausgebildeten Fremdsprachenlehrerinnen und -lehrern stellen sich die als Schüler aufgenommenen und internalisierten Methodensyndrome wieder ein, wenn unerwartete oder besonders „bedrohliche" Unterrichtssituationen erscheinen, so daß politisch „progressive" Lehrkräfte parallel laufende „konservative" Methodenmerkmale aufweisen können. Auf diese Weise werden Trends und mögliche künftige Entwicklungen des Englischunterrichts nur sehr langsam ablaufen.

Handlungsempfehlungen

1. Bemühen Sie sich, möglichst viele Varianten der englischen Sprache, vor allem auch des *American English,* kennenzulernen. Besonders im Bereich des Hörverstehens ist eine große Bandbreite unterschiedlich gesprochener Sprache aufzunehmen *(American English, Northern English, African English, Asian English, Australian English).* Für Ihr Ziel, die geschriebene Fremdsprache nicht aus dem Auge zu lassen, leistet die Zeitung die besten Dienste.
2. Damit die Praxis mit der didaktisch-methodischen und curricular-schulorganisatorischen Entwicklung Schritt halten kann, ist Lehrerfortbildung dringend erforderlich. Versuchen Sie, Ihre Unterrichtsverfahren und -techniken auf dem laufenden zu halten und den neuen Erfordernissen ständig anzupassen. Wichtig ist dabei die kritische Unterscheidung zwischen „alten" Methoden und schnell vergänglichen Modeströmungen, bewährten Standardverfahren und „exotischen" Methodenkonzepten (*Total Physical Response, Silent Way,* Suggestopädie).

3. Betrachten Sie die didaktischen und methodischen Entwicklungen des Englischunterrichts aber auch immer mit der nötigen Skepsis und behalten Sie den Blick für die anderen Fächer Ihrer Schüler und für den gesamtschulischen Rahmen, innerhalb dessen Ihr Fachunterricht nur ein kleiner Teil ist.

Literaturhinweise

Da dieses Kapitelthema nicht zu den Standardthemen der Fremdsprachendidaktik gehört, bieten sich keine Leitautoren an. Statt dessen werden Werke genannt, die zur Zeit ihrer Publikation Zukunftsperspektiven öffneten oder Grundsätzliches und Kritisches außerhalb des *mainstream of the discipline* äußerten. In diesem Zusammenhang verweisen wir im übrigen auf Namen, die im Kapitel 8 *Golden Rules* genannt werden.

Schröder: *„Britisches und amerikanisches Englisch im Elementarunterricht“*, 1971
Cass/Kane/Klippel: *„Das Dortmunder English Language Weekend“*, 1980
Christ: *„Ein Vorschlag zur Veränderung der Schulsprachenpolitik“*, 1980
Brickell/Paul: *“Ready for the 80’s”*, 1982
Snell-Hornby: *“English language courses at German universities”*, 1982
Weinrich: *„Interview“*, 1983

3. Drei Inhalte: Sprache, Literatur und Land

» Die Sprache steht für mich an erster Stelle, sie steht über allem. Die Literatur ist für mich die Reise in das unbekannte Land menschlicher Existenz und sprachlicher Experimente. Landes- und Kulturkunde geben mir überraschende Einblicke in die Zielsprachenländer. «

3.1 Aussprache

Problemfeld

Aufgang und „Niedergang" des phonetischen Bereichs
Die Neusprachliche Reformbewegung brachte die junge phonetische Wissenschaft in das Klassenzimmer und verbesserte mit Hilfe von Lautierkursen und der phonetischen Umschrift die Lehrer- und Schüleraussprache. Die Phonetik ist ein frühes Beispiel für die Beeinflussung des Fremdsprachenunterrichts durch die Weiterentwicklung der Sprachwissenschaft. Der Strukturalismus unterschied dann zwischen Phonetik und Phonologie und entwickelte das Konzept der Phoneme, der kleinsten bedeutungsentscheidenden Ausspracheeinheiten, die ihrerseits für den Ausspracheunterricht relevant wurden. In neuester Zeit, bedingt durch die Vorherrschaft des kommunikativen Prinzips, nahm die Bedeutung des Aussprachebereichs wieder ab.

Der ehemalige Lautierkurs entwickelte sich, besonders im Bereich des Volksschul- und Hauptschulenglischunterrichts, zu einem speziellen Vorkurs, der der Lehrwerkarbeit vorausging. Die neueren kommunikativen Lehrwerke haben den früheren phonetischen Vorkurs integriert. Ihre ersten Kapitel übernehmen im allgemeinen die Einführung des englischen Lautsystems.

Auch für die Phonetik eine Progression?
Am Ende des Anfangsunterrichts sollten alle phonologischen Lernziele eingeführt und erreicht sein. In der Mittelstufe ist jedoch ein langsamer Verfall der Aussprache festzustellen, der zum einen altersbedingt und psychologischer Natur zu sein scheint, zum anderen durch das Aufkommen neuer Lernziele in Grammatik, Lexik und Pragmatik erklärt werden kann. Auch werden die Schüler mit Aussprachevarietäten konfrontiert, die über das **British English** hinausgehen und Merkmale des **American English** in den Rezeptiv- und teilweise auch Produktivbereich der Schüler bringen. Die anfänglich gelernte phonetische Umschrift (passive Beherrschung im Bereich der

Hauptschule) ist teilweise vergessen worden und kann bei der selbständigen Benutzung von Wörterbüchern nur noch bruchstückhaft verwandt werden. Gelegentliche Auffrisch- und Eingreifaktivitäten verbessern Aussprache und Intonation für den kommunikativen Gebrauch der Fremdsprache.

Welche Schwierigkeiten für Deutsche?
Die neuralgischen Laute sind bekannt: *th, w, r, dark l,* [æ] und stimmhaftes s sowie stimmhaftes b, d, g; ferner der deutsche Knacklaut. Der Konsonantismus ist stärker zu beachten als der Vokalismus, da innerhalb des Konsonantismus die englischen Varietäten (regional und sozial bedingte Unterschiede) weniger voneinander abweichen als im Vokalismus. Das englische r, wenn auch mit unterschiedlichen Allophonrealisationen, kann die Aussprache stören, wenn es auf typisch deutsche Weise produziert wird. Von nicht minder großer Bedeutung ist die richtige Verwendung der schwebenden Betonung *(level stress)*. Hinsichtlich der Intonation gibt es erhebliche Schwierigkeiten bei *rise* und *fall* (bei der Entscheidungsfrage mit einer *yes/no*-Antwort geht der Ton nach oben, bei der Bestimmungs- bzw. Inhaltsfrage fällt er).

Unterrichtswirklichkeit

11 In einem 7. Schuljahr einer Hauptschule wird grundsätzlich in jeder Stunde die Kassette eingesetzt. Die Schüler bilden einen Innenkreis um die Lehrerin, die den *native speaker* per Kassette zweimal zu Gehör bringt. Im ersten Durchgang erfolgt globales Zuhören, im zweiten Durchgang ein unter Leit- und Beobachtungsfragen gesteuertes Intensivverstehen. Die Lehrerin hat die Methode von Anfang an praktiziert, im dritten Lernjahr sind Hördisziplin und Hörverstehen außerordentlich weit entwickelt. Durch gelegentliches Markieren von Stichwörtern mit kritischen Lauten [θ], [ð], [w] und [æ] hat die Lehrerin innerhalb ihres kommunikativ geführten Englischunterrichts ein beachtliches Niveau der Aussprache und Intonation erreicht.

Die konsequente Verwendung des auditiven Grundmediums hat theoretisch zu erwartende Erfolge im konkreten Praxisfeld hervorgebracht. Wichtig bei diesem Verfahren ist die Unterrichtsvariabilität. Stilles Lesen steht neben aktivem Zuhören. Nicht jeder Text wird durch Tonträger präsentiert. Eine Mischung der Darbietungsverfahren (Kassettendarbietung, Lehrerdarbietung, Lesen durch die Schüler und die Kombination der Kassetten- bzw. Lehrerdarbietung mit Formen des Mitlesens) optimiert die Verstehensprozesse in der Sprachaufnahme und wirkt positiv auf die Diskriminationsfähigkeit im Bereich der Aussprache und Intonation.

Handlungsempfehlungen

1. Legen Sie die phonetischen Grundlagen im Anfangsunterricht, indem Sie (weitgehend vom Lehrbuch aus) die für Deutsche schwierigen Laute und Lautverbindungen in kleinen Kontexten einführen und üben. Schwächen in Aussprache und Intonation sind in späteren Phasen der Sprachlernprogression nur mit großer

Mühe oder überhaupt nicht mehr auszugleichen. Für die kritischen Laute haben sich verschiedene Einführungsverfahren bewährt: th mit interdentaler Zungenstellung (korrigiert sich selbst im Laufe der Zeit), w über deutsche Verfremdung („Wir Wiener Waschweiber wollen weiße Wäsche waschen, wenn wir wüßten, wo warmes, weiches Wasser wär"), r über die Lautschiene [ʒ] – [ʒw] – [r] (z. B. red als [ʒed], dann [ʒwed], danach nahtloser Übergang zum richtigen [red]), Stimmhaftigkeit von [b], [d], [g], [ð] über „Handfühlung" der Vibration (z. B. am Hals). Das Phonem [æ], variabel im Englischen, außerordentlich schwierig für Deutsche, läßt sich am besten durch graphische Markierung in Umschriften „angehen" und durch den Hinweis, den Mund weit zu öffnen und den Laut zum [ɑ] hinüberzuziehen.

2. Die Lautschriftzeichen sollten, differenziert nach Schulform und Ausspracheniveau, gelernt werden, damit ein Wörterbuch selbständig benutzt werden kann. Verwenden Sie gelegentlich die phonetische Umschrift, um auf lernschwierige Ausspracheerscheinungen hinzuweisen.

3. Setzen Sie die Textkassette regelmäßig ein. („Keine Stunde ohne *native speaker*".)

4. Schärfen Sie die Aufmerksamkeit der Schüler nicht nur für einzelne Laute, sondern besonders auch für Wort- und Satzbetonungen. Das Ganzheitsprinzip im Aussprachebereich umfaßt die Satzgestalt.

5. Machen Sie sich mit den mundartlich bedingten Strukturen des gesprochenen Deutsch Ihrer Schüler vertraut, um typische phonetische Interferenzen erwarten, entsprechend bewußt machen und abbauen zu können.

6. Die „Sprechunlust" der Schüler der Mittelstufe führt leicht zur Nachlässigkeit in der Aussprache und stärkt typische Interferenzen der deutschen Ausgangssprache, wie z. B. den Knacklaut *(glottal stop)* und die „Sägeblattintonation". Deshalb achten Sie auf eine begleitende „korrektive Phonetik".

7. Auch auf der Sekundarstufe II des Gymnasiums und der beruflichen Schulen ist einer Befestigung ungünstiger Aussprachegewohnheiten entgegenzuwirken. Neben den chronischen „Ausspracheneuralgien" kann der harte Einsatz der stimmlosen Verschlußlaute p-t-k zu Beginn des Wortes unenglische Aussprachemerkmale signalisieren und auf englischsprachige Kommunikationspartner befremdlich wirken.

8. Vor allen Dingen achten Sie auf Flüssigkeit des Sprechens und ein natürliches Sprechtempo. Die „satzkonstruierende" Spracherzeugung läßt muttersprachliche Interferenzen viel stärker durchschlagen als leichtes, flüssiges Sprechen.

9. Die Lehrpläne der deutschen Bundesländer legen in der Regel *British English* als Norm der Aussprache fest. Versuchen Sie, sich mit der Aussprache des *American English* vertraut zu machen, damit bei Lese- und Hörtexten amerikanischen

Ursprungs die andere Grundvarietät des heutigen Englisch gebührend beachtet und behandelt werden kann.

10. Wenn auch die Lehrwerke in ihren Wörterverzeichnissen eine Ausspracheform angeben, bestehen in der gesprochenen und sozial akzeptierten Sprache unterschiedliche Formen, die z. T. in dem Aussprachewörterbuch von Jones/Gimson aufgeführt werden. Im Hinblick auf die sich wandelnde Aussprache mehrerer Wörter ist ein genaues phonetisches Wissen wichtig und vor allen Dingen die damit verknüpfte Einsicht in Toleranzgrenzen.

11. Wenden Sie das Prinzip der ständigen Wiederholung auch für den im kommunikativen Englischunterricht nicht zu vernachlässigenden Aussprachebereich an. Wenn es auch mehrere *Englishes* gibt und deshalb miteinander konkurrierende Aussprachevarietäten für eine größere Akzeptanz unterschiedlicher Formen sprechen, so ist doch aus pädagogischen Gründen von einer einheitlichen Norm für den produktiven Bereich auszugehen.

Literaturhinweise

Die Veröffentlichungen zu den phonetischen Lernzielen haben sich seit der Neusprachlichen Reformbewegung in ihren Grundaussagen wenig verändert. Gleichwohl hat sich eine Differenzierung der phonologischen und prosodischen Aspekte ergeben. Die Festlegung der phonetischen Umschrift durch Daniel Jones zu Beginn dieses Jahrhunderts und die dominante Benutzung dieser Umschrift im Englischunterricht ist erst in letzter Zeit durch Modifikationen (Gimson) und auch Neukonzeptionen verändert worden. Die neueren Systeme haben im Hinblick auf die Lautumschrift in Lehrwerken für eine gewisse Verwirrung gesorgt. Die wachsende Bedeutung der amerikanischen Aussprache hat nur begrenzt ihren Niederschlag in didaktischer Hinsicht gefunden. Weitere Publikationen zur didaktischen Modellierung der Ausspracheormen von *British English* und *American English* sind zu erwarten.

Germer: *Deutsche Mundart und englische Aussprache,* 1977
Jones/Gimson: *"Introduction", English Pronouncing Dictionary,* 1977
Digeser: *Phonetik und Phonologie des Englischen,* 1978
Germer: *Didaktik der englischen Aussprache,* 1980
Gimson: *An Introduction to the Pronunciation of English,* 1980
Lennon: *"German problems with British English articulation",* 1984

3.2 Grammatik

Problemfeld

Morphosyntax und Kommunikation
Grammatik kann im engeren und weiteren Sinne definiert werden. Im weiteren Sinne umfaßt sie die Gesamtheit aller sprachlichen Phänomene, die durch innewohnende

Regeln strukturiert sind. Im engeren Sinne bezeichnet sie die Formen- und Satzlehre, d. h. die **Morphosyntax.** Schulgrammatik legt den engeren Begriff zugrunde und konzentriert sich im Englischen – neben einer kleinen Formenlehre – auf die umfangreiche und schwierige Satzlehre (Syntax). Wenn von Strukturen gesprochen wird, sind damit die syntaktischen Strukturen gemeint. Analog kann man mit „Regel" auf der einen Seite die der Sprache inhärente Gesetzmäßigkeit bezeichnen *(rule)* oder die im Unterricht verwendete Merkregel, die ein grammatisches Phänomen annäherungsweise beschreibt und dem Schüler eine **kognitive** Hilfe bietet.

Der Stellenwert der Grammatik im modernen Fremdsprachenunterricht ist nicht unumstritten. Im alten Grammatik-Übersetzungsunterricht spielte die Grammatik in Anlehnung an den Lateinunterricht eine zentrale Rolle. Nachdem die Zielsetzung der Kommunikationsfähigkeit und des situativen Unterrichts neue Akzente gesetzt hat, tritt die Grammatik zurück und kann nur als ein Teil der Sprache und des Sprachlernprozesses betrachtet werden.

Unterschiedliche Lernansätze
Die grammatische Progression hat somit ihre beherrschende Stellung im Lehrgang eingebüßt, da funktionale und situative Aspekte nun stärker Berücksichtigung bei der Textauswahl und -erstellung sowie der Durchführung von Übungen finden. Das unterrichtliche Vorgehen bei der Vermittlung grammatischer Strukturen wird von verschiedenen Faktoren bestimmt. Zunächst spielt die Grundeinstellung des Englischlehrers eine wichtige Rolle: Ist er von der Bedeutung des kommunikativen Ansatzes überzeugt, wird er anwendungsbezogenen situativen Verfahren großes Gewicht beimessen und dabei auch in seiner Fehlerbewertung reine Grammatikfehler nicht stärker werten als kommunikationsrelevante Fehler. Ein weiterer Faktor liegt im Lernverhalten der Schüler: Manche Schüler brauchen zuerst die Regel, um sinnvoll üben zu können, andere benötigen zunächst eine Übungsphase mit eigenen Deutungsversuchen, ehe die Regeln dargeboten werden.

Die grammatischen Lernziele, ganz gleich, ob sie durch Merkregeln dem Schüler bewußt gemacht werden oder durch Übungen in das unbewußte Sprachverhalten eindringen, werden weitgehend durch das Lehrwerk vermittelt. Einige Lehrwerke haben eigene Grammatikteile, andere begleitende Grammatikbücher. Lehrwerke der audiovisuellen oder direkten Methode verzichten auf ein bewußtmachendes Regelwerk. Statt dessen soll durch einschleifende Übungen mit grammatischem Lernziel *(pattern drill)* der Schüler durch Gewöhnung an das richtige Sprachverhalten herangeführt werden. Sowohl **bewußtmachende** (kognitivierende) als auch **gewohnheitsbildende** (habitualisierende) Verfahren haben ihre Berechtigung und sind lernziel- und schülerbezogen abwechselnd einzusetzen. Wesentlich ist es jedoch, daß jegliche Grammatikbehandlung in konkrete Sprachanwendung mündet.

Moderner Grammatikunterricht
Die Kriterien für eine moderne Konzeption des Grammatikunterrichts können in etwa so zusammengefaßt werden:

- Wichtige grammatische Lernziele sind ständig zu wiederholen (immanente Wiederholung).
- Ausgewählte Beispielsätze eignen sich zum Speichern und Abrufen von Regeln.
- Übersichten, Tabellen und graphische Systeme fördern das visuelle Gedächtnis und sind in bestimmten Bereichen (Tempora, Aspekte, Präpositionen) und für visuell lernende Schüler wirkungsvoll einzusetzen.
- Als Übungsform sollte die schwierigere gemischte Übung (mindestens zwei verwechselbare Erscheinungen zusammen, wie z. B. *present progressive* und *simple present*) der leichteren isolierenden Übung folgen, weil die Sprache die grammatischen Kategorien nicht so sauber trennt wie die einführenden Lehrwerktexte.
- Induktive (vom Beispiel ausgehende) und deduktive (von einer Regel ausgehende) Verfahren ergänzen sich und sind abwechselnd und lernzieldifferenziert anzuwenden.
- Zwecks Gewinnung von Arbeitszeit für wichtige grammatische Lernziele sind weniger wichtige zu umgehen und – besonders in der Hauptschule – ganz wegzulassen. (Wichtige Lernziele in der Hauptschule z. B.: s in der 3. Person Singular Präsens, Bildungsmittel für *future,* Kontrast von *simple past* und *present perfect* (Fehlerhafte Äußerung: *Yesterday I have played football*), *if*-Sätze für die Argumentation. Weniger wichtige Lernziele in der Hauptschule z. B.: Verwechslung von s und 's in *its* vs. *it's, friends* vs. *friend's, tag-questions* im produktiven Bereich, Passiv im produktiven Bereich.)
- Grammatikübung ist nicht Selbstzweck, sondern ein wichtiger Schritt zum Ziel der richtigen Anwendung der Fremdsprache.

Unterrichtswirklichkeit

12 In einem 8. Schuljahr eines Gymnasiums werden die Stammformen der unregelmäßigen Verben (z. B. *do, did, done; draw, drew, drawn* usw.) systematisch gelernt und in alphabetischer Reihenfolge abgefragt.

Dieses Verfahren ist aus lernpsychologischer Sicht positiv zu bewerten, da die Schüler einen begrenzten Bereich bearbeiten und zu Erfolgserlebnissen gelangen. Die Übung vermittelt den Schülern **„kognitive Stützen"**, die ihnen, besonders im schriftlichen Leistungsbereich, hilfreich sein können. Sie werden sich an schwierige Stammformen erinnern und Fehler vermeiden, wie z. B. bei den lernschwierigen unregelmäßigen Verben *lay, laid, laid* und *lie, lay, lain* oder *hold, held, held* und *fall, fell, fallen.* Darüber hinaus besitzen die unregelmäßigen Verben einen hohen Gebrauchswert, so daß die auf sie verwandte Lernenergie sich auszahlt.

Auf der anderen Seite müssen aber die Nachteile deutlich gesehen werden. Das Aufsagen der Stammformen ist kein Sprachgebrauch, auch nicht einmal ein kleiner Ausschnitt. Ferner ist zu sehen, daß die kontextuelle Anwendung der Stammformen neue Schwierigkeiten hervorrufen kann, die der Schüler wegen seiner vermeintlichen Sicherheit hinsichtlich der unregelmäßigen Verben nicht erwartet und deswegen auch nicht meistern kann, wie z. B. die Verwendung von *to lie down* (sich hinlegen). Zum

Schluß muß die Lernsequenz kritisch gesehen werden. Das Lernen in phonetischen und orthographischen Wortgruppen (*meet, met, met* zusammen mit *lead, led, led; buy, bought, bought* zusammen mit *fight, fought, fought* usw.) ist leichter als in alphabetischer Reihenfolge.

13 „Der Erkenntnis folgend, daß etliche Lehrbuchregeln falsche Sätze erzeugen können, beschränke ich mich auf ‚sichere Regeln', die die Schüler vor Fehlern beim Sprechen bewahren. So gehört zu meinen grammatischen Lernzielen im Bereich der Zeiten: (1) Bei *always* steht die *simple form,* (2) die Vorzeitigkeit zu einem Hauptsatz, der in *past tense* steht, wird durch *past perfect* ausgedrückt, (3) die Zukunft wird durch *will ('ll)* ausgedrückt."

So „sicher" diese Regeln auch sind, so gibt es doch auch Nachteile. Zum einen können die Schüler beim Lese- und Hörverständnis Schwierigkeiten bekommen, wenn andere gültige Formen benutzt werden: *You are always complaining* (spezielle Verwendung von *always* als Vorwurf); *after I came home, I looked...; I'm going...* (Zukunft). Die „sicheren" Regeln decken nur einen kleinen Ausschnitt der Sprachwirklichkeit ab und führen als vereinfachte Grammatik langfristig zur „Regelverarmung" mit schädlichen Nebenwirkungen.

14 Nach dem Prinzip, daß im Sprachunterricht möglichst viel demonstriert und veranschaulicht werden soll, greift ein Englischlehrer in einem 5. Schuljahr bei der Einführung des *present perfect* auf das *present progressive* zurück, um von einer sich gerade abspielenden Handlung zu einer vollendeten zu gelangen. Er sagt: *"Look, I am dropping a piece of chalk"* und läßt dabei ein Kreidestück auf die Erde fallen. Dann fährt er fort: *"I've dropped a piece of chalk."* Vor der Wiederholung dieser handlungsbegleitenden Sprachsequenz sagt er: *"Look, now I drop a piece of chalk again."*

Sprachhandlungen dieser Art sind wohlbekannt. Es soll Klassen geben, die nach der Begrüßung beim Hinsetzen ihr Tun mit dem Satz begleiten: *"We are sitting down."* (Auf jeden Fall wurde das Üben der *progressive form* in einer früheren Epoche des Fremdsprachenunterrichts auf diese Weise empfohlen.) Dennoch gibt es erhebliche Schwierigkeiten bei der Parallelisierung von Handlung und Sprache im elementaren Englischunterricht. Genau genommen ist der Moment des Zubodenfallens im obigen Beispiel zu kurz, um eine Einheit zwischen Zeit der Handlung und Zeit der Sprachproduktion herzustellen. Auf der anderen Seite kommt jedoch das Element der Heraushebung und Betonung, das der *progressive form* anhaftet, gut zum Ausdruck. Die vollendete Handlung würde im amerikanischen Englisch durch *"I just dropped a piece of chalk"* wiedergegeben werden können; die Verwendung von *present perfect* für die Weltsprache Englisch ist nicht zwingend vorgegeben. Diese sprachhandelnde Unterrichtsphase besitzt ferner die Schwierigkeit der Versprachlichung der Handlungsabsicht: „Ich lasse gleich die Kreide fallen", fehlerhaft ausgedrückt als *"I drop a piece of chalk now."* Richtig wäre: *"I'm going to drop the piece of chalk now."*

15 Ein kognitiv unterrichtender Englischlehrer legt großen Wert auf Gegenüberstellung von ähnlichen Sätzen, die jedoch unterschiedliche Bedeutung besitzen. Solche Kontraste sind für ihn bewußtmachende Lernhilfen, z. B.:

He had washed his car. (hatte gewaschen)	– *He had his car washed.* (ließ waschen)
He stopped talking to me. (hörte auf, mit mir zu sprechen)	– *He was painting. He stopped to talk to me.* (hörte auf, um mit mir zu sprechen)
I like swimming. (schwimme gern)	– *I'd like to swim.* (würde jetzt gern schwimmen)

Der Vorteil dieser Gegenüberstellung und Verdeutlichung liegt auf der Hand: Einige sich im Englischunterricht immer wieder einstellende Lernschwierigkeiten werden miteinander kontrastiert und in ihrer Unterschiedlichkeit bewußt gemacht. Wenn diese „Schwierigkeitspaare" ständig wiederholt werden, ist der Lernerfolg sicherlich gewährleistet. Auf der anderen Seite muß jedoch gesehen werden, daß bei der Schnelligkeit des Sprechens diese Kontrastregeln nicht so schnell abgerufen werden können.

16 Die Visualisierung in Form von Faustskizzen an der Tafel kann Schwierigkeiten bei der Verwendung von Präpositionen verdeutlichen. Ein erfahrener Englischlehrer greift gelegentlich auf solche Lernhilfen zurück. Zu seinem Repertoire gehören folgende Beispiele:

1. *There is a bird* ***in*** *the picture.* →

There is a bird ***on*** *the picture.* →

2. *He is* ***at*** *the bus stop.* →

He is ***on*** *the bus stop.* →

3. *I live* ***at*** *44 Castrop Road.* →

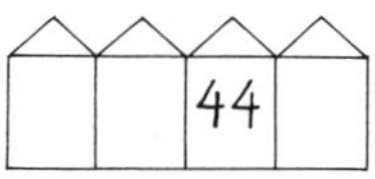

I live ***in*** *Castrop Road.* →

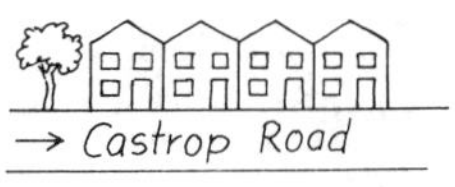

Zeichnungen eignen sich gut für die Vermittlung der Grundbedeutung von Präpositionen. Auf der anderen Seite muß jedoch gesehen werden, daß nicht alle Bedeutungsunterschiede veranschaulicht werden können. Eine enge Festlegung auf Bedeutung und Bild kann bei schwierigen Kollokationen zwischen Präposition und Substantiv zur Fehlerverursachung führen.

17 Der umfangreiche Bereich der Tempora und Aspekte kann im Rahmen der Sekundarstufe I auf einige grundlegende „Fehlerneuralgien" bezogen werden. In einer Klasse 9 geht ein Englischlehrer von folgenden fünf grammatischen Zielen aus, gegen die nach seiner Erfahrung immer wieder verstoßen wird. Er übt sie einmal in jeder Woche.

1. Vergessen des s in der *third person singular of the present tense.*
2. Verwechseln von *simple present tense* und *present progressive tense* sowie von *simple past tense* und *past progressive tense.*

Listen. Mike is playing his guitar.	*He plays his guitar every evening.*
What did you do yesterday evening?	*What were you doing when I phoned you yesterday evening?*

3. Falscher Gebrauch des *present perfect tense* statt des *past tense* bei Zeitangaben der Vergangenheit (Einfluß des Deutschen).
   Gestern habe ich Peter gesehen. = *Yesterday I saw Peter.*
4. Falscher Gebrauch des *present tense* statt des *present perfect tense,* wenn das Geschehen in der Vergangenheit begonnen hat und in der Gegenwart noch andauert.
   Wie lange bist du schon hier? = *How long have you been here?*
5. Unsicherheit beim Gebrauch der Formen des *future tense.*

I'll be fifteen next year.	(Zukunft unabhängig von Gegenwart)
I'm going to eat now.	(Absicht)
Will you be travelling by car?	(*Future progressive* bei höflichen Fragen)

Die Grammatikpunkte 1 bis 4 stellen grundlegende Lernziele dar. Hinsichtlich des Gebrauchs der Formen des *future tense* wird sicherlich viel für den produktiven Bereich verlangt, wenn zwischen diesen drei Bildungsmitteln in semantischer und sprechfunktioneller Weise unterschieden werden soll. Hier ist eine adressaten- und schulformspezifische Differenzierung der Lernziele erforderlich.

18 Die Methode, schwierige grammatische Formen anhand vorgelegter Sätze zu entdecken und dabei die entsprechenden Regeln zu erkennen, wird im Zeichen kognitiver Stützung durch einen Referendar im 10. Schuljahr der Hauptschule angewandt. Folgende Beispiele sind seinem Unterricht entnommen:

A. Suche die Lernschwierigkeit:
   1. *Today I'm in London, tomorrow I'll be in Leeds.*
   2. *Wendy likes cooking.*
   3. *He wanted me to come.*
   4. *Must I stop at the "Give Way" traffic sign? – No, you needn't, but you must give way to cars on the main road.*

B. Erkläre den Unterschied zwischen den drei folgenden Sätzen und verfasse je einen Anschlußsatz:
   Mary finished her homework.
   Mary has finished her homework.
   Mary had finished her homework.

C. Übersetze:
   1. Wenn ich das täte, würde ich alles verlieren.
   2. Unsere Sekretärin arbeitet hier schon seit 10 Jahren.
      Er wartet schon seit 8 Uhr hier.
   3. *I must call him this evening.*
      I should call him this evening.
      He mustn't call him this evening.
      He shouldn't call him this evening.
   4. Sie fürchten, daß das Klima sich ändert.

D. Suche den Fehler:
   If it rains tomorrow, there isn't any match.

Die Übungen A und C stehen an der Grenze zum alten Grammatik-Übersetzungsunterricht und haben im Englischunterricht der Hauptschule keinen Platz.

Das Suchen von Lernschwierigkeiten (Übung A) gehört in den Bereich von *Discovery Learning* und ist als Prinzip für den fortgeschrittenen Unterricht zu befürworten.

Auch die Unterscheidung zwischen ähnlichen Sätzen mit verschiedener Bedeutung (Übung B) ist sinnvoll, sofern die Besprechung in englischer Sprache ablaufen kann. Die Entdeckung von Fehlern (Übung D) ist sicherlich eine Aufgabe, die nicht nur für Lehrer, sondern auch für Schüler der Sekundarstufe II wichtig ist, zumal in jeder Unterrichtsstunde viele Fehler produziert werden und Schüler negativ beeinflussen.

Handlungsempfehlungen

1. Arbeiten Sie eine Schulgrammatik durch, und stellen Sie Ihr eigenes Grammatikwissen sicher. Wählen Sie grammatische Schwerpunkte für Ihre Klassen aus (nach Lehrplan und Lehrwerk).

2. Versuchen Sie, für das einzelne Kapitel, das Schuljahr, die ganze Schulstufe und, wenn möglich, den Schulabschluß einen festen Bestand an grammatischen Lernzielen festzusetzen.

3. Verknüpfen Sie die von Ihnen ausgewählten grammatischen Lernziele mit früher behandelten Zielen, und wenden Sie diese in geeigneten Gesprächssituationen an.
4. Verteilen Sie die grammatikorientierten Lehrbuchübungen, und sorgen Sie für Abwechslung und Auflockerung durch Lernspiele und Übungswettbewerb.
5. Bieten Sie sowohl einschleifende Übungen als auch kognitive Hilfen an, damit unterschiedliche Lerntypen angesprochen werden.
6. Bauen Sie ein Repertoire an Grammatikübungen auf. Bedenken Sie, daß die Grammatikübungen nicht Vorübungen und Vorformen von situativ und kommunikativ verwendeter Sprache sind, sondern mit ihr verbunden sein müssen.
7. Arbeiten Sie mit paradigmatischen Beispielsätzen und einfach formulierten Regeln. Klarheit und Anschauung sind Grundbedingungen des Behaltens.
8. Denken Sie daran, daß sprachliche Lernprozesse langsam und dann auch wieder sprunghaft verlaufen. Der sprachspezifische Verarbeitungsmechanismus der Schüler funktioniert individuell und wird – in natürlichen Entwicklungssequenzen – gleichsam „biologisch“ gesteuert. Nicht alle lernen alles auf einmal. Man muß warten können, dabei aber beharrlich sein.

Literaturhinweise

Die umfangreiche Literatur zu grammatischen Fragen unterscheidet sich in ihrer Definition der Grammatikalität erheblich. So erscheint die Grammatik sowohl als Inbegriff von Sprache überhaupt als auch im Sinne morpho-syntaktischer Strukturen. Die Publikationen zur pädagogischen Grammatik und zu einzelnen grammatischen Lernzielen im Englischunterricht spiegeln jeweils übergreifende sprachwissenschaftliche und psychologische Entwicklungen wider. Der Strukturalismus der 50er Jahre findet sein fachmethodisches Gegenüber im *pattern practice,* die kognitiv-mentalistische Psychologie in der Wiederbelebung des traditionellen Regellernens. Das Kernproblem ist die Verknüpfung von grammatischen Lernzielen mit situativen und kommunikativen Strukturen. Das kommunikative Prinzip des neueren Fremdsprachenunterrichts relativiert die bewußtmachenden Unterrichtsphasen und findet in Veröffentlichungen ihren Ausdruck, die die traditionelle grammatische Progression in ihrem grundsätzlichen Aufbau und Steuerungscharakter im Sinne konsequenter Sequentialität aufheben. Die überwiegende Mehrheit neuerer Publikationen jedoch knüpft an tradierte Vorstellungen des Grammatikunterrichts an, der jetzt allerdings nicht mehr isoliert, sondern voll in die Lernprozesse schülerzentrierten Unterrichts integriert wird.

Köhring/Morris: *Instant English,* 1971/1972
Quirk/Greenbaum: *A University Grammar of English,* 1973
Mindt: *Moderne Linguistik,* 1975
Hinz: *Grammatik im Englischunterricht,* 1976
Zimmermann: *Grammatik im Fremdsprachenunterricht,* 1977

Enter: *„Gestaltung grammatischer Übungen im Fach Englisch"*, 1979
Ungerer u. a.: *A Grammar of Present-Day English*, 1984
Zimmermann: *Erkundungen zur Praxis des Grammatikunterrichts*, 1984
Kahl: *„Wie kann Grammatik beim Englischlernen helfen?"*, 1985
Butzkamm: *„Drei Wege zur Erschließung grammatischer Strukturen"*, 1986

3.3 Wortschatz

Problemfeld

Für das Fremdsprachenlernen ist der Erwerb von Vokabular dem Erwerb grammatischer Strukturen zumindest gleichwertig. Vergleicht man die Bedeutung dieser beiden Elemente der Sprache – Wortschatz und Grammatik – für die Kommunikation in der Fremdsprache, erscheint der Wortschatz als der wesentlichere Teil, denn die Fähigkeit zur Kommunikation ist größer bei geringer Kenntnis von Strukturen und umfangreichem Wortschatz als bei guter Kenntnis der Strukturen und kleinem Wortschatz. Die Vermittlung von Wörtern der Fremdsprache spielt daher im Fremdsprachenunterricht von Anbeginn an eine zentrale Rolle.

Der Wortschatzumfang ist in den Richtlinien festgelegt
Die Auswahl des **Basiswortschatzes** für die ersten Jahre Englischunterricht wird weitgehend vom jeweils eingeführten Lehrwerk bestimmt. Die Lehrwerke wiederum richten sich nach den in den Richtlinien festgesetzten Umfangsangaben für die einzelnen Schulformen, wobei die Zahl der bis zum Ende der Sekundarstufe I zu lehrenden lexikalischen Einheiten im Gymnasium (mit Abweichungen von Bundesland zu Bundesland) etwa zwei- bis dreimal so groß ist wie in der Hauptschule. Allerdings wurden diese Richtwerte mit jeder Neufassung der Richtlinien niedriger angesetzt. Dahinter steht zum ersten das Bemühen, erreichbare Zielvorgaben festzusetzen, die sich an Erkenntnissen der Lernpsychologie über die Lernkapazitäten von Schülern orientieren, und zum zweiten die Tatsache, daß heute durchweg zwischen **aktivem und passivem Wortschatz** unterschieden wird, wobei der aktive Wortschatz relativ begrenzt ist, während der passive – abhängig von zu behandelnden Themen und Texten – in inhaltlichen Schwerpunkten und Umfang stark variieren kann.

Die Ausrichtung des Englischunterrichts auf das Ziel der Kommunikationsfähigkeit und die Betonung der Fähigkeit zur Bewältigung grundlegender, alltäglicher Kommunikationssituationen haben dazu geführt, daß über Art und Menge des aktiven Wortschatzes in Richtlinien und Lehrwerken kaum elementare Meinungsunterschiede bestehen. Beim rezeptiven Wortschatz ergeben sich auf lange Sicht stärker themen- und damit wohl schulformspezifische Unterschiede.

Neue Vokabeln werden unbewußt und bewußt gelernt
Zur Natur des rezeptiven Wortschatzes gehört es, daß er teilweise quasi nebenher gelernt wird, z. B. durch Ableiten von Wortbedeutungen aus dem unterrichtlichen

Kontext, in dem die Wörter verwendet werden. Unter diesem Gesichtspunkt ist es durchaus begrüßenswert, wenn die **Lehrersprache** im einsprachig geführten Unterricht über das eingeführte Vokabular hinausgeht, da in der Verknüpfung von Handlung und Sprache, wie sie im Klassenraum oft gegeben ist, eine wichtige Trainingssituation für die Schüler liegt. Bei der Vermittlung von aktivem Wortschatz und dem größten Teil des passiven Wortschatzes darf man sich nicht auf dieses „Nebenherlernen“ verlassen, sondern muß gezielt Lernsituationen schaffen. Ebenso wie grammatische Strukturen müssen Vokabeln in ihrer adäquaten Verwendung bewußt gelernt und geübt werden.

Welche Wörter müssen erklärt werden?
Wenn im Unterricht ein neuer Text durchgenommen werden soll, ist es im allgemeinen üblich, ihn **vorzuentlasten,** d.h. die unbekannten Wörter herauszuziehen und diese in einer vorangehenden Phase in ähnlichem Kontext darzubieten und zu erklären. Dieses Verfahren wird insbesondere in leistungsschwachen Gruppen und bei solchen Texten angewendet, die sehr viele unbekannte Wörter enthalten. In leistungsstarken Lerngruppen und bei weniger schwierigen Texten werden die auftretenden Verständnisschwierigkeiten bei dem gemeinsamen Erlesen des Textes durch den Lehrenden oder solche Schüler behoben, die den Text zu Hause mit Hilfe des Wörterbuches entschlüsselt haben. Die Auswahl der jeweils zu erklärenden Wörter hängt von verschiedenen Überlegungen ab. Zum ersten spielt die Art der Textbehandlung (intensiv oder kursorisch) eine große Rolle. Zum zweiten beeinflußt die Thematik des Textes und der damit zusammenhängende **Transferwert** des verwendeten Vokabulars auf andere Situationen die Entscheidung. Schließlich sind auch die Lernschwierigkeiten (z.B. Möglichkeiten der Erschließung aus dem Kontext, Verwechslungsgefahr mit bereits bekannten Wörtern, schwierige Aussprache) von Bedeutung. Texte aus dem Alltagsbereich (Transferwert), die von den Schülern im Detail verstanden werden sollen, müssen daher wesentlich intensiver erläutert werden als beispielsweise solche, denen nur bestimmte Grobinformationen entnommen werden sollen.

Wie erklärt man neue Vokabeln?
Für die Darbietung neuer Wörter stehen eine große Anzahl verschiedener Techniken zur Verfügung, mit denen sich diese Phase – abhängig von der Art des einzuführenden Vokabulars – abwechslungsreich gestalten läßt:

VERBAL	VISUELL
Erklärung durch Beschreibung	Tafelzeichnungen, Diagramme, Kartenskizzen
Definition	Bilder, Fotografien, Tabellen, *filmstrips*
Paraphrase	Realien, Modelle
Angeben weiterer Kontexte	mimische Darstellung
Synonyme und Antonyme	Demonstration
Wortfamilien	Zahlen, Symbole
Sachfelder, Kollokationen	Anschauung außerhalb des Klassenraumes
Übersetzen in die Muttersprache	

Wie werden Wörter geübt und wiederholt?
Damit neue Wörter auch tatsächlich in den aktiven Wortschatz der Lernenden übergehen, genügt es nicht, sie beim ersten Auftreten zu erklären. Die Schüler müssen sie nachsprechen und in verschiedenen Kontexten anwenden. Das Auswendiglernen von **zweisprachigen Vokabelgleichungen,** das noch relativ häufig verlangt wird, führt noch nicht zu einer sicheren Beherrschung fremdsprachlichen Vokabulars. Folgende Übungsformen können zur Verfügbarkeit neuer Wörter beitragen; daneben bieten Lehrbücher und methodische Handreichungen weitere Vorschläge.

Übungsform	Beispiel
Lückentexte	Einsetzen der neuen Wörter
Auswahlaufgaben	Auswählen und Einsetzen leicht zu verwechselnder Begriffe in Mustersätze
Cloze Text	Lückenhafte Fassung des Ausgangstextes, in die wichtige Wörter eingefügt werden müssen
Rätsel	Silben- oder Kreuzworträtsel als Rechtschreibtraining
Kettenübung	Sammeln von sachfeldbezogenem Vokabular *(In a supermarket you can get...)*
Reimübungen	Zusammenstellen von gleichklingenden Wörtern
Sammelübung	Aufschreiben aller Wörter, die ein bestimmtes Merkmal aufweisen (evtl. Bildstimulus)
Beschreibung	Gegenstände, Bilder, Vorgänge beschreiben
Ordnen	Definitionen und Begriffe zuordnen, Sachgebiete, Bezugsfelder, Wortfelder, Wortfamilien

Inwieweit die Beherrschung der Orthographie Ziel der Wortschatzarbeit sein sollte, wird vom späteren Verwendungszweck des Englischen für die Schüler ebenso bestimmt wie durch schulformspezifische Zielsetzungen.

Unterrichtswirklichkeit

19 Herr M. verwendet große Sorgfalt darauf, alle seinen Schülern unbekannte Vokabeln eines neuen Lesestücks vor der Behandlung des Textes einzuführen und zu üben. Meistens erfindet er für die unbekannten Vokabeln erklärende Beispielsätze, oder er schreibt für mehrere Wörter einen neuen Text, in dem sie vorkommen.

Es ist in der Regel erforderlich, längere Texte im Wortschatzbereich vorzuentlasten. Es ist jedoch ungeschickt, jeden Text so zu behandeln und in diese Vorentlastung alle unbekannten Wörter einzubeziehen, da dadurch den Lernenden die Chance genommen wird, die **Erschließung von Bedeutungen aus dem Kontext** zu üben. Ein weiterer Einwand gegen eine allzu umfassende und zeitraubende Vorbereitung auf den Wortschatz eines Textes besteht in der unterschiedlichen „Wertigkeit" der unbekannten Wörter: Nicht jedes Wort ist lernwichtig oder besitzt einen hohen Transferwert, nicht immer entspricht die Verwendung eines Wortes im Text seiner Hauptbedeutung; manchmal sind einzelne Begriffe oder Fachtermini nur für die Thematik des Textes relevant und brauchen von den Schülern nicht über den Zeitraum der

Textbesprechung hinaus gelernt zu werden. Es empfiehlt sich daher, die Vokabelvorentlastung im Hinblick auf diese Gesichtspunkte vorzunehmen, den Schülern damit unnötiges Lernen zu ersparen und sie gleichzeitig zum selbständigen Entschlüsseln von Texten zu führen. Zur Entwicklung dieser Fähigkeit gehört auch eine Einweisung in die Benutzung des Wörterbuchs und der Wörterverzeichnisse im Lehrbuch.

20 Frau P. benutzt die erste Stunde des englischen Anfängerkurses dazu, den Kursteilnehmern zu demonstrieren, wie viele englische Wörter sie bereits kennen und im täglichen Leben verwenden. Zunächst zeigt sie Fotos von geläufigen Geschäftsbezeichnungen, wie Brot Shop oder Reifen Center, dann verteilt sie Listen mit allgemein bekannten englischen Wörtern oder Wortzusammensetzungen, z. B. Tempolimit, *Software,* Teenager, *sandwich,* T-Shirt, Sweatshirt.

Auf diese Art und Weise verliert die fremde Sprache für die Lernenden etwas von ihrer Fremdheit. Die Kursteilnehmer merken, daß sie schon eine ganze Menge verstehen können. Ungünstig ist Frau P.s Verfahren lediglich im Hinblick auf die Ausspracheschulung. Zum einen kommt es zu Interferenzen, zum zweiten treten viele der schwierigen Laute massiert auf, da ein schrittweises Vorgehen im Sinne einer Schwierigkeitsprogression so nicht möglich ist.

Handlungsempfehlungen

1. Schwierige Texte oder solche Texte, die sehr viele neue Wörter enthalten, sollten wortschatzmäßig vorentlastet werden. Bei der Entscheidung darüber, welche Vokabeln vorher eingeführt werden sollten, kann das folgende Schema helfen:

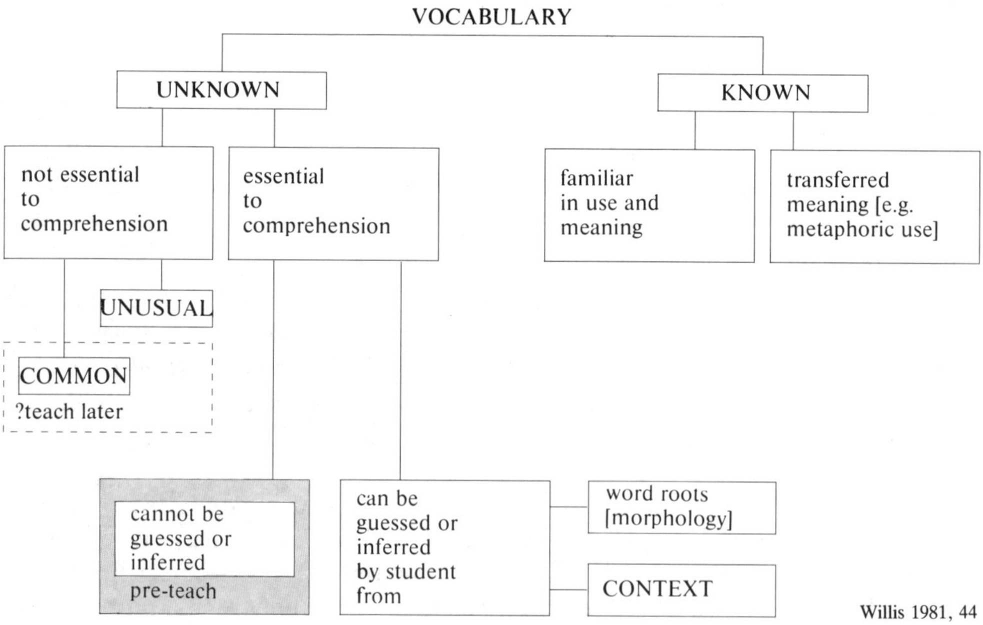

Willis 1981, 44

2. Welche Formen der Vokabeldarbietung Sie wählen, hängt u. a. von der Art der Wörter (z. B. Bezeichnungen von Gegenständen, Handlungsverben, abstrakte Substantive, Strukturwörter), Ihren Ressourcen (z. B. Bildersammlung, Realienkiste insbesondere im Anfangsunterricht) und Fähigkeiten (z. B. Zeichnen, mimische Darstellung) ab. Mit Ansteigen des Sprachleistungsniveaus im Verlauf der Schuljahre werden Sie immer häufiger Wörter durch Umschreiben oder Definition erklären als durch Illustration.

3. Durch flexible Gestaltung der Darbietung und das Anbieten mehrerer Erklärungswege können Sie Verständnisschwierigkeiten Ihrer Schüler begegnen. Wenn Sie Bilder einsetzen, achten Sie darauf, daß diese eindeutig und landeskundlich korrekt sind. Nicht jedes deutsche Haus ist ein *"house"* (= Einfamilienhaus). Wenn Sie die deutsche Sprache zu Hilfe nehmen, beachten Sie den Leitsatz: soviel Einsprachigkeit wie möglich, soviel Zweisprachigkeit wie nötig.

4. Geben Sie Ihren Schülern Gelegenheit, das eigenständige Erarbeiten von neuem Wortschatz zu trainieren, indem Sie ihnen die dazu notwendigen Techniken vermitteln.

5. Vermeiden Sie es, neuen Lernstoff im grammatischen Bereich mit neuem Vokabular zu koppeln. Es gilt der Grundsatz: Neue Wörter mit bekannten Strukturen, neue Strukturen mit bekanntem Vokabular einführen.

6. Berücksichtigen Sie die Unterscheidung von aktivem und passivem Wortschatz bei der Gestaltung Ihres Englischunterrichts. Konzentrieren Sie sich bei der Wortschatzarbeit auf die lernwichtigen Wörter. Diesen „Zentralwortschatz" sollten Sie regelmäßig wiederholend umwälzen und erweitern. Damit dies in systematischer Form geschehen kann, empfiehlt sich die Erarbeitung einer Vokabelkartei oder eines Vokabelringbuchs (d. h. alphabetisches oder nach Situationen bzw. Sachgruppen geordnetes Verzeichnis wichtiger Wörter), mit deren Hilfe Wortfamilien, Sach- oder Kollokationsfelder zusammengestellt werden können. Beim Notieren der englischen Vokabeln ist die Angabe von Beispielsätzen und/oder Definitionen in der Fremdsprache der bloßen deutsch-englischen Vokabelgleichung vorzuziehen, die eine Parallelität der Begriffe vortäuscht.

Literaturhinweise

In der Zeit der Neusprachlichen Reformbewegung gehörten Fragen der Wortschatzauswahl und -vermittlung zunächst nicht zu den vorrangig erörterten Themen. Auch während der Phase des audiolingualen und audiovisuellen Fremdsprachenunterrichts seit der Mitte unseres Jahrhunderts waren Wortschatzübungen zugunsten der Grammatik zurückgedrängt. Aus dem englischen und amerikanischen Sprachraum stammen Hinweise zur Wortschatzbegrenzung (z. B. West). Heute sind Wortschatz-

Richtzahlen in den Richtlinien vorgegeben, und die methodisch-didaktischen Veröffentlichungen zielen vor allen Dingen auf die Techniken der Wortschatzvermittlung.

West: *A General Service List of English Words,* 1953
Salewsky: *Aufbau und Pflege des englischen Wortschatzes,* 1964
Werlich: *„Technik systematischer Wortschatzarbeit",* 1969
Doyé: *Systematische Wortschatzvermittlung,* 1971
Clarke/Nation: *"Guessing the meanings of words from context",* 1980
Willis: *Teaching English Through English,* 1981
Wallace: *Teaching Vocabulary,* 1982
Hinz: *„Visuell gestützte Wortschatzarbeit",* 1985

3.4 Pragmatik

Problemfeld

Seit den siebziger Jahren ist in der Lernziel- und Inhaltsdiskussion des Englischunterrichts zur bis dahin anerkannten Trias sprachlicher Teilbereiche, d. h. der Phonetik, Lexik und Grammatik, als vierter Aspekt die Pragmatik getreten. Die Fremdsprachendidaktik hat damit Überlegungen der Pragmalinguistik aufgegriffen, die die Verwendung der **Sprache als Kommunikationsmittel** untersucht und dabei besonderes Augenmerk auf die Sprecherintentionen richtet. Wenngleich sich linguistische Forschungsergebnisse nicht ohne weiteres auf den Sprachunterricht übertragen lassen, so haben doch Sprechakttheorie und Studien zur kommunikativen Kompetenz in vielerlei Hinsicht auf den Englischunterricht anregend gewirkt. Mit der Betonung natürlicher Sprachverwendung als Unterrichtsziel setzte eine Phase der intensiven Diskussion von unterrichtlichen Textformen ein, die sich insbesondere an den als künstlich empfundenen Lehrwerkdialogen entzündete. Die Veröffentlichungen des Europarats zum *Threshold Level* und zum *Waystage Level* leisteten im Hinblick auf mögliche Curriculumgestaltung Pionierarbeit.

Pragmatik versus Grammatik?
In der Curriculum- und Lehrwerkentwicklung der letzten Jahre wird der Einfluß der Pragmatik deutlich. Zwar ist es nicht gelungen, das Skelett der grammatischen Progression für die ersten Jahre Englischunterricht durch ein sprechaktbezogenes Gliederungsmuster zu ersetzen, doch sind in Richtlinien und neueren Lehrwerken Redeabsichten und die sprachlichen Mittel zu ihrer Verwirklichung in der Fremdsprache neben die zu lernenden Strukturen und das Grundvokabular getreten. Nur gelegentlich scheint in der Unterrichtspraxis ein allein **auf Sprechakten aufbauender Englischunterricht** angestrebt zu werden; die Hindernisse eines solchen Unterrichts liegen in der kaum zu erreichenden Stufung der Sprechakte nach Schwierigkeitsgrad und der fehlenden Systematisierung nach den in ihnen verwendeten grammatischen

Strukturen, da dies den linearen Aufbau des Kurses nach Lernschritten erschwert. Die von Pragmadidaktikern vorgeschlagene zyklische Progression ist bisher noch nicht überzeugend demonstriert worden. Die bei pragmatisch orientiertem Kursaufbau notwendigerweise auftretende Häufung der Schwierigkeiten im syntaktischen Bereich wirkt bei manchen Schülern lernhemmend und demotivierend. Demgegenüber kann von kommunikativem Unterricht eine große Motivationswirkung ausgehen, wenn die Schüler sich durch lebensnahe Textsorten und -inhalte sowie durch das Eingehen auf ihre Mitteilungsbedürfnisse ernst genommen fühlen.

Umorientierung des Englischunterrichts
Während im herkömmlichen grammatisch orientierten Englischunterricht der fehlerfreien Produktion der Fremdsprache *(accuracy)* große Bedeutung beigemessen wird, bedeutet eine verstärkte Betonung des kommunikativen Aspekts eine größere **Fehlertoleranz,** solange die Fehler die Kommunikation nicht beeinträchtigen, und somit eine andere Gewichtung der Fehler. Der Englischunterricht enthält dann Phasen, in denen die Sprechflüssigkeit der Schüler *(fluency)* und ihre Fähigkeit, sich anderen in der Fremdsprache verständlich zu machen, im Mittelpunkt stehen. Viele der für die Bewältigung dieser Unterrichtsphasen notwendigen Redemittel werden den Schülern in den modernen Lehrwerken in Form von Dialogen und situationsbezogenen Zusammenstellungen von Äußerungen dargeboten. Die Einübung dieser Redemittel erfolgt sinnvollerweise in einer echten oder simulierten kommunikativen Situation. Übungen mit Partner- und Gruppenarbeit sowie Rollenspiele eignen sich hierfür besonders gut. In diesen Situationen sollten die Lernenden untereinander ins **Gespräch** kommen. Von der Lehrkraft verlangt ein **kommunikativer Englischunterricht** nicht nur methodisches Geschick im Organisieren oder Ausnutzen situativer Sprechanlässe, sondern vor allem eine gute Beherrschung und konsequente Verwendung der Fremdsprache in allen Phasen des Unterrichts.

Worüber sprechen?
Die Verwendung der Fremdsprache als Mittel der Verständigung hat zur Folge, daß die Lernenden in die Lage versetzt werden müssen, ihre Gedanken und Gefühle tatsächlich ausdrücken zu können. Dies bedeutet zunächst eine Erweiterung des Wortschatzes im Hinblick auf das Spektrum der Gefühle von Freude bis Zorn. In einem Englischunterricht, in dem es nicht vorrangig darum gehen soll, Lehrbuchtexte zu verstehen und wiederzugeben, sondern auch darum, miteinander zu sprechen, brauchen die Lernenden Hilfen, um ihre eigenen Lebensfragen, ihre Eindrücke, Ziele und vielleicht auch Probleme artikulieren zu können. Schließlich scheint es ebenso ratsam, Englischlernende in Deutschland darauf vorzubereiten, in englischer Sprache über ihr Land zu berichten, wie es bisher üblich ist, sie über das Leben in Großbritannien und den USA zu informieren. Ein zentraler Gedanke kommunikativen Fremdsprachenlernens ist somit, **die Lernenden als sie selber sprechen zu lassen.**

Ein zweiter wichtiger Aspekt betrifft die Informationen, die im Rahmen des Fremdsprachenunterrichts vermittelt werden sollten. Hier ranken sich textbezogene und landeskundliche Überlegungen im weitesten Sinne um den Begriff ‚Authentizität'. Die Begegnungen mit natürlicher Sprache, mit Originaltexten und dem täglichen Leben im Zielland stehen im Mittelpunkt.

Unterrichtswirklichkeit

21 Frau B. benutzt im zweiten Lernjahr Englischunterricht der Hauptschule die Dialoge des Lehrwerks zu Alltagssituationen, um die in ihnen enthaltenen Redemittel einzuüben. Dazu läßt sie die Dialoge zunächst mit verteilten Rollen laut lesen, nach einigen Durchgängen ohne Textvorlage nachsprechen und manchmal im Rollenspiel vorführen.

Durch dieses Verfahren erreicht Frau B., daß sich die **Dialoge** den Schülern einprägen. Einige Schüler können Teile eines Dialogs noch Tage später auswendig hersagen. Zudem ist das Vorspielen vor der Klasse in dieser Altersgruppe noch gut möglich; in höheren Klassen weigern sich spielunerfahrene Schüler in der Regel, vor allen anderen zu agieren. Um einem kommunikativen Ansatz gerecht zu werden, darf sich die Verwendung der Redemittel jedoch nicht auf das Nachsprechen oder -spielen von Lehrwerkdialogen beschränken, da die Schüler hier ja immer in eine andere Rolle schlüpfen. Der zweite Schritt müßte dazu führen, daß – auch in einer Hauptschule – einige wenige grundlegende Sprechakte von den Schülern außerhalb der **Rollenspielsituation** im Unterrichtsgespräch benutzt werden. Dazu können Übungsformen (z. B. *information gap exercises*), Gesprächssituationen (z. B. *talking about last night's TV programme*) und Spiele (z. B. Argumentationsspiele zur Übung des Begründens) gezielt eingeplant werden.

22 Herr W. hat es sich zum Ziel gesetzt, seinen Schülern in der 10. Klasse des Gymnasiums vor dem Übergang in die Sekundarstufe II systematische kommunikative Kenntnisse zu vermitteln. Dazu hat er Zusammenstellungen von Redemitteln zu Sprechakten erarbeitet. Die Schüler müssen pro Woche die Redemittel zu etwa drei bis fünf Sprechakten lernen. Die Erfüllung dieser Aufgabe überprüft Herr W. durch Abfragen nach dem Muster *"What would/do you say if/when...?"*

Das Auswendiglernen und Abfragen von **Redemitteln** kann höchstens ein erster vorbereitender Schritt zur kommunikativen Verwendung der Fremdsprache sein. Eine Zusammenstellung von Redemitteln ist für viele Schüler besonders in solchen Phasen nützlich, in denen der Lehrer nicht dauernd für Auskünfte zur Verfügung steht, wie bei Partner- oder Gruppenarbeit oder den Hausaufgaben. Allerdings liegt die Funktionsbestimmung solcher Listen eher im Nachschlagen; sie sollten daher vor allem als Mittel der Vergewisserung und Auffrischung nach dem Erlernen und Anwenden der Redemittel in situativen Übungen dienen.

Mit solchen Übungen könnte Herr W. die fremdsprachlichen Fertigkeiten seiner Schüler noch effektiver trainieren und ihnen gleichzeitig einen Sinn für das Lernen der Redemittel geben. Ein weiteres Problem ergibt sich aus der Anzahl und der Art der Redemittel. Ein Sprechakt wie „jemanden um Auskunft bitten“ läßt sich durch eine sehr große Anzahl von Äußerungen realisieren, die kontextgebunden sind und verschiedenen Sprachebenen entstammen können. Hier ist es notwendig, für die Schüler wenige Äußerungen als produktiv und einige weitere als rezeptiv zu beherrschendes Sprachgut auszuwählen.

Handlungsempfehlungen

1. Verwenden Sie die Fremdsprache als Verständigungsmittel in Ihrem Unterricht.
2. Unterscheiden Sie zwischen vorkommunikativen (formbezogenen) und kommunikativen (inhaltsbezogenen) Unterrichtsphasen. In letzteren sollten Sie Fehlertoleranz üben und Ihre Schüler zum Sprechen ermuntern, indem Sie anregende Themen und stimulierende Übungsformen bereitstellen.
3. Ihre Schüler wollen nicht nur in die Rolle von Mr Baker oder Betty schlüpfen und deren Worte wiederholen; sie wollen auch selbst etwas sagen. Geben Sie ihnen Gelegenheit dazu.
4. Kommunizieren können heißt auch zuhören können. Hören Sie Ihren Schülern zu, und verschaffen Sie ihnen vermehrt die Chance, viel zu sprechen, indem Sie Partner- und Gruppenarbeitsphasen einplanen.
5. Das fremdsprachliche Verhalten deutscher Englischlernender wirkt auf englische Ohren oftmals abrupt und unhöflich. Als Lernziel für fortgeschrittene Lernende sollten Sie daher auch solche Wendungen vorsehen, die Irritationen beim Zuhörer gar nicht erst aufkommen lassen.

Literaturhinweise

Die Notwendigkeit der Ausrichtung des Englischunterrichts an pragmalinguistischen Überlegungen und Grundlagen wird seit Beginn der siebziger Jahre diskutiert, wenngleich das Ziel, den Lernenden die Fremdsprache als Verständigungsmittel mit Hilfe authentischer Texte und „natürlicher“ Lernwege beizubringen, schon von den Sprachmeistern im 17. und 18. Jahrhundert verfolgt wurde und seitdem periodisch immer wieder in der Fremdsprachendidaktik auftaucht.

Lehmann: *„Der neusprachliche Unterricht im 17. und 18. Jahrhundert“,* 1904
Piepho: *Kommunikative Kompetenz als übergeordnetes Lernziel,* 1974
van Ek: *Systems Development in Adult Language Learning,* 1975
Bleyhl: *„Sprachliche Beweglichkeit“,* 1978
Mann: *„Pragmatik und Englischunterricht“,* 1979
Neuner: *Pragmatische Didaktik des Englischunterrichts,* 1979
Rivers: *Communicating Naturally,* 1983
Brumfit: *Communicative Methodology,* 1984

3.5 Lektüre

Problemfeld

Begleit- und Anschlußlektüren
Lektüren sind längere zusammenhängende Texte bzw. Textsammlungen, die zur Begleitung oder im Anschluß an die Arbeit mit dem Lehrwerk gelesen werden. Im Falle der **Begleitlektüre** handelt es sich oftmals um solche Lesehefte, die von den Verfassern des Lehrwerks erstellt oder bearbeitet wurden und an Strukturen und Lexik anknüpfen, die bis zu einem bestimmten Lehrwerksabschnitt eingeführt wurden. Bei der Verwendung von lehrwerkunabhängigen Begleitlektüren, die Teile des Lehrbuchs thematisch oder textformspezifisch ergänzen sollen, können sich Schwierigkeiten dadurch ergeben, daß die Lektüre zwar inhaltlich gut geeignet, sprachlich jedoch zu anspruchsvoll ist. Eine Unterforderung der Schüler ist eher zu akzeptieren, in bestimmten Fällen, denken Sie z. B. an individuelle Schülerlektüre als *reading for enjoyment* oder an den Lektüreeinsatz in der Hauptschule, ist sie sogar empfehlenswert.

Das Problem der lernstufengemäßen Auswahl von Lektüren stellt sich in gleicher Weise bei den **Anschlußlektüren,** wenn auch die Wahlmöglichkeiten wesentlich größer sind, da eine thematische Anbindung an die Lehrwerkarbeit nicht erforderlich ist. Die ursprünglich scharfe Abgrenzung von Lektüre und Lehrwerk verwischt sich bei einigen neueren Lehrwerken, die für die Klassen in der zweiten Hälfte der Sekundarstufe I lektüreähnliche Texthefte in Verbindung mit einem grammatischen Übungsbuch anbieten.

Wozu Lektüren lesen?
Grundsätzlich jedoch bleiben – insbesondere in den ersten Lernjahren, bis Grundlagen an fremdsprachlichem Können und Wissen erworben sind – wesentliche Unterschiede zwischen Lehrwerk- und Lektürearbeit in bezug auf Lernziele und Methoden. Unabhängig davon, ob eine Lektüre mit der Gesamtklasse oder von einzelnen Schülern beispielsweise als Hausaufgabe gelesen wird, dient sie u. a. der Übung des selbständigen Erlesens von längeren zusammenhängenden Texten, dem Training von Textentschlüsselungs-Techniken, der Freude an Geschichten und – im Falle von Sachtexten – interessanten Informationen sowie der Festigung des rezeptiven Vokabulars. Als weitere **Lernziele der Lektürebehandlung** können genannt werden: der Aufbau von fachbezogener Motivation, die Hinführung zu Literatur und Landeskunde der Zielsprachenländer, die Weckung von Leseinteressen, das Training von unterschiedlichen Arten des Lesens, die Einführung in Verfahren der Textanalyse und schließlich die Anregung zum kreativen Schreiben und fremdsprachlichen Gestalten. Nicht alle diese Ziele lassen sich für jede Lernstufe und vor allem nicht mit jeder Art von Lektüre verwirklichen, im Mittelpunkt sollte das **reading for enjoyment** stehen, wann immer es möglich ist, da dieses Ziel während der Durchnahme des Lehrbuchs oftmals zu kurz kommt.

Welche Lektüren lesen?

Folgende **Arten von Lektüren** können in der Sekundarstufe I gelesen werden:

a) Didaktisierte Ganzschriften oder Textsammlungen fiktionaler oder nicht-fiktionaler Art; dies sind zumeist von Muttersprachlern des Englischen verfaßte Texte, die sich innerhalb eines festgesetzten Strukturenkanons bewegen und bestimmte Gesamtvokabelzahlen nicht überschreiten.

b) Vereinfachte Originaltexte *(simplified texts),* d. h. im Umfang gekürzte und sprachlich vereinfachte Bearbeitungen von Werken der englischsprachigen Literatur, die ebenfalls einer festgelegten Reduzierung von Gesamtwortzahl und grammatischer Komplexität genügen.

c) Gekürzte Originaltexte *(abridged texts),* d. h. im Umfang reduzierte Werke der englischsprachigen Literatur.

d) Originalausgaben *(authentic texts with annotations)* von Werken der englischsprachigen Literatur oder nicht-fiktionale Texte (Zeitungsartikel u. ä.), die evtl. durch beigefügte Wort- und Sacherklärungen für den Unterricht bearbeitet sind.

e) Sprachzeitschriften. Diese regelmäßig erscheinenden Zeitschriften unterschiedlichen Niveaus sind oftmals eine Mischung der genannten Lektürearten a) und d).

Bei dieser Aufzählung ergibt sich von a) bis d) ein zunehmender Schwierigkeitsgrad und damit eine Abstufung der Einsatzmöglichkeiten. Längere Originaltexte sind nur in Ausnahmefällen bereits in der Sekundarstufe I als Lektüre gewinnbringend einzusetzen. Bedeutsam für den Grad der Attraktivität von Lektüren für die Leser sind nicht nur Textsorten und -inhalte, sondern auch die druckgrafische Gestaltung, die Ausstattung mit Illustrationen und die äußere Aufmachung. Für den Einsatz als **Klassenlektüre** sind Zeilenzähler zum schnellen Auffinden von Belegstellen und evtl. ein Übungsapparat wichtig. Auch in der Frage des Erscheinungsbildes ergibt sich eine Abstufung nach Lernjahren: Anfängerlektüren sollten – schon aus Gründen der geringen fremdsprachlichen Voraussetzungen ihrer Leser – verstärkt mit texterläuternden und handlungstragenden Illustrationen versehen sein, die das Verstehen erleichtern. Auf das Vorhandensein solcher und anderer Erschließungshilfen (z. B. Vokabelerläuterungen, Einteilung in kurze Handlungsabschnitte, Sachhinweise) muß besonders dann geachtet werden, wenn Lektüren in Einzelarbeit von Schülern gelesen werden.

Lektüren als individuelles Leseprogramm

Das **selbständige Erlesen** von verschiedenen Lektüren in Einzelarbeit zu Hause erfährt gegenüber der Durchnahme einer Klassenlektüre relativ wenig Beachtung. Es ist bei geschickter Auswahl der Lesestoffe jedoch eine ausgezeichnete Methode, den Schülern die Scheu vor längeren Texten zu nehmen und Lesegewohnheiten zu etablieren. Die erfolgreiche Durchführung eines individuellen Leseprogramms ruht auf drei Bedingungen: Zum ersten müssen die Lektüren in ihrem sprachlichen Schwierigkeitsgrad erheblich unter den Anforderungen liegen, die an die Schüler im Unterricht gestellt werden, damit das Lesen nicht zu einem frustrierenden Nachschlage-Marathon entartet und aufgegeben wird. Zum zweiten sollte der Inhalt an

Schülerinteressen anknüpfen, was für die Wahl von spannenden Geschichten oder aber informativen Texten zu Schülerhobbies spricht. Zum dritten empfiehlt es sich, in Verbindung mit der Lektüre kurze Aufgaben zu stellen, die entweder das Globalverständnis überprüfen (z. B. „lustiger Test" mit Auswahlantworten; Fragelisten, auf der die Fragen angekreuzt werden müssen, die nicht aus dem Text beantwortet werden können; Quiz; *Cloze Test* als *summary*) oder zur persönlichen Stellungnahme anregen (z. B. Ausfüllen eines Beurteilungsbogens, Schreiben einer Buchrezension, Charakterisierung einer Hauptperson, Darstellen und Gestalten eines themenbezogenen Plakats/einer Anzeige, Ausfüllen einer Tabelle mit den Rubriken *What I liked/did not like about...*). Bei genügender Anpassung der Anforderungen sowohl im Hinblick auf das Lektüreangebot als auch auf die Aufgabenstellungen ist ein individuelles Leseprogramm gut zu verwirklichen.

Klassenlektüre

Der Regelfall der Lektürebehandlung wird allerdings die Klassenlektüre bleiben. Dazu bieten sich folgende Verfahren an:

Verfahren	Vorteile	Nachteile
Abschnittweiser Lehrervortrag, dann stilles Nachlesen der Schüler	– für Anfänger geeignetes Verfahren – Lehrer gibt Klangbild der neuen Wörter vor – Hörverstehenstraining	– starke Ähnlichkeit zur Lehrbuchtext-Erarbeitung – Lehrer/in in stark dominierender Rolle
Gemeinsames stilles Erlesen im Unterricht mit abschnittweiser Besprechung (Verständnisfragen, Stellungnahme)	– Lehrerhilfen möglich – gleiches Arbeitstempo – angemessene Länge der behandelten Abschnitte	– Selbsttätigkeit der Schüler nicht stark gefordert – erzwungener Gleichschritt – zeitaufwendig
Abschnittweises stilles Erlesen in arbeitsteiliger Gruppenarbeit, dann gegenseitige Information der Gruppen und Besprechung	– reichlich Gelegenheit zu Schüler-Schüler-Interaktionen – motivierend, da zur Spekulation über den Text anregend – kooperatives Verfahren	– Gesamtstruktur oder Handlungsfaden kann verlorengehen – zeitaufwendig – hohe Anforderungen an rezeptive und produktive Fertigkeiten
Mündliche oder schriftliche häusliche Vorbereitung in Abschnitten, Besprechung im Unterricht	– zeitsparend – regt Selbsttätigkeit der Schüler an – gibt der Besprechung breiteren Raum	– unterschiedlich gute Vorbereitung – hohe Anforderungen – setzt Training in Entschlüsselungstechniken voraus

Jedes der hier beschriebenen grundlegenden Verfahren läßt sich weiter variieren. Ein zu beachtender Gesichtspunkt, unter dem eine solche Ausdifferenzierung stattfinden könnte, ist der Grad der **Lehrersteuerung** in Lese- und Besprechungsphasen. Die Möglichkeiten reichen hierbei von völliger Vorplanung der jeweiligen Unterrichtsstunde mit Festlegung der zu lesenden Abschnitte, der Worterklärungen, der Fragen und Impulse und der jeweils erwünschten Schülerantworten bis zu weitgehend von den Schülern gesteuerten Unterrichtsabläufen, in denen der/die Lehrer/in nur als Helfer fungiert. Da ein wichtiges Ziel der Lektürebehandlung in der Weckung von **Freude am Lesen und an Texten** (Literatur, Sachtexte) liegt, ist eine zu starke Lehrersteuerung, in der die Schüler beispielsweise nur die in der Lehrerinterpretation des Textes als wesentlich erachteten Inhalte wiedergeben, nicht zieladäquat. Die Schüler müssen im Lektüreunterricht, in dem sie weniger ein intensives Sprachlehrprogramm mit kleinschrittigem Übungsablauf, sondern als Abwechslung eine stärker inhaltsbezogene Begegnung mit Literatur und Landeskunde (im weitesten Sinne) erleben, als Subjekte ihrer eigenen Leseerfahrungen ernst genommen werden.

Unterrichtswirklichkeit

23 Zum Ende des Schuljahres liest Frau M. mit ihren 9. und 10. Klassen (Gymnasium) jeweils eine Lektüre. Für das 9. Schuljahr wählt sie in der Regel eine spannende Geschichte, für das 10. Schuljahr ein Werk der englischen Literatur in gekürzter und bearbeiteter Form aus. Die Lektürestunden folgen weitgehend dem gleichen Muster: 1. Überprüfung der Hausaufgabe, d. h. lautes Vorlesen der von den Schülern vorbereiteten Abschnitte, Abfragen der neuen Wörter, Rekapitulation – *the story so far* (Nacherzählung); 2. Verständnisfragen zum Kapitel, Fragen zur Handlungsstruktur und zu den Personen (Textanalyse); 3. Erstellen einer schriftlichen Zusammenfassung des besprochenen Abschnittes. Ist die Lektüre zu Ende gelesen, folgt eine Klassenarbeit.

Es ist positiv, daß im Englischunterricht von Frau M. die Lektürebehandlung ihren festen Platz hat, wenn auch die Durchnahme nicht immer erst zum Ende des Schuljahres geschehen brauchte, sondern durchaus in Unterbrechung der Lehrwerkarbeit stattfinden könnte. Das Verfahren macht zudem deutlich, daß die Lektüren intensiv erarbeitet werden. Zur Vorentlastung des Unterrichts in der Sekundarstufe II sind das selbständige häusliche Vorbereiten von Texten, erste Schritte zur Textanalyse und das Schreiben von Zusammenfassungen sehr gut geeignet. In einigen Punkten jedoch widerspricht das geschilderte Vorgehen grundlegenden Zielen der Lektürearbeit: Die genaue Überprüfung der als Hausaufgabe vollzogenen Vorbereitung zwingt die Schüler dazu, den jeweiligen Abschnitt mehrmals genau zu lesen und alle unbekannten Wörter nachzuschlagen, obwohl ein wichtiges Ziel der Durchnahme von Lektüren darin besteht, wesentliche unbekannte Wörter aus dem Kontext zu erschließen und längere Texte mit Blick auf die Hauptinhalte kursorisch zu lesen. Es wäre daher empfehlenswert, wenn nur ausgewählte zentrale Passagen so intensiv wie beschrieben behandelt würden. Das **laute Vorlesen** kann dazu führen, daß sich für die unbekannten Wörter eine fehlerhafte Aussprache festsetzt, da nicht zu erwarten ist, daß alle Schüler in der Lage sind, die Aussprache mit Hilfe der phonetischen Umschrift zu entschlüsseln. Das **stille Erlesen** ist Lektüren darüber hinaus wesentlich angemessener, weil es den muttersprachlichen Lesegewohnheiten für diese Art von Text entspricht. Schließlich kann die Aussicht auf die abschließende Klassenarbeit die von der Lektürebehandlung hervorgerufene Motivation der Schüler erheblich dämpfen.

Eine letzte Anmerkung zu diesem Unterrichtsbeispiel betrifft die **Auswahl der Lektüren.** Für das Lesen spannender Geschichten sprechen eine ganze Anzahl von Gründen (Motivation, Schülerinteressen, Spannungsbogen); diese Art von Lektüre ist im Gegensatz zu den bearbeiteten Fassungen englischer literarischer Werke nicht umstritten. Gegner dieser Literatur-Lektüren *(simplified versions, abridged versions)* führen an, daß der Stil des Originals durch Kürzungen und Umformulierungen unwiderruflich zerstört oder zumindest so stark verändert werde, daß der intendierte Zweck, nämlich die Hinführung der Lernenden zur Literatur der Zielländer, nicht mehr erreicht wird. Befürworter dieser Lektüren betonen demgegenüber die Möglichkeit, auf diese Weise überhaupt literarische Texte zu einem frühen Stadium des Lehrgangs einzusetzen.

24 In einer 8. Klasse Hauptschule (oberer Leistungskurs) setzt Herr Z. zum ersten Mal eine Lektüre ein. Er beabsichtigt, eine Kriminalerzählung, die für das Niveau der Klasse geeignet ist, zusammen mit den Schülern in ein Hörspiel umzuschreiben. Dazu hat er die einzelnen Kapitel sowie eine von ihm erstellte Inhaltsangabe der ganzen Geschichte an Schülergruppen verteilt, die Vorschläge zur szenischen Gestaltung ausarbeiten sollen.

Herrn Z.s Pläne sind für diese Schulform und Klassenstufe ein ehrgeiziges Unterfangen, das aller Wahrscheinlichkeit nach die Fähigkeiten seiner Schüler überschätzt. Zwar ist die kreative Veränderung von Kapiteln oder Ganzschriften durchaus ein erstrebenswertes Fernziel der Lektürebehandlung, doch ist es sicher unklug, dies gleich an den Anfang der Verwendung von Lektüren im Englischunterricht einer Klasse zu stellen. Für die **Umarbeitung in Hörszenen** müssen die Schüler sowohl den Gesamtinhalt der Erzählung im Kopf haben als auch ihr Kapitel sehr genau lesen, um Dialogelemente herauszuziehen, Geräuscheffekte zu planen und Sequenzen neu schreiben zu können. Die Anforderungen an das Leseverstehen und das produktive Schreiben sind beträchtlich. Herr Z. könnte seine Planung folgendermaßen modifizieren, den Schwierigkeitsgrad dadurch reduzieren und dennoch das Fernziel Hörspiel beibehalten: Nach der gemeinsamen Klassenlektüre der Erzählung, in der das Hauptgewicht auf dem *reading for gist* liegt, werden eine oder zwei Schlüsselszenen ausgewählt und in einer Mischung aus Arbeit in Kleingruppen und mit der Gesamtklasse unter ständiger Hilfestellung des Lehrers zu Hörszenen umgeschrieben.

Handlungsempfehlungen

1. Machen Sie die Durchnahme einer Lektüre zum festen Bestandteil Ihrer Jahresplanung. Wechseln Sie dabei zwischen Begleit- und Anschlußlektüren ab, und gestatten Sie den Schülern Mitspracherechte bei der Auswahl. Die Diskussion

einer hierzu von Ihnen zusammengestellten Auswahl von mehreren Einstiegsabschnitten oder Synopsen möglicher Lektüren – gegen Ende der Sekundarstufe I könnten Schülergruppen diese Aufgabe mit Hilfe der Klassenbibliothek übernehmen – macht das Auswahlverfahren zu einer sprachintensiven Angelegenheit.

2. Nehmen Sie Klassenlektüren zügig durch, um den Spannungsbogen zu erhalten. Zur detaillierten Spracharbeit im grammatischen und lexikalischen Bereich sowie zum ausgiebigen Verweilen bei textstilistischen oder -strukturellen Fragen sind Lehrwerk- bzw. Kurztexte in der Regel besser geeignet als Ganzschriften.

3. Trainieren Sie mit Ihren Schülern das selbständige Erlesen von unbekannten Texten. Folgende Grundregeln verhindern, daß die Begegnung mit einem neuen Text für die Schüler zum Kampf mit dem Wörterbuch wird:
   a) Text überfliegen und Hauptsinn zu erfassen suchen *(skimming)*. Fragen beantworten: Wovon handelt der Text(abschnitt)?
   b) Text ein zweites Mal langsamer lesen und unbekannte Wörter unterstreichen bzw. herausschreiben, dabei jeweils überlegen: Ist das Wort wichtig zum Verstehen des Satzes? Wenn nein, dann weiterlesen.
   Wenn ja, dann versuchen, es aus dem Kontext zu erschließen. Erst wenn das nicht wenigstens zu einer Vermutung über den Wortsinn führt, im Wörterbuch nachschlagen.
   c) Je nach Aufgabenstellung dem Text die erfragten Informationen entnehmen *(scanning)*.

4. Geben Sie Ihren Schülern Gelegenheit, viele unterschiedliche Lesestoffe kennenzulernen und selbständig, mehr oder weniger freiwillig zu lesen. Die Einrichtung einer englischen Klassenbibliothek mit einem Querschnitt durch das Lektüreangebot für die betreffende Leistungsstufe, mit englischen Jugendzeitschriften, Broschüren, Prospekten und evtl. Kinderbüchern bietet Ihnen hierzu die besten Möglichkeiten. Eine solche Klassenbibliothek liefert Materialien für erste Schülerreferate oder zur Stillbeschäftigung ebenso wie Erweiterungstexte für die Lehrwerkarbeit. Die Bestände können Sie bei jedem Aufenthalt im englischsprachigen Ausland mit geringem Kostenaufwand ergänzen und aktualisieren.

Literaturhinweise

Das Gymnasium verfügt über eine beeindruckende Tradition der klassischen Mittel- und Oberstufenlektüre, eine Tradition, die sich in der Mittelstufe durch die Einführung des kommunikativen Lernansatzes und in der Oberstufe durch das Vorherrschen durchstrukturierter Kursmaterialien neueren Entwicklungen angepaßt hat. Zahlreiche Veröffentlichungen befaßten sich während der Neusprachlichen Reformbewegung und der Kulturkundebewegung mit dem Lektürekanon. In neuerer Zeit sind die Titel zu Lektüreausgaben in der Sekundarstufe I so angeschwollen, daß eine systematische Lektürekritik noch nicht erfolgen konnte. Für die Hauptschule ergab sich eine Kontroverse darüber, ob die Sequentialität des Lernprozesses bis in das

10. Schuljahr hinein durch Lehrwerke fortgesetzt werden oder der Einsatz von Lektüren für Abwechslung und Auflockerung sorgen sollte.

Hüllen: *„Gesichtspunkte zur Lektürenauswahl“*, 1959
Meyer: *„Original und Schulausgabe im fremdsprachlichen Unterricht“*, 1976
Bludau: *„Die Rolle der Lektüre auf der Sekundarstufe I“*, 1977
Finger: *Lektüre Kursbuch Englisch ’80*, 1980
Ross: *„Englische Lektüre im 3. bis 6. Lernjahr“*, 1980
Baddock: *“A bibliographical guide to the use of newspapers”*, 1981
Hunfeld: *Englischunterricht: Literatur 5–10*, 1982
Hermes: *„‘Fun-reading’: Möglichkeiten und Anregungen“*, 1984

3.6 Literaturunterricht auf der Gymnasialoberstufe

Problemfeld

Dichtung und Sachtext
In den heutigen Richtlinien und Lehrplänen wird zwischen literarischen Texten und Sachtexten unterschieden. Die Geschichte des Englischunterrichts zeigt, daß zwischen diesen beiden Polen der Pendelschlag hin und her ging. Die Neusprachliche Reformbewegung betonte **literarisch anspruchsvolle Texte,** in denen auch landeskundliche Zielsetzungen verwirklicht werden konnten. In der Reform-Epoche des letzten Jahrzehnts traten die soziokulturellen Texte in den Vordergrund, um wiederum durch die Gegenbewegung literarisch wertvoller Texte zurückgedrängt zu werden.

Literaturbegegnung und Sprachlernprozeß
Ein Grundproblem des Literaturunterrichts auf der Oberstufe ist das **Doppel-Lernziel von Spracherwerb und Textbehandlung.** Literaturwissenschaft und Textlinguistik beeinflussen den Unterrichtsansatz der Englischlehrer und bilden deren rezeptionsästhetische und textmethodologische Kategorien. Die schulische **Wissenschaftspropädeutik für das Literaturstudium** kann sich selbständig machen und dabei die gründliche handwerkliche Arbeit am weiteren Aufbau des Sprachwissens und Sprachkönnens vernachlässigen. Für das spätere Hochschulstudium oder die Berufsausbildung benötigen die Abiturienten jedoch handfeste Sprachkenntnisse und eine überzeugende Sprachbeherrschung.

Text und Kontext
Die Unterrichtsverfahren zur Textbehandlung haben sich vom Konzept der **textimmanenten Interpretation** gelöst. Das literarische Werk wird im größeren Umfeld seiner Entstehung, Funktion und Wirkung gesehen. Die Betonung der den Text konstituierenden Stilmittel ist auf den Einfluß des früheren textimmanten Konzepts zurückzuführen, während die Herausarbeitung der **Intention des Autors** und der **Rezeption durch den Leser** neueren literaturkritischen Strömungen entspricht. Es läßt sich feststellen, daß die literarischen Kunstwerke zwar weiterhin gelesen werden,

mehr **intensiv-statarisch** als **extensiv-kursorisch,** daß aber das Reden über sie – mit anschließenden schriftlich fixierten und durch den Lehrer benoteten Überprüfungsverfahren – in den Mittelpunkt des Literaturunterrichts getreten ist.

Unterrichtswirklichkeit

25 In einem Leistungskurs der 12. Jahrgangsstufe über das Thema *Modern Drama* wird Arthur Millers *Death of a Salesman* behandelt. Der Fachlehrer lehnt sich eng an die Interpretationssammlung *Insight I* von Hagopian und Dolch an. Eine Zuspitzung erfährt das Klassengespräch im Hinblick auf die Frage, ob Willi Loman oder Biff die Hauptperson ist. Entsprechend der These von *Insight* wird Biff als die sich wandelnde und zur Selbsterkenntnis geführte Person dargestellt, während Willi Loman im Schema der materiellen Seite des *American Dream* gefangen bleibt. Der Tod Willi Lomans wird als Liebesbeweis für den Sohn gedeutet. Den Schülern – wie allerdings auch den Kunstkritikern – bleibt das letzte Motiv für den Freitod unklar.

Die Unterrichtsreihe *Modern Drama* spricht die Schüler an. Zwar wird *Death of a Salesman* nicht auf der Bühne erlebt, doch reicht das Vorstellungsvermögen der Schüler für eine originäre Begegnung aus. Das Drama verweist auf gesellschaftliche und psychologische Probleme, die die Schüler selbst erfahren haben. In diesem Sinne ist einer solchen Unterrichtsreihe von vornherein Erfolg beschieden.

Allerdings hat die Anlehnung an die weit verbreitete Interpretationsanthologie *Insight I* mehrere Nachteile. Der Fachlehrer bindet sich an einen Text, der in Inhalt und sprachlicher Ausformulierung eine Art Sonderform deutscher Schulphilologie darstellt. Indem den Schülern Zitate und Paraphrasen als abschließende Interpretation gegeben werden, erfolgt eine erhebliche Einengung des Interpretationsfreiraumes. Dieser Freiraum ist es aber, der genutzt werden muß, wenn die Schüler aus ihrem Betroffensein zur eigenen Darstellung ihrer Gedanken kommen sollen. Literaturerlebnis und die persönliche Reaktion der Schüler sollten nicht durch eine vorgegebene Interpretationslinie angekettet werden.

26 In einem Grundkurs der Jahrgangsstufe 13 wird in einer Unterrichtsreihe *Lord of the Flies* behandelt. Acht Wochen dauert die Lektüre, die teils kursorisch, teils intensiv betrieben wird. Im Mittelpunkt steht die Analyse der Charaktere und ihrer Veränderung in veränderter Umwelt.

Die Charakterbeschreibung der Jungen stößt bei Schülern und Schülerinnen auf gleich großes Interesse; allerdings verliert die Motivation dann an Kraft, wenn versäumt wird, die Romanfiguren auf die Welt der Schüler zu übertragen. Zwar spüren die Schüler unbewußt, daß eine Anwendung des Romans auf ihre Lebenswelt möglich ist. Doch der im Unterricht nicht vollzogene Transfer vom Kunstwerk auf den Lebensalltag läßt eine Reihe von Schülern „aus dem Felde gehen". Der Lehrer kann sich am Schluß der Unterrichtsreihe nur noch auf wenige beziehen, die auch schon nicht mehr primär motiviert sind, sondern sekundär, d. h. im Hinblick auf die spezielle Zuwendung des Lehrers und die Verbesserung ihrer Zensuren. Wenn die Schüler darüber hinaus merken, daß der Lehrer frühere Klausurthemen und ihre Bearbeitung wieder verwendet und sie als Modelle richtiger Interpretation empfiehlt, erleben sie den Literaturunterricht nur noch als Unterrichtsroutine. Das Buch des Nobelpreisträgers William Golding wird kanonische Pflichtlektüre und ist nicht mehr aufrüttelndes Erlebnis einer Anti-Utopie.

Handlungsempfehlungen

1. Der Fachlehrer als Spezialist sollte nur solche literarische Werke behandeln, hinter denen er voll und ganz steht, die ihm selbst etwas bedeuten, zu denen er selbst etwas sagen kann, ohne aus der Sekundärliteratur abzuschreiben. Allerdings sollte seine Auswahl durch die Richtlinien/Lehrpläne abgedeckt sein.

2. Bedenken Sie, daß die Verbindung von Text und Textinterpretation in den Schulverlagsausgaben für die Hand des Lehrers – trotz punktueller Hilfe – zu einer langfristigen didaktisch-methodischen und geistigen Abhängigkeit führen kann.

3. Wichtig ist die Grundlegung eines angemessenen Besprechungswortschatzes in der 11. Jahrgangsstufe, damit das Prinzip der Einsprachigkeit beibehalten werden kann. Allerdings darf sich das Interpretationsvokabular der Schüler nicht verselbständigen. Sprachliche Versatzstücke sollten nicht dann in Erscheinung treten, wenn substantielles Verständnis fehlt.

4. Lassen Sie die intensive Textinterpretation parallel laufen mit kursorisch gestalteter Leseaktivität. Eine Reihe vorgeschriebener Bücher (wie z. B. die *set books* in den angelsächsischen Ländern) ist eine geeignete Grundlage für verstärkte Lesetätigkeit. Das frühere Verfahren der Referatsstunde zur vortragsmäßig ausgefeilten Wiedergabe individuell gelesener Werke sollte wiederbelebt werden.

5. Interpretationsgespräch und analytische Textaufgabe könnten durch Formen von *creative writing* erweitert werden. Handlungsketten oder Problemkerne geben Anlaß, in Ab- und Umwandlung der Originaltexte zu einer neuen, persönlich verantworteten Darstellung des Schülerverfassers zu gelangen.

Literaturhinweise

Nach der Einführung der reformierten Oberstufe mit den Leistungs- und Grundkursen haben neue Richtlinien und neue Kursmaterialien die Diskussion über literaturdidaktische Fragestellungen angeregt. Die literaturdidaktische Auseinandersetzung zwischen form- und inhaltsorientierten Positionen spitzt sich zu in der Fehde zwischen den Vertretern einer geschlossenen und einer offenen Modellbildung des Literaturunterrichts in „kommunikativen Zeiten“. Exemplarisch hierfür ist die Kritik an den Richtlinien von NRW (Kornelius/Otto, 1983).

Werlich: *Poetry Analysis,* 1967
Brusch: *Projects in Literature,* 1977

Freese/Hermes: *Der Roman im Englischunterricht der Sekundarstufe II,* 1977
Freese/Groene/Hermes: *Die Short Story im Englischunterricht der Sekundarstufe II,* 1979
Weber: *„Literaturunterricht als Fremdsprachenunterricht“,* 1979
Freese: *„Zur Erstellung von Textsequenzen für den Englischunterricht der reformierten Sekundarstufe II“,* 1980
Kultusminister des Landes Nordrhein-Westfalen: *Richtlinien für die gymnasiale Oberstufe in Nordrhein-Westfalen,* 1981
Weber: *Dramen des 20. Jh. für den Englischunterricht in der Sekundarstufe II,* 1982
Kornelius/Otto: *Anglistik, Richtlinien & Englischunterricht,* 1983
Freese: *„Textanalyse oder Rezeptionsgespräch?“,* 1986
Literarische Erziehung im Englischunterricht, 1986

3.7 Landeskundliche Grundorientierung

Problemfeld

Zur Komplexität der Landeskunde
„Kunde“ ist die Lehre, die auf Wissenschaft und Erfahrungswissen beruht. „Land“ ist die Gesamtheit der kulturellen, sozialen, historischen, geographischen und ökonomischen Erscheinungsformen eines Landes mit seinen Regionen. Die Beschäftigung mit der Landeskunde erfolgt auf zwei didaktischen Ebenen, auf der der Hochschullehre und der des Schulunterrichts. Eine Unterscheidung ist zu treffen zwischen der sprachbezogenen Landeskunde (Linguo-Landeskunde) und der sprachunabhängigen, auf andere Disziplinen bezogenen, allgemein informierenden Landeskunde. Für den Englischunterricht an Schulen kommt in erster Linie die **sprachbezogene Landeskunde** in Frage, die durch außersprachliche Wissensbereiche ergänzt wird.

Zur Geschichte der Landeskunde
Die Landeskunde zur Zeit der Neusprachlichen Reformbewegung im ausgehenden 19. Jahrhundert war eine **Realien- und Institutionenkunde,** die sich mit den politischen Einrichtungen und den Gegebenheiten der großen Städte, besonders Londons, befaßte. Vor, in und nach dem 1. Weltkrieg entwickelte sich die **Kulturkundebewegung,** die die geistigen und nationalpolitischen Strukturen des Zielsprachenlandes zu einer Gesamtschau zusammenzufassen suchte. In unserer Zeit gibt es eine **sozialkundlich engagierte Landeskunde,** für die auch die mündlichen Zeugnisse der Zeitgenossen, besonders auch des *man in the street,* eine wichtige Rolle spielen.

Das fremde und das eigene Land im Vergleich
Das Verhältnis von Ausgangs- und Zielsprachenland wird durch die Dimension „gleich – ungleich“ bestimmt. Ähnliche Inhalte, besonders wenn sie sich international und interkulturell angleichen, werden als **„Universalia“** eingestuft, unähnliche als

„Spezifika“. Es bleibt eine offene Frage, ob den „Universalia“ oder den „Spezifika“ Priorität im Unterricht einzuräumen ist.

Bereiche landeskundlichen Wissens
Die Zugänge zur Landeskunde erfolgen über soziokulturelles Orientierungswissen, kontrastiv-linguistisches Sprachwissen und literarisches **Kontextwissen.** Die Schule vermittelt **Orientierungswissen** über „Alltagskultur“, Institutionen, Geographie und Geschichte, besonders auch **Sprachwissen,** das den landesspezifischen Wortschatz und die Idiomatik erklärt, deren linguistische Elemente keine direkte Äquivalenz im Deutschen besitzen. Fiktionale und expositorische Texte bedürfen zur Analyse und Interpretation einer tieferen Durchdringung ihrer zeitgeschichtlichen, kulturellen und sozialen Einbettung.

Unterrichtswirklichkeit

27 Zum Thema Nordirland wird in einem 10. Schuljahr des Gymnasiums das auch in anderen Ländern verbreitete Taschenbuch *Across the Barricades* von Joan Lingard gelesen. Zur Einführung (sechs Stunden) wird die heutige Situation mit der dazu erforderlichen Geschichte dargestellt. Die Schüler lesen dann die *love story* zwischen den Angehörigen zweier konfessionell und politisch getrennter Familien. Die Schüler nehmen engagiert an den Geschehnissen auf den Straßen und in den Häusern Belfasts Anteil. Ihnen wird deutlich, wie soziale und konfessionelle Fronten Emotionen anheizen und Gewalttaten auslösen.

Diese Unterrichtsreihe stellt sich einem Problem, das gleichsam die ganze anglo-irische Geschichte aufrollt und heute so aktuell ist wie eh und je. Die Behandlung der Geschichte von Cromwell bis zum Osteraufstand 1916 gibt den Schülern das Gefühl, der Situation habhaft zu werden. Dennoch darf nicht vergessen werden, daß deutsche Schüler einer Klasse 10 aufgrund einer Kurzeinführung und eines Romans das irische Problem nur annäherungsweise, und das auch nur aus der Sicht eines Deutschen, verstehen können und Gefahr laufen, vorschnell zu einem Verdammungsurteil oder zu einer Patentlösung des Problems zu gelangen. Überdies kommt hinzu, daß der Roman ein *happy end* suggeriert, wenn durch die Überfahrt der Liebenden nach Liverpool die Lösung ihres Problems in Aussicht gestellt wird. Hierdurch wird der Romantisierung Vorschub geleistet, und die Leser flüchten sich in eine Welt, die nicht realistisch ist.

28 Eine 6. Klasse eines Gymnasiums hat vor Ende des Schuljahres den zweiten Band des Lehrwerkes beendet. Für die verbleibende Zeit schlägt der Englischlehrer vor, einen Brief an Prince Charles zu schreiben. Man schreibt das Jahr 1962. Die deutschen Schüler und der englische Thronfolger sind fast gleichaltrig. Mit großem Enthusiasmus ergreifen die Schüler die Gelegenheit, nach den langen Monaten abstrakter englandkundlicher Begegnungen einen direkten Zugang zur Institution des englischen Königs-

BALMORAL CASTLE

10th September, 1962.

Dear Thomas,

I am commanded by The Queen to write and thank you and the pupils of Form Six for your letter to The Prince of Wales.

I must explain to you that, owing to Her Majesty's rules in these matters, it is not possible for His Royal Highness to send you a picture of his School.

I am to thank you for your kind thought in writing to The Prince of Wales.

Yours sincerely,

Lady-in-Waiting.

Master Thomas Sander.

hauses zu finden. Unterschiedliche Briefe werden entworfen, Briefstile diskutiert, bis die Form der offiziellen Schreibweise gefunden ist. Ein ganz neuer Wortschatz wird eingeführt und angewendet. Klassensprecher Thomas Sander unterschreibt. Zur großen Freude der Schüler kommt postwendend eine Antwort von Balmoral Castle, der Sommerresidenz des Königshauses. Seine Königliche Hoheit schreibt natürlich nicht persönlich. Der Brief ist ein „Hoheitsakt". Er wird von *Lady-in-Waiting* Mary Morrison mit freundlichen Zeilen beantwortet.

Die Unterrichtseinheit brachte den Schülern nicht nur „Schreibakte" für englische Briefe bei, sondern machte sie vertraut mit dem spezifischen Wortschatz und dem Register *formality*. Prince Charles erscheint als *The Prince of Wales* und *His Royal Highness*. Die drei Absätze beginnen jedesmal mit dem Personalpronomen *I* in den Sätzen *I am commanded by The Queen...*, *I must explain to you that...*, und *I am to thank you for...* In Verbindung mit dem vollen Namen (Thomas Sander) ist *Master* die (formelle) Anrede für einen Schüler bis zu 14 Jahren.

29 In einem 8. Schuljahr einer Realschule wird einer englandkundlichen Unterrichtseinheit der Essay eines 14jährigen englischen Schülers zum Thema *Myself* zugrunde gelegt. Während eines Schulbesuchs in Leeds hatte der Lehrer in einer Schulstunde hospitiert, in der die Schüler dieses Thema als Hausaufgabe bekommen hatten und ihre Ausarbeitung im Unterricht vorlasen. Der Englischlehrer durfte den Essay mitnehmen. Auch war der Schüler bereit, den Essay auf Kassette zu sprechen, so daß authentisches Schriftbild und authentische Aussprache als Arbeitsgrundlage für landeskundliche Lernziele des Englischunterrichts in Deutschland bereitgestellt waren. Im Projekt „Englische Schüler über sich selbst" wurden das englische Schulwesen und Alltagsleben behandelt. Der spezielle Wortschatz des Textes *Myself* wurde eingeführt. Die erste Darbietung des Textes erfolgte simultan mit Textblatt und Kassette. Nach dem Textverständnis und seiner Auswertung standen drei Unterrichtsstunden unter dem Thema *Write a letter to Paul Franklin in Leeds*. Eine Auswahl von Briefen wurde über den Headmaster an den englischen Schüler geschickt. Der „Ausgangstext":

Myself
My name is Paul Franklin & I live with my parents & my 11 year old brother, Gary, at 12 Calverly Terrace, Bramley, Leeds. My everday school life follows an everday school routine. I get up at 8.00 go to school at 8.30. At 9.00 I have a pretty boring time in the school morning & come home for dinner then go back for a further 2½ hours of utter bordem & little else. At 4.00 we come home and things get better.

I am proud to say I can play & enjoy most sports as I have no physical disabilities. I enjoy Soccer, golf, table tennis, tennis, swimming, snooker & Athletics. I collect beer mats & money; money is harder to collect than beer mats.

At school I am, although I say so myself, very bright & my streaming proves this as I am in the top class for my age, 14. I detest French but like maths, I hate homework & when I have some unoccupied free time I will watch T.V. I like comedies or scientific programmes.

I play golf & have 6 irons & 4 woods. My hand-y-cap is about 30. I go golfing to Gotts Park. I try to play soccer for the school & train on Thursdays. Our class is the only 3rd year team in the interform competition.

When I leave school I want to work with computers as an Analasist. For this I will need '0' level maths & Physics but I would like 'A' level maths & Physics & 'O' level English, but this will take alot of work.

I speak what I feel & think & dont care really what I say as long as I mean it; I often get in to trouble for this.

Diese Unterrichtseinheit kann als Sonderfall gelten. Der Englischlehrer kam durch Zufall an den Text und die Kassettenaufnahme. Doch gibt es auf Auslandsfahrten immer wieder diese einmaligen Situationen: Man muß sich als Englischlehrer darauf einstellen und die Gelegenheit nutzen (Photoapparat, Kassettenrecorder). Der Text ist kein klassisches Literaturdokument, doch im Rahmen der *oral history* ein ehrliches, lebendiges Selbstzeugnis eines englischen Schülers. Die psychologisch ähnliche Situation bei den deutschen Schülern rechtfertigt eine Unterrichtseinheit wie die oben vorgelegte.

30 In einem 9. Schuljahr einer Realschulklasse wird zur Motivierung ein londonkundliches Thema angesetzt. Der Englischlehrer hatte sich von *London Transport* einen Stadtplan mit Untergrundbahn- und Busnetz als Klassensatz schicken lassen (die Sendung erfolgte gratis). Die Unterrichtseinheit lief folgendermaßen ab: Mr X, steckbrieflich verfolgt, wird in London gesucht. Der Lehrer übernimmt die Rolle eines Beamten von Scotland Yard und teilt der Klasse jeweils den mutmaßlichen Aufenthaltsort des Mr X mit. Die Schüler suchen auf der Karte bekannte Namen wie Victoria Station, Hyde Park, Buckingham Palace usw. Wer den Aufenthaltsort zuerst gefunden hat, beschreibt ihn so genau, daß auch die anderen ihn finden. In einer zweiten Phase überlegen sich die Schüler, zu welchen Taten Mr X an den jeweiligen Plätzen fähig wäre. Die Phantasie der Schüler erweist sich als fast grenzenlos beim Stichwort *Buckingham Palace.* Die Lehrer-Rolle wird in einer dritten Phase von den Schülern selbst übernommen. (Anmerkung: Obige Stunde wurde 1980 gehalten, also vor Erscheinen des ähnlich strukturierten Gesellschaftsspiels *Scotland Yard.*)

Mit relativ einfachen Mitteln und keiner zusätzlichen finanziellen Belastung werden die *London sights* den Schülern deutlich gemacht, und zwar in einer handlungsorientierten und phantasiebezogenen Arbeitsweise. Die bekannten Namen bleiben keine leblosen Bezeichnungen einer abstrakten Londonkunde, sondern werden durch die *search-and-find*-Aktivität der Schüler lebendig. Die Verknüpfung mit der Detektivarbeit aktiviert bei den Schülern ein großes Potential an Vorstellungskraft.

Handlungsempfehlungen

1. Versuchen Sie, während Ihres Studiums und damit verbundener oder anschließender Auslandsaufenthalte, Landeskunde *live* zu erleben, so daß Sie im Unterricht auf ein Reservoir persönlich gefärbter Begegnungen im englischsprachigen Ausland zurückgreifen können. Die Schüler mit ihrer feinen Antenne für Engagement und Wissen des Lehrers werden merken, wie Sie „aus dem Vollen schöpfen" können, so daß sie Ihrem Unterricht besonderes Interesse entgegenbringen.

2. Interpretieren Sie die Fotos und Zeichnungen der Lehrwerke, um nicht nur die Lehrbuchtexte zu vertiefen, sondern Bilder des anderen Landes zu vermitteln. Häufig gehen die Lehrwerke nicht genug auf den Kontext der Illustrationen ein, so daß sich hier ein Arbeitsfeld für Sie ergibt.

3. Verwenden Sie häufig visuelle und auditive Medien, um landeskundliche Atmosphäre und Authentizität vermitteln zu können.

4. Da Landeskunde Elemente einer Sozialkunde enthält, kann sie leicht in die Perspektive eigener sozialpolitischer Auffassungen geraten. Ohne ein sozialkundliches Studium kann der Englischlehrer zur Pseudosozialkunde verführt werden, ohne es selbst zu merken.

5. Versuchen Sie, während Ihrer Reisen in englischsprachige Länder authentische Dokumente und Materialien für den Gebrauch in Ihren Englischstunden zu erstehen, und sammeln Sie „Zeugnisse der Alltagskultur".

Literaturhinweise

Aus der Fülle der Titel zur Didaktik der Landeskunde werden einige Autoren ausgewählt, die für unterschiedliche historische, politische und wissenschaftstheoretische Standpunkte Aussagen treffen.

Schrey: *Didaktik der Englandkunde an Hauptschulen,* 1967
Keller: *„Grundlegung der kulturkundlichen Didaktik durch ein sozialpsychologisches Modell der Völkerverständigung",* 1968
Erdmenger/Istel: *Didaktik der Landeskunde,* 1973
Firges/Melenk: *„Landeskunde als Alltagswissen",* 1982
Oksaar: *„Sprache, Gesellschaft und interkulturelle Verständigung",* 1984

3.8 Landes- und kulturkundliche Inhalte für Fortgeschrittene

Problemfeld

Welche Inhalte im Englischunterricht?
Der Begriff der Inhalte im Fremdsprachenunterricht wird vielschichtig gebraucht, und seine Verwendung bedarf sorgfältiger Pflege. Es liegt auf der Hand, daß der Grundinhalt des Fremdsprachenunterrichts die Fremdsprache selbst ist. Hinzu treten Inhalte wie die Gegenstände der Literatur und der Landeskunde *(culture studies)*.

Der landeskundliche Inhalt innerhalb und außerhalb der Sprache
Die landeskundlichen Lernziele stehen auf der einen Seite in enger Verbindung mit dem Sprachunterricht, auf der anderen Seite jedoch sind sie mit der Sprache nicht unmittelbar verschränkt, sondern stellen gesellschaftsbezogene Wissensbereiche im eigenen Recht dar. So verlangt die heutige **internationale Verflechtung** der wirtschaftlichen und politischen Kräfte ein umgreifendes landeskundliches Grundwissen. Neben diesen äußeren Determinanten landeskundlicher Inhalte steht der Spracherwerb in ständigem Rückbezug auf die Fremdsprachensprecher mit ihrem spezifischen soziokulturellen *background,* der als Kontext der Sprachtätigkeit wirksam ist.

Inhalt als Gegenstand und Bedeutung
Wenn der Begriff der **landeskundlichen Inhalte** aufgegliedert wird, ergeben sich zwei Dimensionen, zum einen der Gegenstand, zum anderen die mit ihm verknüpfte Bedeutung. Die grundlegende Unterscheidung in Gegenstand und Bedeutung soll an dem Beispiel *Indians* verdeutlicht werden. Es ist selbstverständlich, daß der Gegenstand „Indianer“ für unterschiedliche Adressatengruppen unterschiedliche Bedeutungen besitzt. Für Kinder der **Unterstufe** stellt der Indianer mit seinen farbigen und die Phantasie gefangennehmenden Attributen eine Dekoration dar, mit der die eigene Welt geschmückt wird. Den Schülern der **Mittelstufe** begegnet der Indianer in Abenteuerbüchern. Auf der **Gymnasialoberstufe** erscheint der Indianer im größeren Zusammenhang des Minoritätenproblems oder auch als Vertreter eines uralten und zugleich aktuellen ökologischen Bewußtseins.

Unterrichtswirklichkeit

31 In einer 12. Jahrgangsstufe der Gymnasialoberstufe wird 1983 das Thema der Presse in Großbritannien und den USA auf der Grundlage von Kursmaterialien deutscher Verlage behandelt. Mit großer Sorgfalt stellt der Fachlehrer die unterschiedlichen Gruppierungen von Zeitungen zusammen. Er unterscheidet zwischen anspruchsvollen Zeitungen und Massenblättern. An Zeitungsauszügen werden journalistische Stilregister erarbeitet. Die Grundstruktur eines Artikels mit *head* und den sich anschließenden Informationen in abnehmender Dichte wird den Schülern vermittelt. Zugrunde gelegt werden die Zeitungen *Observer, Daily Express, New York Times, Washington Post.*

Das obige Beispiel zeigt eine traditionelle Behandlung des durch Lehrpläne vorgeschlagenen Themas. Die Verbindung von britischer und amerikanischer Presse mit ihren Unterschieden im Bereich der *national* und *regional papers* ist wichtig und führt die Schüler dahin, Vergleiche mit den deutschen Zeitungen vorzunehmen. Darüber hinaus zeigt diese Unterrichtseinheit den für landeskundliche Unterrichtseinheiten häufig anzutreffenden Begleitumstand, daß die benutzten Quellen veraltet sind. So fehlt die in den USA seit 1982 erscheinende Zeitung *USA Today,* die heute zu den meistverkauften Zeitungen mit gehobenem Niveau zählt.

Eine Behandlung der angelsächsischen Presse im wissenschaftspropädeutischen Sinne des Unterrichts auf der Gymnasialoberstufe müßte eigentlich Grundfragen des Publizistik- und Journalismusstudiums berücksichtigen, wenn kein Dilettantismus aufkommen soll. Wie kompliziert die Fragen der Informationspolitik sind, zeigt das Verhältnis zwischen Staatsmacht und Zeitungsmacht. Da diese journalistikwissenschaftlichen Fragen in der Schule nicht thematisiert werden können, ergibt sich zwangsläufig eine nicht-wissenschaftsorientierte Methode. An die Stelle einer journalistischen Strukturierung tritt eine didaktische Kategorisierung, bei der die Anhäufung von Informationen aus zweiter Hand (Kursmaterialien) die erforderliche qualitative Grundlagenarbeit ersetzt. Viel wäre jedoch schon erreicht, wenn die Schüler lernten, daß ihr Wissensstand so gut und so schlecht ist wie der jeweilige Stand der von ihnen benutzten Quellen.

32 In einer 13. Jahrgangsstufe wird das Thema *Minorities in the USA* behandelt. Der Lehrer benutzt audiovisuelle Materialien und eine Auswahl der umfangreichen Sekundärliteratur. Er beginnnt mit der *Harlem Renaissance* und führt seine Überlegungen bis zu Martin Luther King, seinen Träumen und Erfolgen. Die Schüler lassen sich stark ansprechen und engagieren sich für die Sache der schwarzen Minorität. Sie ergreifen Partei, werden dadurch motiviert und treten unter bestimmten Gesichtspunkten an die Quellen heran, die sie auf einer mittleren Abstraktionsebene einordnen, miteinander vergleichen und als Instrumente für eigene Schlußfolgerungen benutzen.

Wie häufig feststellbar, motivieren Amerikas Schwarze deutsche Schüler. Das Thema kann geradezu als Katalysator für sozialkundliche Probleme dienen. Schneller als man glaubt, kommen die Schüler zu einer Entscheidung über die Lösung des Rassenproblems. Vom deutschen Horizont lassen sich die Dinge gut angehen, vom sicheren Hafen aus kann man gute Ratschläge erteilen. Doch die Rassenfrage ist komplizierter, als sie auf den ersten Blick zu sein scheint. Die Schüler stellen das im Laufe der Diskussionen fest.

Es ist bedauerlich, daß die obige Unterrichtseinheit mit der Sozialgesetzgebung Johnsons Ende der sechziger Jahre aufhört. Der soziale Aufstieg der **Blacks** in den siebziger Jahren ist in der Unterrichtseinheit nicht deutlich geworden. Auch hier zeigt sich die Schwierigkeit, den jeweils aktuellen Entwicklungsstand zu vermitteln, wie z. B. die Machtausdehnung der schwarzen Minorität in den Rathäusern mehrerer Großstädte und um den Kristallisationspunkt Atlanta in den Südstaaten. Es wird versäumt, den Schülern klarzumachen, daß trotz des Ausdrucks **minority** die Schwarzen in einigen politischen Bezirken die Mehrheit bilden und ihrerseits Probleme für andere Minoritäten schaffen. Auch hätte die Unterrichtseinheit an Dynamik gewonnen, wenn einige Führer der **Hispanics** zu Wort gekommen wären; denn die Zahl der spanischsprechenden US-Amerikaner nimmt ständig zu, und ihr politisches Gewicht wird zusehends größer.

Handlungsempfehlungen

1. Landeskundliche Fragestellungen können zum („fröhlichen") Dilettantismus (ver-)führen. Stellen Sie die eigene Fachkompetenz für das Thema her.

2. Achten Sie auf den aktuellen Stand Ihrer Quellen und Informationen. Beschaffen Sie sich die neuesten Informationen durch englischsprachige Nachrichtensendungen und Zeitschriften/Zeitungen. Landeskundliche Materialien zur Zeitgeschichte veralten schnell.

3. Eine grundlegende Aufgabe für die Schüler ist das kritische Studium der Quellen und die Entwicklung einer quellenkritischen Kompetenz.

4. Der Ideologieanteil sollte erkannt werden, auch in den Prämissen, die dazu führen, daß Landeskunde als übergreifende Sozial- und Gesellschaftskritik betrieben werden kann.

5. Der Landeskundeunterricht muß damit leben, daß seine Themen zu einem großen Teil austauschbar sind und durch „Zufälligkeit" auf die Tagesordnung kommen.

6. Verwenden Sie häufig visuelle und auditive Medien, deren vermeintliche landeskundliche Authentizität Sie mit Ihren Schülern diskutieren.

7. Aktivieren Sie die Schüler und geben Sie ihnen die Möglichkeit, Institutionen und Personen anzuschreiben und um Material und Auskunft zu bitten.

8. Benutzen Sie für die Wortschatzarbeit ausgewählte britische und amerikanische Schlüsselwörter, um eine Brücke zum Zielsprachenland zu schlagen. Dabei ist auf die Gefahr der Bildung grober Klischees zu achten und der Fehler zu vermeiden, aus historisch gewachsenen Sprachformen eine Psychologie des anderen Volkes abzuleiten.

Literaturhinweise

Die größere Berücksichtigung von Sachtexten in der Gymnasialoberstufe und die mit ihnen verknüpften landes- und kulturkundlichen Fragestellungen spiegeln sich in der zunehmenden Breite und Tiefe entsprechender Publikationen. Wegen der Fülle der landeskundlichen Themen ergibt sich häufig die Zusammenarbeit von Didaktikern und Landeswissenschaftlern in der Publikationsform des Sammelbandes.

Diller u. a.: *Landeskunde,* 1978
Diller u. a.: *Landeskunde und fiktionale Literatur,* 1980
Buttjes: *Landeskundliches Lernen im Englischunterricht,* 1981
Köhring: *„Politische Bildung im Englischunterricht: Eine Bestandsaufnahme,"* 1981
Bausch u. a.: *Inhalte im Fremdsprachenunterricht oder Fremdsprachenunterricht als Inhalt,* 1983
Bredella: *Die USA in Unterricht und Forschung,* 1984

4. Sprachtätigkeit und Fertigkeitstraining der Schüler

» Das Üben ist entscheidend. Die einzelnen Fertigkeiten sind Aspekte des Ganzen. Wichtig sind dabei auch die Lerntechniken. «

4.1 Entwicklung von Arbeitshaltungen und Lerntechniken

Problemfeld

Wie jedes andere Schulfach muß der Englischunterricht zur Entwicklung von Arbeitshaltungen und Lerntechniken, d. h. zum Lernen des Lernens, beitragen. Daneben geht es im Englischunterricht um die Vermittlung von solchen Techniken, die den Schülern in der Freizeit und nach dem Verlassen der Schule den Umgang mit der fremden Sprache erleichtern und ihnen ein selbständiges Weiterlernen ermöglichen.

Der ideale Schüler
Hinter den Arbeitshaltungen, die in einer bestimmten Zeit als wichtig erachtet werden, stehen allgemein-pädagogische Wertvorstellungen sowie ein Bild vom idealen Schüler. Für die Gegenwart ließe sich der ideale Schüler im Hinblick auf die ihm eigenen Arbeitshaltungen etwa als selbständig, lernbereit, kritisch, wißbegierig, kooperativ, beständig und experimentierfreudig beschreiben. Im Englischunterricht würden sich diese Haltungen dahingehend auswirken, daß der ideale Schüler beispielsweise von sich aus versucht, Lerndefizite abzubauen, Kontakte zu Menschen im Zielland knüpft oder zusätzliche Texte bzw. Lektüren liest. Durch sein Vorbild kann der Lehrer die Entstehung von erwünschten Arbeitshaltungen bei seinen Schülern begünstigen; allerdings müßte dies vom Beginn der Schulzeit an erfolgen, um durch die sich ständig wiederholenden Begegnungen wirksam zu sein. In geringerem Ausmaß kann sich jedoch auch die Begeisterung einer Fachlehrerin und ihre fortwährende Bereitschaft, in ihrem Fach selbst noch dazuzulernen und Neues zu entdecken, auf einzelne Schüler übertragen und deren Einstellung auf lange Zeit hinaus prägen.

Arbeitshaltungen müssen trainiert werden
Für die Entwicklung langfristiger, fächerübergreifender wie auch fachbezogener Arbeitshaltungen ist ein regelmäßiges Training notwendig. Ein erster Schritt dieses Trainings sollte sein, daß Schülerleistungen angemessen gewürdigt werden, d. h. nach Anstrengung, persönlicher Leistungsverbesserung, Originalität und nicht nur im Vergleich zur Klassenleistung. Wenn Schüler merken, daß ihre Anstrengungen anerkannt werden, sind sie eher bereit, über die Minimalanforderungen hinaus etwas

zu tun, so etwa Referate zu übernehmen oder eine Folie zu gestalten. Der zweite Schritt besteht darin, alle jene Haltungen zu unterstützen und Gelegenheiten zu ihrer Verwirklichung im Unterricht zu schaffen, die man für wesentlich hält. Rechnet man kooperatives Verhalten dazu, so muß den Schülern zumindest ab und zu gestattet werden, Aufgaben gemeinsam zu erledigen.

Besonders wichtig für die Herausbildung der oben beschriebenen Arbeitshaltungen ist das in der Klasse herrschende **Lernklima. Selbständigkeit, Lernbereitschaft** und **Kooperation** entwickeln sich nur in einer Atmosphäre gegenseitiger Anerkennung und Wertschätzung. Dazu gehört u. a., daß die Schüler Möglichkeiten der Mitbestimmung besitzen und ihre Kritik ohne Angst vor Sanktionen äußern können. Hinweise auf die Lernatmosphäre in einer Klasse erhält man durch Unterrichtsbeobachtung sowie eine kritische Überprüfung der offenen und verdeckten Unterrichtshandlungen. Nicht nur die vom Lehrer geplanten Arbeits- und Sozialformen geben Aufschluß über das Lernklima, sondern beispielsweise auch Art und Ton der Lehrerfragen, Häufigkeit von humorgetragenen Unterrichtssequenzen oder das Auftreten von persönlichen Bemerkungen auf Lehrer- oder Schülerseite. Dem **„heimlichen Lehrplan“ der methodischen Schritte** sollte ebenso nachgespürt werden wie dem beobachtbaren Lehrerverhalten.

Schüler lernen selbständiges Arbeiten
Ein angenehmes Lernklima ist auch eine gute Voraussetzung für die Entwicklung von Lerntechniken, die den Schülern helfen, ihr Lernen selbständig zu organisieren. **Fächerübergreifende Lernstrategien** basieren etwa auf den Grundsätzen der Lernplanung (Welches Ziel strebe ich an? Welche Lernschritte benötige ich dafür? Wieviel Zeit? Welche Hilfsmittel?), der Klarheit der Ziele (Was genau will ich lernen?) und der Flexibilität (Welche alternativen Lernwege gibt es?). Ihren Nutzen können die Schüler im Klassenunterricht, so z. B. bei der arbeitsteiligen Gruppenarbeit, erkennen und diese Grundsätze schrittweise stärker eigenständig anwenden.

Die **fachbezogenen Lerntechniken** müssen mit Rücksicht auf die unterschiedlichen Lerntypen unter den Schülern jeweils mehrere Varianten umfassen und verschiedene Lernwege zulassen. Das gilt für das Vokabellernen wie für das Üben und Wiederholen von grammatischen Strukturen. Besonders wichtig dafür, daß Schüler den selbständigen Umgang mit der Fremdsprache einüben, ist eine Anleitung zur Benutzung von Hilfsmitteln wie Wörterbuch, Grammatik und Lexikon.

Unterrichtswirklichkeit

33 Herr D. führt zu Beginn des 3. Englischjahrs (Klasse 7) stets eine Stunde zur Einführung in den Gebrauch des einsprachigen Wörterbuchs durch, die vorwiegend aus wettkampfmäßig ausgetragenen Übungen zum schnellen Auffinden von Wörtern besteht. Er stellt den beiden Schülerteams Aufgaben wie *Find another word for ‘fierce’. What is a ‘kennel’? How many meanings of ‘kid’ are there in your dictionary?*

Der Zeitpunkt für die Hinführung zur **Benutzung des Wörterbuchs** ist gut gewählt, da die Schüler nach zwei Lernjahren über einen Basiswortschatz und einen Grundbestand an Strukturen verfügen, der sie die Worterklärungen in einem einfachen einsprachigen Wörterbuch in der Regel verstehen läßt. Dennoch ist zu überlegen, ob für Schüler der unteren Leistungsgruppen nicht die Verwendung von zweisprachigen Wörterbüchern oder aber das Hinausschieben der Einführung eines einsprachigen Wörterbuches auf das vierte oder fünfte Lernjahr sinnvoller ist, da diese Schüler durch langwieriges Suchen und schwieriges Entschlüsseln von Bedeutungen leicht entmutigt und demotiviert werden. Allerdings dürfen auch die Gefahren des zweisprachigen Wörterbuchs (Angabe vieler Teilbedeutungen, Vorspiegeln falscher Parallelität durch Vokabelgleichungen) nicht unterschätzt werden.

Herrn D.s Methode, die Arbeit mit dem Wörterbuch mit wettbewerbsmäßigen Spielübungen zu beginnen, ist für Schüler motivierend. Oft zeigt es sich, daß Vorübungen zur Vergegenwärtigung der alphabetischen Reihenfolge notwendig sind. Auch ist zu bedenken, ob aus pädagogischen Gründen der **Wettkampf** nicht einzuschränken und durch arbeitsteilige Partner- oder Gruppenarbeit zu ersetzen ist, weil die leistungsstarken Schüler in ihm stark dominieren. Wichtig wäre es zudem, dieser Einführungsstunde weitere Englischstunden folgen zu lassen, in denen das Wörterbuch tatsächlich als Hilfsmittel der **Texterschließung** eingesetzt wird, damit es langsam zum integrierten Bestandteil des Unterrichts und der Eigenarbeit der Schüler wird.

34 Die Englischlehrer einer Realschule in B. diskutieren die Frage der Hefte. Frau M. meint: „Ich finde, die Schüler brauchen nur ein besonderes Heft für die Klassenarbeiten. Für ihre sonstigen Hefte oder Ringbücher will ich ihnen keine Vorschriften machen. Es ist ja schließlich egal, wohinein sie ihre Aufgaben schreiben."

Die Umsetzung der Haltung von Frau M. führt dazu, daß eine kontinuierliche Unterrichtsarbeit nicht mit allen Schülern möglich wird, da einige von ihnen solche Übungen und Texte, auf die die Lehrerin zurückgreifen möchte, in ihrer „Zettelwirtschaft" verloren haben. Für diese Schüler wird selbständiges Arbeiten sehr schwierig, wenn sie keinen Überblick über ihre eigenen Leistungen und Lerndefizite haben. Die Grundsätze der Lernplanung und der Klarheit lassen sich besser verwirklichen und den Schülern als Basis ihres eigenen Arbeitsverhaltens anerziehen, wenn das Lerngeschehen des Englischunterrichts klar strukturiert ist. Dazu gehören auch Äußerlichkeiten, wie verschiedene Hefte für unterschiedliche Aufgaben. Nur so läßt sich nämlich ein Vokabelringbuch führen, ergänzen und als Wiederholungsmittel nutzen, eine Sammlung von Beispielen und Regeln zur Grammatik anlegen oder eine Systematik der Redemittel für Klassengespräche. Wie viele verschiedene Hefte in einer Klasse benötigt werden, hängt von der Schwerpunktsetzung des Lehrers sowie der Klassenstufe ab. Aus Gründen der Übersichtlichkeit sollten nicht zu viele kleine Arbeitsbereiche mit eigenen Heften versehen werden.

Handlungsempfehlungen

1. Verstärken Sie bei den Schülern Arbeitshaltungen, die sie positiv einschätzen, und wirken Sie durch Ihr eigenes Vorbild anregend.

2. Üben Sie Arbeitstechniken, die Ihre Schüler beherrschen sollen, in regelmäßigen Abständen. Fordern Sie Ihre Schüler dabei mit Aufgaben, die etwas über ihrem Leistungsstand liegen, aber überfordern Sie sie nicht.

3. Integrieren Sie das Training und die Anwendung der von Ihnen als wichtig erachteten Arbeitstechniken in Ihren Unterricht. Die folgende Aufstellung kann Ihnen die Auswahl erleichtern:

Arbeitstechnik	Teilfertigkeit	Einführung	Anwendung
Texte entschlüsseln	Wichtiges unterstreichen	ab 2. Lernjahr	EU, F, B
	Schlüsselwörter heraussuchen	ab 2. Lernjahr	EU
	in Sinnabschnitte gliedern	ab 3. Lernjahr	EU
	Stichworte zum Inhalt aufschreiben	ab 3. Lernjahr	EU, B
	Zusammenfassung erstellen	ab 4. Lernjahr	EU, F
Texte lesen	überfliegen	ab 2. Lernjahr	EU, F, T
	Details erfassen	ab 1. Lernjahr	EU, B, F
	zum Vergnügen lesen	ab 1. Lernjahr	EU, F
Texte erstellen	Briefe schreiben	ab 1. Lernjahr	F, B, EU
	Kommentare zu Texten etc. verfassen	ab 3. Lernjahr	EU, B
	Anweisungen geben	ab 2. Lernjahr	EU, B, F
Formulare ausfüllen	Anträge o. ä. ausfüllen	ab 3. Lernjahr	T, B, F
Schematische Darstellungen entschlüsseln	Karten lesen	ab 3. Lernjahr	T, B, F
	Diagramme lesen	ab 3. Lernjahr	B, T, F, EU
Hilfsmittel benutzen	Wörterbuch (einsprachig)	ab 3. Lernjahr	EU
	Wörterbuch (zweisprachig)	ab 3. Lernjahr	B, F, T
	Lexikon, Enzyklopädie	ab 4. Lernjahr	EU, B, F
	Grammatik	ab 3. Lernjahr	EU
	Sachwörterbuch	ab 3. Lernjahr	EU, B
	Literaturgeschichte	ab 6. Lernjahr	EU
Informationsquellen erschließen	richtige Informationsquellen finden	ab 4. Lernjahr	B, F, EU
	Briefe schreiben	ab 4. Lernjahr	B, T, F, EU
Telefonieren	ein Telefongespräch führen	ab 2. Lernjahr	EU, B, F
	ein englisches Münztelefon bedienen	ab 4. Lernjahr	T, EU

Zeichenerklärung: EU = Englischunterricht; B = Beruf; F = Freizeit; T = Tourismus.

Literaturhinweise

Die Literatur zur „Arbeitshaltung“ ist fächerübergreifend und fällt in den Bereich der allgemeinen Didaktik und Schulpädagogik. Das Thema der Lerntechniken ist stärker auf fachmethodische Fragen bezogen und tritt durch Überlegungen zur Verwendung des Wörterbuches, der Texterschließung und der Benutzung von Grammatik-Handbüchern in Erscheinung. Eine richtungsweisende Quelle für die Arbeit auf der gymnasialen Oberstufe sind die Richtlinien Englisch in Nordrhein-Westfalen, in denen in einem gesonderten Kapitel die Lerntechniken für die gymnasiale Oberstufe dargestellt werden. Es ist schwer, einzelne Publikationen zu Arbeitshaltungen und Lerntechniken zu nennen, da letztere durchgängiges Prinzip des Fremdsprachenunterrichts sind und in den Fachpublikationen von den Methodiken bis hin zu den Unterrichtsplanungen erörtert werden.

Rubin: *"The 'good language learner'"*, 1975
Dobinson: *Basic Skills You Need,* 1976
Dubin/Olshtain: *Facilitating Language Learning,* 1977
Dobinson: *English You Need,* 1978
Dickinson/Carver: *"Learning how to learn",* 1980
Underhill: *Use Your Dictionary,* 1980
Bliesener: *Textarbeit Englisch – leicht gemacht,* 1984
Rampillon: *Lerntechniken im Fremdsprachenunterricht,* 1985
Reiss: *"The good language learner: another look",* 1985

4.2 Hören

Problemfeld

Mit Hörverstehen wird die Fertigkeit bezeichnet, gesprochene Sprache zu entschlüsseln. Diese Fertigkeit ist eine Bedingung für erfolgreiche Kommunikation mit anderen Sprechern der Fremdsprache; sie ist aber auch notwendige Grundlage für die Teilhabe an der Zielkultur (z. B. Radio hören) und für das Zurechtfinden im Zielland (z. B. Lautsprecher-Durchsagen auf Flugplätzen oder Bahnhöfen, Telefonate). In bestimmten Situationen, wie z. B. beim Betrachten eines Fernsehprogramms oder eines Theaterstücks in der Zielsprache, bieten **Kontext,** Gestik und Mimik der sprechenden Personen **Hilfen zum Verständnis.** Dies ist auch im persönlichen Gespräch der Fall. Demgegenüber sind Tonaufnahmen *("disembodied voice")* ohne Vorwissen zum Kontext schwerer zu entschlüsseln.

Beim Hören ist der Lernende nicht passiv
Um das Gesprochene verstehen zu können, muß er den Lautstrom in Sequenzen unterteilen, also Wörter oder auch zusammenhängende Wendungen identifizieren. Gleichzeitig muß er den Bedeutungskern einer Aussage erfassen. Weiterhin stellt der Hörende ständig Vermutungen darüber an, wie der Hörtext weitergeht; er denkt mit

und kann daher zuweilen im Gespräch einen angefangenen Satz seines Gesprächspartners sinngemäß oder gar in wörtlicher Übereinstimmung vollenden. Das Wissen um Situationen und Kontexte sowie die richtige Interpretation von Gestik, Mimik und Intonation des Gesprächspartners helfen dem Hörer dabei ebenso wie Kenntnisse über wahrscheinliche syntaktische und semantische Verknüpfungen. Im persönlichen Gespräch erleichtert zudem die **Redundanz** in der Sprache das Verstehen.

Viele Höreindrücke
Im schulischen Englischunterricht sollte das Hörverstehen systematisch geübt werden. Dazu gehört zunächst, daß die Schüler das in normalem Tempo gesprochene Englisch ihrer Lehrer und Lehrerinnen verstehen lernen. Erläuternde Gesten und demonstrierte Handlungen unterstützen diesen Verstehensprozeß im Anfangsunterricht. Zusätzlich zur **Lehrerstimme** sollten die Schüler jedoch von Anfang an Gelegenheit erhalten, Aufnahmen mit anderen Sprechern zu hören, die sie zu **Hördiskriminierung** und Flexibilität führen. Schulfunk- und Schulfernsehsendungen bieten sich für diese Aufgabe an. Auf einem fortgeschrittenen Lernniveau sollten Lernende auch mit Aufnahmen von authentischem Englisch konfrontiert werden. Neben die Einstellung auf unterschiedliche Sprecher und Hörsituationen tritt das Training des Zuhörens mit den Absichten des Detail- oder des Globalverständnisses.

Unterrichtswirklichkeit

35 Frau K. setzt in ihrem Englischunterricht ab Klasse 7 von den Schülern ausgewählte Pop Songs als Hörtexte ein. Dazu verwendet sie in der Regel folgendes Verfahren: Die Schüler hören das Lied zweimal und werden dann aufgefordert, das zu wiederholen, was sie vom Text verstanden haben. Erst beim dritten Hören teilt Frau K. die Textblätter aus.

Durch die Beteiligung der Schüler an der Liedauswahl erreicht Frau K. eine hohe Motivation ihrer Schüler für diese Höraufgabe. Allerdings sind damit ihre Möglichkeiten der Einflußnahme und der Ablehnung didaktisch ungünstiger Texte stark eingeschränkt. Natürlich können auch banale Texte Gegenstand der Besprechung im Unterricht sein. Das von Frau K. eingesetzte Verfahren hat zwar den Vorteil, daß die Schüler durch das Element des Wettstreits – wer hat am meisten verstanden? – intensiv zuhören. Dem steht aber die Gewißheit entgegen, daß ihnen der volle Text schließlich doch gegeben wird. Auch ist die Aufgabe bei längeren komplexen Texten, die keinen Refrain o. ä. besitzen, sicher eine Überforderung. Abhängig von der Textlänge, der Verständlichkeit (d. h. Hörbarkeit des Gesangs, Eigentümlichkeiten der Aussprache des Sängers, sprachliche Komplexität) und dem Bekanntheitsgrad des Liedes sollten die Einführungsmodi variiert werden.

36 Im englischen Anfangsunterricht setzt Herr O. zuweilen das Lernspiel *Simon Says* ein, bei dem der Spielleiter einfache Befehle (z. B. *Sit down. Close your eyes.*) gibt, die – abhängig vom Nennen des Kodesatzes *Simon says . . .* – von den Spielern ausgeführt werden müssen.

Das genannte Lernspiel ist eine ausgezeichnete Überprüfung des Hörverstehens. Die zentrale Spielidee, daß die Teilnehmer mündlich gegebene Befehle ausführen, läßt sich in mehr oder weniger abgewandelter Form unterschiedlichen Übungs- und Spielformen einpflanzen: So können Schülerteams sich abwechselnd gegenseitig Befehle zurufen, wobei der Geräuschpegel das Verstehen erschwert. Ein auf Folie abgebildeter Stadtplan kann dazu verwendet werden, daß Schülergruppen Routen beschreiben, die schnell nachgezeichnet werden müssen. Schließlich gehören auch alle jene **Partnerübungen,** in denen ein Partner dem anderen ein zu zeichnendes Bild beschreibt oder Anweisungen gibt, zu dieser Kategorie von Übungen. Dadurch, daß der Beweis für das Verstehen der fremdsprachlichen Anweisung oder Beschreibung im außersprachlichen Bereich, nämlich durch Handlungen, angetreten wird, vermeiden diese Übungen die Klippen aller jener Hörverstehensübungen, die vom Schüler produktives Sprechen verlangen und in denen der Grund für die Nichtbeantwortung einer Frage sowohl im Nicht-Verstanden-Haben als auch im Nicht-Formulieren-Können liegen kann.

37 Herr B. führt in seinem VHS-Kurs Lehrbuchtexte gelegentlich als Hörtexte unter Benutzung des Tonbands bei geschlossenen Büchern ein. Das Hörverstehen überprüft er mit Hilfe von Fragen.

Es ist günstig, die Methoden der **Texteinführung** zu variieren und dafür geeignete Texte mit Hilfe des lehrwerkbegleitenden Tonmaterials durchzunehmen. Das Stellen von Fragen zur Verständnisüberprüfung im Anschluß an mehrmaliges oder abschnittweises Hören ist jedoch nur eine der vielen methodischen Möglichkeiten. Im allgemeinen werden die Lernenden nur dann in der Lage sein, solche Fragen ohne Schwierigkeiten zu beantworten, wenn der neue Text weder viele unbekannte Vokabeln noch neue grammatische Erscheinungen oder komplizierte Sachverhalte enthält. Der mit dem Text vertraute Kursleiter unterschätzt oft die Anforderungen an die Zuhörer. Bei kurzen Texten oder abschnittweisem Hören lenkt eine **Höraufgabe,** die vor dem ersten Zuhören gestellt wird, die Aufmerksamkeit der Hörer auf wesentliche Textinhalte. Werden verschiedene Teilnehmergruppen mit unterschiedlichen Höraufgaben betraut, so ergibt sich im Anschluß an das Hören eine natürliche kommunikative Situation mit dem Austauschen der erfaßten Informationen. Hierzu benötigen die Lernenden eventuell Formulierungshilfen.

Handlungsempfehlungen

1. Berücksichtigen Sie das Training des Hörverstehens von Anfang an in Ihrer Unterrichtsplanung. Neben lehrwerkbegleitenden Materialien können Sie dafür Schulfunksendungen sowie authentische Aufnahmen des englischen bzw. amerikanischen Rundfunks (BFBS in Nordrhein-Westfalen und Niedersachsen, AFN in Hessen, Rheinland-Pfalz und Bayern) oder eigene Produktionen verwenden.

2. Ein wesentlicher Bestandteil effektiven Hörverstehens ist die Fähigkeit, Kommendes zu erraten. Trainieren Sie mit Ihren Schülern diese Fähigkeit, indem Sie sie

abgebrochene bzw. unvollständige Sätze vollenden lassen (vielleicht in spielerischem Wettstreit). Üben Sie auch das Zuhören unter erschwerten Bedingungen wie Störgeräusche, Ablenkung, Stimmengewirr.

3. Viele Schüler haben es verlernt, aufmerksam zuzuhören. Sie können diese Fähigkeit mit ihnen trainieren, indem Sie ab und zu kurze Geschichten erzählen oder Sachverhalte schildern, die nicht im Lehrbuch nachzulesen sind. Eine Erhöhung des Umfangs und der Komplexität dieser „Lehrererzählungen" führt bei regelmäßigem Einsatz zu einer Verbesserung der Konzentrationsfähigkeit der Schüler.

4. Überblick über Übungen zum Hörverstehen:

Ziel	methodische Wege	
Einführung von Hörtexten		Hörtexte z. B.:
	einmaliges Hören ohne Vorbereitung	einfacher Kurztext, Anekdote
	mehrmaliges Hören ohne Vorbereitung	Pop Song, Dialog
	Hören nach Hinführung zum Inhalt/Kontext	Sachtext, Beschreibung, Dialog
	Hören nach sprachlicher Vorentlastung	Dialog mit Einführung neuer grammatischer Strukturen
	Hören mit vorheriger Aufgabenstellung zum Inhalt/zur Sprache	erzählender Text, dramatischer Text
	Hören mit lückenhafter Textvorlage (Ausfüllen der Lücken)	alle Texte
	Hören mit Vorlage der Textgliederung	Sachtext
	Hören mit Vorlage von Schlüsselwörtern	alle Texte
	Hören mit Bildvorlage	Beschreibung, Anweisung
	Hören und Mitlesen des Textes	komplexer Text
Veränderung von Hörtexten	Überlagerung mit Geräusch/Musik	
	Einfügen von Pausen	
	Veränderung der Reihenfolge einzelner Abschnitte	
	Weglassen des Textschlusses	
Erstellen von Hörtexten	Lehrbuchdialog	
	eigener Dialog/Sketch	
	Umwandlung von erzählendem Text in Hörspiel	
	Hörbrief	
	Instruktionen	
	Beschreibung	
	Interview	
Überprüfung des Hörverstehens	*Right/wrong statements* beantworten	
	Multiple choice statements ankreuzen	
	Aussagen (zu)ordnen	

Ziel	methodische Wege
Überprüfung des Hörverstehens (Fortsetzung)	Fragen beantworten Lückentext ausfüllen Schlüsselwörter aufschreiben Hauptgedanken/-personen/-handlung beschreiben Grobgliederung festhalten Handlungsstrang/Gesprächsführung aufzeichnen Anweisungen folgen Handlungen ausführen
Training des Hörverstehens in Übungen und Spielen	1. Hörtexte lösen nichtsprachliche Handlungen aus, z. B.: – Identifizieren eines beschriebenen Gegenstandes – Ordnen einer handlungstragenden Bildfolge (Cartoon o. ä.) – Zeichnen nach Instruktion in Partnerarbeit – Mimen oder Ausführen von Handlungen (Lernspiele: *Simon Says* = Befehle ausführen, *Find the Object* = einen versteckten Gegenstand nach mündlicher Anweisung finden) 2. Informationen aus dem Hörtext übertragen, z. B. in Tabelle (z. B. Statistiken), Liste, Diagramm, Bild, anderen Text 3. Informationen aus dem Hörtext werten und umformulieren, z. B. in einer Zusammenfassung, einer Rangliste, einem Text- oder Text-Bild-Vergleich, einer „Antwort" auf den Text

Literaturhinweise

Ein Überblick über die Literatur zum Bereich der Fertigkeiten zeigt, daß das Hörverstehen am intensivsten bearbeitet worden ist. Die jüngeren Publikationen verdeutlichen die Einbeziehung von wahrnehmungspsychologischen und sprachpsychologischen Forschungsergebnissen. Gleichzeitig ist eine Theorie des Hörverstehens im Rahmen der Sprachlehrforschung in Umrissen zu erkennen, die vermehrt mit empirischen Methoden die auf das Hörverstehen einwirkenden komplexen Faktoren analysiert. Eine unmittelbare Anwendung ist allerdings noch nicht möglich, so daß das fachmethodische Erfahrungswissen optimaler Hörverstehensarbeit weiterhin bedeutsam ist.

Dirven: *Hörverständnis im Fremdsprachenunterricht,* 1977
Zimmermann: *„Schwierigkeitsfaktoren und Progressionen im Lernbereich Hörverstehen",* 1980
Maas: *„Lernziel Hörverstehen",* 1981
Reisener: *„Hörverstehensschulung",* 1982
Wolff: *„Überlegungen zum Hörverstehen",* 1983
Ur: *Teaching Listening Comprehension,* 1984
Vogel: *„Von Hörvorlagen zur Kommunikation",* 1984
Zydatiß: *„Schulung des Hörverstehens",* 1986

4.3 Sprechen

Problemfeld

Vor gut hundert Jahren, vor dem Einsetzen der Neusprachlichen Reformbewegung, spielte das Training der Sprechfertigkeit im Gegensatz zum Lesen und Übersetzen im neusprachlichen Unterricht nur eine untergeordnete Rolle. Diese **Gewichtung der Fertigkeiten** hat sich bis heute – insbesondere im elementaren Englischunterricht – grundlegend gewandelt. Im Hauptschul-Englischunterricht steht unter dem Primat des Mündlichen die Bewältigung von Alltagssituationen in der Zielsprache im Mittelpunkt, wenngleich in den letzten Jahren wiederholt eine verstärkte Berücksichtigung der rezeptiven Fähigkeiten gefordert wurde. Auch der Englischunterricht in den übrigen Schulformen befindet sich bis zum Ende der Sekundarstufe I vor allem im Dienst der Sprachaneignung und des Fertigkeitstrainings. Dem Sprechen kommt dabei im weitgehend einsprachig geführten Unterricht vielfältige Bedeutung zu: Zum ersten übt die Lehrerin durch ihr fremdsprachliches Vorbild eine prägende Wirkung auf die Sprechleistungen der Schüler aus; zum zweiten wird die Sprache im mündlichen Unterrichtsverlauf als Verständigungsmittel erlebt; zum dritten findet während der gesamten Dauer von Englischunterricht Sprechen über Sprache, über den Unterrichtsgegenstand, wie auch Sprechen über Inhalte (Themen und Texte) statt.

Erst hören, dann sprechen?
Für das **Anfangsstadium des Fremdsprachenlernens** ist noch nicht eindeutig geklärt, ob eine längere Phase des stillen „Einhörens“ und außersprachlichen Reagierens für die Lernenden effektiver ist als eine sofortige extensive Übung des Sprechens. Die bei uns verwendeten Lehrwerke verfolgen durchgehend den zweiten Weg und sehen für die ersten Monate Englischunterricht ein intensives Aussprache- und Sprechtraining vor, das die Schüler befähigen soll, sich möglichst früh selbständig in der Fremdsprache äußern zu können. Die unterrichtlichen Schritte führen in der Regel von der Imitation des vom Lehrenden mündlich dargebotenen neuen Sprachmaterials über die reproduzierende und schließlich produktive Verwendung in vielerlei mündlichen Festigungs- und Transferübungen zur aktiven Beherrschung. Während im Anfangsunterricht zumeist der Grundsatz befolgt wird, daß die Lernenden nichts sprechen sollen, was sie nicht vorher gehört haben, nichts lesen, was ihnen nicht vorher im mündlichen Unterricht begegnet ist, und nichts schreiben sollen, was sie nicht bereits gelesen haben, so kann sich im Fortgeschrittenenunterricht die Abfolge der einzelnen Fertigkeiten durchaus umkehren, indem ein zu lesender Text oder eigene schriftliche Notizen dem Sprechen vorausgehen. Im schulischen Fremdsprachenunterricht ergibt sich – wie auch beim natürlichen Fremdsprachenerwerb – ein Zusammenspiel aller Fertigkeiten.

Was bedeutet es, eine Fremdsprache sprechen zu können?
Bereits das Ziel, **Alltagssituationen in der Fremdsprache bewältigen** zu können, stellt an die Lernenden hohe Anforderungen. Zunächst geht es dabei darum, daß die

Schüleräußerungen phonetisch, intonatorisch, grammatisch und lexikalisch korrekt sind. Des weiteren müssen sie der Situation angemessen, d. h. inhaltlich und in ihrer Sprachebene (Register) passend, sein. Idealerweise fließt somit neben grammatischem Können auch das Wissen über psychologische und soziologische Bedingungen der betreffenden Sprechsituation in der Zielkultur in ihre Gestaltung mit ein. Es ist offensichtlich, daß eine solche Beherrschung der Fremdsprache, die der muttersprachlichen Kompetenz nahekäme, im schulischen Fremdsprachenunterricht kaum erreicht werden kann. Dennoch erscheint es wichtig, zumindest in Ansätzen über die Vermittlung der Aussprache sowie von grammatischen und lexikalischen Elementen hinauszugehen und situative landeskundliche Komponenten zu berücksichtigen. In dafür geeigneten Übungssituationen, wie z. B. Rollenspielen und Interaktionsübungen, können die Schüler den Abbau von Sprechhemmungen ebenso trainieren wie den flexiblen und situationsadäquaten Einsatz des bereits gelernten Sprachmaterials. Kriterien für die **Beurteilung von Sprechleistungen** der Schüler liegen dann ebenfalls auf den Ebenen Korrektheit, d. h. akzeptable Aussprache und Intonation sowie Fehlerfreiheit im grammatischen und lexikalischen Feld, und Situationsangemessenheit, zu der sachliche (Themenbezug) und stilistische (Registerwahl) Komponenten gehören. Fehler im grammatischen Bereich werden bei einer stärkeren Einbeziehung des kommunikativen Ansatzes nicht von vornherein schwerer gewichtet als andere, solange sie die Mitteilungsabsicht des Sprechers nicht vereiteln. Eine weitere Folge der Akzentverschiebung zum Kommunikativen hin betrifft Gesprächsthemen und Sprecherrollen. Steht die Funktion der **Sprache als Verständigungsmittel** im Vordergrund, so ist es nicht gleichgültig, worüber die Lernenden sprechen. Das Üben von grammatischen Strukturen mit Hilfe von zusammenhanglosen Einzelsätzen läuft der Grundlinie eines solchen Englischunterrichts ebenso zuwider wie die dauernde Übernahme fremder, durch Lehrbuchtexte vorgegebener Sprecherrollen. Die Lernenden müssen daher Gelegenheit erhalten, auch im Englischunterricht über sie betreffende Fragen als sie selber sprechen zu können.

Unterrichtswirklichkeit

38 Im Anfangsunterricht läßt Frau R. in jeder Stunde ihre Schüler neu eingeführte Wörter und Satzmuster mehrmals im Chor nachsprechen.

Das **Chorsprechen** ist ein zeitsparendes Verfahren, neuen Lernstoff zu festigen. Es ist zudem für sprechgehemmte Schüler angenehmer, wenn ihre ersten Artikulationsversuche im Chor aufgehen und sie nicht einzeln vorsprechen müssen. Für die Lehrerin ist es allerdings schwierig, aus dem Chor herauszuhören, welche Schüler noch fehlerhaft oder gar nicht sprechen. Diese Überlegung führt zu der Empfehlung, ein Nachsprechen nicht von der ganzen Klasse zu verlangen, sondern die Schüler eher in Tischgruppen oder -reihen wiederholen zu lassen.

39 Um Fehlerhäufungen zu vermeiden, verwendet Herr Z. im Englischunterricht des dritten und vierten Lernjahres der Realschule vorwiegend drillähnliche Sprechübungen, in denen zumeist nur ein Element des Satzmu-

sters vom jeweils antwortenden Schüler verändert werden muß: *My dog is bigger than yours. – Intelligent. – My dog is more intelligent than yours. – Clean. – ...*

Solche **pattern drills** werden von den Schülern vielfach als Sprachbastelübungen aufgefaßt, die man genauso mechanisch erledigen kann wie Abschreibübungen in anderen Fächern. Ihren Sinn erfüllen Übungen dieser Art am ehesten noch in der Phase, in der dem Lernenden z. B. die formalen Schritte beim Bilden einer neuen Zeit *(present perfect = has/have + participle)* vor Augen geführt werden. In einer weiteren Phase muß der Lernende üben dürfen, in welchen Fällen das neue Vokabular oder die neue Struktur angewendet werden. Dazu sind *pattern drills* kaum geeignet, da in ihnen die Entscheidung über die zu benutzende sprachliche Form bereits vorweggenommen ist. Als Alternative zu Drillübungen bieten sich solche Übungen an, die zwar auch die Verwendung nur einer oder weniger bestimmter Strukturen notwendig machen, in denen der Sprechende jedoch diese Strukturmuster selbst mit Inhalt füllen muß. Beispiele für diese Art von Übungen sind u. a. Ratespiele, in denen die unterschiedlichen Frageformen sowie fast alle grammatischen Zeiten geübt werden können.

40 Im mündlichen Englischunterricht aller Stufen setzt Herr B. gerne die Bildbeschreibung ein, die er zumeist im Frontalunterricht mit Lehrerfragen und Schülerantworten absolvieren läßt (z. B. *What can you see in the background? What is in front of the house? Where is the cat?).*

Ein Grund für die Beliebtheit der **Bildbeschreibung** ist sicher der, daß die Genauigkeit der Beschreibung sofort von allen kontrolliert werden kann. Ein weiterer ergibt sich aus der Einfachheit der Durchführung dieser Übung, denn geeignete Bilder findet man in Lehrwerken, Zeitschriften oder der schulischen Mediensammlung. Trotz dieser Vorzüge ist die Bildbeschreibung, wenn sie in der oben geschilderten Art und Weise durchgeführt wird, weder für Schüler besonders motivierend noch ein Training kommunikativen Sprachverhaltens. Der Zweck des Beschreibens des Bildes ist rein unterrichtlich.

Mit geringen Veränderungen – entweder am Bildmaterial oder dem organisatorischen Ablauf der Bildbeschreibung – lassen sich Übungsformen entwickeln, die die Schüler mehr ansprechen dürften und in denen die Sprache gleichzeitig nicht nur Übungsgegenstand, sondern auch Verständigungsmittel ist:

a) Veränderung des Bildes:
   - Anstelle eines klaren Bildes wählt man ein verwackeltes, unscharfes (z. B. Overheadprojektor unscharf einstellen, Wandbild durch dünnen Stoff oder Seidenpapier verdecken) oder sehr verwirrendes. Nun müssen Vermutungen darüber geäußert werden, was einzelne Teile des Bildes wohl darstellen können.
   - Das Bild wird nur in Ausschnitten (z. B. Abdeckblatt mit Löchern an strategischen Punkten) gezeigt. Es ergeben sich Spekulationen über das Gesamtbild.

- Das Bild wird wie ein Puzzle zerschnitten. Jede Gruppe erhält einen Teil, den sie den anderen Gruppen beschreibt. Gemeinsam wird überlegt, wie das Gesamtbild aussehen könnte.

b) Veränderungen des Übungsablaufs:
- Das Bild wird nur sehr kurz gezeigt. In Partner- oder Gruppenarbeit muß es von den Lernenden rekonstruiert werden.
- Das Bild wird nur einer Gruppe gezeigt, die es den übrigen so gut beschreiben muß, daß diese eine Skizze anfertigen können.
- Nur ein Schüler sieht das Bild. Er beschreibt es einem zweiten, dieser einem dritten und so fort. Die fünfte oder sechste Beschreibung vergleicht man mit dem Ausgangsbild.
- Es werden mehrere ähnliche Bilder gezeigt. Die Schüler einer Gruppe müssen eines der Bilder so beschreiben, daß die anderen Gruppen es möglichst schnell bestimmen können.
- Eine Gruppe von Schülern gibt eine fehlerhafte Beschreibung des Bildes, die andere Gruppe versucht, alle Diskrepanzen zwischen Bildbeschreibung und Bild herauszufinden.
- Die Aufgabenstellung bei der Bildbeschreibung wird variiert, indem man die Schüler z. B. auffordert *"Tell me something about the picture"* oder fragt *"What is the most puzzling / most interesting / most terrible / . . . thing in the picture?"*.

Handlungsempfehlungen

1. Versuchen Sie, in Ihrem Englischunterricht für die Schüler so viele Sprechgelegenheiten wie möglich zu schaffen. Setzen Sie beispielsweise Partnerübungen und Gruppenarbeit zur Erhöhung der Sprechzeit ein. Visuelle Materialien aller Art eignen sich zur Sprechanregung ebenso wie Themen und Texte, die an die Lebenserfahrung der Schüler anknüpfen. Intensives Üben von imitativem und reproduktivem Sprechen läßt sich gut im Sprachlabor durchführen.

2. Trainieren Sie von Beginn an das selbständige Fragen-Stellen der Schüler. Im stark lehrergeleiteten Unterricht sind die Lernenden meist diejenigen, die Lehrerfragen beantworten. Schülerfragen können den Unterricht bereichern, indem sie neue Perspektiven eröffnen, die Schüler selbsttätig und für ihr eigenes Lernen verstärkt selbstverantwortlich werden lassen.

3. Beobachten Sie die Sprechleistungen Ihrer Schüler in mündlichen Unterrichtsphasen, und halten Sie Beurteilungen nach einem einheitlichen Schema fest, das die Punkte Aussprache, grammatische Korrektheit, lexikalische Korrektheit, situative Angemessenheit und Flüssigkeit mit einer Bewertungsskala von 1 bis 5 (1 = völlig richtig / sehr gut – 5 = nicht ausreichend) sowie die Rubrik „hervorstechende Fehler/Merkmale" enthalten könnte. Die Ergebnisse sollten Grundlage Ihrer weiteren Unterrichtsplanung – im Falle von häufig festzustellenden Defiziten – oder binnendifferenzierender Maßnahmen zugunsten einzelner Schüler sein.

4. Übungen des produktiven Sprechens sind von Anfang an sinnvoll. Wenn Sie Ihre Schüler an Partner- und Gruppenarbeit gewöhnen, steht Ihnen ein großes Repertoire an kommunikativen Übungen zur Verfügung, dessen Grundprinzipien die des *opinion gap* und des *jigsaw principle* sind. Bei *opinion gap exercises* geht es für den einzelnen Lernenden darum, seine eigene Meinung in der Gruppe zu vertreten und mit seinen Gruppenpartnern einen Konsens zu erreichen. *Jigsaw*-Übungen liegt die Idee des Puzzle zugrunde, nach der jedes Gruppenmitglied nur einen Teil des Gesamtbildes besitzt, z. B. eine Information oder einen Textteil. Alle Teile ergeben zusammengesetzt die Lösung, die aus einem Text, einer Bildgeschichte, einem Bild o. ä. bestehen kann. Eine Auswahl weiterer Übungsmöglichkeiten zum produktiven Sprechen ist in der folgenden Tabelle zusammengestellt.

Übungstätigkeit	Situation/Materialien	Arbeitsform
Beschreiben, erläutern	Weg beschreiben/auf Stadtplan verfolgen	K, PA
	Funktionsweise eines Gerätes beschreiben	EA
	über eigenes Hobby berichten	EA
	Objekt/Tier/Person beschreiben, so daß es/sie gezeichnet werden kann	PA, GA
Erzählen	Nacherzählen (Kettenerzählung)	K
	eigenes Erlebnis erzählen	EA
	Geschichte fortsetzen	EA, PA, K
Vergleichen	unterschiedliche Bilder beschreiben und Unterschiede herausfinden	PA
	Text und Bild vergleichen	PA, K
	persönliche Vorlieben und Abneigungen mit denen des Partners vergleichen	PA
Raten	Ratespiele aller Art spielen	K
Vermutungen äußern	Bilder interpretieren	K
	Geräuschsequenzen interpretieren	K
	unvollständige Texte ergänzen	EA, K
	Handlungsstränge fortsetzen	EA, K
Verbindungen herstellen	Assoziationen zu Bildern oder Wörtern finden	GA, K
	Zusammenhänge zwischen unterschiedlichen Objekten herstellen	GA, K
Diskutieren, debattieren	sich über persönliche Meinungen auseinandersetzen	PA, GA, K
	Prioritäten diskutieren	PA
	Arbeitswege besprechen	PA, GA, K
Rollen gestalten	Dialoge/Rollenspiele zu Bildern/Situationen entwickeln	PA, GA, K
	Prosatexte umgestalten	EA, PA
	improvisieren	EA, PA
Probleme lösen	Gesprächstermin anhand von zwei unterschiedlich ausgefüllten Terminkalendern finden	PA
	Denksportaufgabe lösen	K, GA

(EA = Einzelarbeit, PA = Partnerarbeit, GA = Gruppenarbeit, K = Arbeit mit der Gesamtklasse.)

Literaturhinweise

Seitdem die Kommunikationsfähigkeit leitendes Lernziel des schulischen Fremdsprachenunterrichts geworden ist, haben die Titel zur aktiven und kommunikativen Sprachübung stark zugenommen. Aufsätze aus der Zeit der Neusprachlichen Reformbewegung und ihrer schulischen Wirklichkeit benutzen den Begriff der Sprechfertigkeit in mehreren Varianten. Teilweise werden auch Leseübungen mit angeblich propädeutischem Wert für das Sprechen unter dieser Rubrik behandelt. Die audiolinguale Methode des fremdsprachendidaktischen Strukturalismus hat bei der Begründung des Englischunterrichts in der Hauptschule einen eigenen hauptschulspezifischen Lernansatz beeinflußt, der die mündlichen Fertigkeiten über die schriftlichen stellt. Bei der Begründung der „hauptschulgemäßen Arbeitsweise" spielten angelsächsische Autoren mit weltweiten Erfahrungen eine große Rolle. Das Primat der Mündlichkeit und des Sprechens mit seiner Wirkung auf ein neues Sprachlernkonzept wurde dann von Realschule und Gymnasium weiterentwickelt.

Viëtor: *Der Sprachunterricht muß umkehren,* 1882 (s. Schröder, 1984)
Tiggemann, *Unterweisungstechniken im mündlichen Englischunterricht,* 1970
Byrne: *Teaching Oral English,* 1976
Dakin: *Vom Drill zum freien Sprechen,* 1978
Bludau: *„Zur Rolle des Erzählens",* 1982
Stevick: *Teaching and Learning Languages,* 1982
Sturm: *„Die gebundene Diskussion",* 1982
Morgan/Rinvolucri: *Once Upon a Time,* 1983
Butzkamm: *„Der kritische Moment: zwischen formbezogenem Üben und inhaltsbezogenem Sprechen",* 1984

4.4 Lesen

Problemfeld

Primäre und sekundäre Lesetexte
Lesen wird verstanden als **Sinnentnahme aus einem Text** geschriebener Sprache. Zu den Texten, die sich originär auf das Lesen beziehen, gehören u. a. Brief, Notiz, Aufsatz, auch die Erzählung, sofern sie als schriftlich (nicht mündlich) verfaßte Form gedacht ist. Der **Dialog** dagegen gehört zu den ursprünglich mündlich konstituierten Formen, die den Schülern später in geschriebener Form lehrbuchmäßig dargeboten werden.

Intensität der Lesetätigkeit
Die Lesetexte sind unterschiedlich schwierig. Der Grad der Schwierigkeit wird durch das gewählte Thema, den damit verbundenen Wortschatz, die Komplexität der Syntax und durch die Stilebene beeinflußt.

Das Lesen kann unterteilt werden in **intensives** (statarisches) und **extensives** (kursorisches) Lesen. Wie jede Fertigkeit, so wird auch das Lesen durch Übung immer weiter vervollkommnet. Wort- und Satzerschließungsverfahren sowie die optimale Wörterbuchbenutzung gehören dazu.

Vom Anfangsunterricht bis zur Oberstufe
Die Aufgabenstellung zum Lesen ist im Hinblick auf Lernstufen und Lerngruppen differenziert. Im primär mündlich geführten Anfangsunterricht besitzt das Lesen nur eine stützende Funktion. Auf der Unterstufe insgesamt ist der Arbeitstext von besonderer Bedeutung, der mündlich eingeführt und in schriftlicher Form ausführlich bearbeitet wird. Auf der Mittelstufe sollte vermehrt zwischen **Arbeitstexten** und **Lesetexten** unterschieden werden. Die Arbeitstexte sind mit Grammatik- und Wortschatzarbeit verbunden, während die Lesetexte in erster Linie auf Inhalte und Informationen angelegt sind. Auf der Oberstufe schließlich ermöglichen landeskundlich und literarisch wertvolle Texte den wissenschaftsorientierten Methodenerwerb für die Textanalyse durch intensiv geschultes **Leseverstehen,** das zur Lesekunst werden kann.

Lernziele für alle Texte?
Die Auswahl der Lesetexte sollte im Hinblick auf die jeweiligen Ziele des Unterrichts erfolgen. Der Fremdsprachenlehrer wird die Lesetexte daraufhin prüfen, welche Inhalte sie vermitteln und welchen sprachlichen Gewinn sie versprechen. Lesetexte können auch als Informationsgrundlage und **Vokabelbereitstellung** für **Lerngespräche** dienen. Der Lehrer trifft dann eine Entscheidung darüber, inwieweit sie auf Unterrichtsziele „zielen“ oder nur eine Lehrgangsfüllung geringeren Wertes darstellen.

Unterschiedliche Formen und Funktionen des Lesens
Praktiker unterscheiden zwischen **lautem** und **stillem** Lesen. Das laute Lesen dient der Ausspracheschulung und ist als Klassenaktivität beliebt, obwohl die Schüler durch die Konzentration auf die **phonologische Oberfläche** der Sprache von der **semantischen Verständnistiefe** abgelenkt werden können und wegen der **Interferenz vom Schriftbild** unerwartete Fehler machen, besonders bei schwierigen, nur mündlich geübten Wörtern. Das stille Lesen als wichtiger Prozeß der **Informationsaufnahme** besitzt für Mittel- und Oberstufe absolute Priorität. Je nach Textsorte und Lernziel muß zwischen unterschiedlichen Formen und Funktionen des Leseprozesses ausgewählt werden. So kann das stille Lesen in gestufter Geschwindigkeit und Verständnistiefe erfolgen. Anregungen hierzu kommen aus dem in letzter Zeit stark ausgebauten fachsprachlichen Bereich *English for Special Purposes.*

Unterrichtswirklichkeit

41 In einem 10. Schuljahr der Hauptschule wird ein narrativer Text gründlich vorbereitet und erarbeitet. Der unbekannte Wortschatz wird durch vorentlastende Übungen gelernt. Der Textdurchnahme schließen sich gezielte

grammatische und lexikalische Auswertungsübungen an. Ein Rollenspiel mit den im Text vorkommenden Hauptpersonen aktiviert die Schüler.

Das Verfahren übernimmt die intensive Textbehandlung der Unterstufe für die Mittelstufe. Es ist zu erwarten, daß die „inhaltshungrigen" Schüler der beginnenden Adoleszenz den Unterricht als langweilig empfinden, weil die sprachbezogenen Übungen dominieren und der Textinhalt seine Neuigkeit alsbald verliert. Besser wäre es gewesen, das Umwälzen des Textes durch ein zügiges, sinnentnehmendes Lesen zu ersetzen und sich für eine grundlegende Interpretation auf die handelnden Personen, auf Zeit und Ort, auf die Spannung des Erzählfortgangs und auf die alle Schüler ansprechende Lebensproblematik zu beziehen (Interpretationsformel: *people, place, plot, problem*).

42 In einem undifferenzierten 6. Schuljahr einer Gesamtschule wird ein Text laut erlesen. Der Lehrer achtet auf die richtige Aussprache der kritischen Vokale und Konsonanten. Bei Fehlern hinsichtlich der für das Englische wichtigen Unterscheidungen zwischen stimmhaften und stimmlosen Lauten wendet er bewußtmachende Verfahren durch Elemente der Lautschrift an. Auch die im Text erscheinenden grammatischen Lernziele im Bereich der Zeiten werden isoliert und den Schülern klargemacht.

Sicherlich ist die Festigung einer guten Aussprache wichtiges Lernziel der Unterstufe. Allerdings muß gefragt werden, ob die Ausspracheschulung auf der Grundlage eines Lesetextes erfolgen soll, der durch diese gezielten Exerzitien an Spannung verliert. Überdies sind die grammatischen Lernziele nur Teilaspekte und können in eigenen Kontexten oder an Beispielsätzen geübt werden. Das Verfahren wird die in der heterogenen Lerngruppe vorhandenen Eignungen und Interessen unterschiedlich ansprechen, wobei der vorherrschende kognitivierende Stil nur für einen Teil der Schüler günstig ist, während die anderen wahrscheinlich bei dieser Methode ihr Interesse am Englischunterricht langsam verlieren.

43 In einem 12. Schuljahr der gymnasialen Oberstufe wird das moderne Drama in Form von Kursmaterialien behandelt. Ausschnitte aus Arthur Kopits *Indians* werden im Schülerbuch gelesen und interpretiert. Die textbezogene Einzelanalyse wird durch hektographiertes Material aus dem Lehrerbegleitheft erweitert und bezieht sich in erster Linie auf die funktionale und historische Gestalt von Buffalo Bill. Die Behandlung der *Indians* dauert in diesem Leistungskurs 6 Wochen.

Die Textauswahl (Dörfel/Zeh, 1980: 117–128) ist repräsentativ und vermittelt einen guten Zugang zu diesem amerikanischen Drama. Der Lehrer wird jedoch durch die sehr umfangreichen Materialien im Lehrerheft so angesprochen (Dörfel/Zeh, 1982: 253–275), daß er mit Hilfe des ausführlichen Zusatzmaterials (Geschichtsquellen, neuere Interviews) im Hinblick auf den relativ kurzen Originaltext von Kopit eine viel zu große Textmenge auf das sekundäre Lernziel Buffalo Bill verwendet. Das literarische Lernziel tritt zurück, und die landeskundlichen Informationen zu einem ursprünglich nicht intendierten Vorhaben stehen im Mittelpunkt. Die Gefahr besteht, daß die Schüler sich in der Fülle des historischen Stoffes verlieren und dabei versäumen, in einem gezielt erarbeiteten Besprechungsvokabular ihre Eindrücke und Empfindungen zur Sprache und dramatischen Technik von Kopits *Indians* auszudrücken.

Handlungsempfehlungen

1. Bevor Sie Texte auswählen und den Schülern darbieten, ist eine genaue Prüfung der Unterrichtsziele und der Textpotentiale erforderlich.
2. Das Lesen als grundlegende geistige Aktivität sollte sich auf „lesenswerte" Texte beziehen, deren Inhalte und Formen die Schüler unmittelbar ansprechen.
3. Die Schüler wollen durch Lesen neue Einsichten und Erkenntnisse gewinnen und in noch nicht bekannte Lebenswelten einsteigen.
4. Das große Angebot von Lesetexten ermöglicht eine Partizipation der Schüler bei der Auswahl. Als Abnehmer der Texte sollten die Schüler durch didaktische Mitbestimmung lernen, ihre eigenen Leseinteressen zu entwickeln.
5. Oberstes Prinzip der Lesemethodik sollte der Methodenwechsel sein: Intensives und extensives sowie ganzheitlich erlebendes und rational interpretierendes Lesen sollten sich ergänzen.
6. Normales Lesen ist stilles Lesen. Lautes Lesen ist nur punktuell, isolierend, markierend einzusetzen. Zum richtigen Lesen gehört auch der richtige Umgang mit dem Wörterbuch.

Literaturhinweise

Zur Fertigkeit des Lesens sind zu allen Zeiten Grundüberlegungen angestellt und methodische Verfahren entworfen worden. Die Neugestaltung der gymnasialen Oberstufe in den siebziger Jahren und die Entwicklung des Konzepts der rezeptiven Kompetenz im Hauptschulbereich brachte schulformspezifische Ansätze hervor. Unter dem Leitziel der Kommunikationsfähigkeit ist das „klassische" Lesen zurückgetreten, um der *face-to-face communication* eine Vorrangstellung einzuräumen.

Löschmann: *„Lautes und stilles Lesen"*, 1967
Parreren: *„Lautbild und Schriftbild"*, 1969
Giera: *„Kursorisches Lesen"*, 1980
Arendt: *„Plädoyer gegen das laute Lesen"*, 1982
Nuttall: *Teaching Reading Skills*, 1982

4.5 Schreiben

Problemfeld

Bandbreite der Schreibfertigkeit
Die Fertigkeit des Schreibens ist komplex. Sie umfaßt Rechtschreibung, schriftliche Fixierung gesprochener Sprache und die schriftliche Ausgestaltung von Gedanken, die erst durch den Schreibakt in eine höhere Form der **Bewußtmachung und Ausdrucksformung** überführt werden. Im Fremdsprachenunterricht gibt es eine große Bandbreite unterschiedlicher Schreibformen: Abschreiben, Aufschreiben (= Diktat), Ausfüllen von Lücken, schriftliche Fragebeantwortung, Übersetzung, Nacherzählung, Aufsatz (Textaufgabe, Themenaufgabe), Zusammenfassung.

Schreiben und Rechtschreiben
Unterschiedliche Auffassungen über den Stellenwert der Orthographie bestimmen Übungsformen und Benotungspraxis. Eine Differenzierung nach Lerngruppen ist im elementaren Englischunterricht erforderlich, damit auf der einen Seite die Orthographie keine allzu große Lernhemmung für leistungsschwache Schüler ist, auf der anderen Seite jedoch für die leistungsstärkeren Schüler die erforderliche Sicherheit gewährleistet wird. Hier ist die Beobachtung wichtig, daß der **Stellenwert der Orthographie** im deutschen Sprachraum (und Klassenraum) höher ist als im englischen.

"formality" und "informality"
Das Schreiben kann in Schriftform vollzogenes Sprechen und ein Schreiben sui generis sein. Die Schriftform der gesprochenen Sprache besitzt die Merkmale und Register der **gesprochenen Sprache,** die sich in den meisten Fällen auf der *informality*-Stilebene bewegt. Die geschriebene Sprache in Form literarischer und wissenschaftlicher Texte wird durch *formality* bestimmt, während das Schreiben von persönlichen Briefen und Notizen wiederum durch *informality* gekennzeichnet wird. Diese Nähe von *formality* und *informality* in gesprochener und geschriebener Sprache zieht häufig eine Verwechslung der beiden **Stilebenen** nach sich.

Betroffenheit und Schreibkunst
Ein Sonderproblem der schriftlichen Kommunikation der gymnasialen Oberstufe ist die in letzter Zeit in den Mittelpunkt getretene **Textaufgabe.** Hier ist eine Diskrepanz zwischen der komplexen Form der vorgelegten Texte und dem sprachlichen Ausdrucksvermögen der Schüler festzustellen. Es ist sehr viel leichter, eine anspruchsvolle Thematik in literarisch ausgefeilter Form zu verstehen, als darauf in sprachlich angemessener Weise zu reagieren und eigene Gedanken in fremdsprachenspezifische Formen zu überführen. Die Beherrschung eines systematischen **Besprechungsvokabulars** ist erforderlich. Diese formalisierte Schreibkunst darf jedoch nie Selbstzweck werden oder zu schablonisierten Metastrukturen führen, sondern muß stets Instrument zum Ausdruck eigener Betroffenheit, Gedanken und Gefühle bleiben, die bei der Begegnung mit Literatur ausgelöst werden.

Unterrichtswirklichkeit

44 Der Fachkoordinator Englisch an einem Gymnasium läßt in einem 8. Schuljahr mittelschwere Diktate schreiben. Die Schüler haben sich auf diese Arbeitsform eingestellt und durch ein jahrelanges Training eine beachtliche Diktatfähigkeit erlangt. Viele von ihnen arbeiten motiviert mit, während andere durch ständige Defizite die Freude am Englischunterricht verlieren.

Wie die Praxis zeigt, gibt es spezielle Begabungen und Nichtbegabungen für das Diktat. Die Fähigkeit, ein englisches Diktat zu schreiben, umfaßt mehrere Teilfertigkeiten wie z. B. gute Lautdiskriminierung, entwickeltes Hörverstehen, eine ausgebildete „Erwartungsgrammatik" und schließlich ein ausgeprägtes Wortgestaltgedächtnis. Das Diktat als komplexe Übungs- und Überprüfungsform setzt mehrere Fähigkeiten voraus und gibt daher Aufschlüsse über einen allgemeinen Sprachleistungsfaktor. Auf der anderen Seite kann es als zu häufig eingesetzte Arbeitsform einseitige Leistungsbeurteilungen fördern, da Defizite in einer Teilfertigkeit die Gesamtleistung verringern. Der gelegentliche Einsatz eines Diktates kann vertreten werden, doch die einseitige Bevorzugung des Diktats in einem Englischunterricht mit dem Richtziel der Kommunikationsfähigkeit muß auf Ablehnung stoßen. Eine Sonderrolle spielt das Diktat jedoch in einigen Typen der berufsbildenden Schule im Hinblick auf die Handelskorrespondenz.

45 In einem weiterführenden 10. Schuljahr einer Hauptschule besteht die Grundform des schriftlichen Arbeitens in dem Verfassen persönlicher Briefe. Die Englischlehrerin, die auf der Hochschule im Sinne der „kommunikativen Kompetenz" und der Pragmadidaktik ausgebildet worden ist, rechnet den persönlichen Brief zur natürlichen Form schriftlicher Kommunikation. Nacherzählung, Diktat und Précis zählt sie zu den artifiziellen Übungen, die der kommunikativen Funktion der Sprache nicht entsprechen und als Kunstformen des Schreibens die Hauptschüler langfristig vom Englischunterricht wegführen.

Es fragt sich, ob die Überlegungen der Lehrerin wirklich ganz stimmen und ob sie ihren Schülern, besonders denen, die auf die Fachoberschule oder andere Formen der Sekundarstufe II überwechseln wollen, nicht einige Schreibformen vorenthält. Sicherlich ist der persönliche Brief mit seiner informellen Stilform das schriftliche Pendant der gesprochenen Sprache und verkörpert eine überzeugende Fortsetzung des kommunikativen Ansatzes. Auf der anderen Seite muß jedoch gesehen werden, daß die schriftliche Kommunikationsfähigkeit durchaus in Formen der Zusammenfassung, der Stellungnahme und der Behandlung von Sachtexten und Lektüren auftreten kann. Der Unterricht mit persönlichen Briefen als einziger grundlegender Form schriftlichen Arbeitens ist einseitig, auch dann, wenn für die Briefe englischsprachige Gesprächspartner in kommunikativer Realsituation zur Verfügung stehen. Das Verfahren mag, auf den Hauptschulabschluß bezogen, sehr motivierend und perspektivenreich sein, verliert aber an Wert, wenn die Schullaufbahn derjenigen betrachtet wird, die die Übergänge von der Hauptschule in die Sekundarstufe II anstreben.

Handlungsempfehlungen

1. Die Rechtschreibung ist nach dem primär mündlich gestalteten Anfangsunterricht ein grundlegendes Lernziel, das aber differenziert gehandhabt werden muß. Achten Sie auf die Schulform und lerngruppenspezifische Differenzierung dieses speziellen Lernziels.

2. Seien Sie sich der zwei Hauptformen schriftlichen Arbeitens bewußt, der Naturformen wie Brief, Notizen, Stellungnahmen und der einfachen und komplexen Kunstformen wie Abschreiben, Lückendiktat, Précis. Eine methodisch durchdachte Mischung der Formen sorgt für Ausgleich.

3. Machen Sie im Anfangsunterricht Gebrauch vom Abschreiben. Es ist ein bewährtes Schreibtraining und eine gute Schulung für Beobachtung und Konzentration.

4. Achten Sie auf die Wichtigkeit einer kurzen Schreibphase während der einzelnen Unterrichtsstunde. Abwechslung im Arbeitsverfahren gibt der schriftlichen Übung einen zusätzlichen Reiz.

5. Die Form der Hausarbeit ist in den meisten Fällen schriftlich. Sorgen Sie dafür, daß die schriftliche Hausarbeit nicht mechanisch absolviert wird, sondern Element des persönlichen Ausdrucks und des kommunikativen Schülerinteresses ist. Überdies sollten schriftliche Hausarbeiten mindestens stichprobenartig überprüft werden, damit die Schüler ihnen die erforderliche Bedeutung beimessen.

6. Für die Arbeit auf der gymnasialen Oberstufe sind die Stilebenen *formality* und *informality* auseinanderzuhalten. Da die deutschen Schüler häufiger Merkmale von *formality* in Texten informeller Stilebene produzieren als umgekehrt, ist auf diesen generellen Stilfehler zu achten.

7. Die Textaufgabe sollte keine übertriebenen Erwartungen an die Schüler und deren Ausdrucksvermögen stellen. Von entscheidender Bedeutung ist die Entwicklung der Fähigkeit, die lebensweltlichen Gedanken und Gefühle klar zum Ausdruck zu bringen und nicht in hochgezüchteten, teilweise auswendig gelernten und nur anempfundenen Besprechungsschemata konditioniert zu reagieren.

Literaturhinweise

Die Literatur zur Schreibfertigkeit ist von Umfang und Tiefe sehr begrenzt, sowohl in älterer als auch neuerer Zeit. Das unter „Schreiben“ behandelte Problem war generell die Orthographie und nicht die Frage nach der Psychologie des Schreibprozesses und der schriftlichen Ausdrucksfähigkeit. In unserer Zeit des kommunikativen

Didaktikansatzes ist auch keine weiterführende Erforschung der Schreibfertigkeit zu erwarten, wie sie z. B. für die Fertigkeit des Hörverstehens erfolgt.

Hüllen: *„Geschriebene Sprache als Lernhilfe"*, 1969
Kamratowski/Schneider: *„Zum Problem der englischen Rechtschreibung"*, 1969
Loebner: *„Die Relevanz des Schriftbildes für die ‚Nacherzählung'"*, 1972
Bliesener: *„Die neue Abituraufgabe Englisch"*, 1981
Gary/Gary: *"Caution: Talking may be dangerous"*, 1981
Nünning: *„Welche Rechtschreibfehler machen englische Kinder?"*, 1982
Heuer: *„Die Zusammenfassung in ihren Funktionen und Varianten"*, 1983
Genzlinger: *„Kreatives Schreiben im Englischunterricht der Klassen 5 bis 7"*, 1985

4.6 Übersetzen und Dolmetschen

Problemfeld

Neben den vier Fertigkeiten Hörverstehen, Sprechen, Leseverstehen und Schreiben hat das Übertragen von der Muttersprache in die Fremdsprache und umgekehrt als fünfte Fertigkeit seinen Platz, wenn es auch im Englischunterricht nicht so viel Gewicht besitzt wie jene. Nachdem das Übersetzen im letzten Jahrhundert lange die zentrale Übungsform des Fremdsprachenunterrichts war, verlor es bis in die sechziger Jahre stetig an Bedeutung. Als Folge der Hinwendung zum kommunikations- und bedürfnisorientierten Englischunterricht wurde das Dolmetschen als gesonderte und zu übende Fertigkeit neu entdeckt. Im Gegensatz zum **Übersetzen,** das meist schriftlich geleistet wird und bei dem es häufig auf eine wortgetreue Übertragung ankommt, ist das **Dolmetschen im mündlichen Bereich** angesiedelt und betont im alltäglichen Gebrauch vorwiegend die sinngemäße Übertragung. Spezialfertigkeiten wie das Synchron- oder Konferenzdolmetschen, das im internationalen Verkehr und in der Politik eine Rolle spielt, bleiben für den schulischen Englischunterricht außer Betracht.

Situatives Dolmetschen
Im Rahmen des schulischen Englischunterrichts und seiner Zielsetzungen erscheint es sinnvoll, das Dolmetschen nur anhand von solchen Situationen zu üben, in die der Lernende in seinem Umfeld wahrscheinlich geraten kann, d. h. er sollte Auskünfte über Verkehrsmittel oder Wegbeschreibungen, Verkaufswünsche in Geschäften und touristische Informationen übertragen können. Für das Übersetzen lassen sich mögliche Verwendungssituationen weniger leicht vorhersagen; in der Regel wird es sich wohl um Übertragungen aus der Fremdsprache in die Muttersprache handeln, wie z. B. bei der Bedienungsanleitung für ein japanisches elektrisches Gerät, mit dem ein zukünftiger Elektromechaniker vielleicht zu tun haben wird. Bei Besuchen im

englischsprachigen Ausland wird es für den deutschen Touristen in erster Linie ebenfalls darum gehen, englische Texte für seine sprachunkundigen Mitreisenden ins Deutsche zu übertragen (Speisekarte, Stadtführer, Hinweistafeln).

Das Dolmetschen kann eingeführt und geübt werden, sobald die Lernenden selbständig Fragen und Antworten formulieren können. Anfänglich sollten die Dolmetscheraufgaben beschränkt bleiben auf das leichtere **Herdolmetschen,** also die Übertragung der fremdsprachlichen Aussage in die Muttersprache. Im elementaren Englischunterricht empfiehlt sich zudem, das indirekte Dolmetschen (d. h. die Wiedergabe der Aussagen des Sprechers in indirekter Rede) insbesondere beim Hindolmetschen zu vermeiden. Für die Durchführung eines Fertigkeitstrainings „Dolmetschen" ergibt sich somit folgende Progression: direktes Herdolmetschen – direktes **Hindolmetschen** – indirektes Herdolmetschen – indirektes Hindolmetschen. In den meisten Situationen, die innerhalb der Sekundarstufe I zur Übung gelangen, wird es ausreichend sein, zusammenfassend und sinngemäß zu dolmetschen.

Unterrichtswirklichkeit

46 Frau P. läßt ein neu durchgenommenes Lesestück im Anschluß an die einsprachige Erläuterung des unbekannten Vokabulars von den Schülern absatzweise ins Deutsche übersetzen. Sie meint, nur auf diese Weise ließe sich feststellen, ob die Schüler den Text in allen Einzelheiten verstanden haben.

Die Übertragung in die Muttersprache ist **ein** Verfahren unter vielen, das **Textverständnis** zu überprüfen. Seine regelmäßige Anwendung kann jedoch dazu führen, daß die Aufmerksamkeit der Schüler in der einsprachigen Texterarbeitungsphase nachläßt, da sie wissen, daß eine Übersetzung des Textes folgt. Die Übersetzung hätte dann nicht mehr die Funktion eines Überprüfungsinstruments, sondern würde die wesentliche Phase der Textklärung. Bei differenzierter Texterarbeitung, zu der unterschiedliche Verfahren eingesetzt werden, d. h. in geeigneten Fällen auch die Übersetzung in die Muttersprache, kann die Übersetzung als Verständnisüberprüfung entfallen und durch andere methodische Wege ersetzt werden.

47 Herr F. übt mit seinen Schülern (3. Lernjahr) mehrmals im Schuljahr das Dolmetschen in unterschiedlichen Alltagssituationen (Einkauf, Auskunft bei der Bahn, Restaurantbesuch). Dazu verwendet er Rollenspielkarten und selbsterfundene Dialoge, bei denen jeweils ein Schüler die Rolle des Dolmetschenden übernimmt.

Dialoge, die mit verteilten Rollen gesprochen werden, sind gute Übungssituationen für das Dolmetschen. Positiv ist es auch, wenn sich diese Dolmetschübungen an Themen und Situationen des Lehrbuchs anschließen, so daß Vokabular und Redemittel den Schülern weitgehend bekannt sind. Bei der von Herrn F. vorgenommenen Rollenverteilung – muttersprachlicher Sprecher, fremdsprachlicher Sprecher und

Dolmetscher – fällt dem Dolmetscher die weitaus schwerste Rolle zu, vor allem dann, wenn er sowohl aus der Fremdsprache als auch in die Fremdsprache übertragen muß. Zu Beginn des Dolmetschtrainings ist es daher angebracht, für solche Dialoge, in denen hin- und hergedolmetscht werden muß, zwei Dolmetscher vorzusehen, die jeweils eine Übertragungsrichtung bewältigen.

Handlungsempfehlungen

1. Üben Sie das Dolmetschen in Verbindung mit geeigneten Dialogen und Situationen des eingeführten Lehrwerks. Vergessen Sie nicht, daß das Dolmetschen eine besondere Fertigkeit ist, die von den Schülern Reaktionsschnelligkeit, das Erfassen von Sprechintentionen und die Fähigkeit zu knapper Ausdrucksweise zusätzlich zu einer Kenntnis des verwendeten Sprachmaterials verlangt.
2. Nutzen Sie alle sich natürlich ergebenden Dolmetschsituationen, z. B. den Besuch ausländischer Gäste in Ihrer Schule.

Literaturhinweise

Lehrwerke und Unterrichtsmaterialien der neueren Zeit umfassen auch Übungen zum mündlichen und schriftlichen Übersetzen. Die Betonung der „fünften" Fertigkeit ist auf den Einfluß der kognitiven Psychologie zurückzuführen. Die frühere Verbannung der Muttersprache und damit des Übersetzens und Dolmetschens aus dem Fremdsprachenunterricht war eng verknüpft mit der behavioristischen und strukturalistischen Lehrtheorie des Fremdsprachenunterrichts in den sechziger und siebziger Jahren. Die Sekundärliteratur zum Übersetzen im Englischunterricht hat andere Schwerpunkte als die der Dolmetscherinstitute, für die die fremdsprachliche Übersetzungskunst prinzipielles Lehrziel ist.

Meyer: *Die Übersetzung im neusprachlichen Unterricht,* 1976
Zimmermann: *„Dolmetschen im Englischunterricht der Hauptschule",* 1980
Appel: *„Dolmetschen als Übungsform im Oberstufenunterricht",* 1985

4.7 Begegnung mit englischsprachigen Menschen

Problemfeld

In der Regel haben unsere Schüler nur selten Gelegenheit, ihre Fähigkeiten zur Verständigung in der Fremdsprache außerhalb des Unterrichts zu erproben. Jeder Kontakt mit englischsprachigen Menschen muß daher als **Anwendungssituation** willkommen sein. Solche Kontakte besitzen nicht nur einen Übungseffekt für das Fremdsprachenlernen, sondern führen bei vielen Schülern auch zu einem Anstieg der Motivation für den Fremdsprachenunterricht, da ihnen der Nutzen des Gelernten unmittelbar einsichtig wird und sie die Grenzen ihres Sprachkönnens plastisch erkennen. Sie gewinnen somit ein verstärktes Interesse am Weiterlernen und am Abbau ihrer Lernlücken.

Wirkungen der Kontakte
In Hinblick auf die **sozialen und landeskundlichen Ziele** des Englischunterrichts sind Kontakte zu Menschen aus den Zielländern ebenfalls sehr zu begrüßen. In der persönlichen Begegnung erfährt der Schüler einerseits einiges über das Zielland und die Meinungen, Werte und Eigenschaften seines Gegenüber, andererseits wird er zur Auseinandersetzung mit seinen eigenen Ansichten und Grundhaltungen geführt. Allerdings kann die Begegnung mit einem Engländer oder Amerikaner auch pädagogisch unerwünschte Nebenwirkungen zeigen, wenn die Schüler in unzulässiger Weise von der Einzelperson auf alle Engländer bzw. Amerikaner schließen und sich bereits bestehende Vorurteile und Klischeevorstellungen verfestigen. Hier muß der Unterricht korrigierend eingreifen.

Wo und wie trifft man sich?
Möglichkeiten zur Begegnung mit englischsprachigen Menschen bestehen in fast allen Lebensbereichen der Schüler:
- In der Schule kann es sich um Kontakte zu **Partnerklassen** in Großbritannien, gegenseitige Besuche, den Vortrag eines *native speaker* oder den Unterricht bei einem Fremdsprachenassistenten handeln.
- In der Freizeit können die Schüler *native speakers* als Touristen auf der Straße treffen, die nach dem Weg fragen, als Gästemannschaft in ihrem Sportverein, als Bekannte oder Gäste von Freunden. In solchen Gegenden der Bundesrepublik, in denen Soldaten der britischen oder US-amerikanischen Armee stationiert sind, ergeben sich weitere Kontaktmöglichkeiten.
- Im Ausland können die Schüler englischsprachigen Menschen bei einer Klassenfahrt, bei Kultur- und Sportveranstaltungen und im Urlaub treffen.

Die persönlichen Kontakte können durch Briefwechsel ergänzt werden.

Die in der Freizeit und im Urlaub möglicherweise stattfindenden Zufallsbegegnungen mit Englisch sprechenden Menschen sind in den Klassenunterricht kaum zu integrieren, da sie selten alle Schüler betreffen. Unter didaktisch-methodischem Blickwinkel günstiger sind solche Kontakte, von denen alle Schüler einer Klasse gleichermaßen profitieren können und die im Unterricht vor- und nachbereitet werden, d. h. Klassen- oder Schulpartnerschaften, zu denen Briefwechsel und Schüleraustausch gehören, sowie Klassenfahrten ins englischsprachige Ausland.

Unterrichtswirklichkeit

48 Bei Bekannten von Frau M. wohnt seit kurzem ein englisches *au-pair*-Mädchen. Frau M. ergreift die Gelegenheit und nimmt die 17jährige Linda mit in ihren Englischunterricht im 10. Schuljahr der Realschule. Zu ihrer Enttäuschung zeigen sich die Schüler nur wenig an Linda interessiert, und es kommt kein richtiges Gespräch auf.

In einer unvorbereiteten Gesprächssituation, die im Unterricht unter Anwesenheit und Steuerung durch die Lehrerin stattfindet, haben die meisten Schüler – auch die leistungsstarken – Sprechhemmungen. Gründe dafür liegen sowohl im psychologischen Bereich (Schulsituation; Angst, sich zu blamieren) als auch im sprachlichen: Die Schüler wissen einfach nicht, wie sie ein freies Gespräch eröffnen und in Gang halten können. In der täglichen Unterrichtssituation sind sie ja zumeist diejenigen, die die Fragen beantworten, und nicht die, die sie stellen. Frau M. hätte daher ihre Schüler auf den Besuch Lindas in der Klasse psychologisch und sprachlich vorbereiten sollen, indem sie mit ihnen beispielsweise notwendige Redemittel kurz wiederholt und im Rollenspiel geübt hätte. Selbstbewußte Schüler können nach einem solchen „Probelauf" in eine **freie Gesprächssituation** gestellt werden. Bei zurückhaltenden Schülern empfiehlt es sich, auch die Gesprächssituation so zu strukturieren, daß die Schüler wissen, was sie sagen oder fragen wollen. Dazu eignen sich Arbeitsformen wie Gruppeninterview (jede Schülergruppe erarbeitet Fragen, die die Besucherin – von Gruppe zu Gruppe wechselnd – beantwortet), Rate-, Kennenlern- oder Diskussionsspiele. Auch für den Gast ist es in der Regel angenehmer, nicht als „Opfer" einer allgemeinen Befragung allein vor der Klasse zu stehen. Zusätzlich zur Gesprächsstruktur kann auch das Diskussionsthema festgelegt und vorbereitet werden. Abhängig vom Alter des Besuchers bieten sich u. a. an: *youth culture, pop music, my first impression of Germany, the area in Britain/the USA where I come from, school life, food.*

Handlungsempfehlungen

1. Suchen und pflegen Sie Kontakte zu englischsprachigen Menschen.

2. Bemühen Sie sich um Partnerschulen oder -klassen im englischsprachigen Ausland. Oftmals ergeben sich Möglichkeiten dazu innerhalb bereits bestehender Städtepartnerschaften.

3. Nutzen Sie für Ihre Schüler die Lern- und Motivationsmöglichkeiten eines Briefwechsels mit Schülern in anderen Ländern. Das gemeinsame Verfassen eines monatlichen Klassenbriefs an eine Partnerklasse (evtl. in mündlicher Form auf Kassette) bringt Ihren Schülern Spaß und Sprachübung.

4. In einigen Teilen der Bundesrepublik besteht die Möglichkeit zu Kontakten mit Angehörigen und Einrichtungen der britischen oder amerikanischen Armee. Allerdings ist die Bereitschaft von Schulen oder Klubs im Armeebereich, Beziehungen zu deutschen Schulklassen zu pflegen, unterschiedlich stark ausgeprägt. Hindernisse bei Kontaktbemühungen bilden die große Fluktuation der Armeeangehörigen und ihre teilweise starke Abkapselung vom Gastland. Kommen Kontakte jedoch zustande, sind sie meist sehr fruchtbar.

5. Fahren Sie mit Ihrer Klasse im 9. oder 10. Schuljahr (oder in der Sekundarstufe II) nach Großbritannien.

6. Informieren Sie sich und Ihre Schüler über diee Zielsprachenländer. Informationsquellen sind u. a. die Botschaften und Fremdenverkehrsämter der entsprechenden Länder, der *British Council* (in Köln), die Amerika-Häuser (in Berlin, Frankfurt, Hamburg, Hannover, Köln, München und Stuttgart) und Deutsch-Amerikanischen Institute. Adressen für die Vermittlung von Brieffreundschaften finden Sie in Seidl (1979).

Literaturhinweise

In Zeiten der Orientierung auf die Inhalte des Englischunterrichts und bei dem damit einhergehenden Interesse an den Zielkulturen werden verstärkte Kontakte gefordert. In der Reformbewegung plädierte man für den obligatorischen Studienaufenthalt der angehenden Englischlehrer im Ausland, während der Kulturkundebewegung wurde u. a. der Schülerbriefwechsel gefordert. Heute existieren Hinweise auf das Anknüpfen von Kontakten zu Organisationen, Einzelpersonen und Institutionen in den Zielländern und bei uns vor allem auf dem „grauen Markt" unveröffentlichter Papiere.

Rampillon: *Zur Praxis des Englischunterrichts,* 1978
Seidl: *Dear Pen-Friend,* 1979
Hinz/Speight: *Britain: Get Ready for the Trip,* 1982
Prang: *„Klassenfahrt nach London"*, 1982
Bretting: *„Eine 9. Hauptschulklasse fährt nach England"*, 1983
Niehardt: *"School calls schools"*, 1983
Fraillon: *"Australian-German exchange"*, 1984
Schwarz: *„Landeskunde in Zusammenarbeit mit dem Amerika-Haus"*, 1985

5. Berufsfeld und Arbeitsplatz Schule

»Die Schule überfällt mich. Es gibt so viele äußere Einflußgrößen.«

5.1 Lehrwerk

Problemfeld

Lehrwerke als Spiegelbild ihrer Zeit
Jede Epoche besitzt Lehrwerke, die ihr entsprechen. Die Lehrwerke sind geschichtliche Phänomene und durch zahlreiche fachliche und überfachliche Einflüsse geprägt. Sie besitzen zuerst ihren eigenen Werdegang, gründen aber auch auf Vorgänger und frühere **Lehrwerkgenerationen.** Sie werden zwar durch bestimmte Autoren verfaßt, spiegeln aber zugleich die fachdidaktischen Auffassungen und bildungspolitischen Ansichten der Zeit.

Politische und ökonomische Zwänge
Die Lehrwerke werden durch die Kultusministerien genehmigt. Die **fachlichen und politischen Kriterien der Genehmigung** üben schon im Vorfeld der Lehrwerkentwicklung ihre Wirkung aus. Darüber hinaus darf nicht vergessen werden, daß Lehrwerke Produkte kommerziell wirtschaftender Verlage sind, die in der Konkurrenz bestehen müssen. Der Verkaufsdruck übt Zwänge auf Aufmachung, Preise und Einbeziehung der Konsumentenwünsche aus. Auf diese Weise gehen politische, ökonomische und fachwissenschaftliche sowie fachdidaktische Determinanten in die Struktur der heutigen Lehrwerksysteme ein.

Lehrwerkkritik ist notwendig
Ein Lehrwerk sollte nie als schicksalhaft angesehen werden. Je mehr man sich mit den Kriterien eines Lehrwerkes auseinandersetzt und im Unterricht erprobte Werke hinsichtlich der ihnen zugrundeliegenden Komponenten durchschaut, desto leichter fällt es, die Diskussion in der Fachkonferenz über **Lehrwerkkritik** und möglichen Lehrbuchwechsel zu beeinflussen.

Das Lehrwerk – ein Instrument in der Hand des Fachmanns
Bei der **Unterrichtsplanung** kommt es darauf an, unter Zielvorstellungen das Lehrbuchangebot umzusetzen. Die **Lernziele** müssen erkannt und fixiert werden. Sie geben den Inhalten, Themen und Stoffen die Ausrichtung. Auch entscheiden sie darüber, welche Übungen hochrangig sind und welche niedrigrangig. Die **Fertigkeiten** gliedern sich in rezeptive und produktive, damit Überhöhungen im Schwierigkeitsgrad vermieden werden.

Die auditiven und visuellen **Medien** werden gemäß Stellenwert am richtigen didaktischen Ort eingesetzt. Eine Anreicherung der Stunde mit Medien wirkt sich immer günstig auf Lernbereitschaft und -erfolge der Schüler aus. Mögliche Medienpannen gilt es vorauszusehen, um Vermeidungsstrategien entwerfen zu können.

Die Texte mit ihren Themen und Inhalten bilden das Rückgrat der Stunde. Je nach ihrer Form sind sie unterrichtlich differenziert zu behandeln. Ein **Dialog** eignet sich eher zum Rollenspiel als ein erzählender Text. Jedoch kann mit **narrativen Texten** eine Frage-Antwort-Interaktion besser gestaltet werden.

Unterrichtswirklichkeit

49 Kollegin A. unterrichtet seit Jahren nach den methodischen Vorschlägen des Lehrerheftes. Sie benutzt die Fragen, die die Autoren vorformuliert haben, und hält sich ziemlich genau an die empfohlene Reihenfolge der Arbeitsschritte. Alle Stunden laufen „irgendwie schon richtig". Die Schüler im Anfangsunterricht wundern sich, daß sie so häufig ins Buch schaut, die der Mittelstufe wissen, daß sie nur das sagt, was sie vorher gelesen hat. Aber irgendwie läuft ihr Unterricht dennoch. Sie handelt „nach bestem Wissen und Gewissen", da das Lehrwerk die Unterrichtsvorschläge mitliefert.

Die oben geschilderte Unterrichtsweise birgt Gefahren. Von einem solchen Unterricht können keine belebenden Impulse ausgehen, so daß die Schüler abschalten. Es ist zu befürchten, daß das Lehrbuch nicht „geschafft" wird, wenn alle vorgeschlagenen Arbeitsschritte vollzogen werden, und daß am Ende Zeitnot und Hektik das Unterrichtsgeschehen bestimmen. Statt dessen würden vom Lehrer gesetzte Schwerpunkte – unter sinnvollem Weglassen weniger wichtiger Teilziele – ein eigenständiges Unterrichtsprofil aufbauen.

50 Referendar B. arbeitet weitgehend ohne Lehrwerk. Er hat mit den Schülern deren Vorstellungen und Ziele diskutiert. Vor allem aber bringt er mit dem ihm eigenen persönlichen Engagement authentische Materialien in den Unterricht, die Sprache und Land realistisch wiedergeben. Jede Stunde wird umfangreich vorbereitet. Die Schüler spüren seine Begeisterung und versuchen mitzuhalten, bis sie spüren, daß sie doch nicht da „abgeholt" werden, so sie gerade stehen.

Die zweite Unterrichtsgestaltung steht kontrapunktisch zur ersten. Es erfordert höchsten Einsatz, über längere Zeit Ziele und Stoffe für den Fremdsprachenunterricht zu sichten und bereitzustellen. Auch sogenannte Baukästen, materialmäßig ausgearbeitete Einzelthemen für einen Unterrichtszeitraum von mehreren Wochen, können auf Dauer einen solchen Unterricht nicht tragen. Lebendigkeit, Schülernähe und Themenattraktion können nicht den systematisch angelegten Lernfortschritt im Sinne einer langfristigen Progression gewährleisten. Es ist zu befürchten, daß nach anfänglich sich steigernder Schüleraktivität die Lernbereitschaft nachläßt und das Leistungsniveau langsam abflacht.

Handlungsempfehlungen

1. Wenn Sie am Schuljahresbeginn eine neue Klasse übernehmen, kommt ein Lehrwerksystem in Form des in der Schule eingeführten Lehrbuchs auf Sie zu. Da das Lehrwerk den Stoff gegliedert und in eine Progression gebracht hat, ist es erforderlich, daß Sie – ganz gleich, wie Sie zu dem eingeführten Lehrwerk stehen – das Unterrichtswerk gründlich und vollständig durcharbeiten. Diese zu Beginn des Jahres anfallende Arbeit zahlt sich mehrfach aus. Sie erreichen dadurch zunächst einmal eine Orientierung über Lernziele und Inhalte. Sie werden den methodischen Ansatz des Lehrwerkes kennenlernen und ihn mit Ihrem persönlichen Unterrichtsstil vergleichen können. Des weiteren werden Sie durch die kritische Durchsicht der Unterrichtsmaterialien in die Lage versetzt, im Hinblick auf die konkrete Klasse und Stundenzahl die häufig in maximaler Form dargebotenen Ziele und Inhalte des Lehrwerks zu bündeln und zu reduzieren.
2. Unterhalb der Jahresplanung sollte die Kapitelplanung angesiedelt werden. Gewichtung und Bestimmung der Lernziele erfolgt am besten auf der Ebene der *Unit.* Hierbei werden Sie auch entscheiden müssen, welche Texte und Übungen Sie aus dem Maximum des Lehrbuchangebots herausnehmen, damit Sie ein Optimum konkreter Arbeitsmöglichkeiten erstellen können. Die Ziele und Inhalte, hinter denen Sie mit Ihrer persönlichen Anteilnahme stehen, werden Ihnen wahrscheinlich am besten gelingen.
3. Der Progression des eingeführten Lehrwerks sollte gefolgt werden. Prüfen Sie das Lehrerheft auf brauchbare Unterrichtsvorschläge, ohne daß Sie dabei methodisch abhängig werden. Planen Sie eigene Unterrichtswege, auch unter Hinzufügung eigener Materialien, damit Sie flexibel und engagiert bleiben und keine lehrwerkbedingte Monotonie mit entsprechenden Ermüdungserscheinungen aufkommen lassen.
4. Ihre Stoffbasis können Sie erweitern, wenn Sie parallele Lehrwerke anderer Verlage „mitlesen“ und ggf. in Auszügen anwenden. Notizen zur Lehrwerkerprobung stellen Stärken und Schwächen in einen größeren Zusammenhang.
5. Für eine gründliche Vorbereitung empfiehlt sich eine kleine Handbibliothek an Definitions- und Aussprachewörterbüchern sowie Nachschlagewerken zur Landeskunde und Fachdidaktik.

Literaturhinweise

Beim Thema „Lehrwerk“ ist zwischen Primärliteratur (die Lehrwerke als Quellen) und Sekundärliteratur (Beschreibung und Analyse der Lehrwerke) zu unterscheiden. Schon für die erste Hälfte des 19. Jahrhunderts fällt eine überraschende Fülle und Vielfalt der Unterrichtsmaterialien auf. Lehrwerkvorstellungen und kritische Rezensionen finden wir bereits in den Jahrgängen der Zeitschrift *Die Neueren Sprachen* während der Neusprachlichen Reformbewegung. Eine systematische Lehrwerkforschung mit den Methoden der Fachdidaktik entwickelte sich in den siebziger Jahren, die sich dann in Richtung spezialisierter Fragestellungen ausdifferenzierte (Inhaltsanalytik, Textlinguistik).

Weber: *„Von der didaktischen Interpretation zum Unterrichtsentwurf"*, 1969
Heuer/Müller: *Lehrwerkkritik – ein Neuansatz*, 1973
Heuer/Müller: *Lehrwerkkritik II: Landeskunde, Illustrationen, Grammatik*, 1975
Schröder: *Lehrwerke für den Englischunterricht im deutschsprachigen Raum 1665–1900*, 1975 (bes. Einführung, XI–XXX)
Bung: *Systematische Lehrwerkanalyse*, 1977
Mann: *„Bestandsaufnahme Lehrbuchtext"*, 1981
Real: *„Methodische Konzeptionen und ihr Einfluß auf Lehrwerke"*, 1983

5.2 Lehrplan

Problemfeld

Der Lehrplan als Transmissionsriemen
Der Lehrplan, auf dem Erlaßwege durch den Kultusminister für verbindlich erklärt, verkörpert den **Einfluß des Staates** auf die Angelegenheiten der Schule und des Unterrichts. (Ein anderer bedeutender Einfluß des Staates liegt in der Ausbildungs- und Prüfungsordnung für Lehrämter vor.) Wenn die **Lehrpläne** die Form von **Richtlinien** annehmen, wird nur ein Rahmen vorgegeben und dem Fachlehrer methodischer und inhaltlicher Spielraum ermöglicht. Lehrpläne und Richtlinien bilden die Grundlage für **Lehrwerke,** die das faktische **Curriculum** darstellen. Eine andere Auswirkung des Lehrplans ist seine Verwendung für einen möglichen **Standortlehrplan,** der die lokalen Gegebenheiten berücksichtigt und die Fachlehrer zur Kooperation zusammenführt.

Rückkoppelung von Lehrplan und Unterrichtsstunde
Da Lehrpläne für eine längere Zeit gültig sind, haben sie einerseits die Tendenz, langsam aber stetig zu veralten. Andererseits ist es aber auch möglich, daß Lehrpläne viele Neuerungen bringen und deshalb von einem Teil der Fachlehrerschaft nicht verstanden und angenommen werden. Die **Rückkoppelung zwischen Lehrplan und konkretem Unterricht** könnte in einem Modell verdeutlicht werden, in dem wechselseitig verbunden sind: Allgemeine Fremdsprachendidaktik, Didaktik der Fremdsprache X in Situation Y (z. B. Englischdidaktik für die Sekundarstufe II), Fachunterricht in Fremdsprache X der Klasse Y, konkreter Unterricht mit Leistungsfeststellung und Evaluation. Wichtig ist dabei, daß die Englischlehrer für die Auswirkung von Lehrplan und Fachdidaktik auf den konkreten Unterricht und für die Rückwirkung des konkreten Unterrichts auf die anderen Stufen des Modells sensibilisiert werden. Die **Kreativität des Lehrers** liegt in seiner flexiblen Anpassung an die jeweilige

konkrete Unterrichtssituation. (Erfolgreiche und zufriedene Lehrer wissen, daß sie sich kreativ verhalten.) Das folgende Schema geht auf einen Vortrag von W. Marton zurück, gehalten auf dem Kongreß der *International Association of Teachers of English as a Foreign Language* (IATEFL) in London 1980:

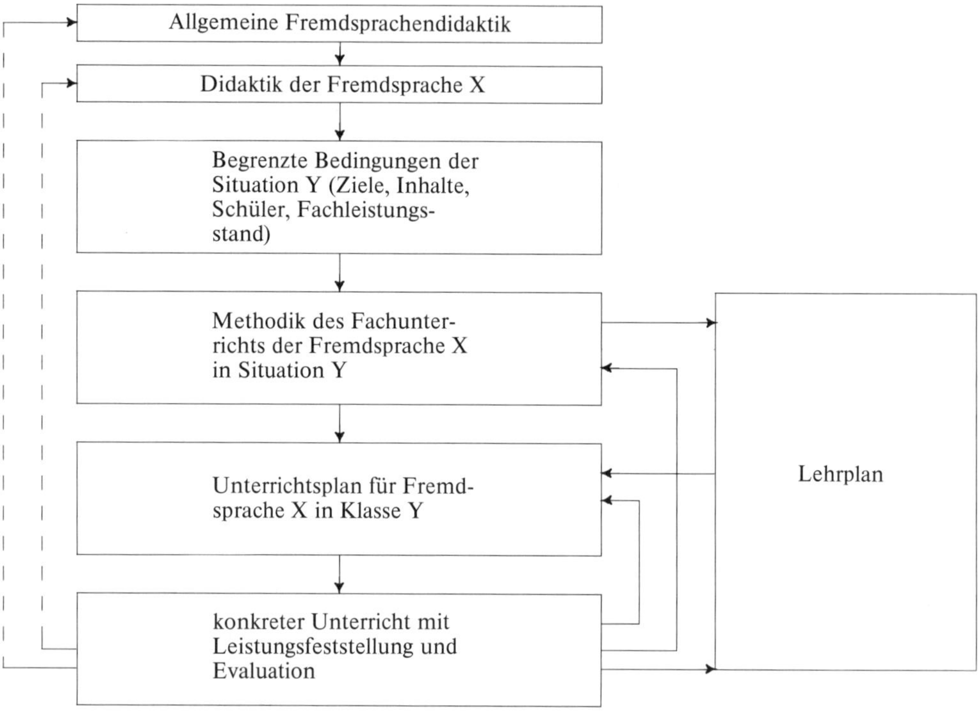

Hohe Ziele und niedrige Praxis der Lehrplanerstellung
Lehrpläne und Richtlinien werden im Zusammenwirken von Schulaufsichtsbeamten, Lehrern und Wissenschaftlern erstellt. Der **ideale Lehrplan** entspricht den Kriterien der Konsensfähigkeit (Zustimmung der gesellschaftlichen Gruppen), der Widerspruchsfreiheit (innerer logischer Zusammenhang), der Wissenschaftlichkeit (Berücksichtigung des gesicherten fachlichen und didaktischen Erkenntnisstandes), der Praktikabilität (Umsetzbarkeit in den Schulalltag) und Verständlichkeit/Lesbarkeit (Vermeidung von unnötigem Fachjargon). Die Lehrplanwirklichkeit zeigt jedoch häufig gravierende Verstöße gegen diese Kriterien. Besonders Lehrpläne mit konkreten **Festlegungen für Auswahl und Reihenfolge der grammatischen Lernziele** und mit **Fixierungen von Wortschatzmengen** des rezeptiven und produktiven Bereichs sind durch Merkmale von zufälligen und willkürlichen Entscheidungen geprägt, die nicht durch die **Erkenntnisse der Spracherwerbsforschung** gesichert sind. Festsetzungen von Lehrplankommissionen, die wegen ihrer ungesicherten Theorie in der freien wissenschaftlichen Diskussion scharf kritisiert würden oder wegen ihres einseitigen **Dezisionismus** keine Rolle im Fachgespräch spielen würden, gewinnen durch die sie offizialisierende Lehrplankompetenz des Ministeriums an Bedeutung und Einfluß.

Unterrichtswirklichkeit

51 Auf einer Schulpflegschaftssitzung verlangen die Eltern, daß deutsch-englische Vokabelgleichungen als Hausarbeit auf der Mittelstufe gelernt werden. Besonders einige Englischlehrer, die nach strenger einsprachiger Methode verfahren, geraten unter Kritik. Es wird ihnen vorgeworfen, daß ihre Methode die Schüler über viele Wortbedeutungen und Grammatikregeln im unklaren lasse, und wo Unklarheit herrsche, wird argumentiert, sei konsequentes Lernen nicht möglich.

So könnte es weitergehen: Die Vertreter der Fachkonferenz melden sich zu Wort und können dem Beschwerdeführen der Eltern entgegnen, daß die Einsprachigkeit von den Lehrplänen vorgeschrieben sei. Das Lernen von deutsch-englischen Vokabellisten und grammatischen Regeln sei nach den neuesten Lehrplänen nicht mehr möglich. Die Lehrer interpretieren die Lehrpläne und entwickeln ein Konzept der direkten Methode und des Grundsatzes der **Einsprachigkeit.** Es gelingt ihnen, die Eltern zu überzeugen. Im Laufe des Gesprächs verlassen allerdings einige Lehrer den Standpunkt der strengen Einsprachigkeit und halten in Anlehnung an die neuere Literatur zum Prinzip der Einsprachigkeit auch bilinguale Lehrverfahren für möglich.

52 Eine Englischlehrerin gibt einer Schülerin eine nicht ausreichende Zeugniszensur, obwohl bei den schriftlichen Arbeiten die Vieren gegenüber den Fünfen überwogen. Die Eltern beschweren sich bei der Lehrerin und drohen mit einem Verwaltungsgerichtsverfahren, da die nicht ausreichende Englischzensur die Versetzung gefährdet.

So könnte es weitergehen: In einem gründlichen Gespräch wird die Frage der Versetzung außergerichtlich geklärt, weil die Lehrerin nachweisen kann, daß sie in Protokollen für jeden Schüler die Leistungen im Mündlichen kontinuierlich durch eingeschobene Leistungsbeurteilungen festgehalten hat und die Schülerin mit Recht eine mangelhafte Leistung im Mündlichen erhielt. Den Ausschlag geben allerdings die Lehrpläne ihres Bundeslandes, aus denen das Primat der mündlichen Sprachbeherrschung abgeleitet werden kann. Genaue Kenntnisse der Lehrpläne haben der Kollegin in dieser wichtigen Frage geholfen.

Handlungsempfehlungen

1. Stellen Sie die Verbindung von Lehrplan und Ihrem Unterricht her, indem Sie den Lehrplan umzusetzen und ihm gleichzeitig auf der Basis Ihrer Praxis kritisch zu begegnen versuchen.

2. Nehmen Sie Einzelaspekte des Lehrplans genau zur Kenntnis, besonders im Bereich der Leistungsmessung und Zensurengebung.

3. Im Gespräch mit Eltern sind Zitate und Paraphrasen aus Lehrplänen vorzügliche Argumente, da die Lehrpläne den Charakter von Rechtsbestimmungen besitzen.

4. Ein gut funktionierendes Fachteam sollte einen Schullehrplan (Standortlehrplan) aufstellen, in dem die im Landeslehrplan vorgegebenen Ziele und Methoden konkretisiert werden. Auch führt die Entwicklung eines Schullehrplans zu projektorientierten Fachkonferenzen, gegenseitigen Hospitationen und kooperativen Arbeitsformen bei der Herstellung zusätzlicher Medien und informeller Tests.

Literaturhinweise

In jüngster Zeit sind grundlegende Arbeiten als historische Analysen und kritische Kommentare erschienen. Der erste Anstoß zur Lehrplanforschung erfolgte durch die Curriculum-Diskussion um 1970, die u. a. durch den raschen Wandel in Gesellschaft und Wissenschaft verursacht war und durch großen pädagogischen Optimismus mit hohem Erwartungshorizont mitgetragen wurde.

Heuer: *Curriculum Englisch,* 1972
Christ/Glaap: *„Richtlinien: Konzeptionen und Realisierungen“,* 1981
Neuner: *Lehrpläne und Lehrwerke für den Englischunterricht,* 1983
Zapp/Schröder: *Deutsche Lehrpläne für den Fremdsprachenunterricht 1900–1970,* 1983

5.3 Schulstufen und Schulformen

Problemfeld

Die Schulformen wandeln sich
Die Schulstufen (Primarstufe, Sekundarstufe I und Sekundarstufe II) sind scheinbar so selbstverständlich, daß über sie nicht gesprochen werden muß. Dennoch haben sie eine lange Entwicklungsgeschichte, die über die frühere **Volksschule** und das streng dreigegliederte Schulwesen (Hauptschule, Realschule, Gymnasium) im Sinne bildungsorganisatorischer Evolution verläuft. Die heutigen Schulformen im Bereich der Sekundarstufe I sind in ihren kooperativen Varianten fließend und rufen im Hinblick auf die Errichtung von **Orientierungsstufen, Förderstufen** und **Gesamtschulen** bildungspolitischen Dissens hervor. Die unterschiedlichen Formen der **berufsbildenden Schulen,** die alle der Sekundarstufe II zugeordnet werden, bilden eine von der englischen Fachdidaktik wenig untersuchte Schullandschaft. An dieser Stelle sollen die sich im Wandel befindlichen Schulformen nicht weiter behandelt werden, weil sie zu sehr der politischen Entscheidung und dem **föderalistischen Prinzip der Bildungspolitik** der einzelnen Bundesländer unterworfen sind. Statt dessen sollen die unterschiedlichen Anforderungen an unterschiedliche Schülergruppen gekennzeichnet werden.

Die Schüler unterscheiden sich
Die **leistungsstärkeren Schüler,** die sich vornehmlich im Gymnasium befinden, haben günstigere Lernvoraussetzungen als die leistungsschwächeren, die sich zum großen

Teil in der Hauptschule – und da besonders in den Grundkursen – befinden. Viele Gymnasialschüler sind unter Elterndruck von dem Wunsch getrieben, Schulversagen zu vermeiden, und deshalb zur kontinuierlichen Mitarbeit bereit. Sie können komplexe Sprache und Texte rascher aufnehmen und verarbeiten. Im schriftlichen Ausdruck können sie sich treffsicherer darstellen. Viele von ihnen haben Freude an der **analytischen Arbeit** für die Lösung detaillierter Verständnisaufgaben. Vor allem aber ist die Überlegenheit ihrer **Gedächtniskraft** und ihrer **Aufmerksamkeitsspanne** die Voraussetzung, um die anspruchsvolle Arbeit in der Gymnasialoberstufe absolvieren zu können.

Demgegenüber besitzen die **leistungsschwächeren Schüler** der Hauptschule eine nur begrenzte Behaltens- und Konzentrationsfähigkeit. Ihr Interesse muß ständig neu geweckt werden. **Anschaulichkeit und Konkretisierung** der Lerngegenstände sind erforderlich. Das **Lernen in kleinen Schritten** befähigt sie zu einer gewissen Sequentialität. Vor allem aber muß die situative Einbettung der Sprachgegenstände in Verbindung mit dem **Wechsel der Unterrichtsverfahren** gewährleistet sein. Die Anreicherung der Unterrichtsphasen durch Medien wirkt sich belebend aus. **Lebensalltag und Lebenswelt** müssen repräsentiert sein, damit fremdsprachliches Lernen als sinnvoll begriffen werden kann. Trotz der Unteilbarkeit der englischen Sprache und der fundamentalen menschlichen Lernprozesse ergibt sich somit eine Differenzierung sowohl der sprachlichen Lernziele als auch der vom Lehrer verwandten Methodik. Es ist die Aufgabe der Schule, die individuellen Begabungen der Schüler zu entwickeln.

Unterrichtswirklichkeit

Im folgenden soll gezeigt werden, wie eine schülerorientierte Behandlung des Ausgangstextes *"Roberto and Manuel"* (Klingmann u. a. 1978: 45–46) in unterschiedlichen Schulformen unterschiedliche Lehrverfahren voraussetzt. Die methodische Aufbereitung in der Hauptschule wird ausführlich beschrieben, da mehrere Unterrichtsverfahren sich auf andere Schulformen übertragen lassen. Für Realschule, Gymnasium, Gesamtschule und berufliche Schule werden deshalb die schulformspezifischen Anteile der Unterrichtsverfahren nur skizziert.

53 *Roberto and Manuel (Text ohne Absätze und Photos gesetzt)*
The sound of the plane got louder, and the Mexican boy tried to lie still in the dry grass. The sun was low, but it was still very hot. Roberto could feel the sweat run down from under his hat and across his neck. He carefully lifted his head a little and looked into the sun. He could not see the plane and he quickly put his head back down. Then the sound of the plane was very loud. It was right above him. It came back once more, then flew away into the sun. After waiting for a few minutes, Roberto stood up and looked at his younger cousin. Manuel had not moved since they had first heard the plane. He was still flat on the ground with his eyes closed. He held a cheap suitcase in one hand. Roberto opened a large plastic water container and took a drink. Then

he sat down again beside Manuel. "Manuel," Roberto said, "they did not see us. And if they did, so what? We're still in Mexico and the Border Patrol can't do anything." Manuel opened his eyes and then sat up. He reached for the water container and took a drink, too. "If they catch us they'll put us in jail for a long time," he said. "Manuelito, don't be a child. If they catch us they'll tell us not to cross the border again. Then they will buy us a bus ticket and send us back to Mexico. But if you are so frightened, you should stay here and hide in the grass. When I get to Los Angeles I will tell your older brother what a man you were. Let's go over to those trees and wait until it's dark." Roberto picked up the heavy water container and started walking towards the trees. After watching him for a minute, Manuel stood up and started running after him. They sat down near the top of a small hill with the water container between them. Along that part of the border there was a low metal cattle fence. While waiting they watched the red ants which were crawling on the ground between them. Roberto picked up a small stick, and put it in front of them. The ants stopped for a minute, and then went over the stick. "As soon as it's dark, we'll go over the fence," Roberto said. "I'll go first with the suitcase. You bring the container, and I'll help you to get it over the fence. Try to sleep now. I'll stay awake and watch for the Border Patrol." A few hours later it was cold and dark. "It's time to cross," Roberto whispered. Manuel woke up. Roberto started walking down the hill towards the fence. Manuel heard the noise of his boots for a while, then everything was completely quiet again. He stood up and lifted the heavy water container. Half way down the hill he started to run. Suddenly he hit his face on a steel fence post. He dropped the water container. In his panic to climb the fence he forgot to pick it up again. As soon as he was over he started running again, and called his cousin's name. "Manuel, over here!" Manuel ran towards the sound. "Where's the water container, Manuel?" "It was too heavy to get over the fence." Roberto said nothing. They waited for about fifteen minutes in silence, but everything was quiet. Roberto gave the suitcase to Manuel, and they started walking. After an hour Manuel had forgotten his fear. "The water tasted bad," he said to himself." We didn't need it." They came to a road and started walking along the side. Whenever a car came past they tried to hide. After a while they stopped worrying and just walked on as the headlights came past. Later Roberto turned whenever he heard a car and stuck out his thumb. "Why walk when we can ride?" he said. Finally a car slowed down and stopped at the side of the road in front of them. The boys ran towards it, and while running Roberto yelled, "Nobody walks in America." They jumped in the back seat and looked at the driver. He looked like a Mexican, but he was wearing a US Border Patrol uniform. "Sorry, kids," he said, "but you've walked far enough for one night." He turned the car and started back down the road. On the floor, between the cousins, was their plastic water container. (Verf.: D. Stevenson)

Hauptschule
In der Vortextphase trägt das Erarbeiten des neuen Wortschatzes zur Entlastung des Textes bei *(Mexico, Mexican, border, border patrol, fence, water container).* Die landeskundlichen Lernziele werden auf die beiden mexikanischen Handlungsträger Roberto und Manuel bezogen. Das Prinzip der landeskundlichen Personalisierung weckt Interesse an dem Text. Die Textdarbietung erfolgt unter Anwendung des Prinzips des Wechsels der Verfahren. Im ersten Teil der Textphase „liest" der Lehrer bei geöffneten Büchern. Im zweiten Teil verzichten die Schüler auf die unterstützende Funktion des Schriftbildes und konzentrieren sich auf die mündliche Darbietung. Im dritten Teil wird die Kassette eingesetzt. Sehr wichtig bei der Textdarbietung ist des weiteren die Textaufbereitung in zwei Hälften, die in zwei aufeinanderfolgenden Stunden dargeboten werden. Auf die erste Hälfte könnte in Grundkursen verzichtet werden, weil der Handlungsknoten und die Zuspitzung der dramatischen Situation sich im zweiten Teil befinden. Bei der Textdarbietung in Grundkursen kann der Lehrer die Sätze verkürzen und lexikalisch und grammatisch vereinfachen. Dazu bedarf er allerdings großer sprachlicher Sicherheit.

Ein wichtiges Verfahren für die Aufrechterhaltung der Aufmerksamkeit ist die Aktivierung der Schüler beim Zuhören. Motivation und Aufmerksamkeitsspanne sind so gering, daß über einen längeren Zeitraum bloßes Zuhören zu Passivität und Ablenkung führt. Ein Mittel zum Wecken der Aktivität der Schüler besteht in der Aufgabe, jeweils ein *key word* in den einzelnen Abschnitten des Textes zu entdecken. Die Konzentration auf dieses Schlüsselwort führt die Schüler zur größeren semantisch motivierten Aufmerksamkeit. Wenn der Lehrer die von den Schülern genannten Wörter an die Tafel schreibt, nehmen die Schüler ihre Tätigkeit besonders ernst. Ein weiteres Verfahren der Darbietung besteht darin, daß die Schüler die Sätze in direkter Rede wiederholen. Der Text bietet eine günstige Voraussetzung für kurze, die Handlung in direkter Rede wiedergebende Äußerungen. Dramatisches Vorlesen mit variierender Stimme bringt den Text auch weniger interessierten Schülern nahe.

Die Auswertung des Textes sollte nicht zu lange dauern und darf auf keinen Fall zur Informationssättigung und Monotonie führen. Das Unterrichtsprinzip, daß lernschwächere Schüler verstärkt zur rezeptiven Kompetenz hingeführt werden sollen, darf nur zu einer kurzen Reproduktionsphase führen, in der die elementaren Kategorien *people, place, plot* und *problem* angesprochen werden. In leistungsstärkeren Kursen der Hauptschule kann eine Wiedergabe der Handlung aufgrund der an der Tafel fixierten Schlüsselwörter erfolgen.

Demgegenüber müssen in Grundkursen die Anforderungen erheblich gesenkt werden, wenn die weitere Mitarbeit gewährleistet werden soll. Die Schüler sind durchaus in der Lage, zu jedem Schlüsselwort einen kontextuell sinnvollen Satz zu bilden und damit zu einer Vorstufe der Textreproduktion zu gelangen. Ein anderes sicheres Verfahren ist die Textrekonstruktion durch Zusammenfassung in Form vorformulierter Sätze. Mit Hilfe des Tageslichtschreibers, dessen Einsatz für eine erneute Interessenweckung sorgt, wird die Erzählung auf ungefähr sechs bis acht Sätze reduziert, die der Lehrer auf Folie geschrieben hat. Die Folie wird satzweise zerschnitten. Die durcheinandergewürfelten Sätze *(scrambled sentences)* werden projiziert. Die Instruktion, am Tageslichtschreiber die Sätze im Sinne der Handlungslogik in die richtige Reihenfolge zu bringen, motiviert die Schüler beachtlich. Anschließend lesen sie die von ihnen selbst erarbeitete elementarisierte Neugestaltung der Geschichte laut vor. Durch die Verwendung einfacher Sprache in der Rekonstruktion ist ein einigermaßen fehlerfreies Lesen gewährleistet. Der Einsatz des Verfahrens, daß die Mitschüler bei gröblicher Fehlaussprache unter Verwendung des Ausdrucks *Excuse me, please* eine Korrektur anmelden können, führt sie zum gegenseitigen Hinhören und zur gemeinsamen Aufgabe, die von ihnen „gestaltete" Erzählung richtig zu präsentieren.

Realschule
Lexikalische Vorentlastung des Textes und Textpräsentation laufen ähnlich wie im oberen Fachleistungskurs der Hauptschule ab. Das Arbeitstempo ist dabei etwas zu beschleunigen. Statt der Aufgabe, Schlüsselwörter zu finden, können den Schülern auch Leitfragen vorgelegt werden, die mit Hilfe der Information aus dem Text beantwortet werden. Eine Frage-Antwort-Phase und Textwiedergabe schließen sich an. Die Textauswertung erfolgt ausführlicher als in der Hauptschule. Der neue Wortschatz – bis in den Bereich der Landeskunde – und ausgewählte syntaktische Erscheinungen werden kontextuell geübt und auf ihre Verwendungszusammenhänge transferiert.

Gymnasium
In der Vortextphase wird das Problem der Auswanderung nach Amerika in historischer Perspektive behandelt. Die Namen von Völkern und Sprachen werden systematisch erfaßt. Die landeskundliche Information kann bis zu einigen wichtigen Merkmalen der Immigrationsgesetzgebung der USA führen. Die Textphase rollt zügig ab. Entweder wird der Text vom Tonband oder vom Lehrer bei geschlossenen Büchern dargeboten. Das Hörverstehen kann im Hinblick auf die nicht allzu hohe Textschwierigkeit im Mittelpunkt der Textphase stehen. Wenn der Text als Lesetext angeboten wird, ist ein begrenztes Zeitlimit für das stille Lesen festzusetzen. Im übrigen verläuft die Textauswertung wie in der Realschule, wobei die grammatischen und lexikalischen Lernziele weiter vertieft werden. Erste Überlegungen zur Textform und zu den textkonstituierenden Sprach- und Stilmitteln können angestellt werden, so daß die Textarbeit der gymnasialen Oberstufe schon auf der Mittelstufe vorbereitet wird.

Gesamtschule
Die Erarbeitung des vorliegenden Textes in der Gesamtschule hängt vom jeweiligen Differenzierungssystem und der entsprechenden Fachleistungsgruppe ab. Generell kommen die für die unterschiedlichen Schulformen behandelten Verfahren in Betracht. Wenn nur zwei Lerngruppen gebildet werden, müssen die Verfahren in binnendifferenzierenden Abstufungen angewendet werden. Besondere Aufmerksamkeit wird der lerngruppenspezifischen Methodik vor den Übergängen in die allge-

meinbildenden und berufsbildenden Schulen (gymnasiale und berufliche Formen der Sekundarstufe II) gewidmet.

Berufliche Schulen

Der vorliegende Lehrwerktext kann auch in einigen Typen des berufsbildenden Schulwesens behandelt werden, wie z. B. in Berufsgrundschule, Berufsfachschule und allen Typen, die zur Fachoberschulreife führen. Für die zur Fachhochschulreife führenden Schultypen wie Höhere Handelsschule und Fachoberschule (Typ Wirtschaft) gelten für den Textbereich allerdings Kriterien, die neben einer anspruchsvollen Textualität einen starken landeskundlichen Bezug verlangen, besonders in Richtung Sozial- und Wirtschaftswissenschaft und Handelskorrespondenz.

Handlungsempfehlungen

1. Wichtig ist eine den Schulstufen angemessene, schülerorientierte Unterrichtsmethodik. Denken Sie an den schmalen Grat, der zwischen Überforderung und Unterforderung liegt.

2. Fremdsprachenalter und biologisches Alter laufen auseinander. Versuchen Sie, ältere Schüler mit ihnen angemessenen Stoffen zu konfrontieren, auch wenn die sprachlichen Voraussetzungen nicht gegeben sind und die Texte entsprechend vereinfacht werden müssen.

3. Der in methodischer Hinsicht schwierigste Unterricht ist der der Hauptschule, besonders in ihren Grundkursen. Dort erworbene Verfahren, besonders im Hinblick auf Medieneinsatz und Situativierung, lassen sich unter entsprechender Verdichtung in allen anderen Schulformen zum Nutzen der Schüler einsetzen.

4. Spezifisch gymnasiale Voraussetzungen, wie z. B. Motivierungsstärke und Konzentrationskapazität, sind nicht bei leistungsschwächeren Schülern vorauszusetzen. Einen Wechsel in der Schulform müssen Sie mit einem Wechsel der von Ihnen verwandten Techniken und Verfahren begleiten.

5. Das Methodenrepertoire muß für den Englischunterricht an der Gesamtschule und der berufsbildenden Schule das größte sein, damit man den verschiedenen Leistungsdispositionen und Lernansprüchen gerecht werden kann.

6. Im Volkshochschulbereich sollte wegen der Probleme der extremen Heterogenität und des Teilnehmerschwundes das Prinzip der „momentanen Bedürfnislage" befolgt werden.

Literaturhinweise

Die Literatur zu Schulstufen und Schulformen ist kurzlebig und insbesondere dann schnell veraltet, wenn sie aktuelle Berichte oder bildungspolitische Ziele zum Inhalt hat. Aber sie hat als historische Dokumentation große Bedeutung, wenn sie in Publikationen zur Geschichte des Englischunterrichts und zur Untersuchung des

Einflusses von Bildungspolitik auf Ziele und Verfahren der Fremdsprachenfächer systematisch und über größere Zeiträume hinweg zusammengefaßt wird.

Sauer: *Fremdsprachen in der Volksschule,* 1968
Lohmann: *Englischer Anfangsunterricht,* 1969
Edener: *„Die Konzeption von Lehrplänen“,* 1973
Gallert: *„Curricula der Bundesländer“,* 1980
Schröder: *Geschichte des Fremdsprachenunterrichts,* 1980

5.4 Differenzierung

Problemfeld

Der Begriff Differenzierung hat mehrere Bedeutungen, die im Sinne von Unterscheidung und Verfeinerung bis hin zu Struktursystemen schulischer und unterrichtlicher Organisation reichen. Zu differenzieren bedeutet, zu stufen und nach Kriterien zu gliedern. Die gegenläufige Bewegung ist die Integration.

Das Politikum von Integrierung und Differenzierung
Die **äußere Differenzierung** im Sinne von Fachleistungsgruppierung bezieht sich auf curriculare Kategorien. Die Differenzierung in Jahrgangsgruppen mit Schülern unterschiedlicher Fachleistungen übt insofern eine langfristige Wirkung aus, als durch Gruppenzuweisungen unterschiedliche Schullaufbahnen eingeleitet und künftige Berufschancen vermehrt oder vermindert werden können.

Ein Beispiel eines integrierten und zugleich differenzierten Schulsystems ist die frühere **Landschule,** die alle oder mehrere Jahrgangsstufen in einer Klasse vereinigte. Auch die heutige **Gesamtschule,** die Unterricht für alle Leistungsspektren in allen Fächern und Jahrgangsstufen anbietet, ist gleichzeitig integriert und differenziert.

„Durchlässigkeit zwischen den Gruppen“ nur auf dem Papier?
Wenn innerhalb eines Jahrgangs in Form unterschiedlicher Lernziele und Leistungsansprüche differenziert wird, bleibt das gemeinsame **Fundamentum** für alle Gruppen weitgehend ein theoretisches Prinzip. Das **Additivum,** das für die lernstärkeren Gruppen in Frage kommt, wirkt auf das Fundamentum zurück und verändert es langsam, aber sicher, so daß die **Durchlässigkeit** zwischen den Fachleistungsgruppen zunehmend geringer wird.

Alle Macht der Binnendifferenzierung!
Neben der äußeren Differenzierung als Organisationskriterium der Gruppenzusammensetzung gibt es die **innere Differenzierung,** auch **Binnendifferenzierung** genannt. In ihrem Sinne versucht der Lehrer, die unterschiedlichen Begabungen innerhalb einer Gruppe oder Klasse adressatenbezogen, d. h. nach individuellem Leistungsstand, anzusprechen und zu fördern.

Im Rahmen der Unterrichtsplanung ließe sich auch von einer Differenzierung der Lernziele und der für sie erforderlichen Fertigkeiten sprechen. Das Zusammenspiel von Differenzierung der Lernziele und Differenzierung der Schüler ist ein ideales Unterrichtsmodell, das lernerbezogen und lernzieladäquat Kriterien für den Klassenunterricht sowie für die Gruppen-, Partner- und Einzelarbeit bereitstellt.

Unterrichtswirklichkeit

54 Im 7. Schuljahr einer Gesamtschule zeigt der Englischunterricht folgende Merkmale: Äußere Differenzierung mit zwei Fachleistungsgruppen; Leistungsmessung weitgehend objektiviert durch informelle Tests; halbjährlich eine Auf- oder Abstufung in die höhere oder niedrigere Leistungsgruppe.

Ein solches System folgt der Theorie der Zusammenführung und Integration aller Schüler eines Jahrgangs auf der Grundlage von Kursunterricht. Englischunterricht bedeutet Kursunterricht, der nach einer ausgeklügelten Differenzierungsorganisation abläuft. Wegen der permanenten Zuweisung in neue Fachleistungsgruppen spielt der scheinbar objektive schriftliche Test informeller Art eine große Rolle. Die langfristigen Auswirkungen dieser Organisationsstruktur sind jedoch psychologisch negativ. Die Schüler wachsen in eine latente „Testeritis" hinein. Es fehlt ihnen die „Nestwärme". Das Arbeits- und Sozialklima in der Jahrgangsstufe wird rauh. Bei einigen Absteigern entsteht das Gefühl, „verschoben" zu werden, und in der Tat läßt sich eine letzte Gerechtigkeit für die Zuweisung nicht gewährleisten.

55 Der Englischunterricht im 7. Schuljahr eines Gymnasiums kann mit folgenden Stichworten charakterisiert werden: keine äußere Differenzierung, keine Gruppenarbeit, weitgehend mündlicher Frontalunterricht, Einzelarbeit bei Klassenarbeiten.

Die Form dieses Unterrichts ist weit verbreitet. Ein erfahrener Englischlehrer kann eine so unterrichtete Klasse zu beachtlichen Leistungen führen, ohne daß ein egoistisches Wettbewerbsverhalten oder ein gestörtes Arbeitsverhältnis entsteht. Da die Lehrkraft nicht im Sinne einer durchdachten binnendifferenzierenden Methodik unterrichtet, entsteht eine „Leistungshierarchie" unter den Schülern. Diese Untergruppen können sich durch gleiche Merkmale des sozio-kulturellen Status und des Freizeitverhaltens weiterhin verfestigen. Im ungünstigen Falle entstehen tonangebende Cliquen. Schulverdrossene und oppositionell eingestellte Cliquen können den Unterricht erheblich störanfällig machen, wenn die Lehrkraft nicht für die Bedürfnisse der Schüler und ihre Gruppenbildungen Wahrnehmungsfähigkeit und Verständnis besitzt.

Handlungsempfehlungen

1. Bewerten Sie die äußere Differenzierung daraufhin, inwieweit sie ihre Funktion für die Bildung arbeitsfähiger Fachleistungsgruppen und für die optimale Förderung aller Schüler erfüllt.

2. Festgefügte Gruppen besitzen eine größere Stabilität, führen aber auch zu Formen stärkerer sozialer Kontrolle, die sich nachteilig für schwächere Schüler auswirken können. Achten Sie auf die „unsichtbaren“ Gruppenbildungen der Schüler.

3. Eine gute Binnendifferenzierung erreichen Sie, wenn Sie Arbeitsformen unterhalb des Gesamtklassen- bzw. Frontalunterrichts finden. Dabei differenzieren Sie im Hinblick auf das Lerntempo (z. B. mehr Aufgaben für schnelle Schüler; Bildung von Arbeitsgruppen, in denen schnelle Lerner den langsamen helfen), im Hinblick auf den Schwierigkeitsgrad (z. B. Arbeitsblätter mit Zusatzaufgaben für starke Schüler, unterschiedlich formulierte Hausaufgaben, gestaffelte Verständnisfragen bei der Textarbeit) und im Hinblick auf den Lernweg (z. B. unterschiedlicher Medieneinsatz, Mitleseverfahren bei Hörtexten, visuelle Hilfen für schwächere Schüler). In kooperativ eingestellten Klassen bewährt sich das Prinzip des *peer teaching:* Leistungsstarke Schüler übernehmen in heterogen zusammengesetzten Gruppen die Lehrerrolle.

4. In Klassen, die durch einen starken Leistungswettbewerb gekennzeichnet sind, sollten Sie versuchen, durch binnendifferenzierende Maßnahmen und methodische Flexibilität den schwachen Schülern Erfolgserlebnisse zu verschaffen. Am besten eignen sich dazu Aktivitäten, in denen der Erfolg nicht allein vom Sprachkönnen abhängt, sondern ein Zufallselement enthalten ist, wie z. B. in Lernspielen. Auch solche Aufgaben sind günstig, für deren Lösung die Schüler ausreichend Zeit und Hilfsmittel zur Verfügung haben, wie bei der Gestaltung von Folien und Plakaten, der Erstellung von Kurzreferaten oder dem Schreiben von Briefen.

5. Die Durchführung von binnendifferenzierenden Maßnahmen ist für Sie im allgemeinen mit Mehrarbeit verbunden, da Sie Übungsunterlagen für die verschiedenen Leistungsansprüche herstellen und den Unterricht detailliert und flexibel planen müssen. In der Phase des lehrwerksbezogenen Unterrichts der Sekundarstufe I wird Ihnen ein Teil der Arbeit durch die Angebote des Lehrwerksystems (*Workbook,* Medien etc.) abgenommen. Eine weitere Arbeitserleichterung bringt die Zusammenarbeit mit Kollegen der gleichen Stufe.

Literaturhinweise

Die bildungspolitisch inspirierte Literatur zur Fachleistungsdifferenzierung weitete sich mit der Bildung der neuen Hauptschule in den späten sechziger Jahren und der Gründung von Gesamtschulen (frühe siebziger Jahre) erheblich aus.

Yates: *Grouping in Education,* 1966
Nuhn: *„Modelle äußerer und innerer Differenzierung“,* 1977
Schwerdtfeger: *Gruppenarbeit im Fremdsprachenunterricht,* 1977
Rautenhaus: *Der lernschwache Englischschüler,* 1978
Mottok: *Operative Differenzierung,* 1983

5.5 Schulbibliothek und Mediensammlung

Problemfeld

Wenn Sie den Dienst an einer neuen Schule beginnen, werden Sie sich darüber informieren, welche Bücher, Zeitschriften, Materialien, technische Medien und zugehörige *Software,* d. h. Tonbänder, Videobänder, Kassetten, Dias, Filme und Folien, an Ihrer Schule vorhanden sind. Umfang und Aufbau von Schulbibliotheken und Mediensammlungen können von Schule zu Schule höchst unterschiedlich ausfallen. Ebenso vielfältig sind die Organisationsformen der Benutzung. Sie müssen also herausfinden, wer der jeweils Verantwortliche für die Sammlung ist und wie die Ausleihe gehandhabt wird. Der die Mediensammlung betreuende Lehrer kann Ihnen bei Bedarf die Bedienung der einzelnen Geräte erläutern. Seien Sie nicht enttäuscht, wenn Sie in Schulbibliothek und Mediensammlung nur ältere Veröffentlichungen und Materialien vorfinden. Auch mit diesen können Sie Ihren Englischunterricht bereichern:

Medien, Materialien	Verwendungszwecke
Flanelltafel, Magnettafel	dazu Figuren aus Karton mit hinterklebtem Haftmaterial, vielfältig einsetzbar im Grammatik- und Wortschatzunterricht der ersten Lernjahre
ältere Lehrbücher	Ideen für zusätzliche Übungen, Material für Lesetexte, evtl. gute Illustrationen
Begleitmaterialien zu nicht mehr verwendeten Lehrwerken	*Workbooks:* Anregungen für zusätzliche Übungen oder Klassenarbeiten *Tonbänder:* Hörverstehensübungen *Folien:* Material für Sprechübungen, Spiele, Wettbewerbe und Stillarbeit *Flash Cards:* Materialien für Übungen und Spiele
Wandbilder	Grundlage für Wortschatzübungen und -spiele
Diaserien, Filme	Ergänzung des Landeskunde-Unterrichts, Beschreibungsübungen, selbständige Schülervorträge

Vielleicht finden Sie Interesse daran, sich intensiver um die Betreuung der Fachbücherei und/oder der Mediensammlung zu kümmern. In diesem Fall gibt es zwei Hauptaufgaben: Pflege und Erhalt des Bestandes einerseits und den Ausbau durch Neuanschaffungen andererseits. Letzteres wird vor allen Dingen durch die Ihnen zur Verfügung stehenden Mittel und die Wünsche Ihrer Fachkollegen bestimmt. Die folgende Aufstellung vermittelt einen Überblick über die notwendigen und wünschenswerten Bestände.

	Mediensammlung	Fachbücherei
Dies muß vorhanden sein:	**Hardware:** tragbare Kassettenrecorder, Tageslichtschreiber, Fernsehapparat, Tonbandgerät, Filmprojektor, Diaprojektor **Software:** lehrwerkbegleitende Tonbänder bzw. Kassetten, lehrwerkbegleitendes Foliensystem, landeskundliche Diaserien, Schallplatten bzw. Kassetten mit englischen Liedern, Informationen zum laufenden Schulfunk- und Fernsehprogramm, Kataloge der Landesbildstelle und des FWU München	**Lehrerbücherei:** moderne Nachschlagewerke (verschiedene Wörterbücher, Lexika, Grammatiken, Literaturgeschichte), Anthologien, methodische Handbücher, Liedersammlung, Spielesammlung, eine Fachzeitschrift im Abonnement **Schülerbücherei:** Lektüren für alle Lernstufen, Schüler-Wörterbücher, Grammatiken, *Workbooks,* Spielmaterialien (z. B. Quartette, Brettspiele)
Dies sollte vorhanden sein:	**Hardware:** Plattenspieler, Sprachlabor, Videorecorder, Epidiaskop, Flanelltafel, Magnettafel **Software:** Schallplatten mit literarischen Aufnahmen (Dramen, Lyrik, Prosa), Übungsprogramme auf Tonband/Kassette zur Grammatik, Foliensammlung zum lehrwerkunabhängigen Unterricht, Wandbilder, *Flash Cards,* Haftfiguren	**Lehrerbücherei:** eine englische und/oder amerikanische Zeitung/ Zeitschrift im Abonnement, weitere Nachschlagewerke zu Sprache, Literatur und Landeskunde der Zielländer, methodische Hilfen zu Einzelaspekten des Englischunterrichts, eine weitere Fachzeitschrift, Textsammlungen zu unterschiedlichen Themen und Stufen **Schülerbücherei:** Kinder- und Sachbücher aus den Zielländern, Sprachlernzeitschriften, Materialien zum Rollenspiel, Textsammlungen für Sketche
Dies können Sie ebenfalls für Ihren Englischunterricht verwenden:	**Hardware:** Videokamera, Filmkamera **Software:** Handpuppen, Schallplatten mit Geräuscheffekten	**Lehrerbücherei:** allgemein-didaktische Literatur zu methodischen Fragen **Schülerbücherei:** Schulbücher aus den Zielländern, Jugendzeitschriften aus den Zielländern, Liederbücher

Die Lehrer- und Schülerbibliotheken und die fachbezogene Mediensammlung lassen sich jedoch nicht nur durch Neuanschaffungen ausbauen. Auch die Lehrer selbst können in Eigentätigkeit viel für die Erweiterung des Materialangebots tun:

- **Besuchen Sie die großen didaktischen Ausstellungen** (DIDACTA, Interschul) oder **Fachkongresse** (FMF, Fachdidaktikertagung, GAL) und informieren Sie sich dort über das Angebot der Verlage. Wenn Sie sich in den Verteiler einzelner Verlage aufnehmen lassen, erhalten Sie zudem regelmäßige Informationen über Neuerscheinungen. Auch englische Verlage bieten diesen Dienst.
- In England erscheint zudem drei- bis viermal jährlich eine **kommentierte Zusammenstellung aller einschlägigen** und in England erhältlichen **Neuerscheinungen für den Englischunterricht** unter dem Titel *ELT update,* die im Abonnement bezogen werden kann (Bezugsadresse: *English Language Teaching Information Service* (ELTIS), DELTA, 66 York Road, Weybridge, Surrey KT13 9ET, England). Von

derselben Organisation wird dazu ein Jahresverzeichnis herausgegeben, das alle Veröffentlichungen für den Englischunterricht nach Sachgebieten geordnet und mit Preisen sowie genauen bibliographischen Angaben enthält *("The 1985/1986 Complete Guide to E.L.T. Materials")*.

- Nutzen Sie das Angebot der Verlage, **Frei- oder Ansichtsexemplare** von Lehrwerken, Lektüren und Unterrichtsmaterialien zu erhalten.
- **Richten Sie eine "materials box" ein,** für die Sie Beiträge von allen Kollegen und Bekannten erbitten, die ins englischsprachige Ausland reisen. Neben mitgebrachten Zeitungen, Zeitschriften, Ansichtskarten, Stadtplänen, Fahrkarten u. a. kann diese *box* auch „Verbrauchsmaterial" wie einfache Kreuzworträtsel, Notizbücher oder Bierdeckel enthalten. Viele britische und amerikanische Firmen und Organisationen geben kostenlos Bild- und Textmaterialien ab, die im Englischunterricht Verwendung finden können. Adressenlisten dazu finden sich in Wright: *Visual Materials for the Language Teacher,* 1976; *Treasure Chest for Teachers,* 1980 (jährlich); Bowen: *Look Here!,* 1982.
- Wenn an Ihrer Schule Lehramtsanwärter ausgebildet werden, kann es sich lohnen, einen **Ordner mit ausgearbeiteten Unterrichtsstunden** anzulegen, der dann als Nachschlagewerk für alle Fachkollegen dient. Zusätzlich empfiehlt sich die Zusammenstellung von Fach-Ideen für Vertretungsstunden. Auch eine Sammlung der in jeder Klassenstufe geschriebenen Klassenarbeiten kann jüngeren Kollegen helfen, selbst solche Arbeiten zu entwickeln.

Literaturhinweise

Zu Fragen der Bücher und Mediensammlungen gibt es eine große Fülle unveröffentlichter, schulinterner Papiere. Diese wichtige „graue Literatur" ist noch nicht ausgewertet worden, so daß die wenigen verlagsmäßig publizierten Titel stärker im Bereich der Postulate liegen, als daß sie die tatsächliche Lage beschreiben und bewerten. Auch ist es außerordentlich schwer, eine Empfehlungsliste für den Aufbau von Bibliotheken und Mediotheken zu erstellen, da eine Einigung kaum zu erreichen ist.

Haenicke: *„Schulbibliothek"*, 1977
Pötter: *Schulmediotheken,* 1978
Hiddemann: *„Wörterbuch"*, 1980

6. Teile und Schichten einer Englischstunde

> ❞ Die Stunde muß eine ‚Idee' haben, sie muß ein kleines spannendes Drama in mehreren Akten und Szenen sein. Wie viele Entscheidungen müssen in 45 Unterrichtsminuten gefällt werden? ❝

6.1 Stundenplanung

Problemfeld

Über die Notwendigkeit der ausführlichen Vorplanung des Unterrichts bestehen sehr unterschiedliche Ansichten. Zum einen bildet das Erstellen von detaillierten Unterrichtsentwürfen eine der zeitlich aufwendigsten Tätigkeiten von Lehramtsanwärtern, zum anderen verführt die häufig geäußerte Meinung, Sternstunden seien meistens die ungeplanten gewesen, dazu, methodisch-didaktische Vorüberlegungen größeren Ausmaßes nur in einem Anfangsstadium des Lehrerberufs für unabdingbar zu halten. Sicher ist es für jeden Lehrer wichtig, sich Gedanken über seinen Unterricht zu machen; umstritten ist jedoch – bei Praktikern und Erziehungswissenschaftlern gleichermaßen – in welcher Form und Ausführlichkeit dies zu geschehen hat. Den vielen in einschlägigen Veröffentlichungen der allgemeinen und Fachdidaktik beschriebenen Rastern soll hier kein neues hinzugefügt werden, erwähnt seien vielmehr einige **Leitprinzipien der Stundenplanung.**

Langfristige Planung
Im schulischen Fremdsprachenunterricht kann sich ein Lernerfolg nur dann einstellen, wenn Strukturen und Vokabeln regelmäßig umgewälzt und erweitert werden. Zwar ist dies im Sinne einer **zyklischen Progression** bereits in der Struktur der meisten neueren **Lehrwerke** angelegt, doch erübrigt sich dadurch nicht die auf eine Lerngruppe bezogene Planung. Erst der Blick über mehrere Wochen zurück (Wurde XY wirklich ausreichend geübt? Wann wurde YZ eingeführt? War XZ schon dran?) und in die Zukunft (Ist eine Wiederholung von XX geplant? Wann taucht das Sachfeld abc auf? Muß es vorgezogen werden?) erlaubt den Lehrern die für die jeweilige Klasse notwendigen kurzfristigen Änderungen der **Jahresplanung.** Auch bei der gemeinsamen Aufstellung eines Halbjahres- oder Jahresplans unter den Fachkollegen sollte darauf geachtet werden, daß genügend Spielraum zur Anpassung an Lern- und Übungsbedürfnisse einzelner Lerngruppen bleibt.

Stunden planen, nicht verplanen
Besonders Anfänger verfallen leicht in den Fehler zu glauben, eine minutiöse **Vorstrukturierung des Stundenverlaufs** garantiere bereits den Erfolg. Bei der Umsetzung ihrer Planung beharren sie dann oft auf der am Schreibtisch ausgeklügelten Zeiteinteilung und können dadurch viele wertvolle Impulse der Schüler nicht nutzen, die zu einem (zeitweiligen) Verlassen des Konzepts führen würden. Die methodische Sicherheit, solche sich im Stundenverlauf ergebenden Anregungen spontan aufzugreifen und in den eigenen Unterrichtsplan flexibel einzubauen, kann sich erst im Laufe der Lehrertätigkeit voll entwickeln; sie bedarf aber des Trainings von Anbeginn an. Bevor diese Sicherheit erreicht ist, können Unterrichtsstunden so geplant werden, daß sie nicht-veränderliche und flexible Phasen enthalten; letztere würden bei Bedarf und Gelegenheit umgestaltet. Günstigerweise sind die feststehenden Unterrichtsabschnitte diejenigen, in denen dem Unterrichtenden noch die Erfahrung zum Improvisieren fehlt. Auf diese Weise können Berufsanfänger nach und nach **methodische Teilfertigkeiten** festigen, ohne daß dies zu starren Stundenabläufen führen muß.

Netzwerk Unterricht
Eine der Standardaussagen zum Unterricht, die je nach Temperament und Absicht eines Autors beschwörend, entschuldigend oder einschüchternd erscheint, ist der Hinweis auf die **Komplexität des Unterrichtsgeschehens.** Natürlich ist es so, daß in jeder Unterrichtsstunde verschiedene Ebenen und Faktoren zusammentreffen, die den Ablauf der Stunde beeinflussen, seien es äußere Umstände wie Wetter und Raumbeschaffenheit oder innere Aspekte wie das persönliche Verhältnis zwischen Lehrer/in und Schülern. Dennoch sind erfahrene Lehrer zumeist in der Lage, auf alle diese Bedingungen innerhalb einer Stunde angemessen zu reagieren, indem sie ihre Planung flexibel handhaben. Berufsanfänger können nur selten abschätzen, wann ein Verlassen des vorgesehenen Unterrichtsweges notwendig ist. Mitbestimmend für diese Entscheidung ist jedoch nicht nur die tatsächlich im Klassenraum vorgefundene Situation und Stimmung, sondern auch die Qualität der Planung. Sollte sich während der Stunde herausstellen, daß die Arbeitsformen zu gleichartig oder die Übungsphasen zu kurz angesetzt wurden (beides häufige Merkmale von Anfängerstunden), so ist eine Umstellung des Stundenverlaufs, sofern der/die betreffende Lehrer/in sich das zutraut, zumindest aber eine nachbereitende Notiz zur Vermeidung ähnlicher Fehler angebracht.

Eine wichtige Erkenntnis, deren zufriedenstellende praktische Umsetzung viel Beobachtung und Fingerspitzengefühl erfordert, liegt darin, daß jede Unterrichtshandlung andere Unterrichtshandlungen beeinflußt. Wie Schachspieler müssen auch Lehrer abwägen, welche positiven und negativen Konsequenzen ihr Handeln mit sich bringen kann. Eine wohldurchdachte und die verschiedenen Ebenen (z. B. kognitive, affektive, motorische, organisatorische) berücksichtigende Stundenplanung ist in diesem Zusammenhang nicht nur eine Stütze, sondern wirkt auch derart, daß radikale Umstellungen einer Stunde nur in Ausnahmefällen erforderlich sind.

Handlungsempfehlungen

1. Entwickeln Sie Ihr eigenes Verfahren der Unterrichtsvorbereitung, indem Sie bekannte Muster abwandeln. Unabhängig von der Form der schriftlichen Fixierung Ihrer Planung sollten Stundenentwürfe zumindest stichpunktartig folgende Fragen beantworten:
   a) Was will ich in der Stunde durchnehmen? Warum? (Inhalt)
   b) Was sollen die Schüler am Ende der Stunde gelernt haben? (Lernziele)
   c) Wie vermittele ich das? Welche Materialien und Medien setze ich ein? Welche Arbeitsformen eignen sich zur Stoffdarbietung? (Methoden und Medien)
   d) Wie gliedere ich die Stunde? Wo gibt es Schaltstellen, Möglichkeiten zur spontanen Abänderung? (Phasenstruktur)
2. Die Ausgangspunkte Ihrer Planung können allen der vier genannten Bereiche entnommen sein, z. B. (Inhalt:) ein interessanter Text, (Ziel:) die Bewußtmachung und Einübung einer grammatischen Struktur, (Methoden und Medien:) eine neue Übungsform oder ein Satz *Flash Cards,* (Phasen:) das Gefühl, daß bestimmte Arbeitsabläufe wieder aufgegriffen werden sollten. Die Formulierung der Lernziele muß daher nicht unbedingt am Anfang Ihrer Überlegungen stehen, wie das in der zweiten Phase der Lehrerausbildung oft gefordert wird.
3. Versuchen Sie sich Ihrer eigenen Leitvorstellungen für die Planung und Durchführung von Englischunterricht bewußt zu werden. Überprüfen Sie diese kritisch anhand einschlägiger Literatur und der Beobachtung Ihres eigenen Unterrichts. Die unterschiedlichen Ebenen des Unterrichts sollten bei der Planung berücksichtigt werden. Wenn es Ihnen vor allen Dingen auf eine gute Klassenatmosphäre und ein persönliches Verhältnis zu Ihren Schülern ankommt, sollten Sie nicht übersehen, daß eine gute Lernorganisation des Unterrichts auch dazu beitragen kann. Konzentrieren Sie sich jedoch stärker auf die ausgefeilte Planung des kognitiven Lerngeschehens, so bedenken Sie, daß Humor und Wärme Lernbereitschaft und Lernvermögen steigern können und „Zwischenspiele“ keine Zeitvergeudung sind.
4. Planen Sie Ihren Unterricht in längeren sach- oder themenbezogenen Abschnitten. Jede Einzelstunde erhält dann ihren Platz im Gesamtkonzept. Ihr Spielraum für flexibles Verhalten kann sich dadurch ebenso erweitern wie die Möglichkeit Ihrer Schüler, an der Planung kooperativ oder anregend mitzuwirken.
5. Informieren Sie Ihre Schüler über die Absichten, die Sie mit bestimmten Themen und Methoden verfolgen. Auch wenn Sie eine Beteiligung der Lernenden an der langfristigen Unterrichtsplanung nicht für angebracht halten, hilft eine Offenlegung Ihrer Absichten und Gründe vielen Schülern, Verfahren oder Inhalte als notwendig und nützlich zu akzeptieren und mitzutragen.
6. Die Durchführung eines weitgehend einsprachigen Englischunterrichts bereitet Lehramtsanfängern oftmals einige Probleme, die unter anderem in dem Fehlen eines auf das Unterrichtsgeschehen ausgerichteten Fachvokabulars bestehen.

Damit wertvolle kommunikative Situationen, die sich während des Unterrichts ergeben, nicht ungenutzt bleiben, sollten Sie systematisch jeweils einzelne Phasen Ihres Unterrichts (z. B. die ersten Unterrichtsminuten, das Stellen der Hausaufgabe, Frageformulierungen bei der Textentschlüsselung, unterschiedliche Wege der Vokabelerläuterung) und bestimmte Bereiche organisatorischer Sprache (z. B. disziplinierende Äußerungen, Lob, Ermahnungen) in der Fremdsprache ausformulieren und in Ihre Planung aufnehmen. Innerhalb einiger Zeit erarbeiten Sie sich auf diese Weise das wichtigste Handwerkszeug für eine einsprachige Unterrichtsführung. Eine Überprüfung der eigenen Unterrichtssprache mit Hilfe einer Tonbandaufzeichnung – auch im Hinblick auf die Differenziertheit des Ausdrucks – ist vielfach aufschlußreich und motiviert zur sprachlichen Weiterbildung.

Literaturhinweise

Im Bereich der Stundenplanung ist die Fremdsprachendidaktik vorwiegend Abnehmer allgemein-didaktischer Modelle, die den fachspezifischen Kategorien unterworfen werden. Die Realität der in den verschiedenen Bundesländern und Schultypen, an Hochschulen und Studienseminaren der 2. Ausbildungsphase verwandten Schemata für Stundenentwürfe wird in der fachdidaktischen Sekundärliteratur nicht abgebildet, geschweige denn wirklichkeitsbezogen systematisiert und ausgewertet. Auf der anderen Seite vermittelt die Literatur jedoch konkrete Unterrichtsvorschläge, die modellbildend wirken und die Inhalte der schulpraktischen Ausbildung umgreifen und beeinflussen.

Heuer: *Grundwissen der englischen Fachdidaktik,* 1979 *(Stundenentwurf S. 170–178)*
Mindt: *Unterrichtsplanung Englisch,* 1979
Piepho: *Englischunterricht in Stundenskizzen,* 1979
Meyer: *Leitfaden zur Unterrichtsvorbereitung,* 1980
Gutschow: *Englischunterricht 5–10,* 1981
Rampillon: *„Die Anlage von Arbeitsplänen“,* 1984

6.2 Interaktion

Problemfeld

Mit Interaktion bezeichnet man das Miteinanderumgehen von Personen, wozu auch die sprachliche Verständigung gehört. Interaktion ist also mehr als Kommunikation, wenngleich diese – insbesondere im Fremdsprachenunterricht – eine zentrale Rolle bei Interaktionen spielt. Für einen interaktiven Fremdsprachenunterricht sind sowohl psychologische Momente (wie das Schaffen einer angenehmen **Lernatmosphäre,** ein freundlicher Umgangston und kooperatives Verhalten der Schüler) als auch günstige sprachunterrichtliche Voraussetzungen von Bedeutung. Zu den letzteren gehört, daß die Lernenden ihre Kenntnisse in der Fremdsprache nicht nur in Situationen und

Rollen üben, die durch das Lehrbuch oder die Materialien vorgegeben sind, sondern sie auch in Gesprächen untereinander und mit dem Lehrer anwenden. Erst wenn sie die Fremdsprache zu echten Mitteilungen benutzen, spüren sie etwas von der Funktion der **Sprache als Kommunikationsmittel;** sie erfahren konkret, daß sie eigene Gedanken und Vorschläge in der Fremdsprache ausdrücken können, daß ihr Sprechen eine Wirkung hat.

Situationen, in denen eine solche mitteilungsbezogene Kommunikation möglich wird, sind für den Englischunterricht in Deutschland deshalb so wichtig, weil wir – im Gegensatz zum Englischunterricht als Zweitsprache (ESL), der in der Zielkultur stattfindet – in der Regel nicht auf außerschulische Anlässe zur Kommunikation in der Fremdsprache rechnen können. Jede Gelegenheit, die Fremdsprache zu verwenden, muß daher genutzt werden. Unter diesem Gesichtspunkt erhält die **Einsprachigkeit** der Unterrichtsführung einen hohen Wert. Die manchmal anzutreffende Praxis, das Unterrichtsorganisatorische in der Muttersprache zu erledigen und die Fremdsprache für die Sprachübungen im engeren Sinn zu „reservieren", läuft den Unterrichtszielen zuwider. Eine **gute Sprachbeherrschung des Lehrers** ist allerdings Voraussetzung für einen erfolgreichen interaktiven Englischunterricht.

Sich auf Englisch freuen können
Diese Art des Unterrichts bezieht den Lernenden mit seiner ganzen Persönlichkeit ein und nimmt seine Gedanken und Gefühle ernst. Gerade weil die Lehrwerke bisher Ausdrucksmöglichkeiten für Gefühle erst spät und nur in geringem Umfang einführen, fällt Ihnen in dieser Hinsicht eine wichtige Aufgabe zu. Damit die Lernenden in die Lage versetzt werden, nun tatsächlich mit Ihnen oder den anderen Mitgliedern der Lerngruppe in der Fremdsprache zu interagieren, brauchen sie von Anfang an die sprachlichen Mittel, um ihre Gefühle und Meinungen äußern zu können. Redeabsichten wie „sich beschweren" oder „sich freuen" lassen sich bereits mit den einfachsten Satzmustern ausdrücken: *That's not fair/right. That's fantastic / a good idea / ...*

Interaktive Übungen
Für die Verwirklichung interaktiven Englischunterrichts sind zwei sich ergänzende Wege zu nutzen. Zum einen geht es darum, alle spontan auftretenden **echten Kommunikationssituationen,** in denen es sich zumeist um unterrichtsorganisatorische oder disziplinarische Fragen dreht, für das Fremdsprachenlernen zu nutzen, indem man sie in der Zielsprache bewältigt. Wenn dies von der ersten Englischstunde an praktiziert wird, scheint es bald auch den Schülern selbstverständlich, sich z. B. für vergessene Hausaufgaben in englischer Sprache zu entschuldigen. Zum anderen müssen gezielt **Übungssituationen** geschaffen werden, in denen die Fremdsprache zur echten gegenseitigen Information über Fakten, Meinungen oder Gefühle verwendet wird. Insbesondere Übungen, die auf den Prinzipien des *information gap,* des *opinion gap* und des *jigsaw principle* aufbauen, sind dafür gut geeignet.

Interaktion in partnerschaftlicher Atmosphäre
Gemeinsam ist diesen Übungsformen, daß sie den ganzen Menschen ansprechen.

Seine Interessen, Wünsche und Meinungen werden in den fremdsprachlichen Übungsprozeß einbezogen und als mitteilenswert angesehen. Damit die Lerner jedoch bereit sind, ihre persönlichen Ansichten auch zu äußern, ist es notwendig, eine entspannte, partnerschaftliche Atmosphäre zu schaffen, in der jede Meinung respektiert wird. Sie als Lehrender haben darauf weitgehend Einfluß. Oftmals hilft es sehr, wenn Sie ab und zu als gleichberechtigter Partner an den Übungen teilnehmen.

Neben dieser mehr psychologischen Vorbereitung von interaktiven Übungen bedarf es auch einer sprachlichen. Interaktive Übungen eignen sich nur selten zur Einführung neuer Strukturen oder Redemittel – schon eher zur Verwendung neuer Lexik; sie finden ihren Platz vorwiegend in Festigungs- und Transferphasen. Somit dienen sie der **wiederholenden Übung** und Festigung. Da sie im allgemeinen ein Grundwissen an Strukturen, Redemitteln und Lexik voraussetzen, kommen sie in der Mehrzahl erst ab dem dritten oder vierten Lernjahr zum Einsatz. Sehr oft verlangen interaktive Übungen **Partner- oder Gruppenarbeit,** so daß die Lernenden untereinander ins Gespräch kommen. Da bei vielen Übungen sich die Gesprächspartner besser kennenlernen, fördern interaktive Übungen den Gruppenzusammenhalt und die **Lernmotivationen.**

Interaktive Übungen sind ein notwendiger Zwischenschritt auf dem Weg vom stark gesteuerten Reagieren in der Fremdsprache zum freien Gespräch. Interaktive Übungen sind flexibel und bieten Vorteile sowohl für leistungsstarke Lernende, die die relative Freiheit der sprachlichen Reaktion nutzen können, als auch für leistungsschwache, die im Rahmen der oftmals vorgeschlagenen Strukturen dennoch eigenständige Beiträge liefern können. Die Form der meisten Übungen gewährleistet zudem, daß – anders als im freien Rundgespräch – jeder an die Reihe kommt.

Unterrichtswirklichkeit

56 Um ihren Schülern des 6. Schuljahres das spontane Reagieren in der Fremdsprache beim Klassengespräch zu erleichtern, hängt Frau S. jede Woche ein neues Plakat mit Redemitteln an die Seitentafel, wie z. B.:

Oliver has not got his pen.
Oliver: Melanie, can you give me a pen, please?

↙ ↘

Melanie: Yes, of course.	OR	M.: No, sorry, I can't.
Oliver: Thank you.	OR	O.: O.K. Perhaps I can ask Martin.

DON'T FORGET What's . . . in English?

Am besten wäre es zwar, wenn die Redemittel für eine bestimmte Situation erst dann eingeführt würden, wenn diese Situation tatsächlich auftritt: Ein Schüler kommt zu spät, oder jemand hat etwas vergessen. Leider kann man nicht damit rechnen, daß diese Anlässe alle termingerecht vorkommen. Daher ist das Verfahren von Frau S., eine Auswahl von Redemitteln über einen bestimmten Zeitraum hindurch einzuüben, sehr sinnvoll. Dadurch, daß Frau S. weitgehend auf der Verwendung der Fremdsprache beim Nachfragen, Beschweren etc. besteht, werden wichtige Redemittel durch ständiges Wiederholen gefestigt, und es wird gleichzeitig das Fundament für den einsprachigen Verlauf von Partner- und Gruppenarbeitsphasen gelegt.

Die **Einführung der Redemittel** kann im großen und ganzen dem gleichen Ablaufschema folgen: Nach der Nennung der Ausgangsfrage/der Ausgangsfeststellung und der Beschreibung der Situation folgen die möglichen Reaktionen des zweiten Sprechers. In den meisten Fällen wird es eine zustimmende und eine ablehnende Reaktion geben. Zuerst üben alle (mit ihrem Partner oder im Chor) Ausgangsfrage und positive Reaktion, dann die zweite Reaktionsmöglichkeit. Sind diese drei Äußerungen gefestigt, können Sie weitere Reaktionsvarianten (z. B. Nachfragen, Ausweichen, Nichtwissen bekunden) einführen. Im Hauptschulenglischunterricht sollten Sie darauf achten, daß die Schüler nicht zu viele Varianten für dieselbe Redeabsicht lernen müssen. Die Lernlast wird für sie geringer, wenn sie lernen, mit wenigen Redemitteln in vielen Situationen klarzukommen.

57 Herr K. hat einen kurzen aktuellen Text zur Arbeitslosigkeit von Jugendlichen in Großbritannien gefunden und versucht daran anschließend mit einigen Fragen, die Schüler seines Grundkurses (12. Jahrgangsstufe) zu einem freien Gruppengespräch zu bringen. Er ist enttäuscht, weil keine Diskussion zustande kommt. Nach der Interessenlage seiner Schüler, die ihm aus anderen Fächern bekannt ist, hätte gerade dieser Text sie sehr ansprechen müssen.

Wenn man Herrn K.s Einschätzung von der thematischen Eignung des Textes akzeptiert, müssen sprachliche und/oder methodische Gründe für das Nichtzustandekommen der **freien Diskussion** verantwortlich sein. Wenn die Lerngruppe im Diskutieren ungeübt, die meisten Schüler bei der ungesteuerten Sprachproduktion gehemmt und der geplante Ablauf der Diskussion ohne konkrete Zwischenaufgaben ungesteuert sind, so ist das Scheitern erklärlich. Durch gezielte interaktive Übungen, wie z. B. das Erstellen einer Rangliste der im Text dargestellten Fakten und Meinungen in Partnerarbeit und die Stellungnahme zu einzelnen vom Lehrer vorbereiteten provokativen Aussagen, sowie durch das Bereitstellen wichtiger Redemittel auf einer Folie oder einem Arbeitsblatt hätte den Schülern der Einstieg in die Diskussion erleichtert werden können.

Handlungsempfehlungen

1. Nutzen Sie jede echte Kommunikationssituation im Unterricht zum Gebrauch der Fremdsprache. Echte Kommunikationssituationen ergeben sich in reicher Zahl im

normalen Stundenverlauf z. B. dann, wenn Sie oder Ihre Schüler sich nach etwas erkundigen, um eine Erklärung bitten, sich entschuldigen oder etwas kommentieren. Schon im Anfangsunterricht können die Schüler von Ihnen lernen, mit den wenigen ihnen zur Verfügung stehenden fremdsprachlichen Mitteln unter Zuhilfenahme von Mimik und Gestik viele unterschiedliche Situationen zu bewältigen. Zeigen Sie den Schülern durch Ihr Vorbild, daß ein weitgehend einsprachiger Unterricht möglich und sinnvoll ist.

2. Schaffen Sie eine entspannte Lernatmosphäre, in der persönlichkeitsbezogene Übungen zum besseren Kennenlernen der Schüler untereinander den themen- und sprachbezogenen Unterricht ergänzen. Wenn Sie sich gelegentlich als gleichberechtigter Gesprächspartner an solchen Übungen beteiligen, kann dies das Lehrer-Schüler-Verhältnis ebenfalls positiv beeinflussen.

3. Achten Sie bei Ihrer Unterrichtsarbeit darauf, möglichst viele echte Fragen, deren Antworten Sie noch nicht vorher wissen, zu stellen. Ermutigen Sie auch Ihre Schüler dazu. Viele traditionelle Sprachübungen lassen sich durch den Einbau von *information gap* oder *opinion gap* in einen kommunikativen Austausch verwandeln und werden dadurch einsichtiger für die Lernenden. Denn Interaktion bedeutet nicht zuletzt, auf den Inhalt der Aussage und nicht nur auf die sprachliche Form zu achten und zu reagieren.

	Beispiele
INFORMATION GAP EXERCISES (Die Lernenden erhalten/besitzen unterschiedliche Teile der zur Lösung notwendigen Gesamtinformation.)	Interviews, z. B.: *Find out five things from your partner which you cannot tell just by looking at him/her.* Lückentext, z. B.: Eine Gruppe erhält den Text, die zweite die einzusetzenden Wörter in gemischter Reihenfolge. Ratespiele, z. B.: *What would I buy if had £1,000?* (als Partnerspiel) Austauschübungen, z. B.: Jeder erhält eine in unterschiedlicher Weise ergänzungsbedürftige Karte, d. h. die bei A fehlenden Dinge sind in B eingezeichnet und umgekehrt. Problemlösungsaufgaben (nach dem *"jigsaw principle"),* z. B.: In der Großgruppe erhält jeder Lernende eine kleine Information (z. B. über die Bewohner einer Straße). Durch Zusammenfügen aller Teilinformationen entsteht das Gesamtbild.
OPINION GAP EXERCISES (Bestimmte Fragestellungen veranlassen die Lernenden dazu, sich eine eigene Meinung zu bilden. Unterschiedliche Meinungen müssen dann diskutiert und evtl. aufeinander abgestimmt werden.)	Diskussionsspiele, z. B.: Brettspiel, bei dem die Würfel bestimmen, welche Spielpartner sich eine festgesetzte Zeit lang über ein durch Zufall benanntes Thema (Kärtchen) unterhalten müssen. Rangordnungsübungen, z. B.: Aus einer Liste von 15 Persönlichkeitsmerkmalen für einen „idealen Freund" müssen die Lernenden die ihnen wichtigsten acht Merkmale heraussuchen und nach der Bedeutung für sich selbst ordnen. Problemlösungsaufgaben, z. B.: Innerhalb einer Kleingruppe muß ein Konsens über den Plan für eine Wochenendfahrt hergestellt werden, für die es verschiedene Alternativen gibt.

Literaturhinweise

Mit der wachsenden Betonung des kommunikativen Aspekts des Fremsprachenlernens ist auch der bis dahin vorwiegend in der Pädagogik, der Psychologie und der Soziologie gebräuchliche Begriff der Interaktion für die Fremdsprachendidaktik wichtig geworden. Inzwischen ist das Feld der einschlägigen Veröffentlichungen fast unübersehbar geworden. Berücksichtigung finden sowohl die Lehrer-Schüler-Interaktionen als auch die der Lernenden untereinander. In jedem Falle steht die Anerkennung der Lernerpersönlichkeit mit ihren individuellen Kommunikationsabsichten und -bedürfnissen im Zentrum.

Black/Butzkamm: *Klassengespräche,* 1977
Schiffler: *Interaktiver Fremdsprachenunterricht,* 1980
Littlewood: *Communicative Language Teaching,* 1981
Maley/Duff: *Drama Techniques,* 1982
Klippel: *IDEAS,* 1983
Purvis: *"The teacher as moderator",* 1983
Celce-Murcia: *"Interaction and communication in the ESOL classroom",* 1984
Solmecke: *„Lehrer-Schüler-Interaktion im Fremdsprachenunterricht,* 1984
Nissen: *„‚Echte‘ Gespräche – im Englischunterricht?“,* 1986

6.3 Unterrichtssprache

Problemfeld

Es kommt auf Sicherheit in der Unterrichtssprache an
Eine entscheidende Fertigkeit der Fremdsprachenlehrer ist der lebendige Sprachgebrauch im Klassenzimmer. Sie müssen sprachlich gewandt sein, sie müssen sich sprachlich sicher fühlen. Sie werden durch **kontinuierliche Interaktion** mit den Schülern gefordert. Ihr Fremdsprachengebrauch ist ein Muster für die Schüler. Ihr Vorbild kann anregen, ermuntern und Motivation schaffen. Das Prinzip der Einsprachigkeit ist nur durch Sicherheit in der **Unterrichtssprache** zu verwirklichen. Die elementare Unterrichtssprache mit ihren speziellen Ausdrücken und Wendungen kann systematisch gelernt und beherrscht werden. Einige Unterschiede zwischen angelsächsischem und deutschem Schulwesen ergeben jedoch besondere sprachliche Schwierigkeiten.

Sprachkompetenz und Unterrichtsphraseologie
Es zeigt sich, daß allgemeine und unterrichtsspezifische Sprachkompetenz in direktem Zusammenhang stehen. Je wohler sich die Lehrer in der Fremdsprache fühlen, desto angemessener und flexibler können sie mit der Sprache umgehen. Wenn zur allgemeinen Sprachkompetenz spezielle Kenntnisse in Wortschatz und Idiomatik der Unterrichtsfachsprache hinzukommen, ist das **fremdsprachliche Lehrprinzip** *"English*

through English" gewährleistet. Auf der anderen Seite muß aber auch gesehen werden, daß eine gute Beherrschung der **Unterrichtsphraseologie** noch keine Garantie ist für die allgemeine Sprechsicherheit im Klassenzimmer. Zu häufig wird spontanes Reagieren auf Schüleräußerungen verlangt, als daß die Fremdsprachenlehrer nur mit einem festen Repertoire an unterrichtssprachlichen Wendungen eine einsprachig geführte Schulstunde sicher bewältigen könnten. Es kommt auf die Einbettung der Unterrichtsphraseologie in einer guten allgemeinen Sprachbeherrschung an.

Englischer Stil auch in der Unterrichtssprache?
So wie im Englischen eine gewisse **indirekte Sprechweise** vorherrscht, so ist auch die englische Unterrichtssprache von diesem Stil bestimmt. Da deutsche Lehrer die Schüler **direkter** ansprechen, muß gefragt werden, ob auch in deutschen Klassenzimmern verstärkt die Merkmale englischen Redestils verwendet werden müssen. So z. B. würde zum deutschen Satz „Das kannst du nicht sagen" eine entsprechende englische Äußerung *"I'm afraid you can't say that"* lauten.

Es drohen „Fossilisierungen"
Die individuelle Unterrichtssprache wird geprägt durch generelle Sprachkompetenz und die Fähigkeit zur sprachlichen **Selbstkontrolle** und **Selbstkorrektur.** Wenn die Fremdsprachenlehrer in der Lage sind, sich für Unsicherheiten in der eigenen Unterrichtssprache zu sensibilisieren, werden sie gewappnet sein gegenüber der ständigen Bedrohung durch Spracheinflüsse vom Deutschen. Wenn sich erst „Fossilisierungen" eingestellt und gefestigt haben, wird eine grundsätzliche Verbesserung der Lehrersprache nicht mehr möglich sein, so daß sich dann – eine verhängnisvolle Entwicklung! – die Fehler der Lehrersprache auf die Schülersprache zu übertragen beginnen.

Die gezielte Entwicklung der schülerorientierten Unterrichtsfachsprache
Das **Prinzip der Progression** gilt auch für Gebrauch und Aufbau der Unterrichtssprache der Schüler. Mit wenigem viel ausdrücken zu können, ist die Kunst des Anfangsunterrichts. Eine gezielte Steigerung der Unterrichtssprache ist geboten, wobei die jeweiligen Schülerleistungen einbezogen werden müssen. Beim Ausbau der **schülerorientierten Unterrichtssprache** ist besonders die Fähigkeit zur Fragebildung und zur Stellungnahme zu entwickeln, so daß die Redemittel für diese Sprechabsichten Priorität beanspruchen sollten. Des weiteren muß als Problem angesehen werden, daß die Unterrichtsfachsprache einige Lexeme enthält, die in der allgemeinen Sprache einen geringeren Stellenwert besitzen.

Classroom-Pidgin?
Dem freien und richtigen Gebrauch der Unterrichtssprache der Schüler ist größte Aufmerksamkeit zu widmen. Das Erkennen (und Korrigieren) von „Deviationen" ist noch schwieriger als die sachgerechte Durchsicht von Klassenarbeiten. Es besteht die Gefahr, daß ein **Klassenzimmer-Dialekt** entsteht, den die Lehrer nicht mehr bemerken, weil sie sich wegen **Permanenz der Fehler** derart an die Schülersprache gewöhnt haben, daß sie sie als Normalfall erleben.

Unterrichtswirklichkeit

Die folgenden Sprachbeispiele sind Schulstunden entnommen, in denen sie unterrichtssprachliche Kontexte bilden, die sich als stark fehlerhaft oder fehlergefährdet erweisen. Die hier vorgestellte richtige Form deutet die Schwierigkeit des Gebrauchs an:

58

Point to the picture.	= Zeig (mit dem Finger) auf das Bild.
(*Show me the picture.*	= Zeig mir das Bild; vorzeigen, herholen.)
Was seht ihr auf dem Bild?	= *What can you see in the picture?*
(*On the picture*	= Entweder auf dem Rahmen des Bildes oder auf dem Glas)
Nimm das Buch.	= *Hold the book in your hands.*
(*Take the book.*	= Das Buch wegnehmen, stehlen.)
Wer säubert die Tafel?	= *Who'd clean the board?*
(*Who cleans the board?*	= Ist da jemand, der ständig die Tafel säubert?)

Auch die Interferenz von „ja?“ (Habt ihr verstanden?) in Form von *yes?* ist störend. Angebracht: *Right? Okay? Do you see?*

Eine Reihe störanfälliger Äußerungen befindet sich im Bereich der Idiomatik und Kollokationen:

59

Go and sit next to John.
Would you speak up, please?
Don't shout out.
Could you repeat after me?
Can anyone put it right?
Write bigger, please.
Are you paying attention?
Don't copy off your neighbour.
Put your hands up, please.
See me at break, will you.
No prompting.
That was nicely read.
Could you turn the board round.
The board needs cleaning.
Get your books out, please.
Who'd like to say a few words?

In einigen lexikalischen Sachgruppen hat sich ein spezieller Unterrichtswortschatz ergeben, der am Beispiel der technischen Medien exemplarisch vorgestellt werden soll:

60

tape recorder
overhead projector
transparency
schools broadcast
to work the projector
to press the call switch
to plug in
to turn off

Wichtige grammatische Kategorien der Unterrichtssprache sind Tempora und Aspekte, wie sie an folgenden Beispielen dargestellt werden können:

61	*You are not paying attention.*	(Augenblicklicher Vorgang)
	Don't talk when I'm talking.	(Augenblicklicher Vorgang)
	You are always complaining!	(Vorwurf: *always* + *progressive form*)
	Did anybody spot a mistake?	(Vorgang in der Vergangenheit: Hat jemand...?)
	I'll say it again.	(Spontane Entscheidung)
	We are going to do the test next week.	(Planung)

Für die Schüler können sich folgende elementare interaktive Wendungen ergeben:

62

I didn't understand the question.
Sorry, I didn't get you.
Could you say it again, please?
Excuse me. Could you explain that?
I don't know what ... means.
What's ... in English?
Could we act the dialogue?
Perhaps we can/could listen to the text again.
Let's sing a song.
I need another worksheet.
It's my turn.
Could I have another try, please?
May I look up the word in the dictionary?
When is the next written test?
We haven't had that word yet.
Can I go out for a moment?

Handlungsempfehlungen

1. Machen Sie sich die grundsätzliche Schwierigkeit der Unterrichtssprache klar. Bewußtmachung ist Fehlervorsorge.

2. Kontrollieren Sie Ihre Unterrichtssprache mit Hilfe eines Kassettenrecorders zu Beginn Ihrer Unterrichtslaufbahn und dann in gelegentlichen Abständen.

3. Notieren Sie sich unterrichtsidiomatische Schwierigkeiten, und stellen Sie Ihr eigenes Unterrichtsvokabular zusammen.

4. Erarbeiten Sie sich systematisch die Unterrichtssprache mit Hilfe eines einschlägigen Arbeitsheftes. Lernen Sie die Wendungen auswendig. Beachten Sie aber dabei die Situationsbezogenheit, und entwickeln Sie vor allem Ihre sprachliche Flexibilität.

5. Beobachten Sie die Schüler beim Sprechen, bei ihren Intentionen und Hesitationen. Erkennen Sie die Grundstrukturen der Schülersprache, damit Sie die Rede-

mittel entsprechend aufbereiten und vermitteln können. Lehrbücher gehen häufig an der Aufgabe vorbei, die Schülersprache für das Unterrichtsgespräch systematisch aufzubauen.

Literaturhinweise

Eine Fülle unterrichtssprachlicher Arbeitshefte und Nachschlagewerke trägt der schulpraktischen Bedeutung dieses Komplexes Rechnung. Grundsatzüberlegungen befinden sich in den Einleitungen dieser Unterrichtshilfen und in einigen Aufsätzen.

Breitkreuz: *„Die englische Unterrichtssprache“*, 1977
Weller: *Idiomatik,* 1979
Heuer/Parry: *Hands up,* [4]1979
Hughes: *A Handbook of Classroom English,* 1981
Gressmann/Rich: *Classroom Language,* 1982

6.4 Fragetechniken

Problemfeld

Warum ist das Frageverhalten so wichtig?
Die Frage ist bekanntlich ein wichtiges Instrument der Lehrer, die Kunst des Fragens ein Zeichen unterrichtlichen Könnens. Ungefähr ein Viertel aller **Lehreräußerungen** im Englischunterricht erscheint in Frageform. Generell mag gelten, daß echte Fragen (Lehrer weiß Antwort auch nicht) von **didaktischen Fragen** (Lehrer weiß Antwort) unterschieden werden können und die didaktischen Fragen im Fremdsprachenunterricht besonders häufig sind.

Die Fertigkeit des Fragens entwickelt sich im Laufe der Lehrpraxis. Sie kann aber manchmal recht früh einen Zustand der Stagnation erreichen. Diejenigen Lehrer, die die Auswirkung ihrer Impulse auf die Äußerungen der Schüler ständig beobachten und sich dafür sensibilisieren, werden in ihrem Frageverhalten flexibel sein. Sie werden auch die Fragen, die das Lehrerbegleitheft vorgibt, nicht ohne weiteres übernehmen, sondern eine eigene, ihrer Persönlichkeit angemessene Form der **fragenden Interaktion** entwickeln.

Wie wirken sich offene und geschlossene Fragen aus?
Zwei Typen von Fragen können unterschieden werden: **offene** (weite) und **geschlossene** (enge). Erfahrung und Lernforschung zeigen, daß die Äußerungen auf offene Fragen doppelt so umfangreich sind wie auf geschlossene Fragen. Außerdem ist es wichtig festzuhalten, daß mit wachsendem Lernfortschritt die Ausführlichkeit der Antworten auf offene Fragen zunimmt. Geschlossene Fragen sind dagegen leichter zu beantworten.

Beispiele für geschlossene Fragen: *What's your name?*
What's the capital of Great Britain?

Beispiele für offene Fragen: *How would you decide?*
What are you going to do tomorrow?

Die genannten Beispiele stellen die **Fragetypen** in reiner Form dar. Die im Unterricht vorkommenden Fragen sind häufig Mischformen mit einer Tendenz zur offenen oder zur geschlossenen Frage.

Unterrichtswirklichkeit

63 In einem unteren Leistungskurs eines 8. Schuljahres der Hauptschule arbeitet die Lehrerin an einem Lehrbuchkapitel über New York. Sie schreibt NEW YORK mit großen Buchstaben wortlos in die Mitte der Tafel und schaut antwortheischend in die Klasse. Als keine Reaktion kommt, sagt sie: *I'd like to see Harlem.* Sie schreibt die Struktur *I'd like to see ...* ebenfalls an die Tafel. Dann fragt sie: *What would you like to see in New York?* Die damit initiierten Antworten sind vom Typ *I'd like to see Central Park/ Chinatown* usw. oder vom Typ des bloßen Eigennamens.

Die hierbei angewandte Impulsgebungs- und Fragestellungstechnik ist „klassisch". Zuerst wird ein Stimulus gegeben, auf den in offener Weise reagiert werden kann. Bei dieser offenen Impulsgebung muß wegen des erhöhten Schwierigkeitsgrades mit Schweigen gerechnet werden. In diese Pause hinein stellt die Lehrerin eine stärker geschlossene Frage *(What would you like to see in New York?)*. Die Antworten darauf bereitet sie aber vor, indem sie die Struktur in der grammatisch angepaßten Form (1. Person Singular) vorgibt und diese zwecks leichterer Abrufbarkeit schriftlich fixiert. Der Erfolg bleibt nicht aus: Das einmal etablierte Pattern löst eine Salve von Äußerungen aus, die sich allerdings wegen der Geschlossenheit der Fragestruktur in gleichbleibenden Reihen mit auswechselbarem Nominalteil oder in schlichten Aufzählungen erschöpfen – für die leistungsschwachen Schüler dennoch eine landeskundlich motivierte Sprechhandlung mit entsprechender Äußerungslust.

64 In einem Englisch-Leistungskurs der Jahrgangsstufe 13 wird Shakespeares *Macbeth* behandelt. Der Lehrer verwendet die Longman/Langenscheidt-Ausgabe. Die Schüler lesen und erarbeiten das Drama auf der Basis des Schülerheftes, während der Lehrer sich mit Hilfe des dazugehörigen Lehrerheftes gründlich vorbereitet. Er geht von dem vorformulierten Fragenkorpus des Lehrerheftes aus, das für alle Aspekte des Dramas den Stoff gegliedert und in mögliche Frage-, Abruf- und Überprüfungsformen präpariert hat. Die Unterrichtssprache des Lehrers bewegt sich auf einem hohen Niveau. Die Fragen sind präzise und zugleich komplex und geben dem Unterrichtsgespräch ein fast virtuos zu nennendes Gepräge.

Die neuen Kursmaterialien für die Sekundarstufe II geben den Fachlehrern ausführliche Arbeitsmittel an die Hand. Sie nehmen ihnen das eigene Einarbeiten in den Text und seinen Hintergrund ab und bieten – wie die Lehrbuchbegleithefte der Lehrwerke der Sekundarstufe I – ein detailliertes Impuls- und Fragearsenal. Der Vorteil ist eindeutig in der größeren Sprachsicherheit zu sehen. Der Nachteil liegt darin, daß ständig auf das Sprachmodell geschielt werden muß und sich auch eine stofflich-inhaltliche Abhängigkeit einstellt. Aber in der Hand eines kompetenten Gesprächsleiters, der sich zusätzlich eigene Aufgaben überlegt, können die sorgfältig durchdachten und ausformulierten Fragestrukturen der Kursmaterialien die Textarbeit der gymnasialen Oberstufe bereichern.

Handlungsempfehlungen

1. Aus dem Prinzip des kommunikativen Fremdsprachenunterrichts leiten Sie folgende Prioritäten ab:
   Impuls vor Frage (Impuls: non-verbale oder verbale Anregung, außer in Frageform); wenn Frage: echte Frage vor didaktischer Frage; wenn didaktische Frage: offene Frage vor geschlossener Frage.
2. Sie können eine offene Frage nur stellen, wenn die Schwierigkeit der Beantwortung nicht zu groß ist. Das bedeutet: Wenn mit offener Frage begonnen wird und die Schüler schweigen, soll mit geschlossener Frage nachgefaßt werden. Oder: Wenn mit geschlossener Frage begonnen wird und die Schüler aktiv sind, soll mit offener Frage die Denk- und Sprechtätigkeit erweitert werden.
3. Oberstes Prinzip zur Beurteilung der Qualität einer Frage ist ihre Klarheit und Verständlichkeit. Vermeiden Sie Doppelfragen, die die Schüler verwirren.
4. Wecken Sie Anteilnahme und Äußerungslust der Schüler und vermehren Sie Ihre Sprechzeiten, indem Sie Fragen in Richtung des offenen Typs stellen. Wenn Schüler ihre eigenen Gedanken äußern, ist dabei in Kauf zu nehmen, daß Fehler gemacht werden. Ihre Bereitschaft zur Fehlertoleranz im mündlich-kommunikativen Bereich wird dabei vorausgesetzt.

Literaturhinweise

Zur Fragestellung gibt es eine reichhaltige pädagogisch-psychologische Literatur. In der anglistischen Fachdidaktik wird dieser wichtige Aspekt zur Lehrer-Schüler-Interaktion nur am Rande behandelt. Ausformulierte Einzelfragen befinden sich auch in Publikationen zur Unterrichtsphraseologie.

Tausch/Tausch: *Erziehungspsychologie,* ^{8}1977
Willis: *Teaching English through English,* 1981
Heuer: *„Die Fragestellung im Fremdsprachenunterricht“,* 1983

6.5 Fehler

Problemfeld

Normen und Systeme
Fehler werden als Abweichung von einer verbindlichen Norm verstanden. Ein Fehler kann gegen eine **Norm** verstoßen und sich doch im Einklang mit einem Sprachsystem befinden. Ist die Sprachnorm z. B. *Standard British English,* dann ist ein Merkmal des *Standard American English* abweichend und damit fehlerhaft. Die Norm ist eine konventionelle Festsetzung, die für den schulischen Sprachunterricht durch Richtlinien bestimmt wird.

Die Einstellung zum Fehler hat sich im Laufe der Geschichte geändert. Im Fremdsprachenunterricht der fünfziger und sechziger Jahre betrachtete man den Fehler als unerwünschte und daher auszumerzende Abweichung von der Norm. Der Buchtitel *How to avoid mistakes* (Brinkmann 1966) bringt das Programm modellhaft zum Ausdruck. Eine typische Formulierung der fehlerkundlichen Literatur der siebziger Jahre dagegen lautet *You can't learn without goofing* (Burt/Kiparsky 1975). *(Goof = silly mistake.)*

Fehler im kommunikativen Unterricht
Die heutige Auffassung geht von der Unvermeidbarkeit, ja geradezu von der **Notwendigkeit des Fehlers** im Sprachlernprozeß aus. Im Zeichen des kommunikationsorientierten Englischunterrichts und seiner ständigen Aufforderung zum Sprechen ist die Produktion von Fehlern einkalkuliert und im Sinne einer sprechaktiven Verhaltensweise, in der es um Inhalte geht, nicht unbedingt negativ einzuschätzen, zumal der Fehler zur formalen Seite der Sprache gehört. In einem pragmatisch und kommunikativ ausgerichteten Englischunterricht ist der Fehler primär unter dem Aspekt der Störung und Verletzung der Kommunikation zu sehen. Da die Kommunikation in größere interaktive Kontexte eingebettet ist, wird es schwer, formbezogene Sprachverstöße für die Kommunikationsstörung verantwortlich zu machen. Unter dem Prinzip, daß das „Was“ der Mitteilung wichtiger ist als das „Wie“, wird für eine größere Toleranz im Bereich des Sprachstandards plädiert.

Plädoyer für Fehlertoleranz
Auf weltweiter Ebene werden Non-Standards zugelassen. Vorher nicht akzeptable Regionalakzente oder auch Dialekte werden salonfähig. Interessanterweise sind es die *native speakers* selbst, die für die Zulassung von standardabweichenden Sprachsystemen ihre Stimme erhoben. Schon 1972 hatte H. V. George in *Common Errors in Language Learning* den Gedanken, daß das **Englische als Weltsprache** sich nur durch Toleranz gegenüber dem exkolonialen *substandard English* halten könne, folgendermaßen formuliert: *"It is thus especially important for teachers of English as a second language to recognize that English, like all languages, is useful in all its varieties, not just in one. The use of English, however far from standard, is still the use of English. The more dogmatic the teacher is in insisting on arbitrary features of standard English,*

the less likely it is that this variety of English will be used realistically by any except the elite..." (George 1972:50). Ein neues Zeichen für die Sprachtoleranz setzte die 1981 gegründete Zeitschrift *World Language English* (Oxford: Pergamon Press), in deren erster Nummer ein Artikel zur **internationalen Akzeptabilität unterschiedlicher Varietäten** unter dem Titel "*Understanding One Another's Englishes*" (s. Abbot, 1981) erschien. Im Sinne der Zeitschrift gibt es nicht nur ein richtiges "*English*", sondern viele richtige "*Englishes*".

Zusammen mit dem soziolinguistisch motivierten kommunikativen Englischunterricht ging eine neue, psychologisch motivierte Spracherwerbsforschung einher. Die Sprachpsychologie griff in ihrem Forschungsparadigma auf den Erstsprachenerwerb zurück. Mehrere Prinzipien des Erstsprachenlernens, wie z. B. die Selbstregulierung von Lernschwierigkeiten im Laufe der kindlichen Entwicklung, wurden auf das Zweitsprachenlernen übertragen. Es wurde dargelegt, daß der Fehler ein notwendiger Bestandteil des Sprachlernprozesses sei und man ihn nicht bekämpfen solle, sondern geduldig zusehen müsse, wie er sich in naturgegebenen Entwicklungssequenzen von allein aufhebe. Die Folge des soziolinguistischen und sprachpsychologischen Denkens war die Abnahme der wissenschaftlichen Arbeiten zum Phänomen Fehler und eine größer werdende Unsicherheit der Englischlehrer im Hinblick auf den Fehler.

Fossilisierung wider Selbstregulierung von Fehlern
Die Gefahr eines nicht korrigierten Fehlers liegt in seiner **Verfestigung.** Besonders im Bereich der Aussprache und auch der Semantik schleifen sich Fehler schnell ein und versteinern. Ihre nachträgliche Veränderung fällt außerordentlich schwer. Im Bereich der Syntax scheint das Prinzip der Aufhebung der Fehler im Laufe des Lernprozesses eher möglich zu sein. Das richtige Sprachvorbild führt eine Art Selbstregulierung des syntaktischen Fehlers herbei. Hier gibt es offenbar eine entwicklungs- und lernprozeßbedingte Annäherung an das Modell.

Fehlerkategorien
Die Fehleranalytik unterscheidet zwischen folgenden Kategorien: **Fehlerbereich:** Aussprache und Intonation, Grammatik, Lexik, Pragmatik, Stilistik. **Fehlerverursachung:** Interferenz aus der Muttersprache, immanente Schwierigkeit in der Fremdsprache, Zusammenhang mit der erworbenen Fremdsprache als Lernersprache bzw. Zwischensprache. **Grad und Art der Störung:** Nichtverstehen, Mißverstehen, Verstehen mit Irritation und ihren sozialen Folgen für den Sprecher.

Wer Fehler bemerkt und verbessern will, sollte auch unterscheiden, ob der Fehler auf der Sprachoberfläche zu finden ist (als **Performanzfehler**) oder aus der Sprachtiefe herrührt **(Kompetenzfehler).** Zur Oberfläche gehören sicherlich der Flüchtigkeitsfehler und jene Abweichungen, die entstehen, wenn der Sprecher müde, nervös, gestreßt ist. Auch kommt es vor, daß der Sprecher einen Fehler sofort erkennt und ihn umgehend verbessert. Dieser Fehler ist ein typischer Performanzfehler, auch jener Fehler, der nach Rückfragen selbst erkannt wird. Die weitere Überlegung, einen Performanzfehler als *mistake* zu bezeichnen und einen Kompetenzfehler als *error,* mag einer sich begrifflich konstituierenden „Lapsologie“ förderlich sein, dem Phänomen Fehler, seiner Identifizierung und Therapie ist sie jedoch nicht unmittelbar dienlich.

Fehler haben bekanntlich ihre Auswirkungen, nicht nur bei Prüfungen, sondern auch in der Alltagskommunikation. Sie können zu Mißverständnis und Unverständnis führen, sie können beim Kommunikationspartner Verstimmung, Geringschätzung und soziale Vorurteile hervorrufen. Die Konsequenz von Fehlern geht damit über den systemlinguistischen Rahmen hinaus und ist im sozialen Bereich menschlicher Beziehungen von Bedeutung.

Unterrichtswirklichkeit

65 Eine Referendarin führt eine Englischstunde in einem unteren Leistungskurs im 7. Schuljahr der Hauptschule vor. Auf dem Tageslichtschreiber ordnen die Schüler ungeordnete Satzteile zu einem Textganzen. Dann werden sie zum lauten Vorlesen mit den Worten aufgefordert: *Listen very carefully. Whenever there is a pronunciation mistake, I'll say, "Excuse me". You correct the mistake then.* In der Stundenbesprechung merken einige Referendarkolleginnen kritisch die „Formkorrektur“ zur Ausspracheebene an.

Im Zuge der kommunikativen Neuorientierung ist die Ausspracheschulung zurückgetreten. Diesem Trend entgegen setzt die Referendarin eine Ausspracheübung an, die in mehrfacher Hinsicht gelungen ist. Zum einen korrigiert sie nicht mit autoritärer Besserwisserei, sondern fädelt sich gleichsam als Moderator ein, der die Schüler zu Wort kommen läßt. Zum anderen bewirkt sie durch ihr Verfahren, daß die Schüler lernen, aufeinander zu hören und gemeinsam an dem Aufbau der richtigen Textgestalt tätig zu sein. Eine solche eingestreute kurze Leseübung hat die langfristige Wirkung, daß die Aussprecheseite der Sprache gestützt wird und die einzelnen Schüler in ihrer Aktivität von der Klasse an- und aufgenommen werden, auch wenn sie dabei auf fruchtbare Weise „kontrolliert“ und ihre Fehler „korrigiert“ werden.

66 In einem Unterrichtsentwurf über ein landeskundliches Thema im ersten Jahr der Fachoberschule (11. Schuljahr) entwirft ein Student im Tagespraktikum für das „Lehrer- und Schülersprachverhalten“ im Planungsabschnitt des vermuteten Stundenverlaufs folgende „Lehrerspur“, die von einem *native speaker* (Hochschullektor) sprachlich so kommentiert wurde:

Lehrer	*Native speaker's comment*
1. *Can you imagine what side of America you'll see?*	*Only possible if pupil is really planning a holiday. What side you see... (I think you only see...)*

2.	*Well, I think you have finished now – or do you need a few minutes more?*	*better: You seem to have finished. Do you need a few more minutes?*
3.	*Well, this task is well done. I wish you a nice holiday, and I would like to thank you very much for your kind cooperation. Thank you.*	*Well, you did that well. I hope you all have a nice holiday and I want to thank you all for helping us.*

Die Überprüfung der Lehrersprache durch kompetente *native speakers* – in Stundenplanungen oder in Stundendurchführungen – ist eine diffizile Fehleranalyse. Absatz 1 weist einen „Fehler“ auf, der sowohl eine „grammatische“ als auch eine „semantische“ Seite hat. Es ist zu vermuten, daß ein deutscher Linguist diesen „Fehler“ nicht bemerkt hätte, da er eher als der Engländer die Rolle des in die USA reisenden Schülers angenommen hätte. Der Kommentar zum Absatz 2 zeigt eine primär stilistische Devianz des *native speaker,* die psychologisch bedingt ist und in fehleranalytischer Hinsicht durch keine „Regel“ begründet werden kann. Absatz 3 zeigt die typisch deutsche Interferenz auf der Stilebene. Der nominale Stil überwiegt: *this task, kind cooperation.* Im Klassenzimmer ist eine informelle Sprechweise angebracht. Die Lehrersprache zeigt die im deutschen Englischunterricht der gymnasialen Oberstufe eingeübten Markierungen, die durch die Stilregister der Klausuren bedingt sind. Der **linguistische Aspekt bei dieser Fehlerbetrachtung** bezieht sich auf die Frage, wie deutsche Lehrer und Schüler Englisch sprechen, der **psychologische Aspekt** auf die Frage, wie sie Englisch sprechen lernen, und der **didaktische Aspekt** auf die Frage, wie sie Englisch sprechen lernen sollen.

Handlungsempfehlungen

1. Versuchen Sie, bei der Fehlerfeststellung möglichst so zu verfahren, als ob Sie einen Teil der Sprachempfindlichkeit, aber auch der Großzügigkeit von *native speakers* besäßen. Wenn Sie Schülerfehler mit Kollegen diskutieren, sollte bei Unsicherheit und Zweifel der vermeintliche Fehler nicht angestrichen werden. Das Prinzip der Fehlertoleranz erweist sich als pädagogisch wertvoller als eine strenge Fehlerfeststellung, die bei näherem Betrachten nicht haltbar ist. Schülererfahrungen in Hinblick auf erschütterte Fehlerautorität des Lehrers wirken sich für die langfristige Motivation sehr ungünstig aus.

2. Bei der Zuhilfenahme von *native speakers* sollte beachtet werden, daß sie unterschiedliche Einstellungen zur Sprache besitzen und gemäß Herkunft und Bildungsgang unterschiedlich urteilen. Die Beurteilung der Sprachbeherrschung deutscher

Schüler durch *native speakers* besitzt eine größere Binnenabweichung, als man im allgemeinen vermutet.

3. Bei der Identifikation und Bewertung von Fehlern sollten Sie kurz zuvor behandelte Lernziele stärker berücksichtigen als lernzielneutrale Schüleräußerungen, zumal wenn diese spontan und produktiv und deshalb vermehrt fehleranfällig sind.

4. Wegen der Gefahr der Fehlerverfestigung ist der Ausssprachebereich im englischen Anfangsunterricht genau zu kontrollieren. Des weiteren stellen sich bei Worteinführungen leicht ungenaue Vorstellungen ein, die wegen ihrer semantischen Bezüge tiefgreifende und langfristige Fehler bewirken können.

5. Im Sinne des kommunikationsorientierten Fremdsprachenunterrichts sollte eine Unterscheidung zwischen „lokalen“ und „globalen“ Fehlern getroffen werden. „Lokale“ Fehler beziehen sich auf Bereiche wie Artikel, Präpositionen und das -s in der 3. Person Singular. Sie lassen sich schneller erkennen und verbessern. „Globale“ Fehler dagegen beziehen sich auf hierarchisch höher liegende Bereiche wie Satzgefüge und Temporastrukturen. Da die „globalen“ Fehler auf größere Spracheinheiten zielen, sollte ihnen Priorität eingeräumt werden.

6. Die Fehlergewichtung ist eine außerordentlich schwierige Aufgabe und wird häufig administrativ durch Richtlinien gelöst. Aus der Sicht der Fehlerforschung muß ausgeführt werden, daß ein sog. Grammatikfehler auf keinen Fall stärker gewichtet werden darf als ein Fehler aus einem anderen Subsystem der Sprache. Im Mündlichen muß anders gewichtet werden als im Schriftlichen, beim Hören anders als beim Sprechen, in der Spontansprache wiederum anders als in isolierten Wortelementen.

7. Auf der späten Mittelstufe und der gymnasialen Oberstufe muß sprachliches Fehlverhalten im Bereich der elementaren Stilistik festgestellt werden. Besonders die Sprachregister *formality* und *informality* sind auseinanderzuhalten.

Literaturhinweise

Die neuere Fehlerforschung *(error analysis)* entstammt der kontrastiven Linguistik der siebziger Jahre, die Ausgangs- und Zielsprache verglich und mit dem Konzept der Interferenz eine wissenschaftliche Beschreibung der Verursachung und Typologie der Fehler entwickelte. In der schon 1971 abgeschlossenen Bibliographie von Kohl/Schröder ist die Thematik des Fehlers entsprechend kurz behandelt.

Brinkmann: *How to Avoid Mistakes,* 1966
Corder: *"The significance of learner's errors",* 1967
Nickel: *Fehlerkunde,* 1973
Burt/Kiparsky: *The Gooficon,* 1975
Cass: *Stylistic Deficiency,* 1983
Hecht/Green: *Fehleranalyse und Leistungsbewertung, 1983*

6.6 Mündliche Fehlerkorrektur

Problemfeld

Fluency before correctness?
Korrigieren ist nicht nur eine Einstellungs- und Taktfrage, sondern mit umgreifenden didaktischen und **gesellschaftlichen Wert- und Lebensvorstellungen** verknüpft. Wie die Unterrichtsmethodik, sind auch die scheinbar unabhängigen Verfahren zur Fehlerkorrektur eingebunden in die Koordination des Sozialsystems. Die soziopolitischen Prinzipien einer Gesellschaft erreichen auch die Praxisebene der Fehlerkorrektur. Je ein Zitat soll diese Durchdringung illustrieren. Das eine Zitat ist einer einflußreichen didaktischen Publikation der Bundesrepublik entnommen, das andere der Standardmethodik der DDR.

„Oberstes Ziel ist, daß der Schüler bestimmten Situationen kommunikativ gewachsen ist. Auf der zweiten Lernzielebene beweist der Schüler seine Performanzfähigkeit, kommunikativ handelnd ... sprachliche Mittel erfolgreich zu verwenden. Erst an dritter Stelle ... wird die linguistische Kompetenz, also die Problematik grammatischer und stilistischer Normen, genannt ... Die Frage nach der sog. Richtigkeit, d. h. dem Einklang mit Erwartungsnormen ... ist ... in dieser Hierarchie tertiär --- Der Zustand einer Dialektvariante des Englischen beim Schüler ist in drei Lernzielbereichen zu messen, zu beschreiben und hierarchisch zu gewichten. Dabei hat die kommunikative Mitteilungsfertigkeit gegenüber Performanzbewertung und Aspekten irgendeiner Korrektheitsnorm Vorrang." (Piepho 1974: 35–37)

„Ziel konsequenter Fehlerkorrektur ist es, größtmögliche Korrektheit der Sprechleistungen der Schüler zu erreichen. Weiß der Schüler, daß fehlerhaft Gesagtes korrigiert wird und nicht Korrigiertes demzufolge richtig ist, wird die Fehlerkorrektur zur Hilfe, die zur Sicherheit im Gebrauch der Fremdsprache führt. --- Bei längeren Sprechleistungen eines Schülers sollten die anderen immer dazu angehalten werden, Notizen zu vom Sprecher gemachten Fehlern anzufertigen ..." (Pohl/Schlecht/Uthess 1978: 252–253)

Kooperative Fehlerkorrektur
Verbreitet ist die Ansicht, daß die Korrektur kein dirigistischer Prozeß und keine nur formale Verstärkung einer automatischen *response* sein dürfe, sondern eine dynamische Verbesserungsaktion, die nach Möglichkeit die ganze Lerngruppe einbezieht und sie kooperativ an der Korrektur teilnehmen läßt.

Das Übel des Wiederholungsfehlers
Die Korrektur kann sofort erfolgen oder in einer ausführlichen Korrekturphase, in der mehrere Fehler gebündelt und systematisch verbessert werden. Besondere Beachtung hat der eingefahrene **Wiederholungsfehler** erfahren. Im heutigen Fremdsprachenunterricht mit seiner großen **Fehlertoleranz** schleichen sich verfestigte Fehler ein, die – auf Dauer gesehen – kaum noch therapierbar sind.

Konsensfähige und kontroverse Aspekte der Korrektur
Eine Reihe von Vorschlägen, die nach Lernfortschritt und Erwartungsniveau der Schüler differenziert werden müssen, ist für das Problemfeld der mündlichen Korrektur unterbreitet worden. Es folgt eine Zusammenfassung:

a) Korrektur und Bewertung eines Fehlers hängen von Situation und Lernziel ab, von den Lernenden, den Lernbeziehungen und der Lernatmosphäre.
b) **Kommunikative Wirksamkeit** ist ebenso wichtig wie linguistische Korrektheit.
c) **Unsicherheit des Lehrers** gegenüber einem eventuellen Sprachfehler sollte eine Nichtbewertung des Fehlers zur Folge haben.
d) Die Schüler führen ab Mittelstufe eine **Fehlerkartei,** mit deren Hilfe sie die für sie typischen Fehler in Aussprache, Grammatik, Wortschatz und Redemittel systematisieren (ggf. mit Beispielen und Regeln aus Wörterbüchern und Grammatiken).
e) Im Rahmen einer gründlichen Korrektur wird ein Hinweis auf die semantische Bedeutung und mögliche kommunikative Auswirkung des Fehlers gegeben, damit die Schüler die Korrektur ernst nehmen. Ihnen wird verdeutlicht, daß sie ihre *native-speaker*-Gesprächspartner durch semantisch-stilistische Fehler unbeabsichtigterweise **irritieren** und dadurch an Sympathie verlieren können.

Unterrichtswirklichkeit

67 In einer Unterrichtsstunde spanisch-mexikanischer Schüler in den USA, die Englisch als Zweitsprache lernen, spielt sich folgendes Lehrer-Schüler-Wechselgespräch ab:
L: *When's your birthday, Roberto?*
S: *Twelfth Novembre.*
L: *Twelfth Novembre?*
S: *Si.*

Dies ist ein klassisches Beispiel für eine methodisch falsche Korrektur: die Wiederholung des Fehlers in Form der Frage-Intonation. Da der Schüler auf Mitteilungsinhalte und nicht Sprachformen achtet, glaubt er, daß die Lehrerfrage *"Twelfth Novembre?"* Zweifel an der Inhaltsrichtigkeit ausdrücke, die er ausräumen muß. Er kommt nicht darauf, daß die Lehrerfrage ein Hinweis auf einen Aussprachefehler ist.

68 In einem Proseminar des Grundstudiumsbereichs „Sprachpraxis" geht es um Übungen und Erkenntnisse im Stile einer *error clinic.* Die einzelnen Studenten werden in einem größeren Sprechzusammenhang von einem *native speaker* kontrolliert: Die Sprachfehler werden auf einem individuell geführten Fehlerblatt eingetragen, das folgende Rubriken vorsieht: Fehlerbereich (Subsystem der Sprache), hypothetische Fehlerverursachung (vom Beobachter vermutete Fehlerverursachung, wie z. B. interlinguale Interferenz), autorisierte Fehlerverursachung (vom Studenten vermutete Fehlerverursachung), Fehlertiefe (Kompetenzfehler oder „Flüchtigkeitsfehler"),

Fehlerfeld (Zusammenhang mit anderen potentiellen Fehlern), Fehlertherapie (Regeln, Merksätze, „Eselsbrücken"), Fehlerliteratur (einschlägige Abschnitte in Grammatiken, Wörterbüchern, Stilistiken usw.).

Die Übungen in dieser „Fehlerklinik" fördern die kognitiv bestimmte Sensibilisierung gegenüber Sprachfehlern. Der bewußtmachende Prozeß der Fehlererkennung entwickelt die Fähigkeit, interferenzgefährdete Fehlerfelder mit großer Vorsicht zu betreten und eine wachsende Wachsamkeit gegenüber muttersprachlich verursachten Störungen zu entfalten. Wenn sich die Sprechpräsentationen auf künftig relevante „Sprechsorten" beziehen, die als Lernziele kursmäßig aufgebaut werden und über bloße Vortragsformen hinausgehen, kann das auf diese Weise intensivierte Sprachtraining wichtige Textformen gesprochener Sprache abdecken. Ein offenbarer Nachteil jedoch ist das „Starren auf den Fehler". Möglicherweise auftretende Hemmungen und Ängstlichkeiten können durch einfühlsamen Unterrichtsstil und aufgelockertes Arbeitsklima vermieden werden. Das Prinzip des Lernens am Erfolg, zeitweilig durch die fehlerbezogene Detektivarbeit unterbrochen oder gar aufgehoben, sollte auch in der „Fehlerklinik" gültig sein und durch Betonung der schrittweise verbesserten Sprachkompetenz zum Ausdruck kommen.

Handlungsempfehlungen

1. Korrigieren Sie bei groben Verstößen sofort, damit sich keine fehlerhafte Lernersprache entwickelt und festsetzt. Allerdings ist bei jeder Sofortkorrektur zu beachten, daß ihre Wirksamkeit davon abhängt, ob der Schüler in diesem Augenblick die Korrektur annehmen kann und will. Die Wirksamkeit von direkten Fehlerkorrekturen wird meist überschätzt. Der Fehler ist dabei auf keinen Fall zu wiederholen. Auch sollte die Aufmerksamkeit nicht zu sehr auf ihn gelenkt werden, damit er nicht „interessant" wird und sich auf diese Weise einprägt.

2. Im fortgeschrittenen Fremdsprachenunterricht sammeln Sie auffällige Fehler und verbessern Sie diese, nach Gesichtspunkten geordnet und kontextuell eingebettet, in einer eigenen Korrekturphase. Dabei können einschleifende oder auch bewußtmachende Arbeitsformen verwandt werden.

3. Anstelle der verbalen Korrektur kann auch ein System von Handzeichen stehen, die als non-verbale Fehlerhinweise gemeinsam mit den Schülern entwickelt werden. (Vorschlag: Drei Finger für ein fehlendes *-s* in der 3. Person Singular, ein T [von den Händen gebildet] für *tense*-Fehler, ein O für *word order*.)

4. Bedenken Sie, daß die Schüler bei ihren Äußerungen mehr an die Inhalte und weniger an die Sprachformen denken. Deshalb ist es wichtig, daß die Schüler bei Ihren Korrekturen sofort merken, daß es um Sprachkorrekturen geht.

5. Verfestigungen („Fossilisierungen") können Sie nur durch Bewußtmachung langfristig aufheben. Dem Schüler muß klarwerden, wodurch der Fehler verursacht worden ist. Eine Regel, die er versteht und die ihn leitet, muß gefunden werden.

Einprägsame Beispiele und Gedächtnishilfen („Eselsbrücken“) stärken das Erinnerungsvermögen.

6. Auf theoretischer Ebene sollten Sie zwischen Performanz- und Kompetenzfehlern unterscheiden. Performanzfehler deuten zwar auf wenig gesicherte Stabilität im Kompetenzbereich hin, können aber auch durch psychologische Faktoren wie Ängstlichkeit, Müdigkeit, Desinteresse usw. hervorgerufen werden. Durch eine Aufforderung zur Selbstkorrektur können Sie schnell feststellen, ob es sich um einen Performanzfehler der „Oberfläche“ oder einen Kompetenzfehler der „Tiefe“ handelt.
7. Vermitteln Sie den Schülern, besonders den Erwachsenen, als eine allgemeine prophylaktische Maßnahme die Fähigkeit, potentielle deutsche Interferenzen in jenen lexikalischen und grammatischen Bereichen zu blockieren, deren englische Sprachkonventionen ganz anders strukturiert sind. Im übrigen jedoch ist in anderen Bereichen die deutsche Ausgangssprache zu aktivieren und als sprachpsychologisches Stütz- und Produktionsmittel einzusetzen, in denen eine Parallelität zwischen Mutter- und Fremdsprache besteht.

Literaturhinweise

Das Thema ist bisher noch nicht in der Form einer Monographie behandelt worden, sondern taucht nur am Rande der größeren Studien auf. Einige relevante Aufsätze sind in führenden nordamerikanischen Zeitschriften erschienen.

Chaudron: *“A descriptive model of discourse in the corrective treatment of learners’ errors”*, 1977
Fanselow: *“The treatment of error in oral work”*, 1977
Abbot: *“Understanding one another’s Englishes”*, 1981
Schachter: *“The hand signal system”*, 1981
Bleyhl: *„Verbessern oder nicht verbessern?“*, 1984
Herold: *„Schülerfehler im Unterrichtsgespräch“*, 1985

6.7 Übung und Wiederholung

Problemfeld

Für das Erlernen einer Fremdsprache ist – wie für jedes Lernen überhaupt – die Übung ein zentraler Schritt im Lernprozeß. Als Übung wird zumeist die Phase angesehen, die zwischen der Darbietung des Lernstoffes und seiner Beherrschung durch den Lernenden liegt. Die Länge der Übungsphase hängt daher vom Lernstoff und dem Lerntempo der Lernenden ab. Zur Aneignung des Lernstoffes genügt es nicht, dieselbe Übung über längere Zeit zu wiederholen, denn dies führt zu Monotonie und Langeweile; wichtig ist vielmehr die Einbettung des Lerngegenstandes in unterschiedliche Übungsformen mit steigendem Anspruchsniveau. So gelingt der Transfer des gelernten Sprachmaterials auf andere Verwendungssituationen.

Übungsarten und -formen
Im schulischen Fremdsprachenunterricht gibt es zwei sehr unterschiedliche Arten der Übung. Bei weitgehend einsprachiger Unterrichtsführung ergibt sich zunächst für die Schüler der Effekt des **Nebenbei-Übens**; wiederholtes Hören und Lesen fremdsprachiger Anweisungen und Erklärungen trainieren die Sprachfertigkeiten ähnlich wie beim Spracherwerb des Kleinkindes. Diese Art des Übens ist jedoch bei weitem nicht ausreichend, um innerhalb der im Unterricht zur Verfügung stehenden Zeit tragfähige Grundlagen fremdsprachlicher Kompetenz zu schaffen. Hierzu bedarf es **gezielten und bewußten Übens,** wofür durch Lehrer und Materialien vielfältige Übungssituationen geschaffen werden müssen.

Die Methodik des Fremdsprachenunterrichts hat dazu eine große Anzahl verschiedener **Übungsformen** entwickelt, die allerdings noch nicht in eine umfassende Systematik eingeordnet werden konnten; die Zahl der Merkmale und Unterscheidungskriterien von Übungen ist zu groß. Übungen lassen sich u. a. nach folgenden Gesichtspunkten differenzieren:
- Modus: schriftlich, mündlich
- erwarteter Sprachgebrauch: rezeptiv, imitativ, reproduktiv, produktiv
- Fertigkeitsbezug: Hörverstehen, Leseverstehen, Sprechen, Schreiben, Dolmetschen/Übersetzen
- Sprachsystem: Aussprache/Intonation, Wortschatz, Grammatik, Sprechakte
- Sprachebene: Morphem, Wort, Satz, Text
- Übungstätigkeit: Ankreuzen, Einsetzen, Beantworten, Beschreiben etc.
- Stellung im Lernprozeß: Festigung, Transfer, Wiederholung
- Ausmaß der sprachlichen und/oder inhaltlichen Vorgaben
- Sozialform
- Grad der Steuerung durch den Lehrer
- Medieneinsatz
- Kontrollmöglichkeiten: Selbstkontrolle, Fremdkontrolle, programmierte Übung

Grundsätze der Übungsgestaltung
Eine solche Aufstellung ist hilfreich, um den ersten Grundsatz der **effektiven Übungsgestaltung,** nämlich die Forderung nach **Abwechslung** in den Übungsarten, zu verwirklichen. Weitere Grundsätze sind die des **verteilten Übens,** der **Übungsstrukturierung,** des **einsichtigen Übens** und des **Lernerbezugs.** Die Forderung nach einer zeitlichen Entzerrung des Übens basiert auf Erkenntnissen der Lernpsychologie, denen zufolge eine kurze Pause zwischen der Einführung und erster Übung des neuen Stoffes und der ersten übenden Wiederholung sowie zunehmend längere Pausen zwischen weiteren Wiederholungen am lerneffektivsten sind.

Der Grundsatz der Übungsstrukturierung besagt, daß Übungsaufgaben ebenso wie Lerngegenstände einer Progression der Schwierigkeiten unterliegen sollten, damit der Lernende seinen Lernfortschritt erkennen kann und er durch Erfolgserlebnisse für weiteres Üben motiviert wird. Übungsmotivierend wirkt oft auch die Befolgung des Grundsatzes „einsichtiges Üben", wenn der Lernende weiß, was er mit welchem Ziel übt. Die Einsicht sollte sich sowohl auf die sprachlichen Zusammenhänge des Lernstoffes (Regel, Struktur) als auch auf Aufbau und Zweck der Übung beziehen. Allerdings kann auch ein Nebenher-Üben, das nicht durch Einsicht gekennzeichnet ist und wie es sich beispielsweise in Lernspielen oder beim Liedersingen ergibt, sehr effektiv sein. Das Prinzip des Lernerbezugs schließlich stellt sicher, daß der Lernende seinem Lerntempo und seinen Fähigkeiten gemäß üben kann. In idealer Weise ist dies im individualisierten Unterricht möglich, Ansätze dazu lassen sich jedoch auch im Klassenunterricht beispielsweise durch binnendifferenzierte Arbeitsphasen und unterschiedliche Hausaufgaben verwirklichen.

Zusätzlich zu diesen stärker formal ausgerichteten Grundsätzen der Übungsgestaltung müssen inhaltliche Gesichtspunkte Berücksichtigung finden. Entgegen der früher vertretenen Praxis, in *pattern drills* Satzreihen beliebigen Inhalts zu üben, hat sich inzwischen die Ansicht durchgesetzt, daß auch in Übungen generell solche Sätze auftreten sollen, für die sich ein **realistischer Kontext** denken läßt. Besonders zu begrüßen sind dabei alle jene Übungen, in denen die Lernenden miteinander kommunizieren. Zwar kann es durch eine starke gefühlsmäßige Beteiligung der Lernenden an solchen Übungen gelegentlich zu verstärkter Fehlerbildung kommen, wenn die Übungsteilnehmer vorwiegend auf den Inhalt und weniger auf die sprachliche Form ihrer Aussagen achten, dennoch sind gerade solche mitteilungsbezogenen Sprachübungen zumeist nachhaltig in ihren Lernwirkungen.

Unterrichtswirklichkeit

69 Herr C. ist Lehramtsanwärter und hält seine erste Englischstunde in einem 5. Schuljahr. Sein Stundenziel ist die Einführung des *present progressive.* Dies soll in folgenden Schritten geschehen:

1. Kontrolle der Hausaufgaben (10 Min.)
2. Mündliche Darbietung des *present progressive* anhand von Tafelskizzen und Lehrbuch (20 Min.)
3. Schriftliche Festigung mit Hilfe eines Arbeitsblattes (Lückentext mit neuen Sätzen) (10 Min.)

Herr C. ist überrascht, daß nur sehr wenige Schüler die Lücken des Arbeitsblattes ausfüllen können.

Die Grobplanung der Englischstunde von Herrn C. ist akzeptabel. Die Schwierigkeiten seiner Schüler mit dem Ausfüllen des Arbeitsblattes sind verständlich, da der Sprung von der lehrergelenkten und materialgestützten mündlichen Erarbeitung einer neuen Struktur zur selbständigen schriftlichen Verwendung durch die Schüler zu groß ist. Bevor die Schüler in der Lage sind, das Gelernte selbständig in neuen

Zusammenhängen zu produzieren, sind einige Zwischenschritte nötig. So ist zu empfehlen, den im mündlichen Unterricht dargebotenen Stoff zunächst von den Schülern auf- bzw. abschreiben zu lassen (Tafelbild). Beim Üben des *present progressive* bietet es sich als nächstes an, die im mündlichen Unterricht verwendeten Beispiele mit Hilfe von Bildern (Folie oder Arbeitsblatt) reproduzieren zu lassen, ehe sie schriftlich festgehalten werden. Ein weiterer Schritt wäre das Ausfüllen von leicht abgewandelten Lückensätzen mit eventuell vorgegebenen Auswahlantworten. Bei weniger komplexen Lerninhalten, als dies die grammatischen Zeiten im Englischen sind, können einige dieser Zwischenschritte entfallen.

70 Die Fachkonferenz der Realschule in D. setzt zu Beginn jedes Schuljahres fest, welche grammatischen Phänomene in jedem Jahrgang zusätzlich zu den im Lehrwerk behandelten Strukturen wiederholt werden sollen. Jede Klasse soll im Durchschnitt alle 14 Tage eine Wiederholungsstunde erhalten.

Es ist gut, wenn sich Englischlehrer gemeinsam über eine **regelmäßige Wiederholung** verständigen. Allerdings sollten sie darauf achten, daß diese Wiederholungen sich in den vom Lehrwerk bestimmten Unterricht einfügen und alle Anknüpfungsmöglichkeiten ausgenutzt werden. Neben die Überlegung, welche Defizite die Schüler im grammatischen Bereich besitzen und welche Strukturen daher wiederholend geübt werden müssen, sollte die Frage nach dem Lernwert der einzelnen Strukturen treten. Diese Frage kann allerdings nur in Verbindung mit den schulstufenspezifischen Zielen des Englischunterrichts beantwortet werden. Über die Festlegung des Wiederholungsprogrammes hinaus könnten die Lehrer der Fachkonferenz bei der Erstellung von den dazugehörigen Übungssammlungen zusammenarbeiten. Ähnliche Initiativen sind auch für die Wiederholung von Wortschatz (in Sachfeldern, Wortfamilien) und Redemitteln denkbar.

Handlungsempfehlungen

1. Sammeln Sie verschiedene Übungen zu den unterschiedlichen Bereichen von Grammatik, Wortschatz und Sprechakten und ergänzen Sie den Unterricht mit dem Lehrwerk um Zusatzangebote zur Wiederholung bzw. Erweiterung.
2. Bemühen Sie sich um die Umsetzung der Übungsgrundsätze, d. h. Abwechslung, Lernerbezug, Bedeutungsgehalt, Strukturierung und Einsicht.
3. Helfen Sie Ihren Schülern, gerne und erfolgreich zu üben, indem Sie klare Arbeitsanweisungen geben, die Übungsziele nicht zu hoch ansetzen, den Schülern zeigen, was sie schon können, und die Übungsatmosphäre entspannt halten. Spielerische und individualisierende Elemente helfen nicht nur schwachen Schülern beim Üben. Machen Sie gelegentlich Versuche mit Übungsphasen, in denen sich Schüler gegenseitig helfen. Der Lernertrag ist für beide, den Helfenden und den, der die Hilfe bekommt, oftmals sehr groß.

4. Beobachten Sie Ihre Schüler im Englischunterricht, um Lücken, Nicht-Verstandenes oder Vergessenes zu entdecken. Diese Beobachtungen sollten die Grundlage Ihrer Wiederholungsangebote bilden. Einzelne Wiederholungsphasen können in höheren Klassen auch von Schülern – einzeln oder in Gruppen – vorbereitet und durchgeführt werden. Trainieren Sie auf diese Weise das Arbeiten mit Schulgrammatik und Wörterbuch.

5. Verteiltes Üben ist lernwirksamer als massiertes Üben. Berücksichtigen Sie daher in Ihrer Langzeitplanung regelmäßige Wiederholungen wichtiger Teilbereiche der englischen Sprache.

6. Geben Sie Ihren Schülern möglichst viele unterschiedliche Übungshilfen, wie Merksprüche, einprägsame Beispielsätze, Eselsbrücken, Zeichnungen, Diagramme, und versuchen Sie durch Beobachtungen festzustellen, welche davon Ihre Schüler als nützlich empfinden.

7. Wecken Sie bei den Schülern Übungsfreude, die den Lernerfolg steigert. Neben spielerischen Elementen wirken auch Erfolgserlebnisse übungsmotivierend. Solche positiven Lernerfahrungen können Sie weitgehend durch eine geschickte Gestaltung der Übungsprogression mitbestimmen. Die folgende Tabelle gibt Ihnen dazu einige Anregungen.

8. Übungsformen mit zunehmendem Anspruchsniveau:

Fertigkeit	Übungstätigkeit	Beispiele aus der Grammatik
Wiedererkennen (rezeptiv – Hör- oder Leseverstehen)	z. B.	
	Unterstreichen	– alle *if*-Sätze eines Textes unterstreichen
	Zusammenfügen	– vorgegebenen *main clauses* die passenden *if*-Sätze zuordnen
	Ankreuzen	– die unvollständige Sätze ergänzenden richtigen Zeitformen auswählen und ankreuzen
	Ordnen	– verschiedene Strukturen in Tabellenform ordnen
Reproduzieren (produktiv – schriftlich oder mündlich)	z. B.	
	Einsetzen	– unvollständige Sätze nach Muster vervollständigen
	Fortsetzen	– Sätze gleicher Struktur nach Bildstimuli bilden
	Umformen	– Sätze nach Vorbild umformen (z. B. Zeitenwechsel, Personenwechsel)

Produzieren (produktiv - schriftlich oder mündlich)	z. B. Beantworten	– Fragen unter Verwendung der zu übenden Struktur beantworten *(What would you do if you found...?)*
	Fortsetzen	– Text zu Ende führen, dabei die zu übenden Strukturen verwenden (z. B. Erzählung – *simple past tense*)
	Beschreiben	– Tagesablauf beschreiben (Übung des *simple present tense*)
	Dolmetschen	

Literaturhinweise

Üben und Wiederholen sind zentrale Aktivitäten des Fremdsprachenlernens und spielen in der fremdsprachendidaktischen Literatur eine wichtige Rolle, wenngleich sie fast immer nur im Zusammenhang mit sprachlichen Inhalten, so z. B. dem Üben von Grammatik oder dem Wiederholen von Wortschatz, abgehandelt werden. Als Relikt der von behavioristischen Lernkonzepten geprägten Zeit des Englischunterrichts besitzen wir noch eine sehr enge Vorstellung von Übung als bewußt herbeigeführter und straff strukturierter Lernsituation, wohingegen man fast den gesamten Unterrichtsverlauf als Üben interpretieren könnte.

Allen/Valette: *Modern Language Classroom Techniques,* 1972
Gutschow: *„Übungstypologie und Übungssystematik“,* 1972
Hohmann: *„Die kombinierte Idiomatik-Wortschatz-Grammatik-Übung“,* 1983
Markert/Leary: *“Some suggestions for comprehensive review”,* 1983
Sexton/Williams/Baddock: *Communicative Activities,* 1984

6.8 Klassenarbeiten

Problemfeld

Klassenarbeiten als Leistungsrückmeldung für Schüler und Eltern
Das Wort Klassenarbeiten ist geschichtlich geprägt und entspricht der traditionellen **Leistungsüberprüfung** und der heutigen Lernerfolgskontrolle in schriftlicher Form. Klassenarbeiten besitzen einen großen emotionalen Wert, da sie einen hohen Grad an **Rückmeldung** aufweisen. Die Eltern werden durch die Klassenarbeiten „schulbezogen“. Aus diesem Grund bedürfen die Klassenarbeiten besonderer Vor-, Auf- und Nachbereitung, Überschaubarkeit und Durchsichtigkeit der Benotung.

Die Typen der Klassenarbeiten können bezüglich ihrer formalen Aufgabenstellung nach Schulstufen und Lernfortschritt gegliedert werden:

a) 5.–6. Schuljahr
Einsetzen und Vervollständigung
Worterklärung
Wort- und Bildzuordnung
Verknüpfen von Satzteilen
Beantwortung und Bildung von Fragen
Bildbeschreibung / Bildgeschichte
Diktat
Wiedergabe eines Textes
Abfassen einfacher Beschreibungen
Umformen eines Dialogs in einen kurzen Erzähltext

b) 7.–8. Schuljahr wie oben, dazu
Brief
Interview
Textumformung
Dialogerstellung

c) 9.–10. Schuljahr
Nacherzählung (nur unter der Bedingung, daß sie mit den Lernsequenzen zusammenhängt)
Zusammenfassung *(summary, précis)*
gelenkte Textanalyse
gelenkte Interpretation
Meinungsäußerung und Stellungnahme (mit Angabe der erwarteten Länge)

d) 11.–13. Schuljahr (Sekundarstufe II des Gymnasiums und der beruflichen Schulen)
Bearbeitung eines fiktionalen / nicht-fiktionalen Textes nach Wahl (Textaufgabe)
Bearbeitung einer Thematik (Themenaufgabe)
Übersetzung
Geschäftsbrief

Die Funktion von Klassenarbeiten können auch **informelle Tests** *(teacher-made tests)* übernehmen. Als Testaufgaben eignen sich u. a. Formen des Einsetzens, Umformens oder Zuordnens, die in Sprachübungen verwendet werden. Eine besonders beliebte Art des Tests enthält vorwiegend Auswahlantwort-Aufgaben *(multiple choice items)*, bei denen zu einer Frage jeweils eine richtige Antwort *(key)* und drei oder mehrere falsche Antworten *(distractors)* angeführt sind. Die Distraktoren sollten sprachlich richtig und nur sachlich unangemessen oder unpassend sein.

Positive Einstellung zur Klassenarbeit und Fehlerkorrektur
Jede Klassenarbeit steht in einem größeren Zusammenhang von Vorbereitung,

Organisation, Durchführung und Auswertung. Es ist darauf zu achten, daß die Klassenarbeit unter dem Motto „Anstrengung ohne Angst" über die Bühne gehen sollte. Alsbaldige Korrektur und Rückgabe sollten aus Gründen der Effektivität selbstverständlich sein, wenn auch hiergegen häufiger als gedacht und gewünscht verstoßen wird. Darüber hinaus müssen die Schüler die Erfahrung gewinnen, daß Klassenarbeiten auch neue Lernprozesse in Gang setzen. Sie müssen dahin geführt werden, aus Fehlern zu lernen. Das setzt voraus, daß sie nur mit solchen Fehlern konfrontiert werden, die sie klar zu erkennen vermögen. Eine individuelle **Fehlerkartei** kann verhindern, daß die Berichtigung zum bloßen Fehlerfriedhof wird. Kenntnisse zur Fehlerverursachung und darauf aufbauende Korrekturstrategien sind ein Weg, die Schüler in einem längeren Erkenntnisprozeß dahin zu bringen, daß sie ihre Fehler als Ausdruck ihres Sprachwissens und ihrer aktuellen Sprachperformanz sehen, sofern sie sich in Klassenarbeiten zeigen, und daß sie dann aus ihnen lernen können.

Zur Fehlergewichtung und Benotung
Die Bewertung von Klassenarbeiten wird durch Richtlinien, Erlasse sowie schulinterne Konferenzbeschlüsse und Verfahrensweisen festgelegt. Im allgemeinen und für die **Textaufgabe** im besonderen gilt: Aufbau und Inhalt auf der einen Seite und Sprachrichtigkeit und Ausdrucksvermögen auf der anderen Seite tragen zu gleichen Teilen zur Gesamtnote bei. Die **Sprachkompetenz** ist nach Möglichkeit in Teilbereiche aufzugliedern, die einzeln benotet werden: Textgestalt (Zusammenhang, Übergänge), Stil/Idiomatik, Orthographie, Grammatik, Wortwahl mit Kollokationen.

Auf das Kriterium der Akzeptabilität kommt es an
Die Kategorie der Sprachrichtigkeit sollte unter dem Kriterium der **Akzeptabilität** gesehen werden. Wenn *native speakers* im allgemeinen großzügig und gegenüber dem Gebrauch des Englischen als Fremd- und Zweitsprache tolerant sind, dann sollte ein deutscher Englischlehrer mit weniger Sprachgefühl für den Variantenreichtum des Englischen nicht rigide sein. Die Schüler verlieren langsam, aber sicher ihr Vertrauen in die **Korrekturkompetenz,** wenn als Fehler angestrichene Sprachformen sich als noch akzeptabel herausstellen. Sprachkompetenz und Sicherheit im Bereich des Fehlererkennens zeigen sich viel stärker in einer variierten Korrektur als in einem einzigen Fehlerverbesserungsvorschlag.

Unterrichtswirklichkeit

71 Klassenarbeit Nr. 5 in einem 10. Schuljahr eines Gymnasiums basiert auf dem gründlich behandelten Schauspiel *An Inspector Calls* von Priestley. Vier Fragen werden zur Bearbeitung (2 Schulstunden) aufgegeben:

1. *Point out the significance of the setting in time of the play and link it up with the time of publication.*
2. *"There's every excuse for what both your mother and I did" (p. 61). Discuss this statement.*

3. *Describe the structure of the drama (introduction / rising action / turning point / falling action / end) and show why this end is necessary.*
4. *What is Priestley's intention with the play? Does he have sth. to tell to theatre-goers of today?*

Die Behandlung von *An Inspector Calls* in einem 10. Schuljahr ist anspruchsvoll, ebenso die Formulierung der vier Aufgaben. Aufgabe 1 setzt eine genaue Kenntnis der Zeit um 1912 und 1945 und deren politisch und gesellschaftlich bedingtes „Lebensgefühl" voraus. Aufgabe 2 ist angemessen, weil begrenzt. Aufgabe 3 setzt Interpretationsbegriffe bei den Schülern und deren Anwendbarkeit bei Priestley voraus – sicherlich eine Überforderung (Worin besteht z. B. *"falling action"* in *An Inspector Calls?*). Aufgabe 4 fordert die Schüler zu Stellungnahmen und (begründeten und unbegründeten) Mutmaßungen über die „Intention des Autors" (Wer kennt sie? Ist sich der Schriftsteller selbst ihrer bewußt?) heraus.

Die Klassenarbeit zeigt, daß beachtliches gedankliches Niveau vorhanden ist, und läßt auf einen gehaltvollen Unterricht eines hochmotivierten Lehrers schließen. Elementare sprachliche Fehler stören das Gesamtbild. Die Lehrerkorrekturen entsprechen der Oberstufenarbeit: freie Formulierungen bei sachlichen und gedanklichen Mängeln, Benutzung bestimmter Korrekturzeichen (Gr, T, Sb, O, Z, . . .) bei Verstößen gegen die Sprachrichtigkeit. Orthographische, lexikalisch-semantische und grammatische Fehler werden je als ein Fehler gewertet (keine „Doppelfehler" mehr), sinnstörende Zeichensetzungsfehler als halbe Fehler.

72 Die Klassenarbeit Nr. 6 in einem 9. Schuljahr einer Realschule besteht aus folgenden vier Teilen (nach Behandlung des Kapitels *"The U.S.A.: Social Problems"* aus dem Lehrwerk *The Good Companion – A New Guide*, Bd. 5, 1974):

I. What are the majority of the people in the USA called? Write down some of their thoughts and arguments. (Find at least 8)

II. Describe John Smith's life in the Block. (Use not more than 10 sentences.) What is said about criminality in the Block?

III. Explain the following words:
1. fragrant, 2. to have a leisurely breakfast, 3. mournful, 4. damp, 5. to sacrifice, 6. sense of values, 7. decent, 8. to belt s. o., 9. prejudice, 10. to hustle.

IV. Complete the following sentences:
1. It's much tougher to be a policeman today . . .
2. I treat the people the . . . that I've . . . them for twenty-one years; . . .
3. It's not just a really small minority that commits crimes today in this area. The vast majority . . .

Die Aufgabenstellung hat folgende Vorzüge:
- Gemischte Bearbeitungsformen: Textproduktion, Wortumschreibung, Satzkomplettierung (Sprachgebrauch auf Wort-, Satz- und Textebene);

- Angaben zur Ausführung (hier: Festlegung des Umfangs in den ersten beiden Aufgaben);
- Einbeziehung von allgemein-kognitiven und speziell-sprachlichen Fähigkeiten sowie von Intelligenz und Fleiß: Zusammenfassung von Ideen und Argumenten (Aufgabe 1), Beschreibung und Benennung von Zuständen (Aufgabe 2), Einzelkenntnis des Kapitelvokabulars (Aufgabe 3), Vertrautheit mit dem Text (Aufgabe 4).

Jedoch ist auch ein Nachteil in der Vorherrschaft eines einzelnen Lehrbuchtextes mit seinem speziellen Vokabular und seinen konkreten Satzfügungen zu sehen: *Middle American* (als erwartete Antwort auf Frage I) und *Block;* aktive Wortkenntnis von *fragrant, to hustle* etc.; Schwierigkeit der Satzkomplettierung auch bei sehr guter Sprachbeherrschung.

73 In einem E-Kurs eines 9. Schuljahres der Hauptschule wird eine Klassenarbeit geschrieben, die aus fünf Teilen besteht. Zwei Teile beziehen sich mit Zuordnungs- und Verständnisübungen auf das benutzte Lehrwerk. Die anderen drei Teile sind lehrwerkunabhängig und setzen einen bestimmten Standard an schriftlicher Beherrschung des Englischen voraus:

I. Read the following statements carefully and tell me in your own words what it means when somebody says to you:
1. Keep in touch with me.
2. How were the holidays?
3. I don't mind what you do.
4. I'm fed up with school.
5. What do you do in your spare time?

II. In a few months' time you're going to leave school. What kind of job would you like to take up? Give reasons why you intend to choose the job in question? Here is some help:
a) inside or outside jobs?
b) using your hands
c) meeting lots of new people
d) like to travel

III. It is the beginning of the autumn term, and there are a lot of notices about different clubs on the school notice board.
1. You organize the photography club. There is going to be a competition. Members of the club must bring their photos before the end of October.
2. You are the captain of a football team. You need new players. There will be a training session next Thursday during the dinner hour.
Write down one notice for the board.

Der erste Teil verlangt sprachliche Beweglichkeit und setzt die Fähigkeit der Umschreibung alltagsüblicher Fragen voraus. Angesichts des Lernziels der Kommunikationsfähigkeit sind solche Klassenarbeitsaufgaben – zugleich hervorragend geeignet als Übung für den Unterricht – von hohem Stellenwert. Die Teile 2 und 3 können nur befriedigend bearbeitet werden, wenn entsprechende Anforderungen durchgängiges Lernziel des Unterrichts sind. Die Thematik bezieht sich auf Schulleben und Arbeitswelt und berücksichtigt grundlegende Bedürfnisse der Schüler. Aufgaben dieses Typs aktivieren die Schüler und sprechen ihre Interessen an. Die Klassenarbeit ist dadurch kein Tätigkeitsbereich für formalisierte Übungen, sondern ein Ausdrucksfeld für die Selbstdarstellung der Schüler.

Handlungsempfehlungen

1. Bereiten Sie die Klassenarbeiten gründlich vor, ohne die Vorbereitung überzubewerten und daraus eine „Staatsaktion" zu machen.
2. Organisieren Sie Ihren Terminplan frühzeitig.
3. Eine Klassenarbeit sei keine „Monokultur". Mischen Sie unterschiedliche Teilaufgaben zu einer Gesamtarbeit.
4. Stellen Sie klar formulierte Aufgaben und geben Sie unmißverständliche Arbeitsanweisungen.
5. Verwenden Sie gelegentlich informelle Tests, falls sie zum Lehrwerkmaterial gehören oder von der Fachkonferenz entwickelt werden.
6. Probieren Sie in kollegialer Kooperation die Klassenstufenarbeiten aus, d. h. dieselben Klassenarbeiten zur selben Zeit in Parallelklassen.
7. Ziehen Sie immer wieder erscheinende Fehler aus den Arbeiten heraus und bündeln Sie diese zu Fehlergruppen in den Bereichen Wortschatz, Grammatik und Rechtschreibung. Ständige Wiederholung von Fehlergruppen führt zur besseren Fehlerwahrnehmung und -vermeidung.
8. Vergessen Sie bitte nie, daß Klassenarbeiten nur ein Teil der Leistungsbeurteilung sind und nicht das Englische als gesprochene Sprache repräsentieren. Ihre gute Dokumentierbarkeit darf ihnen keine Vorrechtsstellung verschaffen.
9. Messen Sie die Leistungen Ihrer Schüler an den Zielen und geben Sie bei guter Zielerreichung gute Zensuren, auch in großer Zahl, wenn die Leistungen entsprechend sind. Eine Gaußsche Normalverteilung (wenig 1 und 2 sowie 5 und 6, viel 3 und 4) wäre schematisch und unpädagogisch.
10. Versuchen Sie, die Klassenarbeitszensur, die gleichsam „schwarz auf weiß" den Schülern und oft auch den Eltern präsentiert wird, zu relativieren, indem Sie die schriftlichen Noten durch einen Satz kommentieren und die Leistung im Mündlichen kontinuierlich feststellen.

11. Seien Sie maßvoll bei der Menge der Korrekturen. Stiften Sie keine Verwirrung durch allzu ausführliche und komplizierte Korrekturen. Zu viel rote Tinte entmutigt und führt zur Resignation. Bringen Sie nur für die Schüler Wichtiges und Verständliches zum Ausdruck. Wenn die rote Farbe als Korrekturfarbe nicht für Sie verbindlich ist, ließe sich an grüne oder braune denken.
12. Die Rückgabe der Klassenarbeiten braucht kein Ritual zu sein, das immer gleich abläuft und bisweilen Verfahren besitzt, die die Schüler mit schlechten Arbeiten „stigmatisieren".
13. Eine aufmunternde Kritik unter einer Arbeit kann Schüler vor Resignation bewahren.
14. Zu spät zurückgegebene Klassenarbeiten bauen Distanz zu den Schülern auf. Es ist wichtig, das Bedürfnis der Schüler nach Arbeitsrückgabe möglichst früh zu befriedigen.

Literaturhinweise

Die Bibliographien zeigen zum Stichwort „Klassenarbeit" die Wandelbarkeit der schriftlichen Form der Leistungsmessung. Im fortgeschrittenen Englischunterricht ist die Nacherzählung von der Textaufgabe abgelöst worden, im elementaren Englischunterricht die einteilige Prüfform durch die mehrteilige. Die hier angeführte Literatur beginnt in der Zeit des Überganges von alten zu neuen Bewertungsverfahren der schriftlichen Leistung.

Spiegelberg: *„Klassenarbeiten"*, 1965
Schrand: *„Lehrbuchneutraler Leistungstest"*, 1970
Oller: *"Dictation as a device for testing foreign-language proficiency"*, 1971
Stein: *„Vom Nutzen und Nachteil der Klassenarbeiten für den neusprachlichen Unterricht"*, 1971
Lübke: *Schriftliche Arbeiten im fremdsprachlichen Unterricht*, 1978
Hurst/Nissen/Schulz: *Oberstufenarbeiten Englisch*, 1979
Düwell: *„Leistungsbereiche der Lernerfolgsüberprüfung"*, 1980
Doyé: *Die Feststellung von Ergebnissen des Englischunterrichts*, 1981
Schmid-Schönbein: *„Lehrwerkbezogene Kontrolltests"*, 1985

6.9 Hausaufgaben

Problemfeld

Die Meinungen über den **Nutzen von Hausaufgaben** gehen weit auseinander. Während Schüler von Gesamtschulen, die als Ganztagsschulen organisiert sind, selten oder nie Hausaufgaben bekommen, müssen Schüler an Halbtagsschulen aller Stufen in der Regel für mehrere Fächer am Nachmittag zu Hause arbeiten. Dem Leistungsfach Englisch an weiterführenden Schulen kommt – wie Mathematik oder Deutsch – bei den Hausaufgaben eine besondere Bedeutung zu, was sich am Grad der Beteiligung von Eltern, Nachhilfelehrern oder der kommerziellen Hausaufgabenbetreuung ablesen läßt. Eine Chancenungleichheit der Schüler bei der Erledigung der Hausaufgaben mit oder ohne Hilfe ist damit unvermeidlich.

Zu diesen außerunterrichtlichen Einflüssen treten methodische Schwierigkeiten bei der Ausgestaltung von Hausaufgaben. Zum ersten lassen sich Hausaufgaben nur dann exakt vorausplanen und an das Pensum der betreffenden Unterrichtsstunde anpassen, wenn sichergestellt ist, daß der Unterricht inhaltlich und zeitlich wie geplant durchgeführt wird und bei den Schülern keine unerwarteten Lernschwierigkeiten auftreten. Jeder Lehrer weiß, daß die wenigsten Unterrichtsstunden genau nach Plan laufen (können). Zum zweiten werden bei der Formulierung **einer** Hausaufgabe für alle Schüler deren unterschiedliche Lernwege, Lerngeschwindigkeiten und Leistungsfähigkeiten nicht berücksichtigt. Zum dritten erfordern **Durchsicht und Korrektur der Hausaufgabe** einen erheblichen Zeitaufwand zu Beginn der nächsten Unterrichtsstunde. Schließlich ist nur sehr schwer nachzuprüfen, ob ein Schüler seine Hausaufgabe tatsächlich selbst angefertigt hat.

Hausaufgaben sind nützlich

Die Aufzählung dieser Probleme soll nicht dazu führen, die Hausaufgaben im Englischunterricht grundsätzlich in Frage zu stellen. Es gilt vielmehr zu überlegen, wann welche Art von Hausaufgaben angemessen ist, und methodische Wege zu finden, die genannten Schwierigkeiten abzubauen.

Die für das Stellen von didaktisch-methodisch durchdachten Hausaufgaben im Englischunterricht sprechenden Gründe sind vielfältig:

- Hausaufgaben schaffen zusätzliche **Übungsmöglichkeiten.** Dies ist besonders im Sprachunterricht wichtig, für den das Üben zentrale Bedeutung besitzt. (Übung)
- Bei der Erledigung der Hausaufgabe merkt der Schüler, ob er den Stoff der vergangenen Stunde vollständig beherrscht. (Rückmeldung)
- Bei der Hausaufgabe kann jeder Schüler in dem ihm gemäßen Tempo arbeiten. (Individualisierung)
- Hausaufgaben eignen sich zur Bewältigung solcher Aufgaben, zu deren Fertigstellung die Hilfe des Lehrers kaum nötig ist und die im Unterricht zu viel Zeit beanspruchen würden. (Entlastung)
- Wenig strukturierte Hausaufgaben erlauben dem Schüler, Phantasie und eigene Interessen einzubringen. (Kreativität)
- Hausaufgaben trainieren die Benutzung von Hilfsmitteln wie Vokabelverzeichnis, Merkheft, Wörterbuch, Grammatik etc., soweit diese in der Klasse eingeführt sind. (Training)

Diese Möglichkeiten lassen sich jedoch nur verwirklichen, wenn in der Hausaufgabe mehr als nur eine Beschäftigungstherapie oder eine tägliche Routine gesehen wird.

Unterrichtswirklichkeit

74 Frau M. hält Hausaufgaben für notwendig, um den Schülern Gelegenheit zu geben, das in der Stunde Gelernte zu Hause zu üben und zu festigen. Sie gibt daher regelmäßig schriftliche Hausaufgaben. Alle zwei Monate sammelt sie die Hefte ihrer Schüler ein und benotet sie.

Eine **Bewertung der Hausaufgaben** führt dazu, daß jene Schüler im Vorteil sind, die zu Hause Hilfen bei der Anfertigung erhalten – sei es durch Eltern, ältere Geschwister oder Nachhilfelehrer. Frau M.s Absicht, die neuen Lernstoffe zu Hause üben zu lassen, läuft der zweimonatige Rhythmus der Kontrolle zuwider, der ihr kaum eine Möglichkeit gibt, Lerndefizite sofort zu erkennen und zu beheben. Auch verleitet das Wissen um den wahrscheinlichen Kontrolltermin einzelne Schüler sicher dazu, direkt nach dem Einsammeln der Hefte eine Weile lang nicht viel Mühe auf die Aufgaben zu verwenden.

Um eine möglichst schnelle Rückmeldung an Lehrer und Schüler zu gewährleisten, sollte die **Kontrolle der Hausaufgaben** immer in der folgenden Stunde geschehen. Da eine Durchsicht aller Hefte durch den Lehrer – selbst in kleineren Klassen – sehr viel Zeit verschlingt, bieten sich entweder eine gemeinsame Korrektur, die Partnerkorrektur oder das Einsammeln der Hefte von vier bis sieben willkürlich herausgegriffenen Schülern an.

Die **Benotung der Hausaufgaben** kann mit guten Gründen verteidigt oder abgelehnt werden. Einerseits bieten Hausaufgaben lernlangsamen und im Unterricht oft gehemmten Schülern die Chance zu beweisen, daß sie den Stoff bewältigen können; andererseits gehören Hausaufgaben noch zur Phase der Übung des Gelernten und sollten daher zwar den Schülern Rückmeldung über ihren Lernerfolg bringen, jedoch für sie keine Testsituation darstellen.

75 Herr L. findet Hausaufgaben im Englischunterricht der Hauptschule wenig sinnvoll, da sie nur von wenigen Schülern wirklich angefertigt würden. Er verzichtet daher weitgehend auf das Stellen von schriftlichen oder mündlichen Aufgaben. Wenn er von seinen Schülern jedoch häusliche Arbeiten verlangt, werden diese ausführlich besprochen und gemeinsam korrigiert.

Herrn L.s Bedenken gegenüber den Hausaufgaben werden von einer großen Anzahl von Hauptschullehrern geteilt. Ein Grund für das geringe Interesse am Fach Englisch, das sich u. a. in der Ausfallquote bei den Hausaufgaben niederschlägt, liegt in der Ablehnung des Faches durch viele Eltern und selbst einige Englischlehrer. Wenn es den Englischlehrern gelingt, ihren Schülern und deren Eltern Sinn und Nutzen des Englischunterrichts einsichtig zu machen – z. B. durch intensive Elternarbeit und methodisch flexiblen Unterricht –, lassen auch die Probleme bei den Hausaufgaben nach. In gewisser Weise unterstützt Herr L. durch seine Haltung gegenüber den Hausaufgaben die Einstellung von Eltern und Schülern, daß Englisch kein wichtiges Fach sei, weil dort keine Hausaufgaben gegeben werden. Deshalb wäre es sicher besser, wenn die Schüler häufiger Hausaufgaben bekommen. In der Übergangsphase kann dies entweder auf freiwilliger Basis geschehen, oder die Schüler dürfen zwischen zwei verschiedenen Hausaufgaben wählen. Förderlich wirkt es sich oft aus, wenn man gestattet, daß Schülergruppen die Hausaufgaben gemeinsam erledigen, selbst wenn das Risiko des Voneinander-Abschreibens dabei natürlich nicht gering ist.

Handlungsempfehlungen

1. Planen Sie Hausaufgaben, die sich sinnvoll aus dem Stundenthema ergeben und die die Schüler nicht durch zu hohen Schwierigkeitsgrad oder ihre Länge entmutigen.

2. Wenn der Stundenverlauf stark von Ihrer Planung abweicht und Ihnen spontan keine andere Hausaufgabe als Ersatz für die geplante einfällt, verzichten Sie darauf. Für solche Fälle könnten Sie allerdings eine Sammlung von freiwilligen, vom Lehrstoff relativ unabhängigen Aufgaben anlegen, wie Rätsel aller Art, Kurztexte, Bildgeschichten und Wiederholungsaufgaben zu Grammatik oder Wortschatz.

3. Bieten Sie Ihren Schülern ab und zu alternative Hausaufgaben, die stärker auf den individuellen Lernstand und die Interessen einzelner Schüler(gruppen) zugeschnitten sind.

4. Variieren Sie die Art der Aufgaben. Arbeitsblätter mit Fragen oder Lückentexten und die schriftliche Bewältigung von Lehrbuchübungen sind nur zwei Möglichkeiten unter vielen. Anregungen finden Sie in den Lehrerhandbüchern der Lehrwerke, den zum Lehrwerksystem gehörenden *Workbooks* und den Methodiken.

5. Die Arbeitsanweisungen für die Hausaufgaben sollten klar und eindeutig formuliert sein. Vergewissern Sie sich **vor** dem Schluß der Stunde, daß alle Schüler verstanden haben, was sie tun sollen. Am besten ist es, wenn die Hausaufgabe immer an der gleichen Stelle (z. B. auf einer Seitentafel) schriftlich festgehalten wird.

6. Vorschläge für Formen von Hausaufgaben:
   a) Nacharbeiten
      - im Unterricht mündlich erarbeiteten Stoff schriftlich fassen (z. B. Dialog aufschreiben, Sätze zuordnen, Fragen beantworten, Geschichte zu Ende führen, zu bestimmten Strukturen / Vokabeln / Sprechakten Beispielsätze sammeln oder bilden)
      - im Unterricht Erarbeitetes anwenden (z. B. Lückentext ausfüllen, Bilder durch Text ergänzen, Brief nach Vorlage schreiben)
      - etwas auswendig lernen

b) Wiederholen
   - mit Hilfsmitteln umgehen (z. B. aus Vokabelverzeichnis Wort- oder Sachfeld zusammenstellen, Wortfamilie aufschreiben, Strukturen mit Hilfe einer Grammatik selbständig wiederholen)
   - Üben (z. B. aus früheren *Workbooks*/Lehrbüchern Übungsaufgaben lösen, Beispielsätze finden, aus einem Text Sätze oder Wörter mit bestimmten Merkmalen heraussuchen)
c) Weiterarbeiten
   - im Unterricht behandelte Texte verändern (z. B. *summary, point-of-view-story,* Schlüsselworte aufschreiben, Textstruktur darstellen)
   - Transfer (z. B. Textvergleich, Rollenspiel vorbereiten, Brief schreiben)
d) Vorarbeiten
   - neuen Lernstoff für den Klassenunterricht präparieren (z. B. Folie vorbereiten, Liedtext transkribieren, Broschüren lesen, Spielmaterial herstellen)
   - Inhalte selbständig erarbeiten (z. B. Lektüre lesen und zusammenfassen, Text erschließen, Radiosendung anhören und darüber berichten)

Literaturhinweise

Die Frage nach Sinn und Umfang der Hausaufgaben im neusprachlichen Unterricht war in der fremdsprachendidaktischen Literatur nur eine Randerscheinung, wenngleich bereits die im 19. Jahrhundert heftig geführte Überbürdungsdebatte zu diesem Thema gezählt werden kann.

Pauels: *Die Hausaufgabe im Englischunterricht,* 1979
Hohmann: *„Hausaufgaben in der Oberstufe“,* 1981
Wildermuth: *„Hausaufgaben beim Vokabellernen“,* 1981
Sturm: *„Differenzierende Hausaufgaben“,* 1983

7. Langfristige interessenweckende Lehrstrategien

> ❞ Der Fremdsprachenunterricht ist ein Langzeitunternehmen. Damit die Motivation der Schüler erhalten bleibt, muß ich selber flexibel und motiviert sein. ❝

7.1 Das Klassenzimmer als Handlungsraum

Problemfeld

Eine Sprache ist etwas Lebendiges, und ein guter Sprachunterricht spiegelt dies wider. Die Sprache ist nicht nur Lernobjekt, sondern Mittel der Verständigung, nicht nur Testgegenstand, sondern Baustein für Projekte, nicht nur tote Struktur, sondern auch Spielmaterial. Eine **aktive Unterrichtsgestaltung,** die die Schüler die Fremdsprache handelnd lernen läßt, findet sich am ehesten im Unterricht, wenn kleine Spielszenen, Rätsel, Sprachspäße und eigenes Tun beim Gestalten von Plakaten oder Zeichnungen in die Grammatik- und Wortschatzarbeit integriert sind. Im Verlaufe der ersten zwei Jahre Englischunterricht verlieren sich bei den meisten Lehrern solche Aktivitäten mehr und mehr, wenn der Druck des zu bewältigenden Pensums und die Scheu der Schüler vor vermeintlich kindlichen Arbeitsformen wächst.

Aktives Lernen ist notwendig
Unterrichtsformen und Lernaktivitäten, die sich nicht nur auf die kognitiven Fähigkeiten der Schüler beziehen, sondern sowohl den Gefühlsbereich ansprechen als auch praktisches Tun verlangen, gibt es in großer Zahl. In der allgemeinen Didaktik gehören dazu u. a. die **Projektmethode** und das **spielerische Lernen,** aber auch weniger klar umrissene Formen wie der **fächerübergreifende Unterricht.** Es ist jedoch gar nicht nötig, den gesamten Unterricht völlig umzustellen, denn Arbeitsformen der beschriebenen Art lassen sich auch innerhalb einzelner Phasen einer Unterrichtsstunde verwirklichen. Wichtig für das Fremdsprachenlernen ist es, in jedem Fall zu überprüfen, ob die eingesetzten Verfahren eine einleuchtende Verwendung der Fremdsprache mit sich bringen und die Lernenden in mehreren Persönlichkeitsbereichen ansprechen. Wegen dieser umgreifenden Wirkung muß ein solcher Englischunterricht zunächst von den Fähigkeiten und Interessen der einzelnen Lehrerin getragen werden; es geht daher um die Mobilisierung ihrer schlummernden Talente, sei es das Laienspiel, die Musik, Zeichnen und Werken oder gar das Kochen. Das Verlassen eines Unterrichtskonzepts von *chalk and talk* kann Schülern und Lehrern Lernerfolge, Spaß und Motivation für das Englischlernen bringen.

Handlungsempfehlungen

1. Die Verwirklichung eines aktivitätsbezogenen Englischunterrichts kann auf verschiedenen Ebenen stattfinden:

a) Klassenübergreifend
   - Für ein geplantes Schulfest bereiten Schüler und Lehrer ein englisches Theaterstück zur Aufführung vor.
   - In der Schülerzeitung wird eine „Sprachecke" eingerichtet, die reihum von verschiedenen Klassen betreut wird.
   - Ein Fachraum Englisch wird ausgestaltet, für den die Schüler brieflich Plakate und andere landeskundliche Materialien erbitten.
   - Es gibt pro Woche (oder pro Monat) ein englisches Rätsel (z. B. Quizfragen zur Landeskunde, Kreuzworträtsel, Problemlösungsaufgaben, Suchaufgaben), an dem sich alle Schüler beteiligen können. Zum Halbjahreszeugnis wird unter den Teilnehmern ein Preis verlost.
   - Eine Partnerschaft mit einer Schule in Großbritannien oder einem anderen englischsprachigen Land wird organisiert. Eine Projektwoche wird zu einem Thema veranstaltet, das einen starken Bezug zum Englischunterricht besitzt (Beispiel: Australien – Flora/Fauna, Geschichte, geographische Lage und Beschaffenheit, Auswanderung dorthin heute, Folklore, Küche, Filme).

b) Klassenintern und fächerübergreifend
   Günstig ist es, wenn Sie selbst das für den fächerübergreifenden Unterricht notwendige zweite Fach in Ihrer Klasse unterrichten. Wenn Sie Ihren Kollegen jedoch klarmachen können, daß ein solches Vorhaben auch ihrem Fachunterricht nützen kann, sind diese zur Mitarbeit sicher gerne bereit. Die folgenden Vorschläge sind nur als Beispiele gedacht. Bestimmt werden Ihnen weitere Möglichkeiten der Themen- und Fächerverschränkung einfallen.
   - Englisch und Musik
     Es bieten sich u. a. an: Unterrichtseinheiten über *Country and Western Music, Reggae, Pop Music in the USA or Great Britain, Folk Songs, Gilbert and Sullivan*-Opern oder Musicals, wie z. B. *Oklahoma, My Fair Lady* (in Verbindung mit *Pygmalion* von Shaw) u. ä. Wenn sich der Musikanteil durch praktisches Tun, wie z. B. Planen und Proben von Aufführungen von Liedern oder Volkstänzen, zu bestimmten Anlässen ergänzen läßt, erscheinen solche Themen besonders geeignet.
   - Englisch und Hauswirtschaft
     Ein Kurs zur Küche englischsprachiger Länder (Curry aus Indien, Chop Suey aus Hongkong, Pavlova aus Neuseeland, Roast Beef and Yorkshire Pudding aus England etc.), bei dem englischsprachige Kochbücher konsultiert werden müssen, macht viel Spaß, bringt allerdings auch – bei einsprachiger Unterrichtsführung – eine große Anzahl neuer Vokabeln.
   - Englisch und Geographie/Geschichte
     Hier wird es in erster Linie um die Behandlung englischsprachiger Länder

gehen. Denkbar wären aber auch Unterrichtseinheiten zu den Entdeckungsreisen von James Cook oder Charles Darwin unter Heranziehung von zeitgenössischen Tagebüchern und Beschreibungen. Bei einer Kombination mit dem Fach Geschichte ließen sich Dokumente der *oral history* (veröffentlichte Interviews und Lebensbeschreibungen) aus einer Gegend mit der Beschreibung topographischer und bevölkerungsstatistischer Fakten zu einer detaillierten Darstellung eines engen Bereichs in Geschichte und Gegenwart verbinden.

c) Klassen- und fachintern
Auch innerhalb des Faches Englisch lassen sich Formen aktiven Lernens verwirklichen. Ebenso wie bei der Planung von fächer- oder klassenübergreifendem Unterricht bilden Ihre eigenen Interessen und Fähigkeiten den Ausgangspunkt. Dabei erscheint es sinnvoll, in kleinen Schritten vorzugehen. Zum einen gewöhnt man dadurch sich selbst und die Schüler langsam an die ungewohnten Lernformen und vermeidet zum anderen – bei den nie zu verhindernden Rückschlägen – allzu große Enttäuschungen. Ein weiterer Grundsatz besteht darin, die Schüler so weit wie möglich an der Vorbereitung und Ausgestaltung des Unterrichts zu beteiligen, damit sie ihre persönlichen Ideen und Interessen einbringen können und den Unterricht verstärkt als ihre eigene Sache ansehen. Übergreifendes fremdsprachliches Lernziel bleibt die Interaktion in der Fremdsprache.

2. *Miteinander sprechen*
Als erste Gruppe von geeigneten Lernsituationen sind daher alle jene Übungen anzusehen, die die Lernenden untereinander ins Gespräch bringen. Da sind zunächst die Gelegenheiten zum Klassengespräch, die Sie nutzen und ausnutzen sollten, um den Gebrauch der **Fremdsprache als Mittel der Verständigung** zu demonstrieren. In Lerngruppen mit fortgeschrittenerem Leistungsniveau bieten sich Verfahren an, die auf dem Prinzip des *information gap* aufbauen. Diese Übungen zwingen die Lernenden dazu, Informationen auszutauschen, um eine Lösung zu finden. Beispiele für diese Übungsformen sind das Vergleichen von leicht unterschiedlichen Bildern in Partnerarbeit, das Zusammensetzen von Texten aus Einzelsätzen in Gruppen und alle Arten von **Ratespielen.** Der oben erwähnte Rätselwettbewerb läßt sich natürlich auch klassenintern durchführen.

Gesprächsanlässe in großer Zahl bieten auch alle jene Aktivitäten, die der gemeinsamen Produktion einer Sache dienen. Die „Sache" kann die Umwandlung eines Lesetextes in ein Hörspiel, die Herstellung eines Films oder einer Dia-Serie, das Einüben eines Theaterstückes für das Schulfest oder schließlich die Vorbereitung eines englischen Elternabends sein. Die Fremdsprache ist in diesen Situationen sowohl Hilfsmittel der organisatorischen Bewältigung als auch Gegenstand der inhaltlichen Bemühungen.

3. *Füreinander schreiben*
Eine zweite Gruppe bilden Arbeitsformen, bei denen die Schüler etwas für andere auf Englisch schreiben. Dies kann im Rahmen einer **Wandzeitung** geschehen, für die

jede Woche ein anderer Schüler einen Beitrag liefert, indem er z. B. sein Hobby oder ein Erlebnis beschreibt. Wenn Sie in Ihrer **Schulbibliothek** eine Reihe verschiedener Lektüren haben, die für die Schüler Ihrer Stufe geeignet sind, lassen Sie diese zu Hause lesen und bitten Sie jeden Schüler, zu der von ihm gelesenen Geschichte eine kurze Rezension zu verfassen, die – auf einer Karteikarte notiert und namentlich gekennzeichnet – dem nächsten Schüler etwas über den Inhalt und die Meinungen der vorherigen Leser mitteilt. Rezensionen zu Lehrbuchtexten können im nächsten Schuljahr mit der neuen Lerngruppe besprochen werden. Unterrichten Sie in Klassen unterschiedlicher Stufen, können Sie Schüler höherer Klassen dazu gewinnen, Geschichten, Berichte oder Gedichte für die Jüngeren zu schreiben, die diese im Gegenzug beurteilen. Solche Aktivitäten sind meist für beide Schülergruppen anregend. Eine feste Einrichtung Ihres Englischunterrichts könnte es auch werden, daß jeweils ein Schüler zu Beginn der Woche im Rahmen einer **freiwilligen Hausaufgabe** einen Bericht ausarbeitet, der sich mit seinen Erlebnissen am Wochenende, seiner Meinung zu einem Film oder einer Fernsehsendung oder einem anderen, ihn persönlich interessierenden Thema befaßt. In Verbindung mit landeskundlichen Themen werden die Schüler aufgefordert, sich zu ihrer eigenen Stadt und Umgebung zu äußern. Entstehen in diesem Zusammenhang englischsprachige Texte oder sogar Plakate, kann man diese dem örtlichen Verkehrsverein anbieten. Gerade in kleineren Städten ist es gut möglich, daß solche „Produkte" Ihres Unterrichts großen Anklang finden.

4. *Zusammen etwas tun*
Als dritte Gruppe erscheinen **Problemlösungsaufgaben** und verwandte Übungsformen geeignet, handlungsbezogenes Lernen zu verwirklichen. Die Möglichkeiten hierbei reichen vom *Treasure Hunt* (der sich über Wochen hinziehen kann, indem jeder Schüler eine auf ihn zugeschnittene Aufgabe lösen muß, um seinen Teil zur Gesamtlösung und zum Auffinden des „Schatzes" beizutragen) über logische Puzzles bis zum themenorientierten Rollenspiel.

5. Der Einsatz der genannten Arbeitsformen kann für Ihren Englischunterricht befreiend wirken, da die Berücksichtigung der Lehrer- und Schülerinteressen und die damit verbundene Ausweitung der Themen für alle Beteiligten von Vorteil sind. Indem Schüler nicht nur auf Lehrbuchtexte reagieren, sondern selbständig agieren können, gewinnt der Unterricht eine neue Dimension: Der Schüleralltag erhält Eingang in den Unterricht. Dies verschafft den Schülern gleichzeitig Lernerträge, deren Nutzen ihnen unmittelbar bewußt wird.

Literaturhinweise

Anregungen zu der hier beschriebenen Art der Gestaltung von Englischunterricht finden sich gelegentlich in den praxisorientierten Fachzeitschriften. Diese Beiträge stammen zumeist von Lehrerinnen und Lehrern, die über eigene Erfahrungen mit selbstentwickelten Verfahren und Inhalten berichten.

Cass/Piske: *"Pedagogical Pop"*, 1977
Roth: *"A Treasure Hunt"*, 1978
Genzlinger: *Kreativität im Englischunterricht,* 1980
Nuhn: *„Elternabend in englischer Sprache"*, 1981
Singer: *Maßstäbe für eine humane Schule,* 1981
Bung: *„Musische Formen im Englischunterricht"*, 1982
Münch: *„Expositorische Texte im Englischunterricht"*, 1982
Puchta/Schratz: *Handelndes Lernen im Englischunterricht,* 1984

7.2 Abwechslung und Phasenwechsel

Problemfeld

Als generell anerkannter pädagogischer Leitsatz gilt, daß Abwechslung in Stoff und Methoden dem Lernen förderlich ist. Die allgemein-pädagogische Forderung nach einem Methodenwechsel im Unterricht wird durch Erkenntnisse der Fremdsprachendidaktik gestützt, die im Fremdsprachenlernprozeß Phasen mit unterschiedlichen Zielen und Aufgaben unterscheidet.

Drei Hauptphasen des Englischunterrichts
Grob gesehen handelt es sich um **Darbietungs-, Übungs- und Anwendungsphasen,** die sich jeweils in weitere Teilphasen untergliedern lassen. In der **Darbietungsphase** wird den Schülern der neue Stoff (Text, grammatische Struktur, Sprechakte etc.) präsentiert. Die Semantisierung neuen Vokabulars und die Erklärung sachlicher Zusammenhänge bei informativen Texten erfolgen ebenfalls in dieser Phase. Bei der Texterarbeitung läßt sich die Überprüfung des Textverständnisses, die der Besprechung des Textes vorausgeht, der Darbietungsphase zurechnen.

Größten Raum nimmt im elementaren Fremdsprachenunterricht, dessen Ziel die Vermittlung grundlegender grammatischer Strukturen und eines Basiswortschatzes ist, die Übung ein. In der **Übungsphase** erwerben die Lernenden die sprachlichen Mittel, die sie dann befähigen, auftretende Kommunikationssituationen in der Fremdsprache zu bewältigen. Die Grenzen zwischen Übung und Anwendung sind nicht eindeutig festzulegen, da jede Anwendung der Fremdsprache für den Lernenden gleichzeitig ein Üben bedeutet. Strenggenommen begegnen dem Lernenden Anwendungssituationen für die Fremdsprache hauptsächlich außerhalb des Unterrichts. Man kann allerdings auch alle solche Unterrichtsphasen als Anwendungsphasen charakterisieren, in denen die Lernenden die Fremdsprache unabhängig vom gerade behandelten Lernstoff verwenden.

Die **Bewußtmachungsphase** bei grammatischen Lernzielen, in der Regeln erläutert werden, läßt sich diesem Drei-Phasen-Schema nicht ganz eindeutig zuordnen; sie gehört vielleicht noch am ehesten zur Darbietung, wenn sie auch zeitlich durchaus nach der ersten Übungsphase angesiedelt werden kann. Die **Transferphase,** in der die Übertragung des Gelernten auf neue Situationen verlangt wird, gilt als Teil der Anwendungsphase.

Einzelne Methoden für den Fremdsprachenunterricht (z.B. die audiovisuelle Methode) haben bestimmte Phasenabläufe festgeschrieben. Im allgemeinen wird die einzelne Unterrichtsstunde keinem starren Schema folgen können, da Unterrichtsthema, -ziele und Lerngruppe vom Lehrer ein flexibles methodisches Vorgehen fordern. Angaben über Phasenfolgen lassen sich somit nur für jeden Lernabschnitt machen, bei dem Darbietung, Übung und Anwendung aufeinanderfolgen, wobei über die zeitliche Dauer der einzelnen Phase noch keine Aussagen gemacht sind.

Die methodische Ausgestaltung der Lernphasen sollte dem eingangs genannten Grundsatz der **Abwechslung** folgen, wobei es sich um Abwechslung bei der Übungs- oder Darbietungsform, bei den Arbeits- und Sozialformen, den Arten der Leistungsüberprüfung und des Medieneinsatzes handeln kann. Im Grad der Steuerung von Unterrichtsphasen durch den Lehrer lassen sich weitere Abstufungsmöglichkeiten denken.

Unterrichtswirklichkeit

76 Während der zweiten Ausbildungsphase wird angehenden Lehrern im Seminar folgender Musterverlauf für Englischstunden empfohlen: 1) *Small talk* als Stundeneinstieg, 2) Kontrolle der Hausaufgaben, 3) Darbietung des neuen Stoffes, 4) Übung des neuen Stoffes, 5) Transfer, 6) Stellen der Hausaufgabe.

Eine solche Aufstellung ist für methodisch unerfahrene Lehramtsanwärter sicher hilfreich, solange sie nicht als ein in allen Unterrichtsstunden zu verwirklichendes Schema verstanden wird. Fast immer dürfte eine Englischstunde zu Beginn eine kurze Phase besitzen, in der eine „Einstimmung" in die Fremdsprache und/oder das Stundenthema erfolgt – der *small talk* stellt dazu nur eine Möglichkeit dar. Innerhalb einer Unterrichtsstunde werden sich alle drei Phasen (Darbietung, Übung und Transfer) nur bei sehr begrenzten Stundenthemen durchführen lassen, oftmals werden Übungs- und Transferphase auf eine folgende Stunde verschoben werden müssen. Der vorgeschlagene Phasenablauf läßt keinen Raum für systematisches Wiederholen von Grammatik und Lexik, das in bestimmten Zeitabständen nach der Ersteinführung notwendig ist, um den Lernerfolg zu bewahren. Schließlich garantiert ein solch allgemeiner Vorschlag für den Stundenverlauf nicht automatisch einen abwechslungsreichen Unterricht, da dieser stärker von einer methodisch flexiblen und sachadäquaten Gestaltung der einzelnen Phasen selbst abhängt.

Wünschenswert wäre es daher, phasenspezifische Übungsformen zu entwickeln, die es dem Unterrichtenden gestatten, phasenadäquate Arbeitsformen zu wählen, die nicht nur im Hinblick auf den Schwierigkeitsgrad der zu bewältigenden Aufgabe, sondern auch in bezug auf Übungstätigkeit (z. B. Ausfüllen, Fragen beantworten), Steuerung (z. B. Auswahlantworten oder *essay*), Erarbeitungsmodus (mündlich oder schriftlich), Sozialform (Einzel-, Partner- oder Gruppenarbeit) u. a. unterschiedlich sind und damit den Lernenden ein abwechslungsreiches Lernen ermöglichen.

Handlungsempfehlungen

1. Planen Sie Ihren Englischunterricht unter Berücksichtigung des Prinzips der Abwechslung. Behalten Sie bei der Auswahl von Themen und Übungsformen die unterschiedlichen Lerntypen unter Ihren Schülern im Auge.
2. Erarbeiten Sie sich ein Repertoire von Arbeitsformen für die einzelnen Phasen des Englischunterrichts. Anregungen und Hilfen dazu finden sich in den Lehrerhandbüchern der Lehrwerke, in Übungssammlungen und methodischen Handbüchern. Auch Unterrichtsbeobachtung bei Kollegen und die Hospitation von anderen in Ihrem Unterricht können weiterhelfen. Am sinnvollsten erscheint es, wenn Sie sich eine Zeitlang auf eine Unterrichtsphase konzentrieren und verschiedene Formen ihrer Realisierung zusammentragen und erproben.
3. Achten Sie darauf, daß das Ende einer alten und der Beginn einer neuen Unterrichtsphase für alle Schüler klar zu erkennen sind (evtl. kurze Pause zum Wegräumen nicht mehr benötigter Unterlagen), damit sich die ungeteilte Aufmerksamkeit auf die neue Aufgabe richten kann.
4. Zu rascher und häufiger Phasenwechsel ist ebenso lernhemmend wie ein zu langes Verweilen in einer bereits von allen Schülern gemeisterten Arbeitssituation. Versuchen Sie daher, Ihr Unterrichtstempo der Lerngeschwindigkeit der Mehrzahl der Schüler anzupassen, und bieten Sie darüber hinaus besonders langsamen und schnellen Schülern regelmäßig Gelegenheit, ihrem Tempo gemäß zu arbeiten (Binnendifferenzierung).

Literaturhinweise

Obwohl die Phasenstruktur des Englischunterrichts schon lange anerkannt ist, wird sie in fremdsprachendidaktischen Veröffentlichungen nur selten allein als Kernthema behandelt. Ähnlich steht es um das allgemein-pädagogische Prinzip der Abwechslung.

Mackey: *Language Teaching Analysis,* [4]1971
Grewer/Moston/Sexton: *„Übungsschritte zum Erwerb kommunikativer Kompetenz“,* 1979
Rattunde: *„Sprachlern- und Spracherwerbsphasen“,* 1982

7.3 Klassenunterricht, Einzel-, Partner- und Gruppenarbeit

Problemfeld

Im Englischunterricht kommen alle vier Formen der sozialen Organisation der Lerngruppe zur Anwendung. Allerdings besitzt jede Sozialform ein ihr eigenes Merkmalprofil, das ihren Einsatz im Unterricht bestimmt. Ausschlaggebend für die Verwendung einer Sozialform sind daher Überlegungen zu deren Eignung für eine feststehende Lerngruppe (z. B. Alter, Lernklima, Grad der Selbständigkeit, Leistungsstand), für die angestrebten Unterrichtsziele und die räumlich-zeitlichen Gegebenheiten (z. B. Materialaufwand, Zeitplan, Räumlichkeiten). Neben fremdsprachendidaktische treten allgemein-pädagogische Erwägungen zu sozialen und fächerübergreifenden Lernzielen. Dabei wird sich oftmals eine Übereinstimmung zwischen dem Unterrichtsstil eines Lehrers, seinen allgemein-methodischen Prinzipien und den von ihm bevorzugt eingesetzten Sozialformen ergeben. Die folgende Tabelle gibt einen Überblick über wesentliche Vor- und Nachteile einzelner Sozialformen sowie deren Einsatzmöglichkeiten.

Arbeitsform	Einsatzmöglichkeiten	fremdsprachendidaktischer Kommentar	allgemein-didaktischer Kommentar
Klassenunterricht (Frontalunterricht)	Darbietungsphase Texterarbeitung grammatische Bewußtmachung Lernspiele Diskussionen Aussprachetraining (vorwiegend mündlich)	*Vorteile u. a.:* sofortige Fehlerkorrektur möglich Lehrer als fremdsprachliches Modell *Nachteile u. a.:* geringe Sprechzeit des einzelnen Schülers Schüler müssen im „Gleichschritt“ lernen	*Vorteile u. a.:* Lehrer behält den Überblick; relativ einfach in der Organisation; häufig wenig materialaufwendig *Nachteile u. a.:* Lehrerdominanz Ausrichtung auf ein mittleres Niveau nur wenige Schüler aktiv
Einzelarbeit (Stillarbeit)	Übungen Textentschlüsselung Sprachlabor Leistungsüberprüfung Hausaufgaben Texterstellung (vorwiegend schriftlich)	*Vorteile u. a.:* Erkennen der eigenen Lernschwierigkeiten und Lernerfolge sprachliche Kreativität *Nachteile u. a.:* Fehlen eines individuellen Gesprächspartners	*Vorteile u. a.:* Einhalten des persönlichen Lern- und Arbeitstempos konzentrationsfördernd *Nachteile u. a.:* Konkurrenzverhalten Hilflosigkeit
Partnerarbeit	Übungen Transfer Rollenspiel Interaktionen Hausaufgabenkontrolle Lernspiele Texterstellung (mündlich und schriftlich)	*Vorteile u. a.:* erhöhte Sprechzeit Interaktion und Kommunikation echte Situationen *Nachteile u. a.:* Gefahr der Fehlerhäufung möglicher Gebrauch der Muttersprache	*Vorteile u. a.:* Sachorientierung gegenseitige Anregung und Korrektur alle gleichzeitig aktiv *Nachteile u. a.:* arbeitsintensiv in der Materialvorbereitung

Gruppenarbeit	Übungen Transfer Rollenspiel Planspiel produktives Schreiben (mündlich und schriftlich)	*Vorteile u. a.:* Interaktion Fremdsprache als Mittel der Verständigung *Nachteile u. a.:* Gefahr der Fehlerhäufung häufigerer Gebrauch der Muttersprache	*Vorteile u. a.:* Prozeßorientierung Kooperation *peer teaching* – Lernen durch Lehren alle gleichzeitig aktiv *Nachteile u. a.:* zeit- und materialaufwendig Cliquenbildung hoher Geräuschpegel

Eine zusätzliche Differenzierung der Verwendungsmöglichkeiten der genannten Sozialformen im Englischunterricht ergibt sich aus der Tatsache, daß die fremde Sprache nicht nur Unterrichtsgegenstand, sondern auch weitgehend Verständigungsmittel im Unterricht ist. Sozialformen, die eine Kommunikation der Lernenden über organisatorische Fragen – wie bei der Gruppen- und in geringerem Maße bei der Partnerarbeit – notwendig machen, können daher erst nach der Anfangsphase im einsprachigen Englischunterricht sinnvoll durchgeführt werden.

Die Tabelle macht deutlich, daß Einzelarbeit allen Lernphasen angemessen ist, während sich der Klassenunterricht vorwiegend für die Darbietung neuen Stoffes eignet, Partner- und Gruppenarbeit jedoch für die Phasen der Übung und Anwendung. Alle Sozialformen lassen unterschiedliche Stufen der Lenkung durch den Lehrer oder die Aufgabenstellung zu.

Unterrichtswirklichkeit

77 Viele Lehrer beginnen die Durchnahme eines neuen Textes mit der vorherigen Erklärung unbekannter Vokabeln im Klassenunterricht. Dabei erläutern sie diese neuen Wörter durch englische Umschreibungen, zeichnerische Darstellungen oder muttersprachliche Übersetzung und halten sie an der Tafel fest.

Dieses Verfahren der **Vokabeleinführung** besitzt den Vorteil, daß alle Schüler gleichzeitig mit dem neuen Wortschatz vertraut gemacht werden. Nach Abschluß dieser Phase setzt die eigentliche Textarbeit bei einem relativ einheitlichen Informationsstand der Lerngruppe an. Im Anfangsunterricht ist das beschriebene Verfahren oftmals das einzig mögliche, da die Lernenden weder ausreichende Kenntnisse der Fremdsprache zur Benutzung einsprachiger Wörterbücher noch genügend Sprachgewandtheit zur fremdsprachlichen Umschreibung der neuen Vokabeln besitzen. Bei fortgeschritteneren Lernern kann es sich aus Gründen der Abwechslung und des Trainings selbständigen Arbeitens empfehlen, von der **Textvorentlastung** im Klassenunterricht abzuweichen. Läßt man einen Text abschnittweise von Kleingruppen vorbereiten, die jeweils eine bestimmte Anzahl unbekannter Vokabeln „ihres" Abschnittes erläutern müssen, so wird diese Einführungsphase zwar zeitlich ausgedehnt, dient aber gleichzeitig der Übung wichtiger Arbeits- und Kommunikationstechniken, wie Benutzung des Wörterbuchs und Umschreibung von Begriffen.

78 Im Anschluß an die Darbietung eines neuen grammatischen Stoffes läßt Frau U. ihre Schüler in Einzelarbeit die neue Struktur üben. Dazu stellt sie Lückentexte und Einsetzaufgaben bereit.

Bei solchen Übungen merkt ein Schüler schnell, ob er den neuen Stoff verstanden hat oder ob er weitere Erklärungen bzw. Übungen benötigt. Stillarbeitsphasen dieser Art dienen ebenfalls der Vorbereitung auf ähnliche Aufgabenstellungen in Klassenarbeiten. Um die *Feedback*-Funktion der Einzelarbeit sinnvoll auszunutzen, muß der Unterricht die Erkenntnisse der Schüler über ihre Lerndefizite berücksichtigen. Dazu informiert sich die Lehrerin über die Übungsleistungen der Schüler durch Stichproben oder in der gemeinsamen Besprechung der Übungslösungen. Ein Vergleichen der Übungsantworten in Partnerarbeit kann ebenfalls nützlich sein und einzelnen Schülern helfen, Lücken abzubauen.

79 Frau E. verwendet im englischen Anfangsunterricht zur Übung neu eingeführter Laute Partnerarbeit, indem sie die Schüler auffordert, sich gegenseitig einige Minuten lang die neuen Wörter vorzusprechen und die Aussprache zu korrigieren.

Durch diese Sozialform wird die Sprechzeit der einzelnen Schüler während der Übung stark erhöht, da alle gleichzeitig dieselbe Aufgabe bewältigen. Hinzu kommt ein Element kooperativen Lernens, da sich die Schüler gegenseitig helfen und verbessern können. Trotz dieser Vorzüge ist die Verwendung von Partnerarbeit für Ausspracheübungen der beschriebenen Art nicht optimal. Gerade im Anfangsunterricht benötigen Schüler immer wieder das sprachliche Vorbild der Lehrkraft. Deshalb dürften **Chorsprechen** in Kleingruppen und Nachsprechübungen einzelner Schüler eine bessere Garantie für das Einüben der richtigen Aussprache bieten als die weitgehend der Kontrolle der Lehrerin entzogenen Partnerübungen. An einer späteren Stelle des Lernprozesses, d. h. beim Wiederholen oder Anwenden der Aussprache unterschiedlicher Laute, können partnerbezogene Übungen allerdings durchaus nützlich sein. So eignen sich beispielsweise Arbeitsblätter mit *minimal pairs* für eine Diskriminierungsübung, die sowohl Aussprache als auch Hörverstehen trainiert: Jeder der beiden Übungspartner liest abwechselnd ein Wort aus einer Gruppe ähnlich klingender Wörter vor, z. B. *pan, pen, pin,* während der Partner auf seinem Blatt markiert, welches Wort er verstanden hat. Beim abschließenden Vergleich stellt sich heraus, wie viele Wörter erkannt und somit phonologisch richtig ausgesprochen wurden. Diese Art des partnerschaftlichen Zusammenspiels führt den Schülern auch vor Augen, wie wichtig eine gute Aussprache ist.

80 Herr S. verwendet in seinem 6. Schuljahr (Gymnasium) einen Lehrbuchdialog als Grundlage von Gruppenarbeit, in der die Textvorlage abgeändert oder ergänzt und ihre szenische Darstellung geprobt wird. Anschließend führt jede Gruppe ihren Dialog der Klasse vor.

Diese Form der arbeitsgleichen Gruppenarbeit ist für rollenspielerfahrene Klassen motivierend. Das gleiche Ausgangsmaterial führt jedoch schnell dazu, daß schauspielerisches Talent für den Darstellungserfolg des Gruppenprodukts wichtiger wird als sprachliche Korrektheit oder Originalität. Zudem wirken mehrere Aufführungen des gleichen Dialogs für die Zuschauer ermüdend und wenig produktiv. In diesem Fall wäre es sinnvoller, entweder unterschiedliche Dialoge/Situationen an die Gruppen zu verteilen oder den Zuschauern Beobachtungsaufgaben zu stellen, so daß ihre Aufmerksamkeit über mehrere Darbietungen hinweg erhalten bleibt.

Handlungsempfehlungen

1. Beachten Sie das Grundprinzip der Abwechslung auch für die Sozialformen in Ihrem Unterricht. Vermeiden Sie dauerhafte Cliquenbildung und Spannungen, indem Sie Gruppenzusammensetzungen je nach Aufgabenstellung variieren. Passen Sie die Sozialform den Lernzielen und der Lernphase an.

2. Gewöhnen Sie von Anfang an die Lernenden an kooperative Arbeitsformen. Partnerbezogene Übungen sind eine gute Vorbereitung auf Gruppenarbeit. Aber auch die Zusammenarbeit in der Gruppe muß trainiert werden, und zwar
   a) im Hinblick auf äußere Arbeitstechniken wie Einhalten eines Zeitplanes, Mitprotokollieren, Gesprächsleitung, Besprechung von Erarbeitungsstrategien;
   b) zur Erreichung einer fairen Einstellung zum gemeinsamen Arbeiten, die sich in gegenseitiger Hilfe und individuellem Einsatz zeigt;
   c) schließlich zur Einübung der für die Arbeit nötigen Redemittel der Fremdsprache, wobei das sprachliche Rüstzeug zur organisatorischen Abwicklung von Gruppenarbeit weitgehend themenunabhängig und übertragbar ist.

3. Gruppenarbeit eignet sich gut für binnendifferenzierende Maßnahmen. Versuchen Sie daher adressatenspezifische Aufgaben zusammenzustellen. Achten Sie dabei besonders auf eine klare und eindeutige Formulierung der Arbeitsanweisungen. Für den relativ häufig eintretenden Fall, daß sich der Abschluß des Arbeitens der einzelnen Gruppen zeitlich nicht synchronisieren läßt, bereiten Sie Zusatzaufgaben etwa in Form von Lernspielen oder Rätseln vor.

Literaturhinweise

Den traditionellen Sozialformen des Englischunterrichts, Klassenunterricht und Einzelarbeit, wird in der fremdsprachendidaktischen Literatur nur wenig Beachtung geschenkt. Im Zuge der Akzentuierung kommunikativer Lernziele für den Fremdsprachenunterricht rücken Partner- und Gruppenarbeit stärker in den Mittelpunkt des Interesses.

Nuhn: *„Partner- und Gruppenarbeit im Fremdsprachenunterricht“*, 1975
Long: *“Group work”*, 1976/77
Schwerdtfeger: *Gruppenarbeit im Fremdsprachenunterricht*, 1977

Dunlop: *"Pair work and group work"*, 1979
Huntemann: *„Gruppen- und Partnerarbeit"*, 1980
Schiffler: *„19 Thesen zur Gruppenarbeit"*, 1980
Long/Porter: *"Groupwork, interlanguage talk, and second language acquisition"*, 1985

7.4 Medieneinsatz

Vorzüge und Nachteile des Medieneinsatzes im Englischunterricht
Unabhängig von ihrer spezifischen Ausrichtung auf bestimmte Darstellungsformen (grafisch, akustisch) besitzen Unterrichtsmedien in der Regel eine Reihe von Qualitäten, die für ihre Verwendung im Fremdsprachenunterricht sprechen:
- Sie vermitteln einen Ausschnitt der fremdsprachlichen Realität (z. B. Stimmen von *native speakers,* landeskundlicher Informationsgehalt von Fotos).
- Sie tragen zur Abwechslung in den Lern- und Übungsformen des Unterrichts bei.
- Der wechselnde Einsatz einzelner Medienarten begünstigt unterschiedliche Lerntypen.
- Medien entlasten den Lehrer und lockern strengen Frontalunterricht auf.
- Sie können jede Lernphase bereichern.
- Medien sprechen Lernende oft direkter an als das gedruckte Wort eines Textes.

Die hier als positiv erwähnten Eigenschaften können jedoch auch negative Auswirkungen haben. Die Kenntnis dieser Gefahren hilft Ihnen, Medien sinnvoll und erfolgreich in Ihren Unterricht zu integrieren.
- Ein zu komplex gestalteter Ausschnitt aus der fremdsprachlichen Realität könnte die Schüler eher am Lernen hindern als es ihnen erleichtern, da die – beispielsweise bildliche – Vielfalt das Wesentliche des Sprachenlernens überdeckt.
- Ein zu schneller, häufiger und vielleicht unmotivierter Medienwechsel bringt nicht nur Hektik in den Unterricht, sondern verstärkt in den Lernenden auch den Hang zum passiven Vorbeirauschenlassen der „Medien-Show".
- Mit der Entlastung durch den Medieneinsatz darf es sich der Lehrer nicht zu leicht machen; einen englischen Film ohne Vorbereitung und Nachbesprechung zu zeigen, ist sicher kein guter Fremdsprachenunterricht.

Medienausstattung Ihrer Schule
Zur **technischen Grundausstattung** einer Schule im Medienbereich gehören meistens Plattenspieler, Tonbandgeräte und/oder Kassettenrecorder (fast jeder Schüler besitzt heute ein solches Gerät), Fernsehapparat, Film- und Overheadprojektor; zumeist finden Sie auch ein Epidiaskop, Diaprojektoren und Radioempfänger. Wenn Sie an einer gut ausgestatteten Schule arbeiten, haben Sie darüber hinaus Videorecorder und Sprachlabor zur Verfügung. Da diese technischen Geräte bei einer Benutzung durch viele Personen relativ störanfällig, Reparaturen oder Neuanschaffungen jedoch zeitaufwendig und kostspielig sind, kann es auch in einer gut ausgestatteten Schule

passieren, daß Geräte nicht in ausreichender Zahl für alle Fächer vorhanden sind. Wenn Sie daher unabhängig sein möchten, könnte sich die Anschaffung eines leistungsstarken tragbaren Kassettenrecorders lohnen.

Bei den **nicht-technischen Medien** (z. B. Wandbilder, *Flash Cards,* Flanelltafeln) und der zu den technischen Geräten gehörenden *Software* (Schallplatten, Foliotheken, Kassetten, Videofilme, Diaserien etc.) ist die Lage an den einzelnen Schulen sehr unterschiedlich. Am ehesten können Sie damit rechnen, daß die zum eingeführten Lehrwerk veröffentlichten Ton- und Bildmaterialien anzutreffen sind. Vielleicht gibt es auch noch von früher benutzten Lehrwerken z. B. Wandbilder oder Haftelemente für den Anfangsunterricht, die sich lehrbuchunabhängig verwenden lassen. Ein genauer Blick in die schulische Mediensammlung kann Ihnen viel Arbeit ersparen.

A. Visuelle Medien

Problemfeld

Bilder, Zeichnungen, grafische Darstellungen und reale Gegenstände gehören schon lange zum Repertoire des Fremdsprachenlehrers. Meistens dienten und dienen sie der **Illustration von Bedeutungen** in einem mehr oder weniger einsprachig geführten Unterricht; sie sind damit Hilfen bei der Einführung neuen Vokabulars. Im heutigen Fremdsprachenunterricht haben visuelle Medien darüber hinaus in Übungs- und Transferphasen ihren Platz, z. B. als *clue* für Umformungsübungen, als Gedächtnisstütze für eine grammatische Regel, als zu ergänzende Bildgeschichte oder Gegenstand des Unterrichtsgesprächs *(cartoon).* An der Farbigkeit und dem Bilderreichtum der neueren Lehrwerke zeigt sich ebenfalls die gestiegene Bedeutung des visuellen Elements.

(1) Tafel und Overheadprojektor

Unterrichtswirklichkeit

81 Ein Tafelbild aus dem Englischunterricht

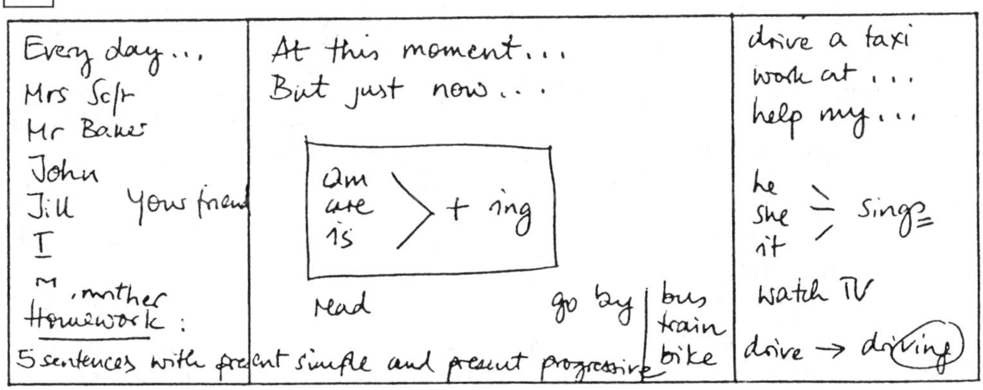

Auf den ersten Blick wirkt das Tafelbild etwas verwirrend, obgleich es durchaus gute Ansätze der Gestaltung enthält. Zunächst ist der leider nicht ganz durchgehaltene Versuch der inhaltlichen Gliederung positiv zu vermerken. Den Schülern würde das Bilden von Sätzen jedoch leichter fallen, wenn die Anordnung der Satzglieder der Reihenfolge im Satz entsprechen würde, so daß die jeweiligen Satzanfänge ganz links stehen. Die Hervorhebung durch Einrahmung ist ebenfalls lernfördernd, doch sollten solche Lernhilfen ihren festen Platz auf einem ganz bestimmten Tafelteil bekommen, so daß die Schüler sie nicht suchen müssen. Ein fester Platz gebührt auch der Hausaufgabe; er sollte während des Unterrichts nicht beschrieben werden, damit das Tafelbild – das oft Erinnerungsstütze und Materialsammlung für die Hausaufgabe ist – nicht gelöscht zu werden braucht. Ein letztes nachahmenswertes Merkmal dieses Tafelbildes ist die Schriftgröße, die auch in der letzten Reihe noch lesbar ist.

82 Frau B. unterrichtet Englisch in der fünften Klasse einer Hauptschule. Sie beginnt jede Stunde auf die gleiche Weise, indem sie einen Schüler beauftragt, diese von ihr vorbereitete Folie auszufüllen.

TODAY IS ______________________________

THE ____________________ OF ____________________

THE WEATHER IS ______________________________

____

TODAY I FEEL ______________________________

____

Die Eintragungen des Schülers werden gemeinsam gelesen, evtl. korrigiert und kommentiert.

Diese Art des **Stundenbeginns** hat eine Reihe von Vorteilen: Die Schüler lernen quasi nebenbei die Namen der Wochentage und Monate, üben Ordnungszahlen und den Wortschatz der Beschreibung des Wetters. Darüber hinaus bietet die Folie Spielraum für die sprachliche Kreativität der Schüler, die einen eigenen Kommentar, eine Beobachtung oder eine Frage hinzufügen können. Diese Aufgabe ist somit für Lernschwache und Lernstarke gleichermaßen geeignet, wobei entweder lediglich die Zeilen ausgefüllt oder weitere Sätze hinzugefügt werden.

Neben diesen als positiv einzuschätzenden Auswirkungen des Verfahrens müssen die ständige Wiederholung desselben Stundenbeginns und die daraus vielleicht resultierende Langeweile sowie ein eventuell entstehender Wettbewerb zwischen den Schülern – nach dem Motto „Wer schreibt den originellsten / längsten / frechsten Satz?“ – skeptisch stimmen. Frau B. könnte, falls sie solche negativen Auswirkungen beobachtet, diese Lückenfolie weniger häufig einsetzen oder stärker variieren, indem sie nach der Datumsangabe jedes Mal einen anderen Satzanfang vorgibt. Die Wahl des Overheadprojektors als Medium ist einleuchtend, wenn man bedenkt, daß bei der für alle sichtbaren Tafelanschrift bereits viel Spannung durch das Mitlesen verlorengeht.

Handlungsempfehlungen

1. Bei Ihrer Planung des Einsatzes von Tafel und Overheadprojektor sollten Sie die folgenden medienspezifischen Vorteile im Auge behalten.

   Vorteile der Tafel gegenüber dem Overheadprojektor:
   - nicht störanfällig
   - mehrere Schüler können gleichzeitig an die Tafel schreiben
   - mehr Platz für zusammenhängende Texte oder Skizzen
   - immer vorhanden für spontane Zeichnungen oder Texte
   - mit Kreide und großflächig läßt es sich leichter zeichnen als mit Filzstift auf Kleinformat
   - billig

   Vorteile des Overheadprojektors gegenüber der Tafel:
   - beschriftete Folien können jederzeit wiederverwendet werden (Wiederholung, neue Klasse)
   - Folien können in Ruhe zu Hause vorbereitet werden
   - die Bedienung des Overheadprojektors läßt den Lehrer den Blickkontakt mit der Klasse nicht verlieren
   - weitgefächerte Übungsmöglichkeiten bestehen durch *overlay* (mehrere Folien übereinander), Folienmasken (Abdeckung einzelner Textstellen) und unscharfe Einstellung des Projektors (Erraten von Bildelementen)
   - Einsatz kommerzieller Folienprogramme (lehrwerkbezogen, lehrwerkunabhängig)
   - Kooperation mit Fachkollegen bei der Herstellung einer eigenen Foliothek
   - Einzelarbeit der Schüler (jeder erhält eine Leerfolie)
   - Übertragbarkeit von gedruckten Texten oder Zeichnungen auf Folie mit Thermokopiergeräten

2. Rein zahlenmäßig scheinen die Vorteile des Overheadprojektors zu überwiegen, doch haben beide Medien im Unterricht ihren Platz. Werden sie gemäß ihrer Vorteile genutzt – z. B. spontane Skizzen an die Tafel, ausgearbeitete Darstellungen auf Folie –, ergänzen sie sich gut und sorgen für einen visuell gestützten Unterricht.

3. Für die Erstellung von Tafelbildern und Folien gelten einige Faustregeln, die Sie beachten sollten: Schriftgröße (Tafel mindestens 5 cm, Folie 5 mm), Schriftform (im Englischen keine Striche über dem u), Lesbarkeit, Klarheit der Aufteilung (Rechtshänder benutzen für die wichtigen Teile der Tafelanschrift die rechte Tafelhälfte, um möglichst wenig durch ihren Körper zu verdecken), Einheitlichkeit der Farb- und Symbolbenutzung (zum Beispiel: Regeln werden immer rot

eingerahmt), Zügigkeit des Schreibens und Zeichnens und Beschränkung auf das Wesentliche. Das Richtkriterium ist immer die Lernerleichterung für die Schüler. Auch wenn Sie meinen, an der Tafel nicht zeichnen zu können, sollten Sie mit Hilfe einschlägiger Bücher versuchen, eine Anzahl von Gegenständen, Tieren und Handlungen (Strichmännchen) skizzieren zu lernen. Ihre Schüler werden es Ihnen danken. Bei der Herstellung von Folien läßt sich fehlendes künstlerisches Talent durch Abpausen gut überspielen.

4. Die Arbeit mit visuellen Medien erfordert vom Schüler oft ein Höchstmaß an konzentrierter Beobachtung. Durch gezielte Beobachtungsaufgaben und Konzentrationsspiele können Sie ihnen dabei helfen. Auch das Abschreiben von der Tafel kann in dieser Hinsicht manchmal nützlich sein.

(2) Bilder und Realien

Problemfeld

Bilder und Realien bringen Farbe und Leben in den Englischunterricht. Zwar kann und sollte der Schulunterricht nicht mit dem Bilderangebot in den Medien und der täglichen Umwelt der Schüler konkurrieren, doch ist es auch nicht sinnvoll, auf visuelle Medien ganz zu verzichten. Denn für visuell ausgerichtete Lerntypen unter den Schülern stellen sie eine wichtige Lernhilfe dar. Damit sie diese Funktion der **Lernerleichterung** erfüllen können, müssen Bilder lernzielbezogen ausgewählt bzw. hergestellt werden. Natürlich können Bilder oder Gegenstände auch als zusätzliche Illustration dienen.

Unterrichtswirklichkeit

83

Herr A. fährt in den Ferien öfters ins englischsprachige Ausland und bringt von dort Fotos, *tickets,* Prospekte und andere Realien mit, die er auf Plakatkarton aufzieht und jeweils einige Stunden lang in seinen Englischklassen ausstellt. Er will seinen Unterricht dadurch lebendiger gestalten.

Mit dieser Ausstellung von Fotos und Gegenständen aus englischsprachigen Ländern erreicht Herr A. bei vielen seiner Schüler für kurze Zeit ein erhöhtes Interesse an **landeskundlichen Informationen,** was sich daran zeigt, daß ihn einige Schüler bitten, seine Fotos zu kommentieren und zu erklären, woher die Prospekte und Gegenstände stammen. Manchmal ergibt sich zufällig eine Verbindung zwischen dem Ziel seiner Urlaubsreise und den im Lehrbuch behandelten Themen. Dann läßt sich der Lehrbuchtext durch das Berichten eigener Eindrücke erweitern. Schließlich beeinflussen Herrn A.s Begeisterung für das jeweilige Land ebenso wie seine Vorbehalte in gewissem Maß auch seine Schüler, denen die Zielländer des Unterrichts somit viel näher rücken. Eine weitere Auswirkung kann darin bestehen, daß sich durch die Teilnahme der Schüler an den Urlaubserfahrungen ihres Lehrers auch ihr Verhältnis zu ihm positiv ändert.

Herrn A.s Verfahren ist insgesamt positiv zu bewerten. Allerdings könnte die Verknüpfung seiner eigenen Urlaubserfahrungen mit seinem Englischunterricht noch wesentlich enger sein, wenn er das von ihm gesammelte **Bild- und Textmaterial** stärker **als Übungsgrundlage** einsetzt. Je nach Klassenstufe bieten sich als Möglichkeit u. a. an:

- eine Verknüpfung mit passenden Abschnitten des Lehrbuchs, auch wenn diese gerade nicht „dran" sind;
- die Vergabe von kurzen Schülerreferaten zum Urlaubsland, die Herr A. ergänzt;
- das Planen von Reiserouten in Gruppenarbeit mit Hilfe des von ihm gesammelten Prospektmaterials;
- der Einsatz geeigneter Realien (z. B. Speisekarte, Bingokarte, Zollerklärung) als Requisiten von Rollenspielen;
- die Verwendung von authentischen Materialien zum Training des überfliegenden Lesens.

Erst die Integration dieser nicht-didaktisierten Materialien aus dem Zielland in den Englischunterricht über einen längeren Zeitraum hinweg bringt die gewünschte Verlebendigung. Allein das kurzzeitige Ausstellen der Bilder beläßt viele Schüler in einer passiven Haltung und hilft ihnen nicht, Fragen zu äußern und eigene Stellungnahmen abzugeben.

84 In den Lehrwerken für den Anfangsunterricht spielt die Darstellung des englischen Frühstücks mit *bacon and eggs, cornflakes, tea, toast and marmalade* zumeist eine große Rolle. Zur landeskundlichen Information, zum Üben von Strukturen *(Can I have ...? Pass the ..., please. Do you want ...?)* und des notwendigen Vokabulars inszenieren Lehrer irgendwann in den ersten beiden Lernjahren ein englisches Frühstück mit ihren Schülern.

Ein solches gemeinsames Frühstück ist – schon allein deswegen, weil die Schüler im Unterricht essen dürfen – für die Klassen ein Erlebnis, das noch lange Zeit in ihren Erzählungen auftaucht. Einiges von den positiven Eindrücken dieses Vorhabens wird sicherlich auf den Englischunterricht abfärben. Für das Üben der Fremdsprache ist die Durchführung einer solchen gemeinsamen Mahlzeit jedoch weniger geeignet, da nur wenige Sprechakte und Strukturen in dieser Situation zwingend gebraucht werden müssen und da die Schüler im Eifer des Gefechts oft auf die Muttersprache zurückgreifen. Ein weiterer Einwand betrifft den landeskundlichen Aspekt; weder in britischen Hotels noch in den meisten Familien ist das traditionelle *cooked breakfast* heute noch selbstverständlich. Vielfach gibt es in Familien eine einfachere Version mit *cereal,* Kaffee (bei der jüngeren Generation) und Toast, in Hotels oft ein sogenanntes *continental breakfast.* Schließlich spricht auch das ungünstige Verhältnis von Zeitaufwand (Vorbereitung, Durchführung) und Kosten zum Lernertrag gegen die Inszenierung eines Frühstücks im Englischunterricht. Eine mögliche Lösung für dieses Problem bietet die Verlagerung in den Hauswirtschaftsunterricht, der dann – ganz im Sinne eines **fächerübergreifenden Vorhabens** – in englischer Sprache ablaufen könnte. Auch andere englische oder amerikanische Speisen wie *trifle, pumpkin pie* oder *coleslaw* lassen sich im „englischen“ Hauswirtschaftsunterricht herstellen. Wenn die Rezepte in englischer Sprache abgefaßt sind, erreicht man zudem eine gute Übung des sinnentnehmenden Lesens.

Handlungsempfehlungen

1. Sammeln Sie Bilder und Realien. Jeder Aufenthalt im englischsprachigen Ausland kann Ihnen Material für viele Englischstunden liefern. Heben Sie Rechnungen, Ansichts- und Eintrittskarten, Stadtpläne etc. auf; fragen Sie im Restaurant, ob Sie die Speisekarte mitnehmen können; fotografieren Sie Straßenszenen, Geschäftsauslagen und Schilder. Zeitschriften sind eine unerschöpfliche Quelle für Zeichnungen *(cartoons)* und Fotos (aus Reportagen und Anzeigen). Bringen Sie deshalb auch Zeitschriften und Zeitungen aus dem Urlaub mit.

2. Wie Sie Ihre Bildausbeute aufbewahren und katalogisieren können, beschreibt McAlpin (1980). Benutzen Sie Ihr Bildarchiv. Stellen Sie *Flash Cards* aus geeigneten Fotos und Zeichnungen her (durch Aufkleben des Bildes auf Karton und Abdecken mit einer klaren Folie). Da *Flash Cards* auch im Frontalunterricht eingesetzt werden, sollten sie ausreichend große, klar erkennbare Gegenstände, Personen, Szenen und Handlungen enthalten, die auch aus der letzten Reihe gut zu sehen sind.

3. *Flash Cards,* Klein- und Wandbilder haben in fortgeschritteneren Lerngruppen ihren Platz insbesondere bei Übung und Transfer des neuen Sprachmaterials. Zur Übung des Begründens könnten Sie Ihren Schülern beispielsweise viele unterschiedliche Bilder anbieten und jeden bitten, sich ein besonders ansprechendes und ein langweiliges (oder ein erfreuliches und ein ärgerliches) auszusuchen und seine Wahl der Klasse zu erläutern. Lassen Sie Schülergruppen zu drei thematisch nicht zusammenhängenden Bildern eine Reportage schreiben.

4. Sehr nützlich sind Bilder aller Art für Partner- und Gruppenarbeitsphasen, in denen Unterschiede zwischen ähnlichen Zeichnungen gefunden, zerschnittene Bilder zusammengesetzt, Einzelbilder geordnet werden können.

Literaturhinweise

Mit der Neusprachlichen Reformbewegung und dem erwachenden Interesse an der Zielkultur rücken Bilder als Informationsträger ins Blickfeld. Überlegungen zur sprachdidaktischen Funktion von Bildern und anderen grafischen Darstellungen finden erst in den sechziger Jahren verbreitet Aufmerksamkeit. Heute gehören visuelle Medien und Veröffentlichungen, in denen ihr Einsatz erläutert wird, zum Handwerkszeug jedes Lehrers.

Wright: *Visual Materials for the Language Teacher,* 1976
Hinz: *Der Overheadprojektor im Englischunterricht,* 1979

Johnson/Johnson/Dykstra: *Stick Figure Drawing,* 1979
Byrne: *Using the Magnetboard,* 1980
Gutschow: *Englisch an der Tafel,* 1980
McAlpin: *The Magazine Picture Library,* 1980
Mugglestone: *Planning and Using the Blackboard,* 1980
Wright: *100 Pictures for Teachers to Copy,* 1984
Piepho: *„Die Wandtafel als Medium im Englischunterricht"*, 1985

B. Auditive Medien

Problemfeld

Neben den für alle Medien geltenden Vor- und Nachteilen ihres Einsatzes im Fremdsprachenunterricht (s. o.) besitzen die auditiven Medien eine Reihe von Eigenschaften, die zum Teil bereits von den Vertretern der Neusprachlichen Reformbewegung als nützlich erkannt wurden:
- Sie bringen die Stimmen von *native speakers* in den Klassenraum;
- sie dienen der Schulung von Aussprache und Intonation durch das Bereitstellen von akustischen Vorbildern und die Möglichkeit der Eigenkorrektur (Tonband, Sprachlabor);
- sie erlauben häufige Wiederholung;
- sie lassen die Lernenden am kulturellen Geschehen des Ziellandes teilhaben (Schallplatte, Rundfunk).

Auditive Medien dienen dem Training sowohl der rezeptiven (Hörverstehen) als auch der produktiven (Sprechen und in geringerem Maße Schreiben) Fertigkeiten. Sie finden in allen Lernphasen des Unterrichts Verwendung.

(1) Tonband, Kassette und Schallplatte

Tonbandgerät, Kassettenrecorder und Plattenspieler gehören zur Ausstattung jeder Schule und werden von den auditiven Medien am häufigsten eingesetzt. Meistens geschieht dies in Form von Zusatzangeboten *(enrichment)* durch Lieder, Popmusik oder Hörtexte; seltener sind auditive Medien integrierter Bestandteil des Unterrichts, es sei denn ein Lehrer unterrichtet nach der audiovisuellen Methode.

Unterrichtswirklichkeit

85 Herr D. bespricht mit seiner Klasse ab und zu Lieder aus den englischen und amerikanischen Hitparaden. Die von ihm transkribierten Liedtexte werden vor dem Abspielen des Liedes an die Schüler ausgeteilt, die auf diese Weise mitlesen können.

Für die Schüler sind solche **Popmusik**-Stunden aus verschiedenen Gründen motivierend. So stellen sie eine Verbindung zwischen den Freizeitinteressen der Schüler und den Inhalten des Schulunterrichts her, wobei sich der Englischunterricht als nützliches Fach erweist, da er ihnen hilft, englische Liedtexte zu entschlüsseln. Die Schüler erfahren somit ganz konkret, daß sie im Englischunterricht etwas Anwendbares lernen. Darüber hinaus fühlen sie sich vom Lehrer in ihren Interessen ernst genommen. Die Tatsache, daß die oftmals große Begeisterung der Schüler für englische oder amerikanische *Pop Songs* durch die genaue Kenntnis der zuweilen banalen Texte relativiert wird, ist aus pädagogischen Gründen zu begrüßen.

Gerade bei der unterrichtlichen Behandlung von *Pop Songs* als Teil der Jugendkultur bietet es sich an, den Schülern (einzeln oder in Gruppen) die Liedauswahl, die Beschaffung oder Rohtranskription der Texte und die teilweise Durchführung des Unterrichts zu übertragen. Ein genaues Zuhören kann dadurch erreicht werden, daß der Klasse ein lückenhafter Liedtext gegeben wird, bei dem die Lücken während des Abspielens des Liedes ausgefüllt werden müssen.

86 Frau C. hat einige Zeit im englischsprachigen Ausland gelebt und spricht sehr gutes, fast akzentfreies Englisch. Im Unterricht verwendet sie gelegentlich auditive Medien, vorwiegend Kassetten, die sie selber mit Lehrbuchtexten und Übungen bespricht.

Da Frau C. eine fast muttersprachliche Kompetenz in der Fremdsprache besitzt, könnte man meinen, daß das Argument, mit den auditiven Medien die Stimmen von *native speakers* in den Klassenraum holen zu müssen, auf ihren Unterricht nicht zutrifft. Jedoch geht es bei der Forderung nach von Engländern oder Amerikanern besprochenen Tonaufnahmen nicht nur um das Ziel, den Schülern akzentfreies Englisch vorzuführen. Wichtiger für die Schulung des Hörverständnisses ist vielmehr die Darbietung möglichst vieler verschiedener englischer Stimmen mit unterschiedlicher dialektischer Färbung und Sprechgeschwindigkeit. Dazu sollten Aufnahmen von authentischen Gesprächen mit all ihren Merkmalen des Zögerns, Unterbrechens und der Redundanz treten.

Handlungsempfehlungen

1. Nutzen Sie auditive Medien für die unterschiedlichen Formen der Textdarbietung, z.B. Hören und Mitlesen; Hören zur Beantwortung einer vorher gestellten umfassenden Frage; Hören mit unterschiedlichen Aufgaben für Gruppen; abschnittweises Hören mit sofortiger Verständnisüberprüfung; Hören mit Lückendiktat; Hören mit gleichzeitigem Vergleich einer Bilderserie.

2. Da heutzutage fast jeder Schüler einen Kassettenrecorder besitzt, lassen sich Höraufgaben und Sprechübungen individualisieren. Dies bietet sich insbesondere bei Hausaufgaben an.

3. Produzieren Sie mit den Schülern ein Hörspiel oder eine Hörszene zu einer Lektüre oder einem Lehrbuchtext. Zu Sachtexten lassen sich Interviews mit Betroffenen (Rollenspiel) durchführen.

4. Wenn Sie im Sendebereich des britischen (BFBS) oder des amerikanischen Rundfunks (AFN) wohnen oder vielleicht BBC World Service empfangen können, ergeben sich vielfältige Möglichkeiten, authentische Sendungen (*talk shows, news bulletins, phone-in programmes, radio plays* etc.) in den Englischunterricht einzubeziehen.

5. Auditive Medien bieten viele Spielmöglichkeiten: zu Sequenzen zusammengestellte Geräuscheffekte können zum Raten oder zur Textproduktion anregen; auf Band gesprochene und evtl. mit Geräuschen überlagerte Anweisungen müssen richtig ausgeführt werden; an Gruppen verteilte Einzelepisoden einer auf Band gesprochenen Geschichte müssen zusammengestellt werden; ein Briefwechsel mit einer Partnerklasse in Großbritannien kann auch durch „Hörbriefe" auf Kassette erfolgen.

6. Das Tonband hilft Ihnen bei der Überprüfung der mündlichen Sprechleistungen Ihrer Schüler. Es ist nicht zuletzt auch ein Mittel zur Kontrolle Ihrer eigenen Unterrichtssprache.

(2) Sprachlabor

Ein guter Fremdsprachenunterricht ist auch ohne Sprachlabor möglich, doch kann der Sprachlaboreinsatz das Fremdsprachenlernen zumindest für einige Schüler verbessern. Von den verschiedenen Sprachlabortypen soll im folgenden das HSA-Labor, bei dem die Schülerplätze Abhör- und Aufnahmekapazität besitzen, im Vordergrund stehen. Übungsformen, für die lediglich ein reines Hörlabor erforderlich ist, können auch mit Tonband- oder Kassettengeräten mit Kopfhöreranschluß durchgeführt werden.

Bei Lehrern und Schülern sind die Einstellungen zum Sprachlabor sehr unterschiedlich und reichen von begeisterter Überschätzung der methodischen Möglichkeiten bis zu völliger Ablehnung. Entscheidenden Einfluß auf die Einschätzung des Sprachlabors haben neben dem persönlichen Lernstil des Betreffenden auch positive oder negative Vorerfahrungen sowie die Qualität der Sprachlabor-Programme.

Unterrichtswirklichkeit

87 Herr K. geht mit seiner 8. Klasse regelmäßig jede Woche eine Stunde ins Sprachlabor. In dieser Stunde wird mit Hilfe des zum Lehrwerk gehörenden oder eines lehrwerkunabhängigen Programms eine grammatische Erscheinung geübt. Ab und zu benutzt Herr K. die Sprachlabor-Stunde zu Hörverstehensübungen.

Der an vielen Schulen bestehende Belegungsplan für das Sprachlabor bringt es mit sich, daß einzelne Lehrer das Sprachlabor nur zu bestimmten Zeiten nutzen können. Nicht immer paßt daher eine Sprachlabor-Stunde in die Wochenplanung. Ihre beste Wirkung entfaltet die Sprachlaborarbeit jedoch erst dann, wenn sie im Hinblick auf die Ziele und die vor- bzw. nachbereitenden Unterrichtsschritte in den Unterrichtsgang integriert ist. Zeitlich feststehende Sprachlabor-Stunden, wie sie Herr K. praktiziert, können somit nur selten perfekt geplant werden. Sie können allerdings dennoch für bestimmte Schüler eine notwendige und erfolgreiche Übungs- bzw. Wiederholungsphase darstellen. Für die Durchführung von **Hörverstehensübungen** ist ein Sprachlabor nicht unabdingbar, es sei denn, der Lehrer strebt individualisiertes Hören mit beliebig häufiger Unterbrechung des Tonbandes durch den einzelnen Schüler an. Im Klassenverband genügt daher ein leistungsstarkes Tonbandgerät.

88 Frau T. benutzt das an ihrer Schule installierte HSA-Labor nicht im Englischunterricht. Zum einen schreckt sie die komplizierte Technik, zum anderen hält sie den Sprachlaborunterricht für unpersönlich und daher wenig effektiv.

Die im Sprachlabor üblichen Übungsformen verlangen aus technischen Gründen zumeist Einzelarbeit der Schüler, wobei der Lernende beispielsweise auf einen Stimulus vom Tonband reagiert und dann die Richtigkeit seiner Antwort überprüfen kann (Vier-Phasen-Drill). Auch Hör- und freiere Sprechübungen (z. B. das Beantworten persönlicher Fragen: *When is your birthday?*) werden ohne sprachlichen Kontakt zu den anderen Lernenden durchgeführt. Dadurch verliert der Englischunterricht eines der wichtigsten auf die Kommunikationsfähigkeit vorbereitenden Elemente – das Gespräch. Insofern sind Frau T.s Vorbehalte gegenüber dem Sprachlabor begründet. Sie übersieht allerdings, daß das Sprachlabor im vorkommunikativen Bereich, so z. B. bei der Übung von Aussprache und Intonation oder dem manipulativen Üben bestimmter Strukturen, durchaus seine Berechtigung hat, weil es den Lernenden begrenzte, klar umrissene Aufgaben stellt, die sie bei maximaler Sprechzeit mit eigenem Lerntempo selbständig lösen. Die auf den ersten Blick komplizierte Technik des Sprachlabors läßt sich mit fachgerechter Einführung schnell meistern.

Handlungsempfehlungen

1. Vermeiden Sie den Einsatz des Sprachlabors für alle solche Lernziele, die im Kontaktunterricht genauso gut erarbeitet werden können.

2. Benutzen Sie die Sprachlabor-Stunden dazu, Aussprache und Sprechfertigkeit aller jener Schüler zu überprüfen, die sich im Klassenunterricht nur wenig äußern.

3. Entwickeln Sie Formen des kombinierten Medieneinsatzes. Beispiele: Die auf dem Tonband befindliche fehlerhafte Beschreibung einer gleichzeitig gezeigten Bildfolie (Overheadprojektor) wird von den Schülern auf dem Tonband korrigiert; Formulare werden nach den in einem Dialog enthaltenen Informationen ausgefüllt; die Schüler ergänzen Erklärungen zu Dias.

4. Bevorzugen Sie Sprachlabor-Materialien, die nicht ausschließlich manipulative Übungen enthalten. Achten Sie bei Hörübungen auf authentisches Englisch in normaler Sprechgeschwindigkeit.

(3) Schulfunk

In den Programmen der deutschen Rundfunkanstalten werden laufend Schulfunkprogramme für unterschiedliche Lernstufen gesendet. Zu einigen Sendereihen gibt es Begleitmaterialien (Arbeitsblätter, Texte etc.), die in die Arbeit mit der Sendung einbezogen werden können. Bei der Ausgestaltung der Sendungen bzw. Sendereihen werden vielfältige didaktische und dramaturgische Elemente, wie z. B. Hörszenen mit Geräuschkulisse, Nachsprechübungen, Kommentare, Pausen und musikalische Untermalung verwendet; diese bestimmen den Charakter und damit die unterrichtlichen Einsatzmöglichkeiten des Einzelprogramms.

Unterrichtswirklichkeit

89 Herr W. freut sich, daß im neuen Schuljahr sein Englischunterricht in der 7. Klasse jeweils montags zur Sendezeit der Schulfunkreihe zum Englischlernen stattfindet. Er hört daher häufig mit seiner Klasse diese Sendungen an und läßt sie gelegentlich an den Begleitmaterialien arbeiten. Auftretende Verständigungsschwierigkeiten oder sprachliche Probleme versucht Herr W. ad hoc zu beheben.

Durch den Einsatz der Schulfunksendungen erreicht Herr W. bei seinen Schülern (a) eine Begegnung mit den Stimmen unterschiedlicher *native speakers,* was sich auf das Hörverstehen positiv auswirkt; (b) eine Abwechslung in den Arbeits- und Übungsformen, die allgemein motivierend wirken kann; (c) ein Training des konzentrierten Zuhörens, da die Sendung *live* mitgehört wird. Da Herr W. die Schulfunksendungen ebenso wie seine Schüler in der betreffenden Unterrichtsstunde zum ersten Mal hört, wird er von plötzlich auftauchenden Schwierigkeiten überrascht. Bei den Schülern führt eine Häufung von Verständnisproblemen schnell zum „Abschalten“.

Da die Schulfunksendungen auf ein mittleres Leistungsniveau einer bestimmten Klassenstufe abgestellt sind, kann es – insbesondere in leistungsschwachen Klassen, aber nicht nur dort – notwendig sein, einige der Strukturen und Vokabeln der Sendung in einer vorhergehenden Unterrichtsstunde zu erläutern, damit die Lernlast nicht zu groß wird. Ein effektiver Einsatz des Schulfunks wird somit durch eine vorherige Aufzeichnung auf Tonband (Kassette) gefördert. Diese ermöglicht auch ein mehrmaliges Hören der Sendung oder einzelner Abschnitte bei der Durchnahme. Schließlich sollte der Lehrer die Sendung vor ihrer Verwendung im Unterricht mehrmals abhören, um sie im Hinblick auf den Schwierigkeitsgrad, die Relevanz einzelner Teile für seine Lerngruppe und die notwendigen Zusatz- oder Begleitübungen zu analysieren.

Natürlich ist es denkbar, eine Schulfunksendung (z. B. Hörspiel) als reine Hörübung *(listening for pleasure)* ohne weitere „Ausschlachtung“ für den Englischunterricht zu verwenden; aber auch in diesem Fall können gehäuft auftretende Verständnisschwierigkeiten den Schülern die Hörfreude und Konzentration nehmen.

Handlungsempfehlungen

1. Zeichnen Sie Schulfunksendungen auf Tonband auf. Übersichtspläne über die Sendetermine verschicken die Rundfunkanstalten jeweils zu Schuljahresbeginn (besonders zu beachten sind die Wiederholungstermine am Nachmittag).
2. Informieren Sie sich über eventuelle Begleitmaterialien und ergänzen Sie diese, wenn nötig, für Ihre Klasse.
3. Nutzen Sie die Schulfunksendungen zur Überprüfung des Hörverstehens Ihrer Schüler. Dazu können Sie entweder bereits vor dem ersten Abspielen einer Sendung Höraufgaben verteilen oder im Anschluß an mehrmaliges Hören Fragen, *multiple-choice questions* sowie Lückentexte o. ä. bearbeiten lassen.

Literaturhinweise

Nach der Sprachlaboreuphorie der sechziger und frühen siebziger Jahre ist für dieses Gebiet auf dem fremdsprachendidaktischen Markt eine Beruhigung eingetreten.

Freudenstein: *Unterrichtsmittel Sprachlabor,* [4]1975
Ankerstein/Schubert: *Die Cassette im Fremdsprachenunterricht,* 1978
Bebermeier: *„Stellung und Funktion des Schulfunks“,* 1979
Groene/Jung/Schilder: *Medienpraxis für den Englischunterricht,* 1983
Kleinschmidt/Nübold: *„Sprachlaborarbeit zu Beginn der achtziger Jahre“,* 1983
Groene/Kieschke: *„Produktive Hörspielarbeit auf der Sekundarstufe I“,* 1984
Schweitzer: *„Personalisierung im Sprachlabor“,* 1985

C. Audiovisuelle Medien

Tonfilm, Dia-Show und Schulfernsehen

Als Dia-Show wird hier eine Koppelung von Diafolge und Tonbandtext verstanden; solche Medienverknüpfungen finden sich zum einen als Grundlage des audiovisuellen Unterrichtskonzepts, zum anderen beispielsweise als Produkt einer privaten Ferienreise. Tonfilme liegen in didaktisierter Form (Sprachlehrfilme, die bei den Landesbildstellen zu entleihen sind) und als nicht auf den Unterricht ausgerichtete Spiel- bzw. Dokumentarfilme vor. Eine Sonderform des Sprachlehrfilms ist das Schulfernsehprogramm, das in ähnlicher Weise als landeskundlicher Dokumentarfilm bzw. als Sprachlehrprogramm mit oder ohne Spielhandlung konzipiert ist.

Audiovisuelle Medien finden im allgemeinen im Englischunterricht von allen Medien am wenigsten Verwendung. Ein Grund dafür ist sicherlich die in der Vergangenheit fehlende Ausstattung der Schulen mit den notwendigen technischen Geräten, ein anderer der mit dem Einsatz dieser Medien verbundene organisatorische Aufwand. Diese Hinderungsgründe werden für das Schulfernsehen jedoch immer weniger stichhaltig. Viele Schulen besitzen inzwischen einen Videorecorder, der das Aufzeichnen von Schulfernsehprogrammen erlaubt. Der vom Lehrer geforderte Arbeitsaufwand wird durch die zu Schulfernsehsendungen veröffentlichten Begleitmaterialien etwas reduziert, wenngleich eine gründliche Vorbereitung immer zeitraubend bleiben muß.

Unterrichtswirklichkeit

90 Frau D. bestellt für ihre Kurse der Sekundarstufe II 16 mm-Tonfilme mit landeskundlichen Themen aus englischsprachigen Ländern bei den Botschaften dieser Länder. Sie bereitet diese Filmstunden gründlich vor und bemüht sich, im Anschluß an den Film inhaltsbezogene Aufgaben zu stellen.

Die Schüler erfahren durch die Filme viel Wissenswertes über die englischsprachige Welt. Allerdings werden die betreffenden Länder in diesen meist zu Werbezwecken produzierten Filmen generell sehr positiv dargestellt, so daß ein nicht ganz der Realität entsprechender Eindruck beim Betrachter entsteht. Diese Filme bedürfen daher der Ergänzung durch andere Medien und Texte, die das einseitige Bild korrigieren. Solche Kontrastmedien sind jedoch nicht leicht aufzuspüren und für die Schule zu entleihen. Diesem Dilemma kann durch bestimmte Arbeitsverfahren in gewisser Weise abgeholfen werden, indem die Schüler beispielsweise feststellen, welche Themen der Film nicht oder nur einseitig behandelt. Im günstigsten Fall kann Frau D. filmische Informationen durch eigene Eindrücke von dem betreffenden Land ergänzen. In Leistungskursen müßte es zudem möglich sein, die Sprache des Filmkommentars (bei dafür geeigneten Filmen) näher zu untersuchen, um Stilmittel der Übertreibung, des Verallgemeinerns u. ä. herauszufinden. Damit tritt zur inhaltlichen eine sprachliche Auswertung des Mediums Dokumentarfilm.

Beim Formulieren von Fragen, die die Schüler im Anschluß an die Vorführung des Films beantworten sollen, muß darauf geachtet werden, daß die möglichen Gedächtnisleistungen – insbesondere im Hinblick auf Details – nicht überschätzt werden. Sollen Einzelheiten des Films später besprochen werden, ist es günstiger, den Film mehrmals zu zeigen, was sich wegen der Länge vieler Filme oft nicht in einer Einzelstunde bewerkstelligen läßt, oder den Schülern vor Beginn der Vorführung gezielte Beobachtungsaufgaben zu stellen (evtl. in arbeitsteiliger Form), deren Resultate anschließend gesammelt, verglichen und diskutiert werden. Sprachlich und/oder inhaltlich schwierige Filme werden besser aufgenommen, wenn sie in einer vorhergehenden Stunde durch die Erarbeitung von notwendigem Vokabular und Vorinformationen zur Thematik entlastet worden sind.

Handlungsempfehlungen

1. Informieren Sie sich über das Programm des Schulfernsehens und das Angebot der Landesbildstellen an Diaserien und Filmen.

2. Verwenden Sie die zu den Schulfernsehserien veröffentlichten Begleitmaterialien.
3. Entscheiden Sie sich jeweils für **ein** Ziel des Medieneinsatzes: Sprachübung, landeskundliche Information oder sprachlich-inhaltliche Bereicherung. Wählen Sie die Medienart, Übungsformen, Häufigkeit der Vorführung und Begleitmaterialien entsprechend aus. Die folgende Aufstellung gibt Ihnen dazu Hilfen.

Ziele	Sprachübung	landeskundliche Information	Bereicherung
Medienart	Schulfernsehen Sprachlehrfilme Dia-Shows	Schulfernsehen Werbefilme der Botschaften Originalsendungen ausländischer Fernsehanstalten (in NRW ist BFBS-Fernsehen mit Spezialadapter zu empfangen) Dokumentarfilme	Spielfilme Originalsendungen ausländischer Fernsehanstalten
Vorführung der Filme	dreimal	ein- bis zweimal	einmal
Übungsformen	**1. Vorentlastung** – sprachlich – inhaltlich	– inhaltlich – sprachlich	evtl. **Hinführung** zur Thematik/Filmhandlung
	2. Beobachtungsaufgaben – Fragen – Aufforde-rungen	– in Verbindung mit *note taking* – Fragen	./.
	3. Verständnisüberprüfung – *right-wrong statements* – *questions* – *matching sentences* – *multiple-choice questions* – *gapped texts*		– *questions* – *summary*
	4. Gespräche über Inhalte anhand von – *summaries* – *main ideas* – *key scenes* – *questions* – *contrasting statements*		– freies Gespräch, *discussion* – *key scenes* – *film structure* – *comparison literary text – film*
	5. Weiterführende Sprachübungen und Textarbeit		
Begleitmaterialien	Beiheft Arbeitsblätter	Arbeitsblätter Kontrasttexte Tabellen, Statistiken ergänzende Sachinformationen	literarische Vorlagen

Literaturhinweise

Die Verwendung von Filmen und Fernsehprogrammen im Englischunterricht ist noch nicht zu einer Selbstverständlichkeit geworden wie beispielsweise der Gebrauch der Tafel und des Overheadprojektors. Dementsprechend überwiegen bei den Veröffentlichungen noch die Plädoyers für eine Beachtung im Unterricht.

Weiand: *Film und Fernsehen im Englischunterricht,* 1978
Buttjes: *„Schulfernsehen im Englischunterricht"*, 1980
Burger: *„Kurzfilme für den fortgeschrittenen Englischunterricht"*, 1981
Paulus: *„Der Fernsehfilm als Unterrichtsmittel in Klasse 6"*, 1982
Erdmenger: *„Fernsehen verbindet die Völker"*, 1985

7.5 Spiel

Problemfeld

Der Motivationswert von Spielen in der Schule ist allgemein anerkannt; dies zeigt sich an ihrem vorwiegenden Einsatz als Auflockerungs- und Belohnungsmittel. Weniger bewußt ist uns im allgemeinen, daß es sich bei Spielen auch um wirksame Lernsituationen im Fachunterricht handelt.

Lernen im Spiel ist entspanntes Lernen
Der Erfolg des Spieles als Lernsituation läßt sich weitgehend durch seine Strukturmerkmale und die dadurch beim Spielenden ausgelöste Stimmung erklären. Während des Spiels richtet sich die Aufmerksamkeit der Spieler fast ausschließlich auf die Gegenwart, d. h. auf den Prozeß des Spielens. Sie sind der Unterrichtswirklichkeit entrückt und befinden sich in einem anderen Raum-Zeit-Verhältnis, in dem viele der im Unterricht geltenden Verhaltensregeln außer Kraft gesetzt sind. Somit hat Spielverhalten andere Konsequenzen als unterrichtsreales Verhalten. Der Sprung in die **Spielrealität** bedeutet für die Mitspieler das Anerkennen von Spielregeln, aber auch das Zurücklassen von Ängsten und Hemmungen. Daher wirken Spiele auf solche Schüler, die große Angst vor Leistungsversagen und Mißerfolgen haben, oft besonders befreiend. Eine große Rolle spielt dabei das Vorhandensein von **Spielmerkmalen** wie Zufall und Können, Wettbewerb und Kooperation. Es leuchtet ein, daß insbesondere allein auf das sprachliche Können ausgerichtete **Wettbewerbsspiele** nur in geringem Umfang einen entspannenden Kontrast zum übrigen leistungsbetonten Unterricht verkörpern können. Spiele, die eine Mischung der vier genannten Elemente enthalten, erscheinen als hierzu besser geeignet. Gerade das Zufallselement macht Spiele spannend, weil dadurch der Spielausgang lange ungewiß bleibt. Von zentraler Bedeutung sind die Spieler selbst: Nur wenn sie eine Situation tatsächlich als Spiel empfinden, kann das Eintauchen in die Spielrealität stattfinden.

Spielformen für den Fremdsprachenunterricht

In sehr vielen Spielen werden von den Spielern auch sprachliche Aktivitäten verlangt; für alle diese Spiele kann ein Einsatz im Fremdsprachenunterricht erwogen werden. Da ist zunächst die große Gruppe der **Regelspiele,** zu denen beispielsweise Ratespiele, Gedächtnisspiele oder Zuordnungsspiele gehören. In ihnen bestimmen die Spielregeln Verlauf und Ausgang des Spieles. Weil die Spielregeln zumeist auch die Art der im Spiel verlangten Äußerungen festlegen, so in Ratespielen z. B. Form und Anzahl der Fragen, lassen sich sprachliche Schwierigkeiten und Übungsmöglichkeiten vorher ziemlich genau bestimmen. Regelspiele sind daher oftmals gut zur **gezielten Übung und Wiederholung** bestimmter Strukturen oder Vokabelbereiche geeignet. Neben vielen relativ einfach strukturierten Regelspielen mit sehr begrenztem Sprachrepertoire, z. B. Wortketten oder Bild-Wort-Zuordnungen, gibt es auch regelgesteuerte Diskussions- und Interaktionsspiele, die von den Spielern komplexe produktive Sprachleistungen verlangen. Für Lernende aller Alters- und Fähigkeitsstufen lassen sich somit geeignete Spiele finden.

Auch bei den **Rollenspielen** ist das Spektrum der sprachlichen Anforderungen sehr breit. Es reicht vom einfachen Nachspielen eines kurzen Lehrbuchdialogs beispielsweise zum Thema *shopping* bis zur freien Improvisation eines Streitgesprächs zwischen zwei berühmten Persönlichkeiten. Als Einübung von Redemitteln zur wahrscheinlichen späteren Verwendung werden vor allen Dingen Alltagsthemen bevorzugt (Hotelzimmer buchen, Arztbesuch, Autopanne, Restaurantbesuch etc.). Viele Schüler finden jedoch Phantasiethemen, die ihre Vorstellungskraft und ihr fremdsprachliches Können anstacheln (z. B. *interview with a visitor from outer space*), wesentlich spannender. Die Übernahme einer fremden Rolle bedeutet für den Lernenden bei realistischen Spielthemen nicht nur, daß er sich in die darzustellende Person und ihr Verhalten einzufühlen hat, sondern auch eine gewisse Beherrschung kulturspezifischer Verhaltensweisen im sprachlichen (z. B. „Was sagt man, wenn man ein Geschäft in Großbritannien verläßt?“) und außersprachlichen Bereich (z. B. „Schütteln sich Arbeitskollegen bei der morgendlichen Begrüßung die Hand?“).

Eine Sonderform des Rollenspiels ist das **szenische oder darstellende Spiel,** in dem ein vorliegender Text wörtlich nachgespielt wird. Diese Spielform gehört schon sehr lange zum Bestand des Fremdsprachenunterrichts. Erst seit kurzem interessieren sich die Fremdsprachendidaktik und die Unterrichtspraxis dagegen für die Verwendung von **Simulationen.** Diese dauern meist mehrere Stunden und bestehen aus einer nachempfundenen Gestaltung eines Ausschnitts der gesellschaftlichen Wirklichkeit. Dabei geht es vielleicht um die Planung eines neuen Freizeitzentrums, zu der alle möglichen Interessengruppen gehört werden, oder um die Organisation eines Pop-Festivals. In Simulationen vermischen sich Elemente des Regel- und Rollenspiels. Da im Verlauf einer Simulation von den Teilnehmern komplexe fremdsprachliche Leistungen auf allen Fertigkeitsgebieten erwartet werden, ist diese Spielform nur für fortgeschrittene Lernende geeignet.

Was wird im Spiel gelernt?
So unterschiedlich wie die Formen sind auch die Lerninhalte von Spielen. Bei BINGO geht es beispielsweise nur um das Hörverstehen von Zahlen (die auf einem Spielplan durchkreuzt werden müssen), in Erzählspielen um das Erfinden und Fortsetzen einer Geschichte. Da die Spieler die sprachlichen Inhalte eines Spiels in der Regel vor Beginn des Spieles kennen und zumindest in Ansätzen produktiv beherrschen müssen, eignen sich Spiele nur in Ausnahmefällen zur Einführung neuen Sprachmaterials; ihr Einsatzort liegt vielmehr in **Übungs- und Anwendungsphasen** des Englischunterrichts. Allerdings sind Spiele mehr als Übungen, denn sie werden – selbst wenn der Lehrer sie anregt und beginnt – um des Spielens willen gespielt. Sind sie spannend und machen sie Spaß, vergessen insbesondere jüngere Schüler völlig den Übungszweck und lassen sich vom Spiel gefangennehmen. Spiele büßen viel von ihrer **Motivationskraft** ein, wenn ihre Lernfunktionen überbetont werden. Ein Spiel muß ein Spiel bleiben, es darf nicht zum Drill verfälscht werden, damit der Spielspaß zur Lernfreude wird.

Unterrichtswirklichkeit

91 Im englischen Anfangsunterricht überprüft Frau W. oftmals in Form eines Vokabelquiz zu Beginn der Stunde, ob ihre Schüler die neuen Wörter gelernt haben. Dazu läßt sie alle Schüler aufstehen, und wer zuerst auf ihre Nennung des deutschen Wortes mit dem richtigen englischen Wort antwortet, darf sich setzen.

Einmal ganz abgesehen von der nicht unumstrittenen Methode, Vokabeln in **deutsch-englischen Wortgleichungen** zu lernen und abzuhören, ist auch die gewählte Form des Ausscheidungswettbewerbs nicht für alle Schüler optimal. Da es bei diesem **Quiz** vor allen Dingen auf eine hohe Reaktionsgeschwindigkeit ankommt, sind alle langsamen Schüler benachteiligt. Des weiteren werden auch die bei Prüfungsdruck nervösen und dann weniger leistungsfähigen Schüler keine besonders guten Leistungen bringen können. Die Quizsituation enthält zudem keine Zufallselemente, die es Schülern der genannten Gruppen ermöglichen würden, vielleicht doch zu denen zu gehören, die sich zuerst setzen dürfen. Insofern reproduziert das Vokabelquiz eine durch hohen Leistungsdruck gekennzeichnete Prüfungssituation, in der lernschnelle, selbstbewußte Schüler eindeutig im Vorteil sind, während die sprechgehemmten und lernschwachen zu denen gehören, die zum Schluß noch stehen. Darüber hinaus führt das Ausscheidungsprinzip dazu, daß die ausgeschiedenen Schüler jegliches Interesse am Fortgang des Quiz verlieren.

Günstiger wäre es deshalb, andere Spielformen zur Wiederholung der gelernten Wörter einzusetzen. Hierzu eignen sich einfache Kreuzworträtsel, die in Partnerarbeit ohne Wettbewerbszwang zu lösen sind; Zuordnungsspiele, bei denen beispielsweise Wort-Bildpaare zu finden sind; Buchstabierspiele. Wichtig ist immer, daß die Chancen relativ gleich verteilt und möglichst viele Spieler möglichst lange sprachlich aktiv sind.

92 Herr B. hat von einem Englandaufenthalt Brett- und Quartettspiele mitgebracht *(Happy Families, The Great Game of Britain, Scrabble, Monopoly, The London Game, Snakes and Ladders),* die er ab und zu im Englischunterricht unterschiedlicher Klassenstufen einsetzt.

Für die Schüler ist es sicher sehr motivierend, originalenglische Spiele zur Verfügung zu haben. Das Entschlüsseln der englischen Spielanleitung ist für sie eine wichtige und einsichtige Leseverstehensübung. Während des Spielens selber werden bei den Brettspielen **Redemittel** wie *Is it my turn? Can I have the dice, please?* etc. geübt. Auch die Quartette benötigen bestimmte Sprachmuster zu ihrer Bewältigung in der Fremdsprache, z. B. *Have you got Mr Bun, the baker, Martina? – Sorry, I haven't / Here your are.* Trotzdem ist die Verwendung dieser Spiele nicht uneingeschränkt zu befürworten. Zunächst scheint bei wiederholtem Einsatz mit denselben Schülern, d. h. nachdem beim ersten Mal das Regelverständnis erreicht wurde, der Grundsatz der Ausgewogenheit von Aufwand und Ertrag verletzt zu sein. Die fremdsprachlichen Anforderungen einiger Brettspiele sind so gering, daß sich der schmale Übungseffekt für wenige fremdsprachige Wörter und Strukturen nicht mit dem ziemlich hohen Zeitaufwand für einen Spieldurchgang rechtfertigen läßt. Allerdings bieten Spiele wie *The Great Game of Britain* und *The London Game* landeskundliche Informationen. Eine mehrmalige Verwendung dieser Spiele in derselben Lerngruppe ist somit unter den Gesichtspunkten der Information und Motivierung zu rechtfertigen, weniger jedoch aus Gründen der Sprachübung.

Handlungsempfehlungen

1. Nutzen Sie Spiele als wirksame und ansprechende Lernsituationen, indem Sie sie in Ihren Unterricht auf allen Lernstufen integrieren.

2. Bauen Sie sich dazu eine Sammlung von Regel- und Rollenspielen auf, die Sie laufend verändern und ergänzen. Anregungen dazu liefern die zahlreichen Spielesammlungen für den Fremdsprachenunterricht.

3. Bei der **Auswahl von Spielen** sollten Sie folgende Grundsätze beachten:
   - Nur gute Spiele sind gute Übungssituationen. Langweilige oder zu komplizierte Spielabläufe machen den Teilnehmern keinen Spaß. Beachten Sie daher die Spielqualität.
   - Vermeiden Sie Ausscheidungswettbewerbe und solche Spiele, in denen jeweils nur sehr wenige Mitspieler aktiv sind. Beachten Sie das Verhältnis von Zeit- und Materialaufwand zum Übungsertrag.
   - Sammeln Sie Spiele mit unterschiedlichen Organisationsformen. Partner- und Gruppenarbeit läßt sich in klar strukturierten Spielen oft leichter einüben als in themen- oder sprachzentriertem Unterricht.
   - Sammeln Sie Spiele zu verschiedenen Lernzielen. Dann lassen sich Übungs- und Wiederholungsphasen interessanter gestalten.

4. Bei der **Durchführung von Spielen** können Ihnen folgende Überlegungen helfen:
   - Erklären Sie die Spielregeln oder die Rollenspielsituation klar und deutlich. Bei Regelspielen zeigt ein Probedurchgang, ob Ihre Einführung von allen verstanden wurde.
   - Versuchen Sie, die Spieler während des Spieles nicht zu häufig zu korrigieren. Bleiben Sie lieber Beobachter und notieren sich auftretende Schwächen und Fehler zur späteren Bearbeitung.
   - Spielen Sie ab und zu mit.
   - Beenden Sie Spiele ohne festgesetzten Spielausgang, bevor die Spielspannung stark absinkt. Auch bei Spielen ist häufiges, verteiltes Üben besser als ein massierter Einsatz.
   - Notieren Sie sich aufgetretene Schwierigkeiten oder Regelveränderungen, damit Sie das Spiel für Ihre Lerngruppen adaptieren können. Vergessen Sie jedoch nicht, daß jede Klasse anders reagieren kann. Ehe Sie daher ein Spiel ganz aus Ihrer Sammlung entfernen, probieren Sie es am besten mehrmals in verschiedenen Klassen aus.
   - Erweitern Sie Ihre eigene Spielerfahrung, die Ihnen bei der Spielleitung im Unterricht sehr hilft, indem Sie im Familien- oder Freundeskreis spielen.
   - Nicht zuletzt sollte das Spielen im Unterricht auch Ihnen **Spaß machen.**

Literaturhinweise

Seit der Zeit der Aufklärung gibt es gelegentliche Praxisberichte zum Spieleinsatz im Fremdsprachenunterricht und Beschreibungen von Fremdsprachenlernspielen, zumeist spielerischen Wettbewerben oder szenischen Darstellungen. Erst in den siebziger Jahren unseres Jahrhunderts erfährt das Spiel verstärkt Anerkennung in der fremdsprachendidaktischen Theorie. Darüber hinaus sind eine beträchtliche Zunahme der Zahl der einschlägigen Spielesammlungen und die Entdeckung neuer Spielformen für den Fremdsprachenunterricht zu verzeichnen.

Macht et al.: *Das darstellende Spiel im Englischunterricht,* 1977
Löffler: *Spiele im Englischunterricht,* 1979
Klippel: *Lernspiele im Englischunterricht,* 1980
Holden: *Drama in Language Teaching,* 1981
Jones: *Simulations in Language Teaching,* 1982
Klippel: *"Which games?",* 1983
Livingstone: *Role Play in Language Learning,* 1983
Bloom/Blaich/Löffler: *Spielen und Lernen im Englischunterricht,* 1986

7.6 Englisch für langsame Lerner

Problemfeld

Das Stichwort „Leistungsschwäche im Englischunterricht“ kann auf jeden Schultyp und jede Jahrgangsstufe bezogen werden. Diese relative Leistungsschwäche soll in diesem Kapitel eingeengt werden auf die leistungsschwachen Schüler im Bereich der Haupt- und Gesamtschulen. Die Ursachen für Leistungsschwächen liegen in unterschiedlichen Bereichen: Intelligenzquotient, Fremdsprachenbegabung, Einstellung und Motivationslage, Konzentrationsfähigkeit, Sozialisationsfeld.

Die leistungsschwachen Schüler: Opfer einer unangemessenen Methodik?
Obgleich es lernschwächere Schüler immer gegeben hat und geben wird, sind sie ins „Gerede“ gekommen, seitdem das deutsche Schulsystem den Englischunterricht für alle Schüler eingeführt und dieser sich aus einer anfänglich stärkeren **Leistungsdifferenzierung** in Richtung Integration entwickelt hat. So kennt die Hauptschule hier im allgemeinen nur noch zwei Leistungskurse, die Gesamtschule zwei bis drei.

Wenn es nicht gelingen sollte, einen **lerngruppenspezifischen Englischunterricht** für die unteren Leistungsgruppen zu entwickeln und in der Mehrzahl der Klassen auch tatsächlich zu praktizieren, besteht die Gefahr, daß die Auffassung, eine bestimmte Gruppe von Schülern sei im Fremdsprachenunterricht nicht bildsam, sich weiter durchsetzt und zu bildungspolitischen und schulorganisatorischen Konsequenzen führt. Eine solche schulpolitisch in Gang gesetzte Herausnahme einer kleinen Schülergruppe aus dem Fremdsprachenunterricht des allgemeinbildenden Schulwesens wäre unnötig und falsch, wenn nicht vorher eine diesen Schülern angemessene Didaktik und Methodik in die **Lehramtsstudiengänge** aufgenommen und im Klassenzimmer verwirklicht würde.

„Vom Schüler aus“ den Unterricht konzipieren
Von allergrößter Wichtigkeit ist der Unterricht in kleinen Schritten. Die Schüler müssen das Gefühl des Lernfortschritts und Lernerfolgs kennenlernen. Die Erreichbarkeit der Ziele muß die primäre curriculare Forderung sein, wonach Themen und Unterrichtsverfahren „vom Schüler aus“ konzipiert werden. Im schriftlichen Bereich, besonders im Hinblick auf Orthographie, müssen erhebliche Einschränkungen hingenommen werden. Ein medienreicher Unterricht sollte Unterrichtsprinzip sein. Informationen zu englischsprachigen Ländern vermitteln stoffliche Vielfalt und regen sprechunlustige Schüler zum erneuten Mitgehen an. Wenn auch die Kommunikationsfähigkeit leitendes Lernziel ist, sollte vermehrt die **rezeptive Kompetenz,** d. h. die Fähigkeit zum Wahrnehmen, Aufnehmen und Verarbeiten der in der Fremdsprache gegebenen Information, an erster Stelle stehen. Hinzu sollte die **Fehlertoleranz** kommen, besonders im Hinblick auf Aussprache und Grammatik.

"German English is beautiful"
In einer Epoche, in der die englische Sprache in zahlreichen Varianten in vielen

Teilen der Welt unterrichtet wird, ist auch eine deutsche Variante der Weltsprache Englisch legitimiert. Wenn afrikanische und asiatische Varianten auf Weltkongressen gesprochen werden, würde es den unteren Leistungskursen nicht schlecht anstehen, eine weitere **Varietät** der englischen Sprache zu gebrauchen, die auf dem Wege zur Weltsprache vom „hohen Sockel des Standard heruntersteigt" und sich als lingua franca kultur- und sprachbedingte Interferenzen gefallen lassen muß.

Das **Prinzip der Schülerorientierung** bedeutet nicht nur, die Schüler psychologisch „da abzuholen, wo sie stehen", sondern sie auch bei der Fremdsprache zu belassen, die sie sprechen; man muß aber auch dafür sorgen, daß ihnen ihre Fremdsprache sinnvoll erscheint und sie diese mit Natürlichkeit und angemessener Sprechgeschwindigkeit verwenden. Von größter Wichtigkeit aber ist das Schülerbild des Englischlehrers. Wie er die Schüler einschätzt, so werden sie sich entwickeln. Negative Schülerbilder führen zu negativen Schülerleistungen.

Unterrichtswirklichkeit

93 Eine lernschwache Gruppe wird nach dem Prinzip unterrichtet, daß Schreiben und schriftlicher Ausdruck zu schwer seien. Der Unterricht erfolgt nur mündlich und wird dadurch erheblich entlastet. Zwar lesen die Schüler und nehmen fortwährend Schriftbilder auf, doch wird von ihnen keine Schreibleistung verlangt.

Der Vorteil dieses Unterrichts ist sicherlich die Entlastung der Schüler vor zusätzlichen Lernanforderungen. Auf der anderen Seite muß jedoch deutlich gesehen werden, daß das Schreiben eine Lernhilfe sein kann, auf die man in diesem Fall verzichtet. Darüber hinaus ist zu beachten, daß auch leistungsschwächere Schüler später einmal in die Lage kommen können, einfache englischsprachige Briefe verfassen zu müssen.

94 Eine andere Lerngruppe wird „fern aller Grammatik" unterrichtet. Grammatische Lernziele seien abstrakt, kognitiv. Sie könnten nur indirekt durch *pattern practice* und durch immerwährendes Umwälzen ihrer Strukturen erreicht werden.

Das Prinzip dieses Unterrichts ist die Annahme, daß der lernschwächere Schüler der regelgeleiteten Einsicht nicht fähig sei und imitativ unterrichtet werden müsse. Es unterbleibt eine Auseinandersetzung mit der anderen Ansicht, daß der lernschwächere Schüler durchaus der Kognitivierung fähig sei und das um so mehr, je häufiger er mit ihr konfrontiert werde. Ein Unterricht, der ausschließlich den grammatischen Aspekt der Sprache durch Gewohnheitsbildung erreichen will, hängt zu sehr an der einseitigen Übungstypologie von sich selbst genügenden Strukturübungen. Der Transfer auf die natürliche Sprachverwendung fehlt, das bloße Reproduzieren bleibt im Vorfeld der Kommunikation stecken. Ein so gestalteter Englischunterricht bleibt im besten Sinne des Wortes propädeutisch und wird bei den Schülern die Erkenntnis aufbauen, daß man zum realen Sprachgebrauch gar nicht komme.

95 Eine dritte Gruppe wird nach dem Prinzip des spielerischen Lernens geführt. Man benutzt Schallplatten und Kassetten und behandelt Lieder von Pop- und Rockgruppen. Man blättert in englischen Jugendzeitschriften, die die Lehrerin von einer Englandreise mitgebracht hat. Die Schüler „tauchen" ein in eine englische Welt. Sie erleben den Englischunterricht als neu und anregend.

Dieser Unterricht übt anfänglich eine stark motivierende Wirkung aus, doch die Methodik nutzt sich ab. Im Grunde ist dieser Unterricht eine „Spielwiese", mit der die Anforderungen eines fortschreitenden Fremdsprachenunterrichts nicht erfüllt werden. Zwar ließe sich aus langfristig gezielt ausgewählten Bausteinen und Eingreifprogrammen eine verantwortbare Sequenz aufbauen, doch wenn das Spielmoment vorherrschendes Prinzip wird, fehlen kontinuierlicher Lernfortschritt und die damit verknüpfte Lernerfolgsbestätigung.

Handlungsempfehlungen

1. Geeignetes Lehrmaterial ist vordringlich. Suchen Sie sich Lehrwerke mit elementarisierten Lernzielen und „heruntergeschraubter Sprache". Auch die Wahl des *Workbook* kann entscheidend sein.
2. Die Lehrwerktexte sollten nicht zu lange durch Anschlußübungen „breitgetreten" werden, sondern als fremdsprachliches Medium zur Informationsaufnahme dienen. Zur Verständniskontrolle genügen Fragen zu Personen und Schauplätzen, zum Handlungsverlauf und zum Inhaltsproblem.
3. Die rezeptive Kompetenz sollte im Mittelpunkt stehen. Das bedeutet, daß Hör- und Leseverstehen als entwicklungsfähige Fertigkeiten weiter aufgebaut werden, während Sprechen und Schreiben als stagnierende Fertigkeiten bei den lernschwachen Schülern auf dem Niveau der ersten Jahre gehalten werden.
4. Versuchen Sie, die Schüler da anzusprechen, wo sie noch motivierbar sind, im Bereich neuer Arbeits- und Lerntechniken, der interessanten landeskundlichen Information und der auf die eigenen Interessen bezogenen Lesebedürfnisse.
5. Entwickeln Sie ein System angemessener Kontrollverfahren und gezielter Erfolgsbestätigung. Das Selbstwertgefühl der Schüler, häufig schon gestört, sollte gestärkt werden.
6. Versuchen Sie, Ihre Wahrnehmungsfähigkeit zu trainieren, und entwickeln Sie einen Sinn für individuelle Lernschwierigkeiten, besonders auch im Hinblick auf herkunfts- und milieubedingte Lernbehinderung. Lernen Sie die Einstellung der Eltern kennen, und sehen Sie das Schülerverhalten im Lichte des Elternverhaltens. Machen Sie sich mit der Wertewelt und der Lernrestriktion der ausländischen Schüler vertraut.

Literaturhinweise

Das Problem „Englisch für alle“ hat in den letzten Jahren eine rege Forschungs- und Publikationstätigkeit bewirkt, nachdem mehrere Bundesländer die Verbindlichkeit des Englischunterrichts für alle Hauptschulen aufgehoben haben, besonders ab 7. und 8. Schuljahr.

Schwerdtfeger: *Fremdsprache: mangelhaft,* 1976
Reisener: *Fremdsprachenunterricht in lernschwachen Gruppen,* 1978
Hellwig/Sauer: *Englischunterricht für alle,* 1984
Bebermeier: *„Auf der unteren Differenzierungsstufe erfolgreich üben?“,* 1986

8. *Golden Rules* – eine internationale Befragung

> ❞ Wie sieht der Fremdsprachenunterricht weltweit aus? Welche didaktischen und methodischen Schwerpunkte setzen erfahrene Fremdsprachenlehrer aus anderen Ländern? ❝

Während der Erarbeitung des vorliegenden methodischen Handbuches wuchs bei uns das Interesse, die Ansichten von Experten anderer Länder zu den uns beschäftigenden Fragen herauszufinden. Aus der Fachliteratur lassen sich solche Meinungen zwar herauslesen, und auch das Spektrum der in den einschlägigen Fachzeitschriften veröffentlichten Aufsätze gibt Aufschluß über die zu einem bestimmten Zeitpunkt allgemein akzeptierten Leitlinien und vorrangig diskutierten Probleme. Doch war uns daran gelegen, in erster Linie die ganz persönlichen, handfesten Kommentare der Experten zu hören, bevor diese durch den Mantel der theoretischen Einordnung in wissenschaftlichen Veröffentlichungen ihre Konturen verlieren. Auch wollten wir erreichen, daß die Expertenmeinungen sich alle auf denselben Zeitpunkt beziehen. Eine Umfrage unter Einsatz eines kurzen Fragebogens (s. unten) erschien uns daher das geeignete Mittel der Informationsbeschaffung.

Die folgenden zehn Fragen wurden etwa fünfzig Fremdsprachendidaktikern und -lehrern, die bei der IATEFL-Konferenz in London im Dezember 1981 Vorträge gehalten hatten, mit der Bitte um Beantwortung zugeschickt *(IATEFL = International Association of Teachers of English as a Foreign Language)*. Die Mehrzahl der 24 Experten, die den Fragebogen ausgefüllt zurücksandten, arbeitet in Großbritannien, nämlich 17, weitere vier in Griechenland, einer in Bulgarien, einer in Frankreich und einer in der DDR. Viele von ihnen sind als Verfasser von fremdsprachendidaktischer Literatur und Lehrbüchern hervorgetreten.

Fragebogen:

1. Could you name one or more "golden rules" which you would advise a foreign language teacher to follow?
2. Do you know of any type of activity or text that (nearly) always works?
3. What are recurrent instructional steps and techniques in each lesson?
4. What do you consider the most useful teaching aid? Why?
5. Which developments in the methods of foreign language teaching do you predict for the next ten years?
6. How do you feel about pair and group work?

7. Would you give a different emphasis to the teaching of vocabulary, grammar and pronunciation at various stages in the language learning process?
8. Is there any particular set of experiences or experiments which shaped your own approach to foreign language teaching?
9. How much participation of the learners in the planning and conducting of lessons is advisable?
10. Are there any topics suitable for every class?

Die Mehrzahl der Fragen wurde bewußt offen und global formuliert, um die Antwortmöglichkeiten nicht einzuschränken. Eine um vier Fragen erweiterte Fassung des Fragebogens wurde an ca. 50 Referenten und Teilnehmer der VI. Internationalen Deutschlehrertagung in Nürnberg 1980 versandt, um auch die Ansichten von Fremdsprachendidaktikern einer anderen Zielsprache und aus nicht-westeuropäischen Herkunftsländern zu erhalten (vgl. Brückner, H. [Hrsg.]: *Lehrer und Lernende im Deutschunterricht.* Kongreßbericht der VI. Internationalen Deutschlehrertagung vom 4.–8. August 1980 in Nürnberg, 1981).

Die vier zusätzlichen Fragen lauten:

11. Haben Sie oder Ihre Kollegen neue Unterrichtsverfahren erprobt, die Sie uns in Form von Handlungsanweisungen oder Leitsätzen beschreiben können?
12. Wäre es Ihnen möglich, einige Kopien von Lehrwerktexten, Übungen und Stundenentwürfen (möglichst mit Quellenangaben) zu übersenden, die sich besonders gut bewährt haben? (Bitte mit Copyright-Angaben)
13. Gibt es ihrer Meinung nach Bereiche der Methodik des Fremdsprachenunterrichts, die neu durchdacht werden müssen?
14. Welche Merkmale zeichnen Ihrer Erfahrung nach den guten Fremdsprachenlehrer aus?

Frage 1: Could you name one or more "golden rules" which you would advise a foreign language teacher to follow?

Einige der Befragten äußerten Zweifel, ob sich „goldene Regeln" überhaupt aufstellen lassen, so z. B. V. J. Cook: "In principle I think it is rather dangerous to believe in 'golden rules': teaching is a highly complex activity and any single rule encourages the teacher to oversimplify this complexity." Die meisten Experten jedoch nennen eine ganze Reihe von Leitsätzen, die sich um drei Brennpunkte gruppieren – den Lehrer selbst, die Bedürfnisse der Lernenden und das Unterrichtsziel.

A foreign language teacher should

"be responsive to the students" (V. J. Cook).

"talk a lot less and listen a lot more" (M. Rinvolucri).

"be flexible in his/her approach" (H. Butler, J. Lonergan).

"provide examples of the target language and conditions that will best enable the pupils to LEARN" (R. A. Close).

"have clear objectives" (C. Lawson).

"give students a feeling of achievement" (M. Medrille).

"have as an objective of each lesson that at the end of it the learners will be able to do something in English that they could not do before the lesson" (H. J. S. Taylor).
"continue with (his/her) own language learning so that (he/she) knows at first hand what the learning process involves" (J. Farthing).
„Geduld und Humor besitzen" (J. Jones).
„Enthusiasmus und Liebe zur Sache ausstrahlen" (W. Bartscht).
„steten Kontakt zu Zielkultur und Zielsprache pflegen" (G. Kolarov).
„sich ständig weiterbilden" (G. Björn, A. Regales).

Fast alle Befragten stimmen darin überein, daß der Lernprozeß der Mittelpunkt des Fremdsprachenunterrichts ist. Aufgabe der Lehrer ist es daher, gute Lernsituationen zu schaffen. Dazu müssen zunächst die Bedürfnisse der Lernenden im Hinblick auf Lerninhalte und Lernwege erspürt werden, erst dann kann die eigentliche Planung des Unterrichts einsetzen, deren Notwendigkeit von vielen Experten betont wird. "The Golden Rule (1): If there is one (and I'm frankly doubtful!) it is to plan your work, and not leave it to the inspiration of the minute. Planning does not preclude inspiration; indeed, freed of the immediate burden of what to do next, the teacher is much more likely to be able to allow his mind to wander a bit and find the sudden flash of insight" (J. A. Norrish, ähnlich R. Meier). Zwei wichtige Aspekte der Stundenplanung, nämlich den Methodenwechsel und die Motivierung, beschreiben R. A. Close ("It is difficult for anybody to pay attention to one aspect of a language for more than, say, ten to fifteen minutes. The teacher must therefore break up each lesson into periods of differing activity, including brief revision of work already done, presentation of new material, listening, speaking, reading and writing. All the four skills just mentioned need balanced attention.") und H. J. S. Taylor ("Regard motivation as of prime importance and plan each lesson to be as enjoyable and useful as possible. Each lesson that succeeds in ... [this] will motivate learners for the next lesson."). Eine goldene Regel, die jeglichem Unterrichten zugrunde liegt, erwähnt D. Scarbrough: "Remember you are in the classroom for the learner's benefit, not your own."

Aus den Antworten der Experten wird deutlich, daß das globale Lernziel des Fremdsprachenunterrichts – die Kommunikationsfähigkeit in der Zielspache – durchweg anerkannt wird. Von den vielen goldenen Regeln, die sich darauf beziehen, sollen die folgenden stellvertretend genannt werden:

"Try to ensure that what the learner has to say is something worth saying." (D. Scarbrough)

"The atmosphere and the management of the classroom ought to reflect the nature of our subject – communication ... Eye to eye teaching is essential." (D. Cross)

"Listen to **what** your learners say as well as **how** they say it, otherwise they will never see a language for what it is – a vehicle for conveying meaning." (R. Bolitho)

„Was der Schüler tun kann, sollte der Lehrer nicht selber tun." und "Listen to your students, have them communicate." (G. F. Strasser)

Frage 2: Do you know of any type of activity or text that (nearly) always works?
Die Antworten zu dieser Frage liefern den Beweis für unsere Forderung nach der Individualisierung des Lehrens. Abgesehen von einigen wenigen Experten, die die Beantwortung dieser Frage mit dem Hinweis auf die möglichen Unterschiede zwischen Lernergruppen und dem fehlenden Lernerbezug bei universell einsetzbaren Texten oder Übungen ablehnen oder keine Antwort geben, lassen uns alle übrigen an dem reichen Schatz ihrer Unterrichtserfahrung teilhaben. Als erfolgversprechende Texte werden genannt:

"The news" (D. Cross)

Challenging texts (J. Comfort)

"The best texts of all are those written by the teacher himself (or herself), who knows exactly why and how to use them." (D. H. Spencer)

"Student-oriented activities and texts" (J. Farthing)

"What I find (nearly) always works is listening to or reading a piece of English which is, in structure and vocabulary, within the pupils' grasp; which tells a good and sensible story; or which otherwise refers to a topic that really arouses the pupils' interest. Pupils are much more likely to be attracted by English that is interesting, rhythmical and memorable than by language that is commonplace and of little or no educative value." (R. A. Close)

„Passende Anekdoten und Lieder" (W. Bartscht)

Bei den Vorschlägen für die die Lernenden in der Regel ansprechenden Übungen reicht das Spektrum von allgemeinen Aussagen wie "any activity that involves spontaneity on the learner's part, with conscious progress towards a goal" (S. F. Whitaker) bis zu detaillierten Beschreibungen einzelner Übungen. Um Sie zum Experimentieren mit diesen von erfahrenen Praktikern als gut eingeschätzten Übungen und Verfahren anzuregen, sollen einige im folgenden ausführlich dokumentiert werden.

"Reconstituting a jumbled text in groups nearly always has a powerful appeal. The text may take an almost unlimited variety of forms. It may be a set of instructions, a joke, an anecdote, a strip cartoon story, a poem, a life story – the only criteria are that it should be self-contained and not be longer than, say, eight or ten frames, lines, or sentences. Each student is given his or her part of the whole and asked to memorize it. The teacher then takes the original back. Now the students have to reconstitute the text together. The peculiar virtues of this activity are that it requires everybody to speak – the weak students, even if all they are doing is repeating their sentence, are talking and communicating vital information – and that it leads very naturally from a speaking phase to a writing phase. Fairly strict teacher monitoring is needed to prevent students switching back to their mother tongue." (C. Lawson)

"If I have to take a strange class while someone is ill, I usually fall back on a teaching technique that is part game, part vocabulary teaching, part Asher's Total Physical Response, namely Simon Says, starting with simple parts of the face – 'Touch your eye', 'Simon says touch your mouth' and working up to any vocabulary the students don't know – 'eyelashes', 'forehead', 'temple'." (V. J. Cook; Asher's Total Physical Response wird auch von G. F. Strasser genannt.)

"Nearly foolproof lesson: Take some hats (or other props). Ask each student to choose one, and invent a character which is suggested by the hat. Each or some students answer questions from group in character. (Preparation time for character definition and questions relative to group level.)" (M. Medrille)

"What nearly always works – almost by definition – is inter-pupil communication in a situation where the need to communicate has been set up by the teacher. In other words, where the focus is momentarily off the language as code and on to the activity or end that needs to be completed through the language. For example, where pupils have, say in groups or individually, information needed by another group or individual to find the solution to a puzzle, to work out a solution to a mystery, etc." (J. A. Norrish)

Die übrigen Antworten nennen: *games* (M. Valesuli-Andreschaki, H. Butler), *information gap exercises* (D. Scarbrough), *role play* (H. J. S. Taylor), *simulations* (R. Bolitho), *listening discrimination exercises* (J. Lonergan), *free personal questions asked of the teacher* (R. Zargani-Milioni), *elicitation of pupils' personal views* (P. Early), *jigsaw reading exercises* (H. Butler), *silent reading* (S. F. Whitaker) und *„spontanen Enthusiasmus des Lehrenden"* (R. Meier).

In den Antworten wird zum einen deutlich, daß das Bemühen einzelner Lehrer um motivierende, viele Lernende ansprechende Texte und Arbeitsformen zu sehr unterschiedlichen Ergebnissen führen kann. Zum anderen fällt auf, daß in der Vielzahl der Antworten einige Unterrichtsformen unerwähnt bleiben, wie z. B. Übersetzungen, Dolmetschübungen, das Ausfüllen von Lückentexten, Übungen im Sprachlabor, kurzum viele jener Aktivitäten, die zum täglichen Brot jedes Fremdsprachenlerners gehören. Insofern sollten wir uns aufgefordert fühlen, auch diese *bread and butter* Aufgaben des Fremdsprachenlehrers so weiterzuentwickeln, daß sie zu Arbeitsformen werden, die von vielen Lernenden gern ausgeführt werden.

Frage 3: What are recurrent instructional steps and techniques in each lesson?
Auch bei den Antworten zu dieser Frage zeigt sich, daß der Mehrheit der Experten eine Art Grundmuster für eine fremdsprachliche Unterrichtsstunde vorschwebt, während eine Minderheit davon ausgeht, daß jede Stunde abhängig von Lernziel, Lehrmethode und Lernenden geplant werden muß, so z. B. D. Scarbrough: "There are no recurrent instructional steps required for every lesson. Each lesson calls for its own sequence of techniques" (ähnlich K. Sunaga), M. Rinvolucri: "This is impossible to answer since instructional steps depend wholly on the approach being applied" oder R. Bolitho: "So much depends on the learner and the materials".

Die Unterschiede zwischen den von den übrigen Experten vorgeschlagenen Stufen und methodischen Verfahren jeder Unterrichtsstunde sind nur graduell – allen gemeinsam ist der Dreierschritt: Einführung neuen Sprachmaterials, Übung, Anwendung. Die Ausführungen von H. J. S. Taylor können daher als Beispiel für viele Antworten gelten:

"a) Revision of relevant familiar material or situation.
b) Setting the scene of this new text or situation.
c) Presenting the new material in its situation.
Active listening by the learners.
d) Listening comprehension tested in various ways.
e) Repetition of new items in sentence contexts.
f) Practice of new items: in drills for memorisation
in question and answer
in simple games
in repetitive songs
g) Transfer to other situations useful to the learners.
h) Reading of the new material or text, with comprehension check.
Writing the new material or text in controlled or guided exercises.
i) Personal use of the new items in an informal activity, especially
role-play
giving a talk
playing or singing a pop-song
reading contemporary writing in realistic forms
writing purposefully to satisfy a need
doing a joint project
j) Evaluation, if i) has not been sufficient for this purpose."

Obwohl ein solches Ablaufschema für die Unterrichtsplanung sehr nützlich ist, sollte es nicht mechanisch angewandt werden. Wichtig ist vielmehr, daß die Bedürfnisse der Lernenden auch während der Stunde berücksichtigt werden.

"I don't feel that a lesson necessarily has recurrent steps; if the teacher is being responsive to the students' needs, then this means continually adapting to the feedback provided by the students during the lesson; one prearranged plan cannot always work. One of the best lessons I remember was when I started by saying something like 'Lovely weather we're having today' and two hours later discovered we were still talking without having got to the first point on my lesson plan." (V. J. Cook)

Frage 4: What do you consider to be the most useful teaching aid? Why?

Ungefähr ein Drittel der Befragten nennen den Lehrer/die Lehrerin bzw. die Lehrerstimme als wichtigstes Unterrichtsmittel.

"The teacher herself – highly reliable in terms of servicing and maintenance, highly adaptable, capable of a vast range of modes, moods and qualitative leaps, if properly trained. For example, working with drama, the teacher can become a fascinating, three-dimensional visual aid, importing whole new imaginative worlds into the classroom." (M. Rinvolucri)

"Sympathy (fellow-feeling). Learning-teaching is a trade between people, if you do not understand the student how can you offer what s/he wants." (J. Farthing)

"I have always held (along with W. R. Lee) that the teacher's best aid is himself. I believe this for the following reasons: (a) He is always there; (b) he is by far the most sensitive to feedback from the class of all the possible aids; (c) and for the two foregoing reasons, he is the most flexible of aids. (d) Language is essentially an interpersonal activity and there is no aid that can duplicate the teacher's ability to respond to situations linguistically." (J. A. Norrish)

Bei den übrigen Antworten überwiegen die Hinweise auf visuelle Hilfsmittel, allen voran die Wandtafel, deren zahlreiche Vorzüge von vielen aufgezählt werden.
"The most useful teaching aid is the blackboard. It enables the teacher
- to use it at any given moment, without any special preparation, without the danger of some technical failure,
- to fix the main elements of a given context (develop a word skeleton),
- to make clear points of pronunciation (by phonetic transcription), of syntagmatic usage, of grammar etc.
- to make the students show how far they have retained previously taught language items,
- to use simple (line-)drawings to illustrate the meaning of words and phrases,
- to correct mistakes." (L. Pohl)

Daneben gibt es Plädoyers für die Flanelltafel und insbesondere den Tageslichtschreiber *(overhead projector)*.
"The flannelgraph, with figurines cut out of magazines and mounted on sandpaper.
- The flannelgraph can be displayed to enable all the class to see easily the items and movements being shown.
- Pictures or figurines and flashcards can be shown together for many sentence-, word-, and letter-matching activities.
- The learners can easily take over from the teacher and offer each other challenges in games and competitions.
- It is cheap, costing almost nothing.
- It is portable.
- It does not require electricity or a black-out or any kind of servicing.
- It is easily stored: in a large envelope for the figurines, and the flannel can be rolled up or folded.
- The learners can bring in magazines and make figurines themselves, using English for all the instructions needed for this activity.
- Figurines of people can be given joints with paper-fasteners and can be treated as puppets.
- An infinite range of situations, eliciting a rich variety of grammar, lexis and idioms, can be built up, allowing imagination and fantasy as well as realism to be incorporated." (H. J. S. Taylor)

"The Most Useful Teaching Aid
Without any doubt it is the overhead projector. Well prepared lessons may be carried from room to room or kept from one year to the next in an easily filed envelope or folder. The attention of the students is focussed on the part of the text which is visible (unlike with a text-book). The students have to look up at the screen; they cannot hide their mouths behind a screen of hair as they look down at a desk, nor is a desk necessary. Two O. H. P. techniques have proved especially valuable to me: Masking and line-drawings. I work through a text laying alternative transparencies over the text. The first has black oblongs which will blank out all of the nouns. The second gaps all of the verbs. The third covers other key lexis, such as prepositions, adjectives, adverbs. Finally, all three transparency masks are laid over the text. The students enjoy the challenges and really internalize the text. Line drawings are used to reconstruct the text later, allowing oral expression in the same or subsequent lesson. Before putting a lesson away I always write out a few key phrases onto another transparency and put it away for two or three weeks. This can be brought out at any suitable moment and used for revision and consolidation, by dictation, translation or merely by reading aloud. The line drawings too lend themselves to oral revision at a later time." (D. Cross)

Von den auditiven Hilfsmitteln werden Kassettenrecorder und Tonbandgerät am häufigsten als unverzichtbare Bestandteile des Fremdsprachenunterrichts genannt:
"Probably the tape recorder because of its diversity of use both with and without a teacher present; as a means of presenting language (both authentic and simulated), as a means of practising language through drills and repetition and as a means of recording students' use of language for later playback and analysis." (J. Comfort)

Schließlich finden auch neuere Hilfsmittel, wie Video (J. Lonergan, W. Bartscht, J. Jones) und Microcomputer (M. Rinvolucri) sowie Schulfernsehprogramme (L. Pohl) Befürworter. Die Antworten reflektieren zwar die individuellen Lehrstile der Befragten, sie zeigen aber auch, daß die Phase des uneingeschränkten Vertrauens auf die Effektivität technischer Medien und ihre Überlegenheit über die Person des/der Lehrenden abgeschlossen ist. Lediglich L. Pohl stellt mit seiner Einschätzung des DDR-Schulfernsehkurses *"English for you"* eine Ausnahme dar: "... He or she simply has to switch on the TV-set and the film will do many elements of his or her job better than the teacher ever can." Einfallsreiche Lehrer können jedes Hilfsmittel nutzbringend einsetzen (so M. Valesuli-Andreschaki).

Frage 5: Which developments in the methods of foreign language teaching do you predict for the next ten years?
Die Vorhersagen für die Entwicklung des Fremdsprachenunterrichts in den nächsten zehn Jahren basieren auf der Einschätzung der gegenwärtigen Lage, und in diesem Punkt unterscheiden sich die Aussagen der befragten Experten bereits erheblich. Während D. Scarbrough – seiner Meinung nach vielleicht zu optimistisch – die

allgemeine Anerkennung des kommunikativen Ansatzes vorhersieht (ähnlich hofft auch S. Efstathiadis) und damit andeutet, daß dieser heute noch nicht generell verwirklicht sei, glauben J. Comfort und H. Butler, daß es in den nächsten zehn Jahren eine grammatisch betonte Gegenbewegung zum gegenwärtigen kommunikativen Fremdsprachenunterricht geben wird. Im Gegensatz dazu sehen J. A. Norrish und V. J. Cook als nächste „Mode" in der Fremdsprachenmethodik die starke Betonung des Hörverstehens.

"Predicted Pedagogical Developments
I believe that teachers of languages in schools will perceive their role in a wider light. In view of the increasing need for multi-lingualism and the impossibility of predicting the exact needs of our students, schools will provide a 'Language Education' rather than a course of study of one or two languages for academic purpose. Such a programme would include the study of language-awareness and linguistics (in the mother-tongue) the intention of this component being to prepare the student for the learning of any language with some degree of insight." (D. Cross)

"Perhaps recent concentration on learning-centred approaches will lead to the disappearance of teachers altogether! Certainly as the recession continues to bite, teachers will be made more and more accountable for the results of their teaching." (C. Lawson)

Zwar erwähnen mehr als die Hälfte der Befragten das Anwachsen von individualisiertem Fremdsprachenlernen *(self-access learning)* und den verstärkten Einsatz neuer technischer Medien, vor allen Dingen Video (P. Early, S. F. Whitaker, V. Lonergan, J. Farthing), Microcomputer (M. Rinvolucri, D. Scarbrough, D. H. Spencer, J. Jones, W. Bartscht, G. Björn, G. F. Strasser) und Medienkombinationen (A. Strauss), doch erwarten andere die verstärkte Hinwendung zu lernerzentrierten Lehrformen (z. B. A. Regales, J. Farthing, M. Medrille, P. Early) und zu wieder verstärkter Beachtung der Lehrerpersönlichkeit (G. Kolarov). Mit den Medien werden sich auch die Materialien verändern – individualisiertes Lernen erfordert andere Präsentations- und Übungsformen als der lehrerzentrierte Unterricht. P. Early hofft auf authentische Texte und Loseblattlehrbücher, die nach R. Bolitho vorwiegend als Materialien- bzw. Textsammlung benutzt werden denn als systematisch durchzuarbeitender Lehrgang. Eine größere Bandbreite der Lehrmaterialien ist ebenfalls die Folge des stärkeren Ausbaus von ESP *(English for Specific Purposes),* d. h. fachbezogenen Sprachprogrammen, den N. Gvishiani und R. Meier vorhersehen. Wachsendes Interesse an den sogenannten *fringe methods* (*Silent Way, Community Language Learning* etc.) prognostiziert H. Butler. Hierzu V. J. Cook:
"Unfortunately I feel that language teaching is too prone to the bandwagon effect: teachers jump on to the bandwagon of a fashionable method without exploring the variations in their old methods and totally abandon those things which were useful in the older methods [. . .] What I would like to see, but doubtless will be disappointed, is a methodology that pays more attention to the research in second language

learning, such as that on learner's communicative and learning strategies, and to the fact that language is not just communication but is also the formation and maintenance of relationships between people."

Frage 6: How do you feel about pair and group work?
Zu dieser Frage waren die Stellungnahmen überwiegend positiv. Fast alle Befragten begrüßen Partner- und Gruppenarbeit als eine wichtige Arbeitsform im Fremdsprachenunterricht, die die Sprechzeit der Lernenden und damit den Übungseffekt erhöht. Allerdings sei es für den Unterrichtenden wichtig, klare Aufgaben zu stellen, die Übenden zu beobachten und, wo nötig, helfend einzugreifen.

"Very positively. Both maximize student talking time. Undoubtedly many teachers as well as quite a few students still favour frontal teaching and silence from the class for most of the lesson. Provided that the noise level does not reach intolerable proportions, I am more certain that learning is taking place when students talk to each other than when they do not." (C. Lawson)

"Of great potential value, encouraging a social dimension which is often suppressed, and cooperation instead of competition. The precise amount of control and of prior 'input' will always be difficult to determine." (S. F. Whitaker)

"I welcome it very much. After all, who else can the student of language talk to, apart from the teacher? Teachers probably need more training, however, in how to orchestrate a class – from plenary to small groups, to individual work, back to plenary, into pairs, and so on." (J. Lonergan)

"Group and pair work are absolutely essential. I 'learn' German at my local technical college here in Cambridge, or rather I attend infinitely long 'Doppelstunden' during which we **never** do group or pair work. After ninety minutes I come out having uttered around ten sentences in German. At thirty lessons a year that will bring my annual total to around 300. How can I learn without trying the language out?" (M. Rinvolucri)

Die negativen Einschätzungen dieser Arbeitsformen betonen in erster Linie die Fehlerhäufung (R. Meier) und ihre Unvereinbarkeit mit dem Ziel eines individuellen Lernfortschritts (G. Merkt).

Frage 7: Would you give a different emphasis to the teaching of vocabulary, grammar and pronunciation at various stages in the language learning process?
Die zu dieser Frage geäußerten Ansichten sind recht gegensätzlich. Übereinstimmung herrscht lediglich insofern, als von allen die Bedürfnisse und Absichten der die Fremdsprache Lernenden – ob beispielsweise als Mittel zur alltäglichen Kommunikation oder als Basis fachspezifischer Lektüre, was Rückwirkungen auf die Gewichtung rezeptiver und produktiver Fertigkeiten hat – sowie die jeweiligen äußeren Bedingungen (Klassengröße, Stundenzahl, Leistungsstand) als ausschlaggebend für die Schwerpunktsetzung angesehen werden. Für die Betonung von Lexis, Grammatik und Aussprache im Verlaufe eines Sprachlehrgangs lassen sich eine Anzahl differenzierter Konzepte vorstellen, in denen sich die meisten der geäußerten widerspiegeln.

1.

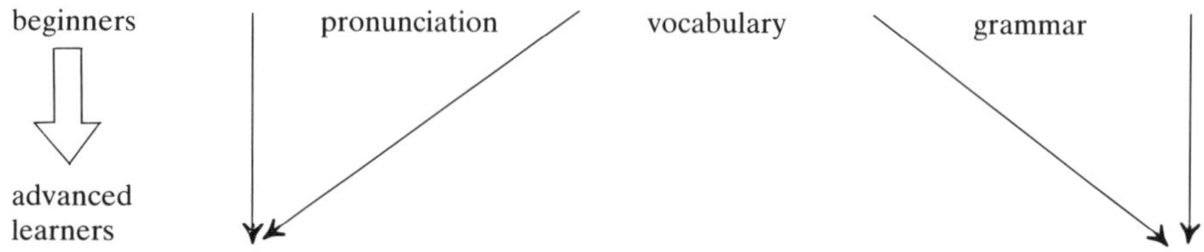

(u. a. D. Scarbrough, S. Efstathiadis, S. F. Whitaker, N. Gvishiani, G. Merkt)

2.

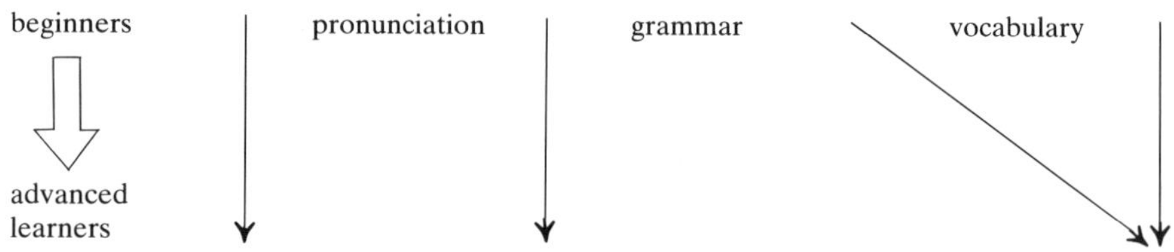

(A. Strauss, M. Rinvolucri, N. Kostic)

3.

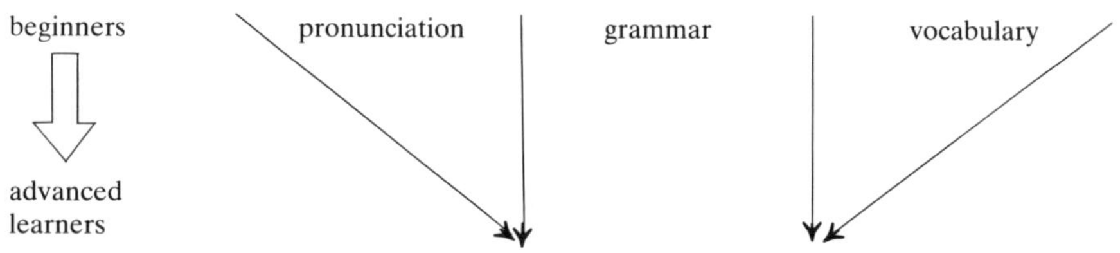

(J. Lonergan)

4.

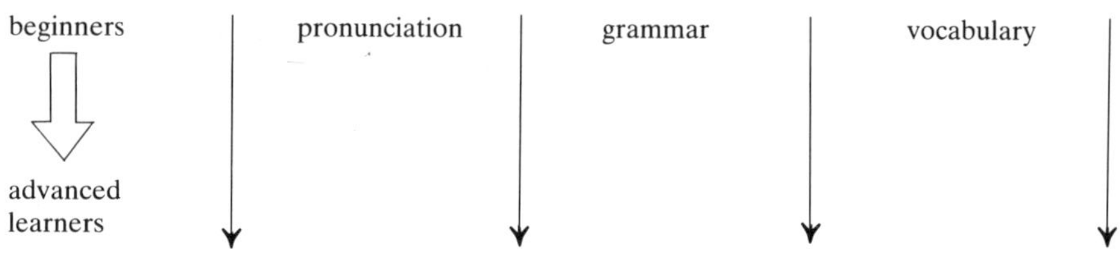

(R. Meier, J. Jones, N. Sonoda)

Am auffallendsten sind die unterschiedlichen Einschätzungen der Bedeutung der Lexis. Die drei folgenden Zitate verdeutlichen dies:

"Vocabulary – should **not** be administered **only** in very small doses. Students need plenty of word-power if they are to communicate, and can assimilate larger amounts of vocabulary from an early stage of learning than is generally thought possible. Not all vocabulary will need to be learnt for 'productive' use, but can be presented for comprehension / recognition in reading / listening texts." (P. Early)

"But I would always discourage learners from being vocabulary hamsters – many learners mistakenly believe that language = words and spend a disproportionate amount of time in pursuit of them." (R. Bolitho)

"I suspect that one of the concealed virtues of the functional syllabus is that it brings back an emphasis on the teaching of vocabulary – something which learners definitely feel. The trouble is that since the audiolingual days nothing new has been done about the teaching of vocabulary; either the techniques are the same as before or it is assumed that learners somehow pick it up as they go along. We still have the dated concept of 'frequency' applied through syllabuses such as the VHS certificate without any querying of the validity of this essentially behaviourist 1950s concept." (V. J. Cook)

Frage 8: Is there any particular set of experiences or experiments which shaped your own approach to foreign language teaching?
Jede der Antworten zu dieser Frage enthält ein kleines Stück Lebensgeschichte. Gerechterweise müßten wir alle Antworten in vollem Umfang zitieren, was aus Platzmangel unmöglich ist. Eine zusammenfassende Strukturierung ist daher nötig. Grob gesprochen sind es vier große Bereiche, denen die von jedem einzelnen als prägend empfundenen Erfahrungen zugeordnet werden können. Da ist zunächst die eigene Unterrichtspraxis als Fremdsprachenlehrer, die oftmals unter sehr schweren Bedingungen erfolgte.

"Teaching EFL in Iraq 1954–57 without my having any knowledge of Arabic, I found I **had to** teach communicative English to my first-year classes of Arab boys, and they made enormous progress compared with those classes that had Iraqi teachers, who could always return to Arabic when faced with any difficulty. We used a textbook that ended the very first, identifying, lesson ("This is a . . .") with a game. The children used to be sitting in their seats long before the bell rang so as not to miss a minute of their English lessons – they **enjoyed** them." (H. J. S. Taylor)

"My own approach to language teaching has been shaped by constant observation of my own teaching and of my students' reactions to it . . ." (B. Krakowian).

Eine zweite Einflußgröße stellen didaktisch-methodische Veröffentlichungen und die Anregungen durch andere Fremdsprachenlehrer dar. Die genannten Didaktiker und ihre Methodenansätze sind:
J. Dakin (P. Early), O'Neill (M. Rinvolucri), Charles Curran: Community Language Learning (M. Rinvolucri, P. Early, R. Bolitho), Gattegno: Silent Way (M. Rinvolucri), E. W. Stevick (R. Bolitho), H. E. Palmer und A. S. Hornby (D. H. Spencer).

Als drittes sind die individuellen Lernerfahrungen im Hinblick auf den eigenen Erwerb von Fremdsprachen zu nennen und schließlich die außerfachlichen Erfahrungen, die im Einzelfall Unterrichtsstil und Lehrerhaltung mitbestimmen.

Frage 9: How much participation of the learners in the planning and conducting of lessons is advisable?
"If we are talking about children, none at all. They know nothing about the subject, or about teaching, and are often only learning a foreign language because it happens to be on their school or class curriculum, and they have no choice. Small classes of well-educated adults may of course express their views, and some of their suggestions

may be acted on. But the final responsibility always rests with the teacher – as it does with the captain of a ship." (D. H. Spencer)

„Die Beteiligung sollte sehr klein sein. Man muß eine falsch verstandene ‚Demokratisierung' vermeiden. Jedoch sollte man das Recht des Schülers, sich frei auszudrükken, erweitern, sowie das, seine Gruppenkollegen zu wählen, bei der Notenbeurteilung und anderen internen Angelegenheiten innerhalb der Fakultät teilzunehmen usw. Die Planung des Unterrichts selbst muß jedoch ausschließlich dem Lehrer zustehen. Jeder Versuch, die gesellschaftlichen Rollen der Lehrer und Schüler zu ändern, führt auch beim besten Willen ganz sicher zu einem Rückgang der akademischen Leistungen." (A. Regales)

Diese beiden Aussagen finden sich an einem Ende des Spektrums der Meinungen, die beiden folgenden am anderen.

"As an **ideal,** it is desirable for learners to participate fully in the planning and conduct of lessons. In practice, this is often not easy. The age and maturity of students may constitute a problem – and, of course, most teachers have considerably more experience both of learning and teaching languages than the majority of learners. At the same time, I believe that learners could be consulted considerably more than they normally are." (P. Early)

"The more they are involved the less resistance to learning there will be. They should not only be involved in the planning and conducting of lessons but also in the preparation of materials for their own learning process and that of students more elementary than themselves." (M. Rinvolucri)

Die Mehrzahl der Antworten jedoch läßt sich auf den gemeinsamen Nenner reduzieren: Im Anfangsunterricht und bei der Stundenplanung ist die Mitbestimmung der Lernenden nur in sehr geringem Umfang möglich und sinnvoll, im Fortgeschrittenenunterricht und während der Durchführung von Stunden bleibt der Mitgestaltung wesentlich mehr Spielraum. Weitere wichtige Gesichtspunkte bei der Entscheidung über den Grad der Mitbestimmung sind der kulturelle Hintergrund und die pädagogische Vorerfahrung der Betroffenen (so A. Psalton-Joycey). Die prägnanteste Antwort, die gleichzeitig Faustregel in dieser Frage werden könnte, stammt von D. Scarbrough: "As much as the learners themselves and the teaching establishment will allow. They will both need persuasion."

Frage 10: Are there any topics suitable for every class?

Nur eine Minderheit der befragten Experten bezweifelt, daß es Themen gibt, die in jeder Fremdsprachen-Lerngruppe von Interesse sind, da unterschiedliche Altersgruppen verschiedene Interessen haben (D. Cross) oder da jede Lerngruppe ihre eigenen Themen generiert (R. A. Close, N. Gvishiani). Alle übrigen Antworten enthalten zumindest ein sicheres Thema. Am häufigsten wird der Lernende selbst genannt.

"Yes, everyone likes talking about him/herself. This is one topic that is successful in every class." (J. A. Norrish)

"There are indeed topics suitable for every class. These are topics which possess the power to move students to speak about their own experiences, and therefore relate to powerful 'hidden' motivations, such as sex, power, fear, love etc. Many apparently superficial 'topics' work because they arc rclated to such hidden factors." (P. Early)

Aber:

"In general wiser to avoid 'Religion, Politics and Sex'." (H. Butler)

"Undoubtedly the surefire topics are usually excluded from textbooks so as not to offend – gossip, religion, sex, etc. – but can be introduced by the teacher who knows the susceptibilities of his or her class." (V. J. Cook)

"All the human conditions and contemporary issues: school, local, national, international events; the law, war, injustice, social abuses, dreams, fortune-telling, life, death, sport, travel, shopping, communications, entertainment, earning a living, etc." (H. J. S. Taylor)

"The weather" (H. Butler)

"Many aspects of Social English" (J. Lonergan)

"Male-female relationships/apparel" (R. Zargani-Milioni)

"I suppose we could say that remedial work in the correction of errors – more particularly errors of pronunciation – is needed in every class." (D. H. Spencer)

"Yes, such as those related to the functions of socialising, identifying people and objects, asking and giving information, getting things done, etc." (S. Efstathiadis)

"Content based on the culture and life of the people who speak the target language." (V. J. Cook)

Es ist auffallend, daß die Mehrzahl der befragten Deutschlehrer landeskundliche Themen, die Kultur und Alltagsleben in Deutschland betreffen, als besonders erfolgversprechend nennen. Offenbar ist im Unterricht Deutsch als Fremdsprache der Bezug zur Zielkultur wesentlich ausgeprägter als im Englischunterricht, in dem der *lingua franca*-Aspekt ebenfalls eine große Rolle spielt.

Die folgenden vier Fragen entstammen dem zuletzt versandten erweiterten Fragebogen, zu dem die Antworten von 13 Experten aus dem Bereich Deutsch als Fremdsprache (besonders auf der Hochschulstufe) vorliegen.

Frage 11: Haben Sie oder Ihre Kollegen neue Unterrichtsverfahren erprobt, die Sie uns in Form von Handlungsanweisungen oder Leitsätzen beschreiben können?

Die wenigen Antworten zu dieser Frage verdeutlichen erneut, welche unterschiedlichen Akzente Fremdsprachenlehrer in ihrem Unterricht setzen. Selbstverständlich sind die Vorschläge geprägt von Alter und Zusammensetzung der betreffenden Lerngruppen, und dennoch ergibt sich allein im Bereich des universitären Sprachunterrichts ein sehr buntes Bild.

G. Merkt (Schweiz) versucht, „den ganzen Unterricht auf Textebene (d. h. kommunikativ) und nicht auf Satzebene (d. h. Drill) abzuwickeln."

R. Meier (USA) hat „eine Handbewegungs-Sprache" zur Bewußtmachung von Fehlern entwickelt, „bei der (sie) den Studenten nicht unterbrechen muß, aber z. B. Wortfolge, Umlaute, das Verb ‚sein' im Perfekt, das ‚n' im Dativ Plural durch ein ganz kurzes, immer gleiches Zeichen andeute(t)."

J. Jones (England) arbeitet sehr viel mit technischen Medien (Video, Overheadprojektor, Tonband), die ebenfalls als Hilfen bei schriftlichen und mündlichen Prüfungen Verwendung finden.

W. Bartscht (USA) erwähnt computergestützten interaktiven Unterricht, den sie leider nicht näher erläutert. Weiterhin werden der häufige Einsatz von Tageszeitungen anstelle eines Lehrbuches (von G. Björn, Schweden) und *multicultural instruction* (G. F. Strasser, USA) genannt. Im Bereich des Fremdsprachenunterrichts Deutsch als Fremdsprache hat sich nach Aussage von G. Kolarov eine Verknüpfung von einführender Vorlesung und vertiefender Übung (in Kleingruppen) gut bewährt.

Frage 12: Wäre es Ihnen möglich, einige Kopien von Lehrwerktexten, Übungen und Stundenentwürfen (möglichst mit Quellenangaben) zu übersenden, die sich besonders gut bewährt haben?

Der Rücklauf zu dieser Frage war außerordentlich gering. Da es sich bei den vereinzelt eingegangenen Materialien weniger um konkrete Stundenentwürfe als um stärker theoretisch orientierte Schriften handelt, die in den meisten Fällen bereits veröffentlicht wurden, soll an dieser Stelle auf eine Beschreibung verzichtet werden.

Frage 13: Gibt es Ihrer Meinung nach Bereiche der Methodik des Fremdsprachenunterrichts, die neu durchdacht werden müssen?

Abgesehen von jenen Fremdsprachendidaktikern, die es für nötig erachten, daß alle Bereiche der Methodik neuer Überlegung bedürfen (W. Bartscht, G. Kolarov, A. Regales), finden sich in den übrigen Antworten keine Überschneidungen. Es sollten neu durchdacht werden:

das Lesen in der Fremdsprache mit dem Ziel der Erfassung des Gesamtzusammenhangs eines Textes (J. Jones);

die Erklärung der Grammatik (J. Jones);

die Verbindung von Sprache und Kultur (K. Sunaga);

der Einsatz des Sprachlabors (G. F. Strasser);

die Prüfungsformen der mündlichen Sprachfertigkeit (G. Björn);

die kommunikative Benutzung der audiovisuellen Medien (G. Merkt).

Frage 14: Welche Merkmale zeichnen Ihrer Erfahrung nach den guten Fremdsprachenlehrer aus?

Zu dieser Frage liegen mehr Antworten vor als zu den drei vorhergehenden. Als von vielen für wichtig erachtet lassen sich folgende Merkmalsbereiche herausschälen:

1. Eine gute Beherrschung der Zielsprache, lebhaftes Interesse an Zielsprache und Zielkultur und – wenn möglich – Auslandserfahrung.
2. Aufgeschlossenheit und Kontaktfreude gegenüber den Lernenden, Verständnis für ihre Interessen und Schwächen, entsprechende Anpassung des Unterrichts.

3. Eine gute pädagogische und fachliche Ausbildung.
4. Allgemein-menschliche Fähigkeiten wie Fleiß, Geduld, Humor, Lebhaftigkeit und Ausdauer.

Fremdsprachendidaktiker, die Fragen 1–10 beantwortet haben:
Rod Bolitho, Totnes, Devon, England
Heather Butler, International House, Newcastle upon Tyne, England
R. A. Close, University College, London, England
Jeremy Comfort, York Language Training Associates Ltd., York, England
V. J. Cook, University of Essex, Colchester, England
David Cross, London, England
P. B. Early, The British Council, London, England
S. Efstathiadis, Aristotle University, Thessaloniki, Griechenland
Joni Farthing, Christ Church College, Canterbury, England
Natalya Grishiani, Bulgarien
Christopher Lawson, Swansea, Großbritannien
Jack Lonergan, Language Training London, London, England
Maggie Medrille, Ashford, England
John A. Norrish, University of London Institute of Education, London, England
Lothar Pohl, Universität Jena, DDR
Angeliki Psalton-Joycey, Aristotle University, Thessaloniki, Griechenland
Mario Rinvolucri, Pilgrims English Language Courses, Canterbury, England
David Scarbrough, England
D. H. Spencer, Bognor Regis, England
André Strauss, Université de Paris VI, Paris, Frankreich
H. J. S. Taylor, University of Leeds, England
Maria Valesuli-Andreschaki, Aristotle University, Thessaloniki, Griechenland
S. F. Whitaker, University College of North Wales, Bangor, Großbritannien
R. Zargani-Milioni, Aristotle University, Thessaloniki, Griechenland

Fremdsprachendidaktiker, die Fragen 1–14 beantwortet haben:
Waltraud Bartscht, University of Dallas, Texas, USA
Gösta Björn, Linköping, Schweden
Paul Borissevic, Universität Kyrel, Bulgarien
Jennifer Jones, Hatfield, England
G. Kolarov, Swiščov, Bulgarien
Nada Kostic, Novi Sad, Jugoslawien
Bogdan Krakowian, Lódź, Polen
Regula A. Meier, Old Dominion University, Norfolk, Virginia, USA
Gérard Merkt, Université de Neuchâtel, Schweiz
Antonio Regales, Universität Valladolid, Valladolid, Spanien
N. Sonoda, Nagasaki University, Nagasaki, Japan
G. F. Strasser, Pennsylvania State University, USA
Koichi Sunaga, Tokyo, Japan

9. Ein „fachdidaktisches Alphabet“

Tips und Denksprüche für das Schulpraktikum

A Abwechslung ist das halbe Leben – und fast die ganze Unterrichtsstunde.

B Bildungsgüter sind unpersönlich. Erst der Lehrer verleiht ihnen mit seiner Person ein Gesicht.

C *Corrected* – korrigiert: Leider oft nur die Oberfläche balbiert. Fehler wachsen nach wie Haare.

D Didaktik des Stundenanfangs ist Methodik des guten Starts. Vielleicht ist es wie beim Sport. Der Start entscheidet das Rennen. So gib denn deinen Stunden einen guten Start.

E Erinnere dich an deine eigene Schulzeit. Dann mach es so, wie du es von deinen Lehrern immer gewünscht hattest.

F Foliotheken sind beliebt. Hab den Tageslichtschreiber als ständigen Begleiter, du, Don Folio, und du, Donna Folia.

G Grundordnung des Klassenzimmers ist die Sitzordnung. Man verliert sie aber oft aus dem Blick, weil man sie ständig vor sich hat.

H *How about* ***you?*** Das sei die gute Frage. Und nicht: *How about Mr Baker in Britain or America?*

I Interesse begleite Lehrer und Schüler. – Gleiche Rechte. Größtes Recht und größte Pflicht zugleich: Sei selbst am Stoff deiner Stunde interessiert. Die Schüler werden es bald merken.

J Jahrgänge in der Schule sind wie Jahrgänge im Weinberg. Man muß sie hinnehmen, wie sie gewachsen sind, die guten Jahrgänge und auch die anderen. Über allen scheint doch dieselbe Sonne.

K Korrigiere, wenn die Kommunikation nicht klappt, nach Augenmaß und Ohrenschmerz. Bei Schmerz sogleich, sonst etwas später.

L Lehrer lassen Schüler sprechen. Sprechen lernen ist das Ziel des kommunikativen Lehrens. So steht's im Lehrplan, und es tut deiner Stimme gut – bei fünf Stunden Unterricht am Tage.

M Mentoren sind Menschen wie du und ich. Bitte deinen Mentor, daß er dich vor der Klasse aufbaut, und sag ihm danke, wenn er das tut, ohne daß du ihn darum zu bitten brauchtest.

N Namen mußt du lernen, Schülernamen alle, möglichst gleich am ersten Tag.

O Operationalisierung tut dem Lernziel gut, doch den Schülern noch mehr eine Lehrerin, die freundlich und fröhlich ist und sie ernst nimmt in den kleinsten Dingen.

P Pädagogische Provinzen gibt es nicht. Alles ist Hauptstadt, und vieles darin ist Politik.

Q Quäl dich nicht, wenn eine Stunde mißraten ist. Analysiere die Gründe, und bau sie ein in neue Grundlagen.

R Reproduziere ruhig und imitiere den Mentor am Anfang. Abgucken ist Hingukken, und das schärft den Blick.

S Selbstbeherrschung ist dann schwer, wenn man sie verliert. Doch sie läßt sich üben, und die Klassen sind klassische Arenen.

T Teile die Stunde auf, und so beherrsche das Ganze.

U Unterricht ist Unterredung, Miteinander-Reden, miteinander richtig reden und handeln. Alles kann nicht richtig sein. Also sag „ja“ und „nein“. Sag öfter „ja“ als „nein“, und mach den Schülern Mut.

V Variiere deine Stimme: Selten sollst du brüllen, häufiger flüstern. Meistens aber sprich normal.

W Was tun, wenn Schüler laut werden? Schweigen, bis sie wieder leise sind.

X X entfällt im fachdidaktischen Alphabet, da selbst im *Reallexikon der englischen Fachdidaktik* von Schröder und Finkenstaedt nicht vorgesehen.

Y Y auf Deutsch heißt [waɪ] auf Englisch. *Why is Y pronounced* [waɪ]*? Can you tell me why?* Man sieht, daß *why*-Fragen nicht einfach sind, doch manchmal führen sie mehr zum Nachdenken als *who* und *what.*

Z Zynismus brauche niemals, auch nie als letztes Mittel, um zum Ziel zu kommen – wie als letzten Buchstaben im fachdidaktischen Alphabet.

10. Verzeichnis der Unterrichtsbeispiele

Nr.	Kap.	Jahrgangsstufe: Klasse/Kurs	Thema: Lernziel bzw. Inhalt	Schultyp oder Lerngruppe	Seite
(47)	4.6	Kl. 7	Dolmetschen in Alltagssituationen	schulformübergreifend	99
(48)	4.7	Kl. 10	Gesprächssituation mit einem gleichaltrigen englischen Besucher	Realschule	101
(49)	5.1	Kl. 5–10	Unterrichtssteuerung durch das Lehrerheft des Lehrwerks	schulformübergreifend	105
(50)	5.1	Kl. 8–10	lehrwerkunabhängiger Englischunterricht mit authentischem Material	Gymnasium	105
(51)	5.2	Kl. 8–10	Einsprachigkeit und Vokabellernen	schulformübergreifend	109
(52)	5.2	Kl. 5–10	Zensurengebung, Primat des Mündlichen	schulformübergreifend	109
(53)	5.3	Kl. 8–9	Textarbeit in den unterschiedlichen Schulformen	alle Schulformen	111
(54)	5.4	Kl. 7	äußere Differenzierung in Leistungsgruppen	Gesamtschule	117
(55)	5.4	Kl. 7	undifferenzierter Unterricht	Gymnasium	117
(56)	6.2	Kl. 6	Einübung von Redemitteln im kommunikativen Unterricht	schulformübergreifend	127
(57)	6.2	Kl. 12 Grundkurs	aktueller authentischer Text als Gesprächsanlaß	Gymnasium Sek. II	128
(58)	6.3	Kl. 5–10	"Classroom Phrases": häufige Fehler	schulformübergreifend	132
(59)	6.3	Kl. 5–10	"Classroom Phrases": idiomatische Äußerungen	schulformübergreifend	132
(60)	6.3	Kl. 5–10	"Classroom Phrases": Sachvokabular zu Medien	schulformübergreifend	132
(61)	6.3	Kl. 5–10	"Classroom Phrases": Tempora und Aspekte	schulformübergreifend	133
(62)	6.3	Kl. 5–10	"Classroom Phrases": mögliche Schüleräußerungen	schulformübergreifend	133
(63)	6.4	Kl. 8 G-Kurs	Impulsgebung durch Tafelanschrift	Hauptschule	135
(64)	6.4	Kl. 13 Leistungskurs	Behandlung von „Macbeth" mit Hilfe von Kursmaterialien	Gymnasium Sek. II	135
(65)	6.5	Kl. 7 G-Kurs	Korrektur von Aussprachefehlern durch Schüler	Hauptschule	139
(66)	6.5	Kl. 11	Stundenentwurf: geplante Lehreräußerungen in englischer Sprache (fehlerhaft)	Fachoberschule	139
(67)	6.6	–	Lehrer-Schüler-Gespräch	amerikanische Schule	143

Nr.	Kap.	Jahrgangsstufe: Klasse/Kurs	Thema: Lernziel bzw. Inhalt	Schultyp oder Lerngruppe	Seite
(90)	7.4	Sek. II	Einsatz landeskundlicher Tonfilme	Gymnasium	185
(91)	7.5	Kl. 5	Vokabelquiz als Lernkontrolle	schulformübergreifend	189
(92)	7.5	Kl. 6–10	Einsatz authentischer englischer Brett- und Gesellschaftsspiele	schulformübergreifend	190
(93)	7.6	Kl. 7–10	Betonung des Mündlichen	Hauptschule	193
(94)	7.6	Kl. 7–10	Ablehnung der Bewußtmachung grammatischer Regeln	Hauptschule	193
(95)	7.6	Kl. 7–10	spielerisches Lernen als Unterrichtsprinzip	Hauptschule	194

11. Auswahlbibliographie

Abbot, J.: "Understanding one another's Englishes", in: *World Language English.* 1. Jg., 1981, 1–4

Abbott, G.; Wingard, P. (Hrsg.): *The Teaching of English as an International Language.* A practical guide. Glasgow and London: Collins, 1981

Alatis, J. E.: "The urge to communicate vs. resistance to learning in English as a second language", in: *English Language Teaching Journal.* 30. Jg., 1975/76, 265–281

Alfes, L.: „Der Lehrer als Motivationsfaktor – 'whatever the method used'", in: *Englisch.* 17. Jg., 1982, 22–27

Allen, E. D.; Valette, R. M.: *Modern Language Classroom Techniques.* A handbook. New York: Harcourt Brace Jovanovich, 1972

Ankerstein, H. S. (Hrsg.): *Das visuelle Element im Fremdsprachenunterricht.* Stuttgart: Klett, 1972

Ankerstein, H. S.; Schubert, U.: *Die Cassette im Fremdsprachenunterricht.* Köln: Arbeitsgruppe Information, 1978

Apelt, W.: „Theoretische und praktische Positionen zur Realisierung einer angemessenen Veranschaulichung im Fremdsprachenunterricht", in: *Deutsch als Fremdsprache.* 22. Jg., 1985, 162–168

Appel, J.: „Dolmetschen als Übungsform im Oberstufenunterricht", in: *Praxis des neusprachlichen Unterrichts.* 32. Jg., 1985, 54–58

Arendt, M.: „Plädoyer gegen das laute Lesen: 'Flogging a dead horse?'", in: *Englisch.* 17. Jg., 1982, 41–44

Armbruster, B.; Hertkorn, O. (Hrsg.): *Schulfunk im Unterricht.* Köln: Greven, 1979

Arndt, H.: "Sprachtests als Instrument zur Eignungsmessung. Möglichkeiten zur Lerngruppendifferenzierung im L2-Bereich", in: *Der fremdsprachliche Unterricht.* 8. Jg., 1974, H. 31, 2–18.

Arndt, H.; Weller, F.-R. (Hrsg.): *Landeskunde und Fremdsprachenunterricht.* Frankfurt: Diesterweg, 1978.

Asher, J. J.: *Learning Another Language Through Action.* The complete teacher's guidebook. Los Gatos, California: Sky Oaks, 1977

Bachmann, W.: „Schriftliche Leistungsmessung im Englischunterricht der Sekundarstufe II – unter besonderer Berücksichtigung der Regelungen für das Abitur", in: *Neusprachliche Mitteilungen aus Wissenschaft und Praxis.* 36. Jg., 1983, 224–229

Baddock, B. J.: "A bibliographical guide to the use of newspapers in English language teaching", in: *Die Neueren Sprachen.* 80. Jg., 1981, 512–520

Baddock, B. J.: "An English teacher's guide to the British press", in: *Englisch.* 20. Jg., 1985, 105–109

Bailey, W.; Schrand, H.: „Zwei Beiträge zum Thema ‚Cloze Test'", in: *Zielsprache Englisch.* 1976, H. 4, 24–29

Bartoli, C.: "Teaching the silent way", in: *Practical English Teaching.* 2. Jg., 1981, H. 1, 29–31

Baumgarten, H.: „‚Eselsbrücken' als Hilfe für die Grammatikvermittlung im Englischunterricht der Sekundarstufe I", in: *Englisch.* 19. Jg., 1984, 140–143

Baur, R. S.: „Die Suggestopädie – eine neue Methode der Fremdsprachenvermittlung", in: *Die Neueren Sprachen.* Bd. 79, 1980, 60–78

Bausch, K.-R. u. a.: *Inhalte im Fremdsprachenunterricht oder Fremdsprachenunterricht als Inhalt.* (Manuskripte zur Sprachlehrforschung Nr. 23.) Bochum: Seminar für Sprachlehrforschung der Ruhr-Universität, 1983

Bausch, K.-R.; Königs, F. G.: „‚Lernt' oder ‚erwirbt' man Fremdsprachen im Unterricht? Zum Verhältnis von Sprachlehrforschung und Zweitsprachenerwerbsforschung", in: *Die Neueren Sprachen.* 82. Jg., 1983, 308–336

Bebermeier, H.: „Stellung und Funktion des Schulfunks im Englischunterricht der Sekundarstufe I", in: Armbruster/Hertkorn 1979, 211–218

Bebermeier, H. (Hrsg.): *Probleme eines lerngruppenspezifischen Englischunterrichts in der Sekundarstufe I.* Bielefeld: Cornelsen-Velhagen & Klasing, 1980
Bebermeier, H.: „Welchen Englischlehrer braucht der Hauptschüler?“, in: *Praxis des neusprachlichen Unterrichts.* 30. Jg., 1983, 266–275
Bebermeier, H.: „Zur Leistungsfeststellung im Englischunterricht auf der unteren Differenzierungsstufe“, in: *Neusprachliche Mitteilungen aus Wissenschaft und Praxis.* 38. Jg., 1985, 11–15
Bebermeier, H.: „Wie können wir mit Schülern auf der unteren Differenzierungsstufe erfolgreich üben?“, in: *Englisch.* 21. Jg., 1986, 85–92
Beile, W.; Beile-Bowes, A.: „Meinungsumfrage zur Angemessenheit von Textinhalten im Englischunterricht der Klassen 5 und 6“, in: *Englisch.* 18. Jg., 1983, 1–5
Beneke, J.: „Fremdsprachenanwendung in *real life situations*“, in: *Linguistik und Didaktik.* 39. Jg., 1979, 238–265
Bird, A.: “The use of drama in language teaching”, in: *English Language Teaching Journal.* 33. Jg., 1978/79, 290–296
Black, C.; Butzkamm, W.: *Klassengespräche.* Kommunikativer Englischunterricht: Beispiel und Anleitung. Heidelberg: Quelle & Meyer, 1977
Blair, R. W. (Hrsg.): *Innovative Approaches to Language Teaching.* Rowley (Mass.): Newbury House, 1982
Bleyhl, W.: „Sprachliche Beweglichkeit. Eine kategorienüberschreitende Komponente der kommunikativen Kompetenz“, in: *Praxis des neusprachlichen Unterrichts.* 25. Jg., 1978, 259–264
Bleyhl, W.: „Variationen über das Thema: Fremdsprachenmethoden“, in: *Praxis des neusprachlichen Unterrichts.* 29. Jg., 1982, 3–14
Bleyhl, W.: „Haupthindernisse für einen erfolgreichen Fremdsprachenerwerb in der Schule“, in: *Praxis des neusprachlichen Unterrichts.* 31. Jg., 1984, 176–186
Bleyhl, W.: „Verbessern oder nicht verbessern? Das ewige Dilemma des Fremdsprachenlehrers“, in: *Der fremdsprachliche Unterricht.* 18. Jg., 1984, H. 71, 171–183
Bliesener, U.: *Klausur- und Abituraufgaben Englisch.* Aufgabenbeispiele für Grundkurs und Leistungskurs. München: Langenscheidt-Longman, 1981
Bliesener, U.: „Die neue Abituraufgabe Englisch gemäß den Einheitlichen Prüfungsanforderungen. Überlegungen zum sinnvollen Umgang mit der Textaufgabe“, in: *Praxis des neusprachlichen Unterrichts.* 28. Jg., 1981, 227–238
Bliesener, U.: „Arbeitsanweisungen im schriftlichen Abitur – Englisch. Überlegungen und Hinweise zu sinnvollen und schülergemäßen Aufgabenstellungen“, in: *Praxis des neusprachlichen Unterrichts.* 28. Jg., 1981, 357–367
Bliesener, U.: *Textarbeit Englisch – leicht gemacht.* Schülerhandbuch zur Abiturvorbereitung. Dortmund: Lensing, 1984
Bliesener, U.: „Wie erfolgreich ist unser Englischunterricht?“, in: *Neusprachliche Mitteilungen aus Wissenschaft und Praxis.* 37. Jg., 1984, 65–67
Bliesener, U.; Schröder, K.: *Elemente einer Didaktik des Fremdsprachenunterrichts in der Sekundarstufe II.* Frankfurt: Diesterweg, 1977
Bloom, J.; Blaich, E.; Löffler, R.: *Spielen und Lernen im Englischunterricht.* 75 Lernspiele mit vielen Varianten. Berlin: Cornelsen-Velhagen & Klasing, 1986
Bludau, M.: „Die Rolle der Lektüre auf der Sekundarstufe I – Englisch“, in: *Neusprachliche Mitteilungen aus Wissenschaft und Praxis.* 30. Jg., 1977, 129–136
Bludau, M.: „Hatte Dr. Johnson recht? oder Kommentar zum Verhältnis zwischen progressiven Theorien und der Wirklichkeit des Fremdsprachenunterrichts“, in: *Neusprachliche Mitteilungen aus Wissenschaft und Praxis.* 32. Jg., 1979, 65–66
Bludau, M.: „Zur Rolle des Erzählens im Englischunterricht“, in: *Praxis des neusprachlichen Unterrichts.* 29. Jg., 1982, 339–347
Bogenschneider, K.: „Der Tip: Zum Globalverständnis beim Lesen“, in: *Praxis des neusprachlichen Unterrichts.* 28. Jg., 1981, 193–195
Bogenschneider, K.: „Wie bekommt man landeskundliches Material?“, in: *Praxis des neusprachlichen Unterrichts.* 28. Jg., 1981, 204
Bolitho, R.: “But where's the teacher?”, in: *Practical English Teaching.* 3. Jg., 1983, H. 3, 51–53
Bolz, N.: „Der Englischunterricht der reformierten Oberstufe ist besser als sein Ruf. Neue empirische Untersuchungen der Grammatikkenntnisse zwischen 11/1 und 12/2“, in: *Die Neueren Sprachen.* 83. Jg., 1984, 219–227

Borgmeier, R.: „Shakespeare als Landeskunde?“, in: *Neusprachliche Mitteilungen aus Wissenschaft und Praxis*. 36. Jg., 1983, 216–223
Bowen, B. M.: *Look Here!* Visual Aids in Language Teaching. London: Macmillan, 1982
Brandenburg, I.; Frühling-Lehmann, U.; Nissen, R.; Schulz, U.: „Anlage einer Examensarbeit. Zweites Staatsexamen im Fach Englisch“, in: *Praxis des neusprachlichen Unterrichts*. 28. Jg., 1981, 86–88
Bredella, L.: *Einführung in die Literaturdidaktik*. Stuttgart: Kohlhammer, 1976
Bredella, L.: „Die Struktur der Interaktion und das Verstehen literarischer Texte im Unterricht“, in: *Der fremdsprachliche Unterricht*. 13. Jg., 1979, H. 52, 37–50
Bredella, L. (Hrsg.): *Die USA in Unterricht und Forschung*. Bochum: Kamp, 1984
Breitkreuz, H.: „Die englische Unterrichtssprache – Bestandsaufnahme und Kritik“, in: *Anglistik und Englischunterricht*. Sprachdidaktik, Bd. 1, Trier, 1977, 19–28
Bretting, M.: „Eine 9. Hauptschulklasse fährt nach England. Eine Englandfahrt nach Maß“, in: *Englisch*. 18. Jg., 1983, 145–147
Brezinka, W.: „Grenzen der Erziehung“, in: *Pädagogische Rundschau*. 35. Jg., 1981, 275–306
Brickell, H. M.; Paul, R. H.: “Ready for the 80’s. A look at foreign language teachers and teaching at the start of the decade“, in: *Foreign Language Annals*. 15. Jg., 1982, 169–187
Brinkmann, H.: *How to Avoid Mistakes*. Frankfurt: Diesterweg, 1966
Brislin, R. W.: *Cross-cultural Encounters*. Face-to-face interaction. Oxford: Pergamon, 1981
British Council (Hrsg.): *ELT documents 77/1. Games, Simulations, and Role Playing*. London: The British Council, 1977
Britten, N.: “Reactive reading”, in: *Practical English Teaching*. 3. Jg., 1983, H. 3, 34–35
Brückner, H. (Hrsg.): *Lehrer und Lernende im Deutschunterricht*. (Kongreßbericht der VI. Internationalen Deutschlehrertagung.) Berlin: Langenscheidt, 1981
Brumfit, C.: *Problems and Principles in English Teaching*. Oxford, Pergamon, 1980
Brumfit, C.: *Communicative Methodology in Language Teaching*. The roles of fluency and accuracy. Cambridge: Cambridge University Press, 1984
Brusch, W. (Hrsg.): *Projects in Literature*. Modelle und Materialien zur Textarbeit im Englischunterricht. Heidelberg: Quelle & Meyer, 1977
Bruton, A.; Samuda, V.: “Guessing words”, in: *Modern English Teacher*. 8. Jg., 1981, H. 3, 18–21
Buchbinder, V. A.; Strauß, W. H. (Hrsg.): *Grundlagen der Methodik des Fremdsprachenunterrichts*. Leipzig: VEB Verlag Enzyklopädie, 1986
Buckley, P.: “Is group work feasible in a monolingual class?”, in: *Practical English Teaching*. 3. Jg., 1982, H. 1, 30–31
Bufe, W.; Deichsel, I.; Dethloff, U. (Hrsg.): *Fernsehen und Fremdsprachen lernen*. Untersuchungen zur audio-visuellen Informationsverarbeitung: Theorie und didaktische Auswirkungen. Tübingen: Narr, 1984
Bung, P.: *Systematische Lehrwerkanalyse*. Untersuchungen zum Einsatz von Contentanalysen für die Lehrwerkforschung und Lehrwerkkritik. Kastellaun: Henn, 1977
Bung, P.: „Musische Formen im Englischunterricht der Sekundarstufe I“, in: *Englisch*. 17. Jg., 1982, 121–126
Burger, G.: „Kurzfilme für den fortgeschrittenen Englischunterricht – eine Übersicht“, in: *Praxis des neusprachlichen Unterrichts*. 28. Jg., 1981, 311–313
Burgschmidt, E.: „Sprachpraktische Hochschuldidaktik und Fehlerkartei Englisch“, in: *Englisch Amerikanische Studien*. 2. Jg., 1980, 253–260
Burstall, C. et al.: *Primary French in the Balance*. Windsor (Berks.): National Foundation for Educational Research, 1974
Burt, M. K.; Kiparsky, C.: „Global and local mistakes“, in: Schumann, J. H.; Stenson, N. (Hrsg.): *New Frontiers in Second Language Learning*. Rowley (Mass.): Newbury House, 1974, 71–80
Burt, M. K.; Kiparsky, C.: *The Gooficon*. A repair manual for English. Rowley (Mass.): Newbury House, 1975
Busacker, K.: „Mit einer Klasse 7 auf dem Wege zu ‚El Condor Pasa‘. Stundenabstract“, in: *Praxis des neusprachlichen Unterrichts*. 30. Jg., 1983, 227–233
Buttjes, D.; Kane, L.: „Microteaching als schulpraktischer Bestandteil einer demokratischen Lehrerausbildung“, in: *Linguistische Berichte*. 1976, H. 44, 93–98
Buttjes, D.: „Schulfernsehen im Englischunterricht: fach- und medienspezifische Leistungen am Beispiel des Westdeutschen Schulfernsehens“, in: *Die Neueren Sprachen*. 79. Jg., 1980, 378–395
Buttjes, D. (Hrsg.): *Landeskundliches Lernen im Englischunterricht*. Zur Theorie und Praxis des inhaltsorientierten Fremdsprachenunterrichts. Paderborn: Schöningh, 1981

Buttjes, D.: „Landeskunde im Fremdsprachenunterricht – Zwischenbilanz und Arbeitsansätze“, in: *Neusprachliche Mitteilungen aus Wissenschaft und Praxis.* 35. Jg., 1982, 3–16
Buttjes, D.: „Medien und Landeskunde. Zur Doppelfunktion der Medien im Fremdsprachenunterricht“, in: *Praxis des neusprachlichen Unterrichts.* 29. Jg., 1982, 144–155
Buttjes, D.: “Personal reminiscence and collective memory. Oral histories of American life“, in: Freese 1985, 214–229
Butzkamm, W.: *Aufgeklärte Einsprachigkeit.* Zur Entdogmatisierung der Methode im Fremdsprachenunterricht. Heidelberg: Quelle & Meyer, 1973
Butzkamm, W.: „Über ein- und zweisprachige Strukturübungen“, in: *Der fremdsprachliche Unterricht.* 10. Jg., 1976, 36–47
Butzkamm, W.: *Praxis und Theorie der bilingualen Methode.* Heidelberg: Quelle & Meyer, 1980
Butzkamm, W.: „Pattern, Parolen, Poesie“, in: *Praxis des neusprachlichen Unterrichts.* 27. Jg., 1980, 371–378
Butzkamm, W.: „Der kritische Moment: zwischen formenbezogenem Üben und inhaltsbezogenem Sprechen“, in: *Englisch Amerikanische Studien.* 6. Jg., 1984, 431–438
Butzkamm, W.: „Drei Wege zur Erschließung grammatischer Strukturen“, in: *Praxis des neusprachlichen Unterrichts.* 33. Jg., 1986, 62–69
Butzkamm, W.; Schmid-Schönbein, G.: „Die vertrackten ‘contracted forms‘ – ein ungelöstes methodisches Problem“, in: *Praxis des neusprachlichen Unterrichts.* 31. Jg., 1984, 388–392
Byrne, D.: *Teaching Oral English.* London: Longman, 1976
Byrne, D.: “Picture sets for micro-dialogues”, in: *Zielsprache Englisch.* 1978, H. 4, 16–21
Byrne, D.: *Teaching Writing Skills.* London: Longman, 1979
Byrne, D.: *Using the Magnetboard.* London: Allen & Unwin, 1980
Byrne, D.: “Sixteen picture cards – and some of their uses“, in: *Modern English Teacher.* 10. Jg., 1982, H. 1, 27–31
Byrne, D.; Hermitte, R. M.: *Die Tafelzeichnung im Fremdsprachenunterricht.* München: Hueber, 1984

Campbell, C.: “Communication games”, in: *Modern English Teacher.* 8. Jg., 1981, H. 4, 10–13
Carmichael, J.: “Making your own communication games”, in: *Modern English Teacher.* 8. Jg., 1981, H. 4, 6–9
Carroll, B. J.: *Testing Communicative Performance.* An Interim Study. Oxford: Pergamon, 1980
Cass, G.; Kane, L.; Klippel, F.: „Das Dortmunder ‘English Language Weekend‘“, in: Preuss, H. (Hrsg.): *Protokoll des Workshops zum Thema Intensivkurse.* Modellversuch „Fremdsprachenorientierte Studieneingangsphase“ Freie Universität Berlin. Berlin: Freie Universität, 1980, 7–19
Cass, G.; Piske, A.: “Pedagogical Pop. A practical guide to using pop music in English language teaching”, in: *Praxis des neusprachlichen Unterrichts.* 24. Jg., 1977, 131–139
Cass, G.: *Stylistic Deficiency in the English of German Advanced Learners in Teacher Education.* Tübingen: Narr, 1983
Celce-Murcia, M.: “New methods in perspective”, in: *Practical English Teaching.* 2. Jg., 1981, H. 1, 9–12
Celce-Murcia, M.: “Interaction and communication in the ESOL classroom”, in: *English Teaching Forum.* 12. Jg., 1984, H. 2, 2–7 und 10
Celce-Murcia, M.; McIntosh, L.: *Teaching English as a Second or Foreign Language.* Rowley (Mass.): Newbury House, 1979
Charms, R. de: *Motivation in der Klasse.* München: Moderne Verlags GmbH, 1979
Chastain, K.: *Developing Second-Language Skills.* Theory to practice. Boston: Houghton, [2]1976
Chaudron, C.: “A descriptive model of discourse in the corrective treatment of learners’ errors”, in: *Language Learning.* 27. Jg., 1977, 29–46
Christ, H.: „Ein Vorschlag zur Veränderung der Schulsprachenpolitik: Die Homburger Empfehlungen“, in: *Neusprachliche Mitteilungen aus Wissenschaft und Praxis.* 33. Jg., 1980, 97–99
Christ, H.; Glaap, A. R. (Hrsg.): *Richtlinien: Konzeptionen und Realisierungen.* (Themenheft) *Der fremdsprachliche Unterricht.* 15. Jg., 1981, H. 60
Chun, J.: “A survey of research in second language acquisition”, in: *Modern Language Journal.* 64. Jg., 1980, 287–296
Cladder, E.: *Englisch.* Düsseldorf: Schwann, 1968
Clarke, D. F.; Nation, I. S. P.: “Guessing the meanings of words from context: strategy and techniques”, in: *System.* 8. Jg., 1980, 211–220

Cook, V. J.: "Using authentic materials in the classroom", in: *Modern English Teacher.* 9. Jg., 1981, H. 2, 3–7
Cook, V.: "Teaching vocabulary", in: *Modern English Teacher.* 8. Jg., 1981, H. 3, 16–18
Coppes, K. H.: *Partnerarbeit im Unterrichtsgeschehen der Grund- und Hauptschule.* Weinheim: Beltz, [3]1972
Corder, S. P: "The significance of learner's errors", in: *IRAL.* 5. Jg., 1967, 161–170
Corder, S. P.: "Idiosyncratic dialects and error analysis", in: *IRAL.* 9. Jg., 1971, 147–160
Croon, W.: „Ist die Lehrer-Leistung meßbar?", in: *Praxis des neusprachlichen Unterrichts.* 25. Jg., 1978, 235–243
Cureau, J.: "Harnessing the power of suggestion", in: *Practical English Teaching.* 2. Jg., 1982, H. 3, 31–33
Curfs, E.: "Listening deserves better", in: *Modern English Teacher.* 9. Jg., 1982, H. 3, 11–14
Curran, C.: *Counselling–Learning in Second Languages.* Apple River, Illinois: Apple River Press, 1976
Cuthbert, W.: "The Dartmouth Intensive Language Model", in: *Glottodidactica.* 13. Jg., 1980, 87–95

Dakin, J.: *Vom Drill zum freien Sprechen:* Übungsformen für Sprachlabor und Klassenraum. München: Langenscheidt-Longman, 1978
Dickinson, L.; Carver, D.: "Learning how to learn: Steps towards self-direction in foreign language learning in schools", in: *English Language Teaching Journal.* 35. Jg., 1980, 1–7
Dietrich, I.; Gäßler, R.; Schilder, H.: „Der Fremdsprachenunterricht auf dem Wege zur Schülerorientierung", in: *Die Neueren Sprachen.* 82. Jg., 1983, 227–239
Digeser, A.: *Phonetik und Phonologie des Englischen.* Ein Lehrbuch mit Übungen. Paderborn: Schöningh, 1978
Diller, H.-J.; Kohl, S.; Kornelius, J.; Otto, E. (Hrsg.): *Landeskunde.* Anglistik und Englischunterricht 4. Trier: Wissenschaftliche Verlagsgesellschaft, 1978
Diller, H.-J.; Kohl, S.; Kornelius, J. (Hrsg.): *Schullektüre.* Anglistik und Englischunterricht 9. Trier: Wissenschaftlicher Verlag, 1979
Diller, H.-J. u. a. (Hrsg.): *Landeskunde und fiktionale Literatur.* Anglistik und Englischunterricht 10. Trier: Wissenschaftlicher Verlag, 1980
Dingwall, S.: "Focus on the teacher: Some EFL/ESL teachers' views on teaching, with special reference to the treatment of error", in: *Die Neueren Sprachen.* 83. Jg., 1984, 386–399
Dirven, R. (Hrsg.): *Hörverständnis im Fremdsprachenunterricht.* Kronberg: Scriptor, 1977
Dobinson, H. M.: *Basic Skills You Need.* Sunbury-on-Thames: Nelson, 1976
Dobinson, H. M.: *English You Need.* Sunbury-on-Thames: Nelson, 1978
Dodson, C. J.: *Language Teaching and the Bilingual Method.* London: Pitman, 1967
Dörfel, H.; Zeh, D. (Hrsg.): *Modern Drama.* Scenes of Conflict on Stage. Teacher's Book. Paderborn: Schöningh, 1982. Students' Book. Paderborn: Schöningh, 1980
Donnerstag, J.: "Should we teach American Post-Modernism? With special reference to Deconstructive Criticism and Walter Abish 'In the Future Perfect'", in: Freese 1985, 114–124
Doyé, P.: *Systematische Wortschatzvermittlung im Englischunterricht.* Hannover: Schroedel; Dortmund: Lensing, 1971
Doyé, P.: *Die Feststellung von Ergebnissen des Englischunterrichts.* Hannover: Schroedel; Dortmund: Lensing, 1981
Doyé, P.; Lüttge, D.: *Untersuchungen zum Englischunterricht in der Grundschule.* Bericht über das Braunschweiger Forschungsprojekt ‚Frühbeginn des Englischunterrichts'. Braunschweig: Westermann, 1977
Doyé, P.; Rampillon, U.: *Vertretungsstunden für den Englischunterricht.* Unterrichtsmaterialien und methodische Anregungen. München: Hueber, 1986
Dubin, F.; Olshtain, E.: *Facilitating Language Learning.* A guidebook for the ESL/EFL teacher. New York: McGraw-Hill, 1977
Düwell, H.: „Leistungsbereiche der Lernerfolgsüberprüfung. Eine Untersuchung zu den Aufgabenstellungen von Klassenarbeiten des Englisch- und Französischunterrichts in Klasse 10", in: *Die Neueren Sprachen.* 79. Jg., 1980, 446–463
Dunlop, I.: "Pair work and group work: Why? and why not?", in: *Zielsprache Englisch.* 1979, H. 3, 1–9

Edener, W.: „Die Konzeption von Lehrplänen für den neusprachlichen Unterricht auf der Kollegstufe", in: *Der fremdsprachliche Unterricht.* 1973, H. 25, 2–22

Edmondson, W.; House, J.; Kasper, G.; McKeown, J.: *A Pedagogic Grammar of the English Verb.* A handbook for the German secondary teacher of English. Tübingen: Narr, 1977
Edmondson, W.; House, J.: „Höflichkeit als Lernziel im Englischunterricht", in: *Neusprachliche Mitteilungen aus Wissenschaft und Praxis.* 35. Jg., 1982, 218–227
Elwert, W. T.: „Das zweisprachige Individuum. Ein Selbstzeugnis", in: ders.: *Das zweisprachige Individuum* und andere Aufsätze zur romanischen und allgemeinen Sprachwissenschaft. Wiesbaden: Steiner, 1973, 1–80
Elze, C.: *Grundriß der englischen Philologie.* Halle: Niemeyer, 1887
Enter, H.: „Einige Fragen der Gestaltung grammatischer Übungen im Fach Englisch", in: *Fremdsprachenunterricht.* 23. Jg., 1979, 176–178
Erdmenger, M.; Istel, H.: *Didaktik der Landeskunde.* München: Hueber, 1973
Erdmenger, M.: „Der Abbau von Leistungsunterschieden im Englischunterricht der Sekundarstufe II durch Gruppenarbeit", in: *Die berufsbildende Schule.* 27. Jg., 1975, 99–104
Erdmenger, M.: „Fernsehen verbindet die Völker. Steigerung der integrativen Motivation durch Fernsehmedien – Verbundunterricht in Klasse 7 der Hauptschule", in: *Praxis des neusprachlichen Unterrichts.* 32. Jg., 1985, 392–398

Fanselow, J. F.: "The treatment of error in oral work", in: *Foreign Language Annals.* 10. Jg., 1977, 583–593
Fehlerkorrektur im Mündlichen und Schriftlichen (Themenheft). *Der fremdsprachliche Unterricht.* 19. Jg., 1984, H. 71
Felix, S. W.; Simmet, A.: „Der Erwerb der Personalpronomina im Fremdsprachenunterricht", in: *Neusprachliche Mitteilungen aus Wissenschaft und Praxis.* 34. Jg., 1981, 132–144
Finger, H.: *Lektüre Kursbuch Englisch '80.* Dortmund: Lensing, 1980
Firges, J.: Melenk, H.: „Landeskunde als Alltagswissen", in: *Praxis des neusprachlichen Unterrichts.* 29. Jg., 1982, 115–123
Firth, J. R.: "Personality and language in society", in: *Sociological Review.* 42. Jg., 1950, 37–50
Firth, J. R.: *Papers in Linguistics. 1934–1951.* London: OUP, 1957
Fraillon, E.: "Australian-German exchange. Correspondence between schools", in: *Englisch.* 19. Jg., 1984, 100–102
Frank, C.: "Listening comprehension and reading comprehension in the classroom", in: *Zielsprache Englisch.* 1977, H. 2, 14–18
Freese, P.: „Zur Erstellung von Textsequenzen für den Englischunterricht der reformierten Sekundarstufe II", in: *Praxis des neusprachlichen Unterrichts.* 27. Jg., 1980, 22–34
Freese, P.: „Textanalyse oder Rezeptionsgespräch? Zu einer Kontroverse der gegenwärtigen Literaturdidaktik", in: *Englisch Amerikanische Studien.* 8. Jg., 1986, 50–65
Freese, P.; Hermes, L. (Hrsg.): *Der Roman im Englischunterricht der Sekundarstufe II.* Theorie und Praxis. Paderborn: Schöningh, 1977
Freese, P.; Groene, H.; Hermes, L. (Hrsg.): *Die Short Story im Englischunterricht der Sekundarstufe II.* Theorie und Praxis. Paderborn: Schöningh, 1979
Freese, P. (Hrsg.): *Teaching Contemporary American Life and Literature in the German Advanced EFL-Classroom.* Paderborn: Schöningh, 1985
Freudenstein, R.: *Unterrichtsmittel Sprachlabor.* Bochum: Kamp, [4]1975
Freudenstein, R.: „Merkmale des guten Fremdsprachenlehrers", in: *Praxis des neusprachlichen Unterrichts.* 23. Jg., 1976, 320–321
Freudenstein, R.: „Englisch lernen trotz Richtlinien. Zur Situation der Lehrpläne für die Sekundarstufe I", in: *Praxis des neusprachlichen Unterrichts.* 30. Jg., 1983, 179–187
Fries, C. C.: *Linguistics and Reading.* New York: Holt, Rinehart and Winston, 1963

Gallert, I.: „Curricula der Bundesländer für den Fremdsprachenunterricht – Hinweise auf offizielle Veröffentlichungen (2. Teil)", in: *Neusprachliche Mitteilungen aus Wissenschaft und Praxis.* 33. Jg., 1980, 186–193
Gary, J. O.; Gary, N.: "Caution: Talking may be dangerous to your linguistic health. The case for a much greater emphasis on listening comprehension in foreign language instruction", in: *IRAL.* 19. Jg., 1981, 1–14

Gattegno, C.: *The Common Sense of Teaching Foreign Languages.* New York: Educational Solutions, 1976

Gefen, R.: "An experiment with cloze testing", in: *English Language Teaching Journal.* 33. Jg., 1979, 122–126

Geisler, W.: „Zur empirischen Überprüfung und Überprüfbarkeit von Globalmodellen in der Fremdsprachen-Unterrichtsforschung", in: *Die Neueren Sprachen.* 82. Jg., 1983, 240–256

Genzlinger, W.: *Kreativität im Englischunterricht.* Bochum: Kamp, 1980

Genzlinger, W.: „Schöpferisches Lernen im Englischunterricht der Mittelstufe", in: *Praxis des neusprachlichen Unterrichts.* 29. Jg., 1982, 25–33

Genzlinger, W.: „Kreatives Schreiben im Englischunterricht der Klassen 5 bis 7. Didaktisch-methodische Anmerkungen und Erläuterungen", in: *Praxis des neusprachlichen Unterrichts.* 32. Jg., 1985, 365–369 (und Beilage)

George, H. V.: *Common Errors in Language Learning:* Insights from English. Rowley (Mass.): Newbury House, 1972

Germer, E.: *Deutsche Mundart und englische Aussprache.* Berlin: Cornelsen-Velhagen & Klasing, 1977

Germer, E.: *Didaktik der englischen Aussprache.* Hannover: Schroedel, 1980

Germer, E.: „Unterrichtsplanung: ‚Hamburger Modell' und Fachdidaktik Englisch", in: *Englisch.* 17. Jg., 1982, 62–66

Germer, E.: „Ein Fachdidaktiker sieht Irland", in: *Englisch.* 19. Jg., 1984, 41–47

Germer, E.: „Möglichkeiten und Grenzen des 'touristic approach' in der Landeskunde für den Englischlehrer", in: *Englisch.* 21. Jg., 1986, 46–55

Giera, F.: „Kursorisches Lesen", in: *Die Neueren Sprachen.* 79. Jg., 1980, 33–42

Giera, F.: „Fehler – ein ungelöstes Problem?" in: *Praxis des neusprachlichen Unterrichts.* 27. Jg., 1980, 356–364

Giera, F.: „Literarische Bildung – ein unzeitgemäßes Bedürfnis?", in: *Praxis des neusprachlichen Unterrichts.* 30. Jg., 1983, 402–403

Giera, F.; Preu, L.: „Der neusprachliche Unterricht (Englisch)", in: Ahrens, E. (Hrsg.): *Einführung in die Schulpraxis.* Heidelberg: Quelle & Meyer, 1974, 123–142

Gimson, A. C.: *An Introduction to the Pronunciation of English.* London: Arnold, ³1980

Girard, D.: "The eclectic way", in: *English Teaching Forum.* 24. Jg., 1986, H. 3, 11–14

Gleisberg, W.: „Adjektiv und Adverb: ein Mißverständnis der traditionellen Grammatik", in: *Praxis des neusprachlichen Unterrichts.* 30. Jg., 1983, 389–391

Gohrbandt, D.: "Reading a novel in class", in: *Practical English Teaching.* 3. Jg., 1982, H. 1, 24–26

Gomes de Matos, F.: „Fragestrategien. Phraseologie für einen kreativen Englischunterricht", in: *Praxis des neusprachlichen Unterrichts.* 27. Jg., 1980, 307–309

Green, H.: "A teacher listens", in: *Practical English Teaching.* 3. Jg., 1982, H. 2, 32–33

Green, J.-P.; Ruel, A. M.: „Zur Frage- und Impulstechnik in der offenen Phase", in: *Praxis des neusprachlichen Unterrichts.* 28. Jg., 1981, 79–83

Green, J.-P.: „Zum Problem der Verständniskontrolle beim extensiven Lesen", in: *Praxis des neusprachlichen Unterrichts.* 30. Jg., 1983, 5–14

Green, J.-P.: „Vom extensiven Lesen zum kreativen Schreiben", in: *Praxis des neusprachlichen Unterrichts.* 31. Jg., 1984, 3–12

Grell, J.: *Techniken des Lehrerverhaltens.* Weinheim und Basel: Beltz, ¹¹1983

Gressmann, L.; Rich, A.: *Classroom Language.* München: Oldenbourg; Bielefeld: Cornelsen-Velhagen & Klasing, 1982

Grewer, U.; Moston, T.; Sexton, M.: „Übungsschritte zum Erwerb kommunikativer Kompetenz", in: Neuner 1979, 181–193

Groene, H.: „Das Hörspiel im Englischunterricht der Sekundarstufe I", in: *Praxis des neusprachlichen Unterrichts.* 25. Jg., 1978, 19–26

Groene, H. (Hrsg.): *Hörspiel und Kurzdrama.* (Themenheft) *Der fremdsprachliche Unterricht.* 1979, H. 49

Groene, H.: „Landeskundliche Information und Hörverstehensschulung durch englischsprachige Nachrichten", in: *Die Neueren Sprachen.* 82. Jg., 1983, 217–226

Groene, H.; Jung, U. O. H.; Schilder, H. (Hrsg.): *Medienpraxis für den Englischunterricht.* Technische Medien und Massenmedien im Fremdsprachenunterricht. Paderborn: Schöningh, 1983

Groene, H.; Kieschke, K.: „Produktive Hörspielarbeit auf der Sekundarstufe I", in: *Neusprachliche Mitteilungen aus Wissenschaft und Praxis.* 37. Jg., 1984, 76–82

Gutschow, H.: *Englisch an Hauptschulen.* Probleme und Arbeitsformen. Bielefeld: Cornelsen, ⁵1968

Gutschow, H.: „Übungstypologie und Übungssystematik", in: Freudenstein, R.; Gutschow, H. (Hrsg.): *Fremdsprachen.* Lehren und Erlernen. München: Piper, 1972, 208–218
Gutschow, H.: *Eine Methodik des elementaren Englischunterrichts.* Probleme und Arbeitsformen. Berlin: Cornelsen-Velhagen & Klasing, 1978
Gutschow, H.: *Englisch an der Tafel.* Anregungen zum Tafelzeichnen. Berlin: Cornelsen-Velhagen & Klasing, 1980
Gutschow, H.: *Englischunterricht 5–10.* München: Urban & Schwarzenberg, 1981
Gutschow, H.: „Die Hausaufgabe im Englischunterricht. Ein Beitrag zur Diskussion im Spannungsfeld der Disziplinen", in: *Praxis des neusprachlichen Unterrichts.* 29. Jg., 1982, 357–364
Gutschow, H.: „Formeln im Für und Wider. Zur Frage des Stellenwerts der Fertigkeiten", in: *Praxis des neusprachlichen Unterrichts.* 30. Jg., 1983, 187–191

Haas, R.; Schrey, H.: „Zum Stand der England- und Amerikakunde", in: *Die Neueren Sprachen.* 82. Jg., 1983, 394–408
Haenicke, G.: „Schulbibliothek", in: Schröder/Finkenstaedt 1977, 209–211
Hagopian, J. V.; Dolch, M. (Hrsg.): *Insight I.* Analyses of American Literature. Frankfurt: Hirschgraben, [3]1967
Hajnal, N.: "Community Language Learning", in: *Zielsprache Englisch.* 13. Jg., 1983, H. 4, 1–8
Hamblock, D.: „Zur Bewertung der schriftlichen Aufgaben der Korrespondenten- und Kaufmannsprüfungen der IHK", in: *Zielsprache Englisch.* 14. Jg., 1984, H. 1, 7–12
Hammarberg, B.: "The insufficiency of error analysis", in: Svartvik, J. (Hrsg.): *Errata.* Papers in error analysis. Lund: CWK Gleerup, 1973, 29–35
Harks-Hanke, I.; Zydatiß, W.: *1945–1985. Vierzig Jahre Englischunterricht für alle.* Festschrift für Harald Gutschow. Berlin: Cornelsen-Velhagen & Klasing, 1986
Harmer, J.: "Planning, textbooks, syllabuses and activities", in: *Modern English Teacher.* 9. Jg., 1982, H. 3, 29–32
Haycraft, J.: *An Introduction to English Language Teaching.* London: Longman, 1979
Hecht, K.: *Englisch. Sekundarstufe I.* Unterrichtsplanung und Unterrichtsgestaltung. Band I: Grundlagen. Donauwörth: Auer, 1974
Hecht, K.: *Englisch. Sekundarstufe I.* Band 2: Unterrichtsgestaltung. Donauwörth: Auer, 1977
Hecht, K.; Waas, L.: *Englischunterricht konkret.* Linguistische und didaktische Grundlagen, Stundentypen, Übungsformen. Donauwörth: Auer, 1980
Hecht, K.; Green, P. S.: *Fehleranalyse und Leistungsbewertung im Englischunterricht der Sekundarstufe I.* Donauwörth: Auer, 1983
Hellwig, K.; Sauer, H. (Hrsg.): *Englischunterricht für alle.* Beiträge zur Didaktik und Methodik des Englischunterrichts in Lerngruppen mit schwierigen Voraussetzungen. Paderborn: Schöningh, 1984
Hellwig, K.: „Elementare Erzähltexte als Hinführung zur Literatur im Englischunterricht", in: *Der fremdsprachliche Unterricht.* 20. Jg., 1986, H. 77, 3–13
Héloury, M.: „Partnerarbeit mit dem Tandembogen. Vorschläge für den Französischunterricht", in: *Praxis des neusprachlichen Unterrichts.* 30. Jg., 1983, 172–178
von Hentig, H.: *Was ist eine humane Schule?* München: Hanser, 1976
Hermann, G.: *Lernziele im affektiven Bereich.* Eine empirische Untersuchung zu der Beziehung zwischen Englischunterricht und Einstellungen von Schülern. Paderborn: Schöningh, 1978
Hermes, L.: „Zur Frage des extensiven Lesens im Englischunterricht der Sekundarstufe I", in: *Englisch.* 13. Jg., 1978, 1–7
Hermes, L.: *Texte im Englischunterricht der Sekundarstufe I.* Auswahl und Einsatz. Hannover: Schroedel; Dortmund: Lensing, 1979
Hermes, L. (Hrsg.): *Lektüren in der Sekundarstufe I.* (Themenheft) *Der fremdsprachliche Unterricht.* 1979, H. 51
Hermes, L.: „Von der gelenkten zur selbständigen Texterschließung: Lektüren im Englischunterricht der Sekundarstufe I", in: *Der fremdsprachliche Unterricht.* 1979, H. 51, 2–15
Hermes, L.: „‚Fun-reading': Möglichkeiten und Anregungen", in: *Praxis des neusprachlichen Unterrichts.* 31. Jg., 1984, 115–123
Hermes, L.: „Englischlektüren in der Hauptschule", in: *Englisch.* 21. Jg., 1986, 57–61
Herold, D.: „Schülerfehler im Unterrichtsgespräch – Korrekturmöglichkeiten und Korrekturverfahren", in: *Neusprachliche Mitteilungen aus Wissenschaft und Praxis.* 38. Jg., 1985, 166–169

Hesse, M. G. (Hrsg.): *Approaches to Teaching Foreign Languages.* Amsterdam und Oxford: North Holland Publ. Co., 1975
Heuer, H.: *Die Englischstunde.* Fallstudien zur Unterrichtsplanung und Unterrichtsforschung. Wuppertal/Ratingen: Henn, ²1970
Heuer, H.: *Brennpunkte des Englischunterrichts.* Grundschule – Hauptschule – Fachoberschule – Gesamtschule – Gymnasialoberstufe. Wuppertal/Ratingen: Henn, 1970
Heuer, H.: *Curriculum Englisch.* Literaturbericht und Auswahlbibliographie. Dortmund: Lensing, 1972
Heuer, H.; Müller, R. M. (Hrsg.): *Lehrwerkkritik – ein Neuansatz.* Dortmund: Lensing, 1973
Heuer, H.; Müller, R. M. (Hrsg.): *Lehrwerkkritik 2: Landeskunde, Illustrationen, Grammatik.* Dortmund: Lensing, 1975
Heuer, H.: *Lerntheorie des Englischunterrichts.* Heidelberg: Quelle & Meyer, 1976
Heuer, H.: „Englischunterricht ‚vom Schüler aus'", in: *Der fremdsprachliche Unterricht.* 12. Jg., 1978, H. 46, 21–32
Heuer, H.: „Die Methodologie der Methodiken des Fremdsprachenunterrichts", in: Detering, K.; Högel, R. (Hrsg.): *Englisch auf der Sekundarstufe I.* Hannover: Schroedel, 1978, 89–96
Heuer, H.: *Grundwissen der englischen Fachdidaktik.* Ein Repetitorium in Frage und Antwort. Heidelberg: Quelle & Meyer, 1979
Heuer, H.: „Zu einigen Widersprüchen im fremdsprachlichen Literaturunterricht", in: Mainusch, H. (Hrsg.): *Literatur im Unterricht.* München: Fink, 1979, 147–154
Heuer, H.; Parry, P.: *Hands up!* Classroom Phrases in English and German. Dortmund: Crüwell, ⁴1979
Heuer, H.: „Die Zusammenfassung (Summary, Résumé) in ihren Funktionen und Varianten: Empfehlungen zu textreduzierenden und texttransferierenden Aufgabenstellungen im Schülerwettbewerb Fremdsprachen", in: Finkenstaedt, T.; Weller, F.-R. (Hrsg.): *Der Schülerwettbewerb Fremdsprachen im Stifterverband für die Deutsche Wissenschaft.* Augsburg: Universität Augsburg, 1983, 69–81
Heuer, H. (unter Mitwirkung von K. Bräuer, C. Hesse und B. Nielsen): „Die Fragestellung im Fremdsprachenunterricht", in: Solmecke 1983, 228–239
Heuer, H.: „Forschungsinhalte und Forschungsmethoden der Englischdidaktik", in: Carstensen, B.; Grabes, H. (Hrsg.): *Anglistentag 1985 Paderborn* (Tagungsberichte). Gießen: Hoffmann, 1986, 462–471
Heuer, H.: „'Good moorning, everybody.' – 'Good morning, Sir.' Interaktion zwischen Hochschullehrer und Grundkursschülern in einer Englischstunde der Hauptschule", in: Harks-Hanke; Zydatiß 1986, 92–104
Hiddemann, H.: „Des Lehrers und Schülers ‚ständiger Begleiter' – das Wörterbuch: ein Wegweiser für Englisch", in: *Praxis des neusprachlichen Unterrichts.* 27. Jg., 1980, 243–249
Hill, D.: "Matching activities", in: *Modern English Teacher.* 10. Jg., 1982, H. 2, 31–34
Hillebrand, G.: *Englischunterricht mit leistungsschwachen Schülern.* Ratingen: Henn, 1974
Hinz, K.: *Grammatik im Englischunterricht.* Hannover: Schroedel; Dortmund: Lensing, 1976
Hinz, K.: *Der Overheadprojektor im Englischunterricht.* Didaktisch-methodische Handreichungen. Düsseldorf: Schwann, 1979
Hinz, K.; Speight, S.: *Britain: Get Ready for the Trip.* Hannover: Schroedel, 1982
Hinz, K.: „Grammatik im Englischunterricht mit leistungsschwachen Schülern. Zur Rolle kognitiver Verfahren im Englischunterricht mit lernschwachen Schülern", in: *Englisch.* 19. Jg., 1984, 85–88
Hinz, K.: „Visuell gestützte Wortschatzarbeit im Englischunterricht", in: *Der fremdsprachliche Unterricht.* 19. Jg., 1985, H. 76, 282–290
Högel, R.: „Thematisierung ethischer Gehalte. Überlegungen und Anregungen zum Lektüreunterricht des Sekundarbereiches I", in: *Praxis des neusprachlichen Unterrichts.* 28. Jg., 1981, 3–8
Hohmann, H.-O.: „Die heimliche Rangordnung. Hausaufgaben in der Oberstufe", in: *Praxis des neusprachlichen Unterrichts.* 28. Jg., 1981, 303–305
Hohmann. H.-O.: „Die kombinierte Idiomatik-Wortschatz-Grammatik-Übung für Fortgeschrittene", in: *Praxis des neusprachlichen Unterrichts.* 30. Jg., 1983, 16–18
Hohmann, H.-O.: „Vermittlung und Einübung eines Diskussionswortschatzes im Englischunterricht der Oberstufe", in: *Praxis des neusprachlichen Unterrichts.* 30. Jg., 1983, 125–133
Hohmann, H.-O.: „Zur Fehlergewichtung bei englischen Oberstufenarbeiten. Grundsätzliches und Beispiele", in: *Der fremdsprachliche Unterricht.* 18. Jg., 1984, H. 71, S. 210–216, 221–222
Hohmann, H.-O.: „Lexikalische Lernarbeit mit dem Lehrbuch", in: *Der fremdsprachliche Unterricht.* 20. Jg., 1986, H. 79, 171–180
Holden, S. (Hrsg.): *Visual Aids for Classroom Interaction.* Grimsby: Modern English Publications, 1978

Holden, S.: *Drama in Language Teaching.* London: Longman, 1981
Holtwisch, H.: „Gibt es einen besseren Weg zum Fremdsprachenerwerb? – Die Suggestopädie an unseren Volkshochschulen", in: *Zielsprache Englisch.* 15. Jg., 1985, H. 2, 15–25
Homrich, L.; Nauck, H.-J.: „Hilfen zum Verständnis von Hör- und Lesetexten", in: *Praxis des neusprachlichen Unterrichts.* 27. Jg., 1980, 309–313
Hoops, W.: „Sachtexte und ihre didaktischen Dimensionen", in: *Die Neueren Sprachen.* 81. Jg., 1982, 173–191
Huda, H.-G.: „Lektionseinführung in einer Normalstunde Französisch", in: *Praxis des neusprachlichen Unterrichts.* 29. Jg., 1982, 280–289
Hüllen, W.: „Gesichtspunkte zur Lektürenauswahl im Englischen", in: *Die Neueren Sprachen.* Bd. 8 (NF), 1959, 225–233
Hüllen, W.: „Geschriebene Sprache als Lernhilfe im Englischunterricht", in: *Die Neueren Sprachen.* 68. Jg., 1969, 282–297
Hüllen, W.: „Vorschläge zur Vereinheitlichung der grammatischen Terminologie für das Fach Englisch", in: Raasch, A. (Hrsg.): *Grammatische Terminologie.* Vorschläge für den Sprachunterricht. Tübingen: Narr, 1983, 71–77
Hughes, G. S.: *A Handbook of Classroom English.* Oxford: Oxford University Press, 1981
Hunfeld, H.; Schroeder, G. (Hrsg.): *Literatur im Englischunterricht.* Drama – Hörspiel – Lyrik – Short-Story – Roman – Trivialliteratur – Lehrbuchtext. Königstein/Ts.: Scriptor, 1978
Hunfeld, H.; Schröder, K. (Hrsg.): *Grundkurs Didaktik Englisch.* Königstein: Scriptor, 1979
Hunfeld, H.: *Englischunterricht: Literatur 5–10.* München: Urban & Schwarzenberg, 1982
Huntemann, V.: „Gruppen- und Partnerarbeit im Englischunterricht der gymnasialen Mittelstufe", in: *Praxis des neusprachlichen Unterrichts.* 27. Jg., 1980, 227–237
Hurst, H.; Nissen, R.; Schulz, U.: *Oberstufenarbeiten Englisch.* Von der Textauswahl bis zur Bewertung. Dortmund: Lensing, 1979

Isensee, I.; Wertheimer, A.: "Analyzing errors in pupil compositions: towards a grammar course for teachers of English as a foreign language", in: *Englisch.* 12. Jg., 1977, 29–34

Johnson, F. C.; Johnson, L. A.; Dykstra, G.: *Stick Figure Drawing for Language Teachers.* Aylesbury: Ginn, 1979
Jones, D. (Begr.); Gimson, A. C. (Hrsg.): *Everyman's English Pronouncing Dictionary.* Extensively revised and edited by A. C. Gimson. London: Dent, [14]1977
Jones, K.: *Simulations in Language Teaching.* Cambridge: Cambridge University Press, 1982
Jones, L.: *Eight Simulations.* Participant's Book, Controller's Book and Cassette Tape. Cambridge: Cambridge University Press, 1983
Joysey, E.: "Groupwork, the information gap, and the individual", in: *Modern English Teacher.* 10. Jg., 1982, H. 1, 25–26
Jungblut, G.: „‚Der dritte Faktor' bei der Grammatikvermittlung im englischen Anfangsunterricht", in: *Praxis des neusprachlichen Unterrichts.* 29. Jg., 1982, 364–372
Jungblut, G.: „Lehrgangsbedingte ‚Verklumpungserscheinungen' beim Lernen im Englischunterricht", in: *Die Neueren Sprachen.* 83. Jg., 1984, 669–684

Kahl, P. W.: „Lernzielorientierte Leistungsmessung im Rahmen der Abschlußprüfung an Gesamtschulen", in: *Der fremdsprachliche Unterricht.* 8. Jg., 1974, H. 31, 30–46
Kahl, P. W.: „Wie kann Grammatik beim Englischlernen helfen?", in: *Englisch.* 20. Jg., 1985, 121–128
Kaiser, C.: „Leistungskontrolle und Fehlerbewertung an Hauptschulen", in: *Englisch.* 17. Jg., 1982, 81–87
Kamratowski, J.; Schneider, J.: „Zum Problem der englischen Rechtschreibung", in: *Englisch.* 4. Jg., 1969, 69–74
Keller, G.: „Grundlegung der kulturkundlichen Didaktik durch ein sozialpsychologisches Modell der Völkerverständigung", in: *Die Neueren Sprachen.* 67. Jg., 1968, 617–626
Keller, G.: „Grundlegung einer neuen Kulturkunde als Orientierungsrahmen für Lehrerausbildung und Unterrichtspraxis", in: *Neusprachliche Mitteilungen aus Wissenschaft und Praxis.* 36. Jg., 1983, 200–209
Kellermann, M.: *The Forgotten Third Skill.* Reading a foreign language. Oxford: Pergamon, 1981

Kelly, L. G.: *25 Centuries of Language Teaching.* Rowley (Mass.): Newbury House, 1969

Klawohn, D.; Weller, F.: „Schülerwettbewerb Fremdsprachen im Stifterverband für die Deutsche Wissenschaft. Themen und Aufgaben der 1. Runde im Schuljahr 1983/84", in: *Die Neueren Sprachen.* 83. Jg., 1984, 228–245

Kleine, P.: „Jesus Christ Superstar. Eine Rockoper als Unterrichtsreihe der Mittelstufe", in: *Praxis des neusprachlichen Unterrichts.* 30. Jg., 1983, 351–357

Kleinschmidt, E.; Nübold, P.: „Sprachlaborarbeit zu Beginn der achtziger Jahre", in: *Englisch.* 18. Jg., 1983, 16–21

Klinghardt, H.: *Drei weitere Jahre Erfahrungen mit der imitativen Methode (Obertertia bis Obersecunda).* Ein Bericht aus der Praxis des neusprachlichen Unterrichts. Marburg: Elwert, 1892

Klingmann, R.; Kramer, W.; Radau, C.; Speight, S.: *Good English.* Große Ausgabe. Realschule. Hannover: Schroedel, 1978, Bd. 4

Klippel, F.: *Lernspiele im Englischunterricht.* Mit 50 Spielvorschlägen. Paderborn: Schöningh, 1980

Klippel, F.: „Spiel mit Ziel. Lernspiele im Englischunterricht", in: *Praxis des neusprachlichen Unterrichts.* 27. Jg., 1980, 127–134

Klippel, F.: *Ideas.* Übungsvorschläge und Arbeitsblätter für einen aktiven Englischunterricht. Dortmund: Lensing, 1983 (engl. Ausgabe u. d. T.: *Keep Talking.* Cambridge: Cambridge University Press, 1984.)

Klippel, F.: „Which Games? Ein Überblick über Spielesammlungen für den Englischunterricht", in: *Praxis des neusprachlichen Unterrichts.* 30. Jg., 1983, 417–425

Knapp-Potthoff, A.: *Fremdsprachliche Aufgaben.* Ein Instrument zur Lernmaterialanalyse. Tübingen: Narr, 1979

Knight, M.: "Role-play", in: *Zielsprache Englisch.* 1977, H. 2, 6–12

Köhler, E.: „Die Persönlichkeit des Fremdsprachlehrers", in: *Die Neueren Sprachen.* 38. Jg., 1930, 1–19

Köhring, K.; Morris, T.: *Instant English 1.* Heidelberg: Quelle & Meyer, ^{3}1977

Köhring, K.; Morris, T.: *Instant English 2.* Heidelberg: Quelle & Meyer, ^{3}1980

Köhring, K.; Schwerdtfeger, I. C.: „Landeskunde im Fremdsprachenunterricht: Eine Neubegründung unter semiotischem Aspekt", in: *Linguistik und Didaktik.* 7. Jg., 1976, 55–80

Köhring, K.: „Politische Bildung im Englischunterricht: Eine Bestandsaufnahme mit einer exemplarischen Analyse neuer Landeskundematerialien", in: *Englisch Amerikanische Studien.* 3. Jg., 1981, 356–375

Köhring, K.: „Humor und Englischunterricht", in: *Anglistik & Englischunterricht.* 17. Jg., 1982, 111–139

Köttl, K.; Sauer, J.: „Der Einfluß des sozialen Klimas von Schulklassen auf das Lehrerverhalten", in: *Psychologie in Erziehung und Unterricht.* 27. Jg., 1980, 267–277

Kornelius, J.: „Übersetzungsübungen als Reduktion von Komplexität", in: *Neusprachliche Mitteilungen aus Wissenschaft und Praxis.* 35. Jg., 1982, 88–94

Kornelius, J.; Otto, E. (Hrsg.): *Anglistik. Richtlinien und Englischunterricht.* Trier: Wissenschaftlicher Verlag, 1983

Kotte, G.: „Zum Problem der ‚Klassenarbeit' auf der Sekundarstufe I", in: *Praxis des neusprachlichen Unterrichts.* 26. Jg., 1979, 90–91

Kotte, G.: „Die ‚Klassenarbeit' auf der Sekundarstufe I als Spiegelbild des Unterrichts", in: *Praxis des neusprachlichen Unterrichts.* 31. Jg., 1984, 31–35

Kranz, D.: „Gestalt-Pädagogik im Fremdsprachenunterricht. Zum Beispiel: Lyrik", in: *Praxis des neusprachlichen Unterrichts.* 30. Jg., 1983, 50–57

Krashen, S.: *Second Language Acquisition and Second Language Learning.* Oxford: Pergamon, 1981

Kremer, K.; Obendiek, E.; Solmecke, G.: „Kommunikation und Emanzipation im Fremdsprachenunterricht?", in: *Linguistische Berichte.* 33. Jg., 1974, 69–84

Krohn, D.: *Lernervariablen und Versagen im Englischunterricht.* Eine Untersuchung in der Orientierungsstufe. Paderborn: Schöningh, 1981

Kron, R.: „Die Methode Gouin", in: *Die Neueren Sprachen.* 3. Jg., 1895/96, 1–35, 65–88, 150–176, 193–215, 257–287, 321–340

Krumm, H.-J.: „Türkisch als 1. Fremdsprache?", in: *Neusprachliche Mitteilungen aus Wissenschaft und Praxis.* 33. Jg., 1980, 233–235

Kruppa, U.: „Zur Effizienzbestimmung neusprachlicher Unterrichtsmethoden", in: *Zielsprache Englisch.* 1973, H. 3, 8–11

Kühne, J.-E.: „Bildlich gesprochen. Ein Vergleich deutscher und englischer Sprichwörter und Redensarten", in: *Englisch.* 19. Jg., 1984, 64–66

Kultusminister des Landes Nordrhein-Westfalen: *Richtlinien für die gymnasiale Oberstufe in Nordrhein-Westfalen. Englisch.* Köln: Greven, 1981

Lamendella, J. T.: "General principles of neurofunctional organization and their manifestation in primary and nonprimary language acquisition", in: *Language Learning.* 27. Jg., 1977, 155–196

Land, G.: "Making the most of the board and the overhead projector", in: *Zielsprache Englisch.* 14. Jg., 1984, H. 4, 16–19

Latour, B.: „Lehrwerkkritik im Bereich Deutsch als Fremdsprache. Zur Diskussion um das Mannheimer Gutachten", in: *Neusprachliche Mitteilungen aus Wissenschaft und Praxis.* 33. Jg., 1980, 236–244

Lee, R. R.: "Performance criteria for teachers", in: *TESOL Quarterly.* 7. Jg., 1973, 137–147

Legenhausen, L.: *Fehleranalyse und Fehlerbewertung.* Untersuchungen an englischen Reifeprüfungsnacherzählungen. Berlin: Cornelsen-Velhagen & Klasing, 1975

Legenhausen, L.: „Korrektur- und Bewertungsstrategien bei fremdsprachlichen Prüfungsarbeiten", in: *Die Neueren Sprachen.* 76. Jg., 1977, 62–73

Lehberger, R.: „Das 'Living Newspaper' – eine Unterrichtseinheit für die Sekundarsstufe II", in: *Praxis des neusprachlichen Unterrichts.* 26. Jg., 1979, 357–364

Lehberger, R.: „Zur Behandlung des Nordirlandkonflikts auf der Sekundarstufe I", in: *Praxis des neusprachlichen Unterrichts.* 29. Jg., 1982, 313–315

Lehmann, A.: „Der neusprachliche Unterricht im 17. und 18. Jahrhundert, insbesondere seine Methode im Lichte der Reform der Neuzeit", in: *Jahresbericht der Annenschule (Realschule) zu Dresden-Altstadt.* 1904, 1–40

Leisinger, F.: *Elemente des neusprachlichen Unterrichts.* Stuttgart: Klett, 1966

Lennon, P.: "German problems with British English articulation", in: *Englisch.* 19. Jg., 1984, 103–106

Levin, L.: *Comparative Studies in Foreign-Language Teaching.* The Gume Project. Stockholm: Almquist & Wiksell, 1972

Literarische Erziehung im Englischunterricht. (Themenheft) *Englisch Amerikanische Studien.* 8. Jg., 1986, H. 1

Literatur mit Medien. (Themenheft) *Der fremdsprachliche Unterricht.* 19. Jg., 1985, H. 73

Littlewood, W.: *Communicative Language Teaching.* Cambridge: Cambridge University Press, 1981

Littlewood, W.: "Pictures spark communication", in: *Practical English Teaching.* 2. Jg., 1982, H. 3, 11–13

Littlewood, W.: *Foreign and Second Language Learning.* Language acquisition research and its implications for the classroom. Cambridge: Cambridge University Press, 1984

Livingstone, C.: *Role Play in Language Learning.* London: Longman, 1983

Loebner, H.-D.: „Die Relevanz des Schriftbildes für die ‚Nacherzählung'", in: *Die Neueren Sprachen.* 71. Jg., 1972, 463–473

Löffler, R.: *Spiele im Englischunterricht.* München: Urban & Schwarzenberg, 1979

Löschmann, M.: „Lautes und stilles Lesen", in: *Deutsch als Fremdsprache.* 4. Jg., 1967, 285–291

Lohmann, C.: *Englischer Anfangsunterricht an Volks-, Real- und höheren Schulen.* Eine vergleichende Untersuchung anhand von Richtlinien, Fachdidaktiken und Schulbüchern. Bad Heilbrunn: Klinkhardt, 1969

Long, M. H.: "Group work in the teaching and learning of English as a foreign language – problems and potential", in: *English Language Teaching Journal.* 31. Jg., 1976/1977, 285–292

Long, M. H.; Porter, P. A.: "Groupwork, interlanguage talk, and second language acquisition", in: *TESOL Quarterly.* 19. Jg., 1985, 207–228

Lorenzen, K.: *Englischunterricht.* Bad Heilbrunn: Klinkhardt, 1972

Lozanov, G.: *Suggestology and Outlines of Suggestopedy.* New York: Gordon and Breach, 1979

Lübke, D. (Hrsg.): *Schriftliche Arbeiten im fremdsprachlichen Unterricht.* (Themenheft) *Der fremdsprachliche Unterricht.* 1978, H. 48

Lynch, M.: *It's Your Choice.* Six role-playing exercises. London: Arnold, 1977

Maas, K. F.: „Ist das Lernziel ‚Hörverstehen' operationalisierbar?", in: *Praxis des neusprachlichen Unterrichts.* 28. Jg., 1981, 238–249

Macht, K. u. a.: *Das darstellende Spiel im Englischunterricht.* Ansbach: Prögel, 1977

Macht, K.; Obst, W.; Scholtes, G.: „Studien zu einer Lerngrammatik des Englischen", in: *Die Neueren Sprachen.* 83. Jg., 1984, 194–208

Mackey, W. F.: *Language Teaching Analysis.* London: Longman, [4]1971

Mainusch, H.; Mertner, E.; Schmidt, S.; Schröder, K.: *Lehrerfortbildung und Lehrerweiterbildung in der Bundesrepublik Deutschland: Modell Anglistik.* Bern und Frankfurt: Lang, 1976

Mainusch, H. (Hrsg.): *Literatur im Unterricht.* München: Fink, 1979
Maley, A.; Duff, A.: *Drama Techniques in Language Learning.* A resource book of communication activities for language teachers. New edition. Cambridge: Cambridge University Press, 1982
Mann, R.: „Pragmatik und Englischunterricht: Ein Beitrag zur Rezeption der Sprechakttheorie in der Fachdidaktik", in: *Neusprachliche Mitteilungen aus Wissenschaft und Praxis.* 32. Jg., 1979, 211–222
Mann, R.: „Bestandsaufnahme Lehrbuchtext. Bewertungskriterien für den kommunikativen Wert von Lehrbuchtexten für den Englischunterricht", in: *Praxis des neusprachlichen Unterrichts.* 28. Jg., 1981, 21–29
Mariani, L.: "Evaluating and supplementing coursebooks", in: *Modern English Teacher.* 8. Jg., 1980, H. 1, 27–31
Markert, G.; Leary, V.: "Some suggestions for comprehensive review in English-language teaching", in: *Zielsprache Englisch.* 13. Jg., 1983, H. 2, 19–23
Matthews-Břeský, R. J. H.: "What price correctness?", in: *English Language Teaching Journal.* 33. Jg., 1978/79, 254–262
McAlpin, J.: *The Magazine Picture Library.* London: Allen & Unwin, 1980
McComish, J.: "Listening to pictures", in: *Modern English Teacher.* 10. Jg., 1982/83, H. 2, 4–8
McComish, J.; Stubbs, M.: "Reading it together", in: *Modern English Teacher.* 10. Jg., 1982/83, H. 3, 6–9
Meisel, J.: „Englisch B an Hauptschulen", in: *Der fremdsprachliche Unterricht.* 1979, H. 49, 73–74
Meltzer, H. M.: „Literarischer Unterricht zwischen Planung und Offenheit", in: *Praxis des neusprachlichen Unterrichts.* 30. Jg., 1983, 381–388
Methodenfragen: Gruppenarbeit im fremdsprachlichen Unterricht. (Themenheft) *Der fremdsprachliche Unterricht.* 14. Jg., 1980, H. 53
Meyer, E. (Hrsg.): *Die Übersetzung im neusprachlichen Unterricht.* (Themenheft) *Der fremdsprachliche Unterricht.* 10. Jg., 1976, H. 40
Meyer, H.: „Original und Schulausgabe im fremdsprachlichen Unterricht: textdidaktische Überlegungen zur editorischen Grenzwertfindung am Beispiel dreier Fassungen von Jerome K. Jerome's 'Three Men in a Boat'", in: *Die Neueren Sprachen.* 75. Jg., 1976, 524–537
Meyer, H.: *Leitfaden zur Unterrichtsvorbereitung.* Königstein/Ts.: Scriptor, 1980
Mietzel, G.: *Pädagogische Psychologie.* Einführung für Pädagogen und Psychologen. Göttingen: Hogrefe, 1973
Mindt, D.: *Moderne Linguistik.* Düsseldorf: Bagel; Bern und München: Francke, 1975
Mindt, D.: *Unterrichtsplanung Englisch für die Sekundarstufe I.* Stuttgart: Klett, 1979
Moehl, K.: „‚Klingende Briefe' – eine besondere Art von Korrespondenz zwischen Partnerschulen. Ein Erfahrungsbericht", in: *Praxis des neusprachlichen Unterrichts.* 22. Jg., 1975, 381–388
Moorwood, H. (Hrsg.): *Selections from 'Modern English Teacher'.* London: Longman, 1978
Morgan, J.; Rinvolucri, M.: *Once Upon a Time.* Using stories in the language classroom. Cambridge: Cambridge University Press, 1983
Moskowitz, G.: "The classroom interaction of outstanding foreign language teachers", in: *Foreign Language Annals.* 9. Jg., 1976, 135–157
Moskowitz, G.: "Competency-based teacher education: Before we proceed", in: *The Modern Language Journal.* 60. Jg., 1976, 18–23
Moskowitz, G.: *Caring and Sharing in the Foreign Language Class.* A Sourcebook on Humanistic Techniques. Rowley (Mass.): Newbury House, 1978
Mottok, G.: *Operative Differenzierung des weiterführenden Englischunterrichts (3.–6. Lernjahr) – Grundlagen und Modell.* Frankfurt/M.: Lang, 1983
Mühlmann, H.: „Germanismen im britischen und amerikanischen Englisch. Eine Ergänzung zur Behandlung interlingualer Einflüsse im Fremdsprachenunterricht", in: *Die Neueren Sprachen.* 83. Jg., 1984, 366–385
Müller, R. M.: „Kommunikative Kompetenz und Arbitrarität – pragmalinguistische Irrwege der Fremdsprachendidaktik", in: *Linguistik und Didaktik.* 8. Jg., 1977, 63–77
Müller-Zannoth, I.: „Lektüre und Kommunikation im Englischunterricht der Sekundarstufe II. Harold Brighouse: Hobson's Choice", in: *Die Neueren Sprachen.* 84. Jg., 1985, 27–41
Münch, E.: „Expositorische Texte im Englischunterricht der Hauptschule", in: *Englisch.* 17. Jg., 1982, 126–131
Münch, R.: *Prinzipien und Praxis des englischen Unterrichts an deutschen Schulen.* Berlin: Weidmann, 1962 (2. verb. u. erw. Aufl.)
Mugglestone, P.: *Planning and Using the Blackboard.* London: Allen & Unwin, 1980

Nadorf, B.: „Überlegungen zu einer Reform der mündlichen Abiturprüfung im Fach Englisch“, in: *Praxis des neusprachlichen Unterrichts*. 30. Jg., 1983, 157–169
Nehm, U.: *Microteaching als Ausbildungs- und Forschungsverfahren der Fremdsprachendidaktik*. Kronberg/Ts.: Scriptor, 1976
Neske, F.; Neske, I.: *Wörterbuch englischer und amerikanischer Ausdrücke in der deutschen Sprache*. München: Deutscher Taschenbuch Verlag, 1970
Neuner, G. (Hrsg.): *Pragmatische Didaktik des Englischunterrichts*. Paderborn: Schöningh, 1979
Neuner, G.: *Lehrpläne und Lehrwerke für den Englischunterricht*. Frankfurt/M.: Lang, 1983
Neuner, G.: „Zum Wandel der Übungsformen in der Methodik des Fremdsprachenunterrichts“, in: Raasch, A. (Hrsg.): *Handlungsorientierter Fremdsprachenunterricht und seine pragmalinguistische Begründung*. Tübingen: Narr, 1983, 67–74
Nickel, G. (Hrsg.): *Fehlerkunde*. Beiträge zur Fehleranalyse, Fehlerbewertung und Fehlertherapie. Berlin: Cornelsen-Velhagen & Klasing, [2]1973
Niehardt, P.: “School calls schools”, in: *Englisch*. 18. Jg., 1983, 69–70
Nissen, R.: *Kritische Methodik des Englischunterrichts*. Erster Teil: Grundlegung. Heidelberg: Quelle & Meyer, 1974
Nissen, R.: „Korrektur und Bewertung englischer Textarbeiten auf der Sekundarstufe II – Maßstäbe und Praxis”, in: *Praxis des neusprachlichen Unterrichts*. 26. Jg., 1979, 247–261
Nissen, R.: „‚Spiel‘ und Ernst schriftlicher Leistung im Englischunterricht auf der Sekundarstufe II“, in: *Die Neueren Sprachen*. 79. Jg., 1980, 464–479
Nissen, R.: „‚Echte‘ Gespräche – im Englischunterricht?“, in: *Praxis des neusprachlichen Unterrichts*. 33. Jg., 1986, 25–29
Nold, G.: „Sprachverhalten im Rollenspiel. Kritische Beobachtungen und ihre Folgen für den Fremdsprachenunterricht“, in: *Praxis des neusprachlichen Unterrichts*. 26. Jg., 1979, 38–48
Norman, S.: “Teaching vocabulary”, in: *Practical English Teaching*. 2. Jg., 1982, H. 3, 24
Norman, S.: “Writing skills 4: business letters”, in: *Practical English Teaching*. 2. Jg., 1982, H. 4, 30–31
Norrish, J.: “Some recent methodologies – guides or straight jackets?“, in: *Zielsprache Englisch*. 15. Jg., 1985, H. 1, 8–13
Nünning, P.: „Welche Rechtschreibfehler machen englische Kinder?“, in: *Englisch*. 17. Jg., 1982, 14–16
Nuhn, H.-E.: „Partner- und Gruppenarbeit im Fremdsprachenunterricht“, in: *Die Neueren Sprachen*. 74. Jg., 1975, 103–112
Nuhn, H.-E.: „Modelle äußerer und innerer Differenzierung im Fremdsprachenunterricht“, in: *Englisch*. 12. Jg., 1977, 14–20
Nuhn, H.-E.: „Elternabend in englischer Sprache“, in: *Englisch*. 16. Jg., 1981, 81–84
Nuttall, C.: *Teaching Reading Skills in a Foreign Language*. London: Heinemann, 1982

Oksaar, E.: „Sprache, Gesellschaft und interkulturelle Verständigung“, in: Kühlwein, W. (Hrsg.): *Sprache, Kultur und Gesellschaft*. Kongreßberichte der 14. Jahrestagung der Gesellschaft für Angewandte Linguistik. Tübingen: Narr, 1984, 21–31
Oller, J. W.: “Dictation as a device for testing foreign-language proficiency”, in: *English Language Teaching*. 25. Jg., 1971, 254–259
Oltmann, K.: „Fremdsprachenunterricht 1981. Barking up the wrong tree?“, in: *Praxis des neusprachlichen Unterrichts*. 28. Jg., 1981, 199–201
O'Neill, R.: “Tenor, register and creativity in language teaching”, in: *Zielsprache Englisch*. 10. Jg., 1980, H. 2, 1–4
Otto, E.: *Methodik und Didaktik des neusprachlichen Unterrichts*. Versuch einer wissenschaftlichen Unterrichtslehre. Bielefeld und Leipzig: Velhagen & Klasing, 1925 (zweite und dritte durchgesehene und ergänzte Auflage)

Palmer, H. E.; Palmer, D.: *English Through Actions*. London: Longmans, 1959
Parreren, C. F. van: „Lautbild und Schriftbild im Anfangsunterricht“, in: *Praxis des neusprachlichen Unterrichts*. 16. Jg., 1969, 359–365
Pattison, P.: “Developing oral communication skills”, in: *Levende Talen*. 1983, H. 387, 605–612
Pauels, W.: *Die Hausaufgabe im Englischunterricht*. Paderborn: Schöningh, 1979
Pauels, W.: „Die Grenzen kontrastiver Landeskunde im pragmatischen Fremdsprachenunterricht”, in: *Praxis des neusprachlichen Unterrichts*. 29. Jg., 1982, 263–265

Paulston, C.; Bruder, M. N.: *Teaching English as a Second Language.* Techniques and Procedures. Cambridge, (Mass.): Winthrop, 1976
Paulus, H.: „Stunden-abstract. Ein Kriminalhörspiel im Englischunterricht der Klasse 9“, in: *Praxis des neusprachlichen Unterrichts.* 26. Jg., 1979, 262–269
Paulus, H.: „Das ‘Advanced Learner’s Dictionary’ als zweisprachiges Wörterbuch?“, in: *Praxis des neusprachlichen Unterrichts.* 28. Jg., 1981, 419
Paulus, H.: „Stunden-abstract. The Secret of Adlington Hall. Der Fernsehfilm als Unterrichtsmittel in der Klasse 6“, in: *Praxis des neusprachlichen Unterrichts.* 29. Jg., 1982, 256–262
Pauncz, E. L.: “Using cassette recorders”, in: *Modern English Teacher.* 10. Jg., 1982/83, H. 2, 15–18
Piepho, H.-E.: *Kommunikative Kompetenz als übergeordnetes Lernziel im Englischunterricht.* Dornburg-Frickhofen: Frankonius, 1974
Piepho, H.-E.: *Englischunterricht in Stundenskizzen.* Heidelberg: Quelle & Meyer, 1979
Piepho, H.-E.: *Kommunikative Didaktik des Englischunterrichts.* Sekundarstufe I. Limburg: Frankonius, 1979
Piepho, H.-E.: *Englisch für leistungsschwache Schüler.* Köln: Greven, 1979
Piepho, H.-E.: „Die Wandtafel als Medium im Englischunterricht“, in: *Der fremdsprachliche Unterricht.* 19. Jg., 1985, H. 76, 255–265
Pötter, K.: *Schulmediotheken.* Einsatz und Organisation von Medien in der Schule. Braunschweig: Westermann, 1978
Pohl, L.; Schlecht, G.; Uthess, S. u. a.: *Methodik Englisch- und Französischunterricht.* Berlin (DDR): Volk und Wissen, 1978
Politzer, R. L.: “Some reflections on ‘good’ and ‘bad’ language teaching behaviors”, in: *Language Learning.* 20. Jg., 1970, 31–43
Politzer, R.. L.: “Errors of English speakers of German as perceived and evaluated by German natives”, in: *Modern Language Journal.* 62. Jg., 1978, 253–261
Porter, D.: “Modified cloze procedure: a more valid reading comprehension test”, in: *English Language Teaching Journal.* 30. Jg., 1975/76, 151–155
Port-Fox, J.; Boxer, A.: “Mistake correction in language teaching”, in: *Modern English Teacher.* 9. Jg., 1981/82, H. 2, 16–19
Prang, E.: „I-Punkt des Englischunterrichts. Klassenfahrt eines 9. Schuljahres nach London“, in: *Englisch.* 17. Jg., 1982, 140–142
Prodomou, L.: “Ambiguity in EFL”, in: *Modern English Teacher.* 9. Jg., 1981/82, H. 4, 2–6
Prodomou, L.: “Teaching beginners”, in: *Modern English Teacher.* 9. Jg., 1981/82, H. 1, 3–7
Puchta, H.; Schratz, M.: *Handelndes Lernen im Englischunterricht.* 3 Bände (Theoriebuch, Praxisbuch, Trainerbuch) München: Hueber, 1984
Pürschel, H.: „Die Einschätzung und Bewertung mündlicher Leistungen durch deutsche Lehrer“, in: *Praxis des neusprachlichen Unterrichts.* 28. Jg., 1981, 368–375
Purvis, K.: “The teacher as moderator: a technique for interactional learning”, in: *English Language Teaching Journal.* 37. Jg., 1983, 221–228

Quetz, J.; Bolton, S.; Lauerbach, G.: *Fremdsprachen für Erwachsene.* Eine Einführung in die Didaktik und Methodik des Fremdsprachenunterrichts in der Erwachsenenbildung. Berlin: Cornelsen & Klasing und Oxford University Press, 1981
Quirk, R.; Greenbaum, S.: *A University Grammar of English.* London: Longman, 1973

Raasch, A. (Hrsg.): *Handlungsorientierter Fremdsprachenunterricht und seine pragmalinguistische Begründung.* Tübingen: Narr, 1983
Raasch, A.; Hüllen, W.; Zapp, F. J. (Hrsg.): *Beiträge zur Landeskunde im Fremdsprachenunterricht.* Frankfurt: Diesterweg, 1983
Raddatz, V.: „Englischunterricht im Dienst der Völkerverständigung – Leerformel oder didaktisches Konzept?”, in: *Die Neueren Sprachen.* 80. Jg., 1981, 337–357
Radden, G.: „Fremdsprachliche Varietäten im kommunikativen Handeln“, in: Raasch 1983, 75–91
Radice, F. W.: “Using the cloze procedure as a teaching technique”, in: *English Language Teaching Journal.* 32. Jg., 1977/78, 201–204
Rampillon, U. (Red.): *Zur Praxis des Englischunterrichts.* Bad Kreuznach: Regionales Pädagogisches Zentrum, 1978

Rampillon, U.: „Fremdsprachenunterricht und Elternarbeit“, in: *Praxis des neusprachlichen Unterrichts.* 30. Jg., 1983, 280–289
Rampillon, U.: „Die Anlage von Arbeitsplänen für den Englischunterricht der Sekundarstufe I“, in: *Englisch.* 19. Jg., 1984, 22–26
Rampillon, U.: *Lerntechniken im Fremdsprachenunterricht.* München: Hueber, 1985
Rattunde, E. (Hrsg.): *Methodendiskussion.* (Themenheft) *Die Neueren Sprachen.* 74. Jg., 1975, H. 3
Rattunde, E.: „Sprachlern- und Spracherwerbsphasen im Fremdsprachenunterricht“, in: *Die Neueren Sprachen.* 81. Jg., 1982, 611–624
Rattunde, E. (Hrsg.): Computer im Fremdsprachenunterricht? (Themenheft) *Die Neueren Sprachen.* 85. Jg., 1986, H. 2
Rattunde, E. (Hrsg.): *Textarbeit und Textaufgabe.* (Themenheft) *Die Neueren Sprachen.* 85. Jg., 1986, H. 4
Raue, H.: „Die offene Phase im Fremdsprachenunterricht. Überlegungen zu einer schülerzentrierten Textarbeit“, in: *Praxis des neusprachlichen Unterrichts.* 27. Jg., 1980, 115–122
Rauschenberger, M. (Bearb.): *Berufsorientierter Fremdsprachenunterricht in der Kollegschule.* (Curriculum Heft 32) Soest: Landesinstitut für Schule und Weiterbildung, 1984
Rautenhaus, H.: *Der lernschwache Englischschüler.* Die Ergebnisse eines Forschungsvorhabens. Berlin: Cornelsen-Velhagen & Klasing, 1978
Real, W.: „Methodische Konzeptionen der englischen Fachdidaktik und ihr Einfluß auf die Gestaltung von Lehrwerken“, in: *Englisch.* 18. Jg., 1983, 82–92
Reil, F.: „Alternatives – nein danke! Eine kritische Stellungnahme zum Beitrag von Inge C. Schwerdtfeger, Alternative Methoden der Fremdsprachenvermittlung für Erwachsene – Eine Herausforderung für die Schule? (NM 1, 1983, S. 3 ff.)“, in: *Neusprachliche Mitteilungen aus Wissenschaft und Praxis.* 36. Jg., 1983, 150–152
Reisener, H.: *Englisch im Anfangsunterricht.* München: Don Bosco, 1973
Reisener, H. (Hrsg.): *Fremdsprachenunterricht in lernschwachen Gruppen* (Themenheft) *Der fremdsprachliche Unterricht.* 12. Jg., 1978, H. 46
Reisener, H.: „Rezeptionskompetenz: Ein lohnendes Lernziel für den Englischunterricht der Hauptschule“, in: *Neusprachliche Mitteilungen aus Wissenschaft und Praxis.* 32. Jg., 1979, 233–238
Reisener, H.: „Hörverstehensschulung im Englischunterricht der Sekundarstufe I“, in: *Der fremdsprachliche Unterricht.* 16. Jg., 1982, 214–223
Reisener, H.: “Testing communicative ability”, in: *Practical English Teaching.* 3. Jg., 1983, H. 3, 29–30
Reiss, M.: “The good language learner: another look”, in: *Canadian Modern Language Review.* 41. Jg., 1985, 511–523
Revell, J.: *Teaching Techniques for Communicative English.* London: Macmillan, 1979
Richards, J. C. (Hrsg.): *Error Analysis: Perspectives on Second Language Acquisition.* London: Longman, 1974
Rinvolucri, M.: “Six further ideas for questionnaires”, in: *Practical English Teaching.* 3. Jg., 1983, H. 4, 43–44
Rivers, W. M.; Dell’Orto, K. M.: “Reading for information”, in: *Zielsprache Englisch.* 1977, H. 2, 1–5
Rivers, W. M.; Temperley, M. S.: *A Practical Guide to the Teaching of English as a Second or Foreign Language.* New York: Oxford University Press, 1978
Rivers, W. M.: *Communicating Naturally in a Second Language.* Theory and Practice in Language Teaching. Cambridge: Cambridge University Press, 1983
Rohrer, J.: „Lernpsychologische Aspekte der Wortschatzarbeit”, in: *Die Neueren Sprachen.* 84. Jg., 1985, 595–612
Ross, I.: „Englische Lektüre im 3. bis 6. Lernjahr“, in: *Praxis des neusprachlichen Unterrichts.* 27. Jg., 1980, 16–22
Roth, W. W.: “A Treasure Hunt for the intermediates”, in: *Praxis des neusprachlichen Unterrichts.* 25. Jg., 1978, 136–140
Rotter, W.; Bendl, H.: *Your Companion to English Texts.* Comprehension, Analysis, Appreciation, Production. Kollegstufe, Abitur, Universität. München: Manz, 1978
Rubin, J.: “What the ‘Good Language Learner’ can teach us”, in:: *TESOL Quarterly.* 9. Jg., 1975, 41–51

Salewsky, R.: *Aufbau und Pflege des englischen Wortschatzes.* Paderborn: Schöningh, 1964
Sauer, H.: *Fremdsprachen in der Volksschule.* Hannover: Schroedel, 1968
Sauer, H. (Hrsg.): *Englisch auf der Primarstufe.* Texte und Informationen zum Frühbeginn des Fremdsprachenunterrichts. Paderborn: Schöningh, 1975

Sauer, H.: „Fremdsprachenunterricht in den USA und in der Bundesrepublik: Ein Erfahrungs- und Literaturbericht“, in: *Die Deutsche Schule.* 71. Jg., 1979, 40–51
Sauer, H.: „Eine neue Methode oder modifizierte Prinzipien für den Fremdsprachenunterricht? Review article zu W. Butzkamms ‚Praxis und Theorie der bilingualen Methode‘“, in: *Praxis des neusprachlichen Unterrichts.* 29. Jg., 1982, 15–22
Sauer, H.: „Zum Englischunterricht an Volks- und Hauptschulen. Erfahrungen aus der Zeit von 1945 bis 1965“, in: *Englisch.* 19. Jg., 1984, 81–85
Scanlan, T. M.: “Teaching British and American language and culture with the aid of mail-order catalogues”, in: *English Language Teaching Journal.* 34. Jg., 1979/80, 68–71
Schachter, J.: “The hand signal system”, in: *TESOL Quarterly.* 15. Jg., 1981, 125–138
Schepp, P.; Rompel, E.: „Der ‘Stafford Newsletter’ – Möglichkeiten des Einsatzes einer englischen Regionalzeitung im Unterricht”, in: *Englisch.* 15. Jg., 1980, 47–55
Schiffler, L.: *Interaktiver Fremdsprachenunterricht.* Stuttgart: Klett, 1980
Schiffler, L.: „Suggestopädischer Fremdsprachenunterricht in unseren Schulen?“, in: *Neusprachliche Mitteilungen aus Wissenschaft und Praxis.* 33. Jg., 1980, 245–252
Schiffler, L.: „Über das Miteinander von Lehrern und Schülern im Fremdsprachenunterricht“, in: *Praxis des neusprachlichen Unterrichts.* 27. Jg., 1980, 341–347
Schiffler, L.: „19 Thesen zur Gruppenarbeit im Fremdsprachenunterricht – zur Diskussion gestellt“, in: *Praxis des neusprachlichen Unterrichts.* 27. Jg., 1980, 305–307
Schik, B.: „Das Drama im Englischunterricht der reformierten Oberstufe: Vorschläge zu einem Interpretationsverfahren“, in: *Beiheft zu Literatur in Wissenschaft und Unterricht.* 11. Jg., 1978, 38–53
Schmid-Schönbein, G.: „Lehrwerkbezogene Kontrolltests in der Orientierungsstufe. Erfahrungen und Ergebnisse“, in: *Praxis des neusprachlichen Unterrichts.* 32. Jg., 1985, 151–156
Schmid-Schönbein, G.: „Vertretungsstunden Englisch auf der Sekundarstufe I“, in: *Praxis des neusprachlichen Unterrichts.* 33. Jg., 1986, 142–143
Schrand, H.: „Lehrbuchneutraler Leistungstest für das Fach Englisch“, Beilage zu *Der fremdsprachliche Unterricht.* 1970, H. 14
Schrand, H.: *Der VHS-Kurs Englisch.* Methodische Hinweise zur Unterrichtsgestaltung. München: Hueber, 1978
Schratz, M.: „Vom aktiven Hören zum produktiven Sprechen: Gruppenunterrichtliche Verfahren zur Integration fremdsprachlicher Fertigkeiten“, in: *Englisch.* 15. Jg., 1980, 41–47
Schratz, M.: „Gruppenunterricht als Sprachlernhilfe? Bemerkungen zu einer vernachlässigten Sozialform im Fremdsprachenunterricht“, in: *Zeitschrift für Gruppenpädagogik.* 7. Jg., 1981, 1–14
Schratz, M.: „Wenn der Lernalltag zur Sprache kommt ...“, in: *Zielsprache Englisch.* 1983, H. 4, 10–16
Schratz, M. (Hrsg.): *Englischunterricht im Gespräch.* Bochum: Kamp, 1984
Schrey, D. (Bearb.): *Englisch – Sekundarstufe II.* Dokumentation Unterrichtsmaterialien I. Neuß: Landesinstitut für Curriculumentwicklung, Lehrerfortbildung und Weiterbildung, 1981
Schrey, H.: *Didaktik der Englandkunde an Hauptschulen.* Ratingen: Henn, 1967
Schröder, K.: „Britisches und amerikanisches Englisch im Elementarunterricht. Gegebenheiten – Erfordernisse – Möglichkeiten – Probleme“, in: *Englisch.* 6. Jg., 1971, 70–74
Schröder, K.: „Differenzierter oder nicht-differenzierter Fremdsprachenunterricht?“, in: *Die Neueren Sprachen.* 73. Jg., 1974, 393–410
Schröder, K.: *Fremdsprachenunterricht in der Sekundarstufe II.* Stuttgart: Klett, 1975 (Deutscher Bildungsrat. Gutachten und Studien der Bildungskommission Band 41)
Schröder, K.: *Lehrwerke für den Englischunterricht im deutschsprachigen Raum 1665–1900.* Einführung und Versuch einer Bibliographie. Darmstadt: Wissenschaftliche Buchgesellschaft, 1975
Schröder, K.; Finkenstaedt, T. (Hrsg.): *Reallexikon der englischen Fachdidaktik.* Darmstadt: Wissenschaftliche Buchgesellschaft, 1977
Schröder, K. (Hrsg.): *Geschichte des Fremdsprachenunterrichts.* (Themenheft) *Die Neueren Sprachen.* 79. Jg., 1980, H. 2
Schröder, K.: „Fremdsprachenlernen außerhalb der Schule und Fremdsprachenbedarf“, in: *Die Neueren Sprachen.* 83. Jg., 1984, 2–13
Schröder, K. (Hrsg.): *Wilhelm Vietor: „Der Sprachunterricht muß umkehren“. Ein Pamphlet aus dem 19. Jahrhundert neu gelesen.* München: Hueber, 1984
Schröder, K.: „Die literarische Komponente des Fremdsprachenunterrichts“, in: *Die Neueren Sprachen.* 84. Jg., 1985, 84–114
Schubel, F.: *Methodik des Englischunterrichts für höhere Schulen.* Frankfurt: Diesterweg, 1958

Schüle, K.; Krankenhagen, G. (Hrsg.): *Audiovisuelle Medien im Fremdsprachenunterricht.* Stuttgart, Klett, 1974
Schulz, R.: *Differenzierung, Übungstypologie und Anspruchsminima im Englischunterricht der Realschule in NW.* Neuß: Landesinstitut für Curriculumentwicklung, Lehrerfortbildung und Weiterbildung, 1980
Schulz, R.; Eckardt, I.; Semmler, M.; Williams, D.: *Klassenarbeiten im Englischunterricht der Klassen 7–10. Beispiel Realschule.* Dortmund: Lensing, 1984
Schuphan, D.: „Disziplinschwierigkeiten im Fremdsprachenunterricht", in: *Praxis des neusprachlichen Unterrichts.* 23. Jg., 1976, 81–86
Schuphan, D.: *AV-Tips für die Praxis. Moderne Fremdsprachen.* Frankfurt, Diesterweg, 1977
Schwarz, U.: „Landeskunde in Zusammenarbeit mit dem Amerika-Haus. Ein Projekt", in: *Neusprachliche Mitteilungen aus Wissenschaft und Praxis.* 38. Jg., 1985, 43–44
Schweitzer, K.: „Personalisierung im Sprachlabor", in: *Englisch.* 20. Jg., 1985, 54–60 und 94–100
Schwerdtfeger, I. C.: *Fremdsprache: mangelhaft.* Zum Verhältnis von Persönlichkeitsvariablen und Leistung im Englischunterricht. Paderborn: Schöningh, 1976
Schwerdtfeger, I. C.: *Gruppenarbeit im Fremdsprachenunterricht.* Ein adaptives Konzept. Heidelberg: Quelle & Meyer, 1977
Schwerdtfeger, I. C.: „Alternative Methoden der Fremdsprachenvermittlung für Erwachsene – Eine Herausforderung für die Schule?", in: *Neusprachliche Mitteilungen aus Wissenschaft und Praxis.* 36. Jg., 1983, 3–14
Schwinning, H.: „Erfahrungsbericht eines Ex-Referendars", in: *Neusprachliche Mitteilungen aus Wissenschaft und Praxis.* 34. Jg., 1981, 81–86
Scott, M.: "Don't rule out drama", in *Practical English Teaching.* 2. Jg., 1982, H. 4, 12–14
Scott, W. A.: "A versatile technique for the OHP", in: *Practical English Teaching.* 2. Jg., 1982, H. 3, 17–19
Scovel, T.: "Six new methods for teaching foreign languages from the United States", in: *Zielsprache Englisch.* 13. Jg., 1983, H. 1, 6–12
Segermann, K.: „Zur Überwindung des Methodenstreits in der fachdidaktischen Diskussion". in: *Praxis des neusprachlichen Unterrichts.* 21. Jg., 1974, 339–353
Seidl, H. A.: *Dear Pen-Friend.* Ein Leitfaden für Brieffreundschaften. Frankfurt: Diesterweg, 1979
Seliger, H. W.: "Does practice make perfect? A study of interaction patterns and L2 competence", in: *Language Learning.* 27. Jg., 1977, 263–278
Sexton, M.; Williams, P.; Baddock, B.: *Communicative Activities for Advanced Students of English.* A Typology. München: Langenscheidt-Longman, 1984
Singer, K.: *Maßstäbe für eine humane Schule.* Mitmenschliche Beziehung und angstfreies Lernen durch partnerschaftlichen Unterricht. Frankfurt: Fischer, 1981
Smith, P. D.: *A Comparison of the Cognitive and Audiolingual Approaches to Foreign Language Instruction.* The Pennsylvania Foreign Language Project. Philadelphia (Pa.): The Center for Curriculum Development, 1970
Snell-Hornby, M.: "English language courses at German universities: Cinderella or Sleeping Beauty", in: *Neusprachliche Mitteilungen aus Wissenschaft und Praxis.* 35. Jg., 1982, 81–87
Solmecke, G. (Hrsg.): *Motivation im Fremdsprachenunterricht.* Paderborn: Schöningh, 1976
Solmecke, G.; Boosch, A.: „Einige Faktoren der fremdsprachlichen Leistung zukünftiger Englischlehrer", in: *Neusprachliche Mitteilungen aus Wissenschaft und Praxis.* 33 . Jg., 1980, 252–262
Solmecke, G.; Boosch, A.: *Affektive Komponenten der Lernerpersönlichkeit und Fremdsprachenerwerb.* Die Ergebnisse eines Forschungsprojekts. Tübingen: Narr, 1981
Solmecke, G. (Hrsg.): *Motivation und Motivieren im Fremdsprachenunterricht.* Paderborn: Schöningh, 1983
Solmecke, G.: „Lehrer-Schüler-Interaktion im Fremdsprachenunterricht: Vorschläge zu ihrer Änderung", in: *Englisch.* 19. Jg., 1984, 14–19
Spaventa, L. (Hrsg.): *Towards the Creative Teaching of English.* London: Allen & Unwin, 1980
Speight, S.: *Basic Conversation.* Strategies – Situations – Dialogues. Stuttgart: Klett, 1986
Spiegelberg, W.: „Klassenarbeiten. Eine kritische Synopse eines kritischen Themas", in: *Neusprachliche Mitteilungen aus Wissenschaft und Praxis.* 18. Jg., 1965, 82–92
Stein, O.: „Vom Nutzen und Nachteil der Klassenarbeiten für den neusprachlichen Unterricht", in: *Die Neueren Sprachen.* 20. Jg., (N. F.), 1971, 436–441
Steinbrecht, W.: „Wie fortbildungsunwillig sind Fremdsprachenlehrer?", in: *Praxis des neusprachlichen Unterrichts.* 28. Jg., 1981, 343

Steinmann, T.: "The theme of poverty in twentieth century British drama", in: *Praxis des neusprachlichen Unterrichts*. 27. Jg., 1980, 250–257

Stenzel, K.: „Der Tip: Arbeitsblätter zur Wortschatzarbeit", in: *Praxis des neusprachlichen Unterrichts*. 28. Jg., 1981, 83–84

Stevens, S.; McDowell, J.: "Writing skills 1, 2, and 3", in: *Practical English Teaching*. 2. Jg., 1981/82, H. 1, 19–20; H. 2, 23–24; H. 3, 22–23

Stevick, E. W.: *Teaching Languages. A Way and Ways*. Rowley (Mass.): Newbury House, 1980

Stevick, E. W.: *Teaching and Learning Languages*. Cambridge: Cambridge University Press, 1982

Stevick, E. W.: *Englisch unterrichten – aber wie?* München: Hueber, 1984

Stuck, W.: „Das amerikanische Englisch (Americanisms) und das kanadische Englisch (Canadianisms) im Englischunterricht", in: *Die Realschule*. 89. Jg., 1981, 17–27

Sturm, B.: „Stunden-abstract. Der Popsong 'Satisfied Mind' im Englischunterricht der Klasse 8", in: *Praxis des neusprachlichen Unterrichts*. 27. Jg., 1980, 238–243

Sturm, B.: „Die ‚gebundene Diskussion' im Englischunterricht der Klasse 10. Darstellung einer Einzelstunde", in: *Praxis des neusprachlichen Unterrichts*. 29. Jg., 1982, 33–38

Sturm, B.: „Differenzierende Hausaufgaben", in: *Praxis des neusprachlichen Unterrichts*. 30. Jg., 1983, 170–171

„Symposium zum Schülerwettbewerb Fremdsprachen", in: *Die Neueren Sprachen*. 82. Jg., 1983, 378–380

Taubitz, R.: "The rules for the use of 'shall' and 'will'", in: *English Language Teaching Journal*. 32. Jg., 1977/78, 231–235

Tausch, R.; Tausch, A.: *Erziehungspsychologie*. Psychologische Prozesse in Erziehung und Unterricht. Göttingen: Hogrefe, [8]1977

Thon, P.: „Kurse in der Orientierungsstufe. Ein Vorschlag zur praxisorientierten Lehrerfortbildung", in: *Praxis des neusprachlichen Unterrichts*. 31. Jg., 1984, 277–283

Tiggemann, W.: *Unterweisungstechniken im mündlichen Englischunterricht*. Hannover: Schroedel; Dortmund: Lensing, 1970

Titone, R.: *Teaching Foreign Languages*. An Historical Sketch. Washington: Georgetown University Press, 1968

Tomalin, B.: "Teaching literature as problem solving 1 and 2", in: *Practical English Teaching*. 3. Jg., 1983, H. 3, 46–47 und H. 4, 21–22

Treasure Chest for Teachers. Services available to teachers and schools. Kettering: The Teacher Publishing Co., 1980 (jährlich)

Ulm, D.: „Der Sprachunterricht muß aufhören!" in: *Neusprachliche Mitteilungen aus Wissenschaft und Praxis*. 36. Jg., 1983, 23–27

Underhill, A.: *Use Your Dictionary*. Oxford: Oxford University Press, 1980

Underhill, N.: "It's rude to interrupt: Correcting errors in communication", in: *Modern English Teacher*. 9. Jg., 1981/82, H. 2, 12–14

Ungerer, F.; Meier, G.; Schäfer, K.; Lechler, S.: *A Grammar of Present-Day English*. Stuttgart: Klett, 1984

Ur, P.: *Teaching Listening Comprehension*. Cambridge: Cambridge University Press, 1984

van Ek, J. A.: *Systems Development in Adult Language Learning*. The Threshold Level in a European Unit/Credit System for Modern Language Learning by Adults. Strasbourg: Council for Cultural Cooperation of the Council of Europe, 1975

van Ek, J. A.; Alexander, L. G.: *Waystage*. Systems development in adult language learning. An intermediary objective below Threshold-Level in a European unit/credit system for modern language learning by adults. Council of Europe, 1977

Vater, D.: Der mündlich produktive Sprachgebrauch im Englischen von Hauptschülern der Klasse 9. Diss. phil. Bremen 1978

Vester, F.: *Neuland des Denkens*. Vom technokratischen zum kybernetischen Zeitalter. Stuttgart: Deutsche Verlags-Anstalt, 1980

Vielau, A.: „Kommunikativer Englischunterricht: Typologie alternativer Lehrbuchkonzeptionen“, in: *Englisch Amerikanische Studien.* 2. Jg., 1980, 351–365
Vielau, A.: „Sinn und Unsinn der neuen phonetischen Umschrift“, in: *Praxis des neusprachlichen Unterrichts.* 30. Jg., 1983, 289–295
Visuelle Hilfen. (Themenheft) *Der fremdsprachliche Unterricht.* 19. Jg., 1985, H. 76
Vogel, S.: „Von Hörvorlagen zur Kommunikation“, in: *Neusprachliche Mitteilungen aus Wissenschaft und Praxis.* 37. Jg., 1984, 68–76

Wainman, H.: “Cloze testing of second language learners”, in: *English Language Teaching Journal.* 33. Jg., 1979, 126–132
Wallace, M.: *Teaching Vocabulary.* London: Heinemann, 1982
Walter, G.: *Englisch für Hauptschüler.* Königstein: Scriptor, 1979
Walter, G.: „Überlegungen zum Aufbau schriftlicher Kommunikationsfähigkeit im Englischunterricht der Kollegstufe“, in: *Der fremdsprachliche Unterricht.* 13. Jg., 1979, H. 52, 51–59
Walter, G.: *Kompendium Didaktik Englisch.* München: Ehrenwirth, 1981
Walter, H.: „Das sinndarstellende Lesen im Fremdsprachenunterricht der Unter- und Mittelstufe“, in: *Praxis des neusprachlichen Unterrichts.* 28. Jg., 1981, 30–39
Walter, H.: „Der ‘shaggy dog’ als Mehrzweckübung im Englischunterricht der Mittelstufe“, in: *Praxis des neusprachlichen Unterrichts.* 28. Jg., 1981, 249–257
Warriner, H. P.: “Foreign language teaching in the schools – 1979: Focus on methodology”, in: *The Modern Language Journal.* 64. Jg., 1980, 81–87
Watcyn-Jones, P.: “Using cards in the classroom”, in: *Zielsprache Englisch.* 13. Jg., 1983, H. 3, 8–12; H. 4, 24–37 und 14. Jg., 1984, H. 1, 22–27
Watson, C. R. J.: “A first lesson in discourse writing”, in: *Modern English Teacher.* 8. Jg., 1980/81, H. 4, 20–25
Weber, H.: „Von der didaktischen Interpretation zum Unterrichtsentwurf“, in: *Praxis des neusprachlichen Unterrichts.* 16. Jg., 1969, 1–12
Weber, H. (Hrsg.): *Aufforderungen zum literaturdidaktischen Dialog.* Paderborn: Schöningh, 1979
Weber, H.: „Literaturunterricht als Fremdsprachenunterricht“, in: Weber 1979, 112–128
Weber, H. (Hrsg.): *Dramen des 20. Jahrhunderts für den Englischunterricht in der Sekundarstufe II.* Frankfurt/M.: Diesterweg, 1982
Weber, Hartmut (Hrsg.): *Landeskunde im Fremdsprachenunterricht.* Kultur und Kommunikation als didaktisches Konzept. München: Kösel, 1976
Weiand, H. J.: *Film und Fernsehen im Englischunterricht.* Theorie, Praxis und kritische Dokumentation. Kronberg: Scriptor, 1978
Weinrich, H.: „Interview mit H. Weinrich“, in: *Praxis des neusprachlichen Unterrichts.* 30. Jg., 1983, 44–50
Weiß, E.: „Einsatz aktueller Rundfunknachrichten im Englischunterricht der Mittel- und Oberstufe“, in: *Praxis des neusprachlichen Unterrichts.* 27. Jg., 1980, 78–81
Weller, F.-R. (Hrsg.): *Idiomatik* (Themenheft). *Die Neueren Sprachen.* 78. Jg., 1979, H. 6
Weller, F.-R.: „Positionen der Landeskunde“, in: *Die Neueren Sprachen.* 82. Jg., 1983, 389–394
Wendt, G.: „Die Reformmethode in den oberen Klassen der Realanstalten“, in: *Die Neueren Sprachen.* 6. Jg., 1898/99, 193–207
Werlich, E.: „Die Technik systematischer Wortschatzarbeit im Fremdsprachenunterricht“, in: *Praxis des neusprachlichen Unterrichts.* 16. Jg., 1969, 23–38 und 158–174
Werlich, E.: *A Text Grammar of English.* Heidelberg: Quelle & Meyer, 1976
Werlich, E.: *Poetry Analysis.* Great English poems interpreted. With additional notes on the biographical, historical and literary background. Dortmund: Lensing, 41979
Werlich, E.: *Typologie der Texte.* Entwurf eines textlinguistischen Modells zur Grundlegung einer Textgrammatik. Heidelberg: Quelle & Meyer, 21979
West, M.: *A General Service List of English Words.* London: Longmans, 1953 (1. Aufl. 1936)
White, R. V.: “Teaching the passive”, in: *English Language Teaching Journal.* 32. Jg., 1977/78, 188–194
Wildermuth, G.: „Hausaufgaben und Erfolgssicherung beim fremdsprachlichen Vokabellernen“, in: *Praxis des neusprachlichen Unterrichts.* 28. Jg., 1981, 376–381
Willis, J.: *Teaching English Through English.* London: Longman, 1981
Willis, J.: “Classroom nuisances: profit from them!”, in: *Practical English Teaching.* 3. Jg., 1982/83, H. 1, 14–16

Wilson, G.: "Commonwealth – the Cinderella in English. Suggestions for teaching a neglected topic", in: *Praxis des neusprachlichen Unterrichts.* 28. Jg., 1981, 305–308
Woidt, B.: „Situative Unterrichtsverfahren an der Orientierungsstufe", in: *Englisch.* 14. Jg., 1979, 130–135
Wolff, D.: „Überlegungen zum Hörverstehen im Fremdsprachenunterricht", in: *Die Neueren Sprachen.* 82. Jg., 1983, 282–297
Wortschatz und Wörterbuch. (Themenheft) *Der fremdsprachliche Unterricht.* 15. Jg., 1981, H. 59
Wright, A.: *Visual Materials for the Language Teacher.* London: Longman, 1976
Wright, A.: *1000 Pictures for Teachers to Copy.* London and Glasgow: Collins, 1984
Wulf, H.: „'They can die.' – 'Very good.' – Zur Sprache des Lehrers im modernen Fremdsprachenunterricht", in: *Praxis des neusprachlichen Unterrichts.* 25. Jg., 1978, 364–372
Wunsch, C.: „Die Abschlußprüfung Englisch an bayerischen Hauptschulen", in: *Englisch.* 18. Jg., 1983, 6–13

Yates, A.: *Grouping in Education.* A report sponsored by the UNESCO Institute for Education. Hamburg: Unesco Institute, 1966
Young, R.: "Predictive reading", in: *Modern English Teacher.* 7. Jg., 1979/80, H. 3, 4–7

Zapp, F. J.; Schröder, K.: *Deutsche Lehrpläne für den Fremdsprachenunterricht 1900–1970.* Ein Lesebuch. Augsburg: Universität Augsburg, 1983
„ZE-Diskussion: Landeskunde im Sprachunterricht", in: *Zielsprache Englisch.* 12. Jg., 1982, H. 1, 6–20
von Ziegesar, D.: „Das Bild als Motivation zum kommunikativen Sprechen", in: *Englisch.* 13. Jg., 1978, 7–15
von Ziegesar, D.; von Ziegesar, M.: *How to Analyse and Teach Non-Literary Texts.* Königstein/Ts.: Scriptor, 1979
von Ziegesar, D.; von Ziegesar, M.: *Kommunikative Grammatikübungen für den Englischunterricht.* Sekundarstufe I. Stuttgart: Klett, 1981
von Ziegesar, D.: "Reading comprehension puzzles", in: *Praxis des neusprachlichen Unterrichts.* 30. Jg., 1983, 115–122
Zimmermann, Gerd: „Dolmetschen im Englischunterricht der Hauptschule", in: Bebermeier, H. (Hrsg.): *Probleme eines lerngruppenspezifischen Englischunterrichts in der Sekundarstufe I.* Berlin: Cornelsen-Velhagen & Klasing, 1980, 80–91
Zimmermann, Gerhard: „Theorie und Praxis der kontrahierten Formen des Englischen", in: *Die Neueren Sprachen.* 82. Jg., 1983, 357–378
Zimmermann, Günther: *Grammatik im Fremdsprachenunterricht.* Frankfurt: Diesterweg, 1977
Zimmermann, Günther: „Schwierigkeitsfaktoren und Progressionen im Lernbereich Hörverstehen", in: *Praxis des neusprachlichen Unterrichts.* 27. Jg., 1980, 3–12
Zimmermann, Günther: *Erkundungen zur Praxis des Grammatikunterrichts.* Frankfurt: Diesterweg, 1984
Zydatiß, W.: „Schulung des Hörverstehens anhand der englischen Fernsehnachrichten 'News of the Week'", in: *Die Neueren Sprachen.* 85. Jg., 1986, 23–56

12. Sachregister